실제 적용 중심의 2판

미술치료

| 정현희 저 |

학지사

2판 서문

미술치료는 아동, 청소년, 성인의 적응과 심리치료, 정신건강 및 위기치료를 위해 활용되고 있다. 장애인의 교육과 치료에도 활용되며, 노인의 심리치료, 재활치료뿐만 아니라 삶을 정리하는 데에도 활용되고 있다.

한국에 미술치료가 도입되고, 시간이 흐르면서 미술치료의 중요성에 대한 인식이 사회적으로 높아지게 되었다. 그러면서 미술치료를 하는 데 있어 과학적 연구결과의 활용에 대한 인식이 높아지게 되었다. 미술치료는 인간발달 및 심리치료에 관한 연구결과에 근거를 두고, 미술치료 현상을 과학적으로 연구하여 실제의 미술치료현장에 적용해야 하기 때문이다.

더불어 미술치료사는 임상가로서의 자질뿐만 아니라 과학적 연구에 대한 이해와 과학적 태도가 필요하다. 이는 실제현장에서 미술치료사가 과학적으로 대처할 수 있는 힘을 키워 주며, 과학적 연구가 이루어질 수 있는 단서를 미술치료 연구자에게 제공해 줄 수 있게 된다. 이를 통해 과학적 연구가 이루어지고, 이 결과가 다시 현장에 적용되어, 실제적이고 이론적인 측면에서 미술치료의 발전을 가져오게 된다. 이에 맞추어 이 책에 과학적 의미에 대한 보완이 필요하게 되었다.

2판에서는 과학적 연구의 단계, 과학적 연구의 요소, 과학적 방법을 제시하여, 미술치료의 과학적 연구를 위한 기본개념 이해에 중점을 두었다. 미술치료의 연구목적도 제시하여 미술치료 연구결과의 현장적용에 대한 이해를 높이고자 하였다. 또한 제4장 미술치료이론에 이론의 평가기준을 제시하여 이론적용에 도움을 주고자 하였다. 제9장에 사례개념화와 제10장에 미술치료사의 역량평가가 첨가되어 효율적인 미술치료 개입에 도움이 되리라고 본다.

앞으로도 이 책이 미술치료를 전공하는 대학생 및 대학원생과 미술치료사 그리고 미술치료에 관한 지식을 얻고자 하는 상담사, 교사, 사회복지사, 임상심리사 및 인간의 정신건강이나 상담에 관심을 가지고 있는 일반인에게도 널리 활용이 되었으면 한다.

2018년 1월

정현희

1판 서문

미술치료는 다양한 상황에서 다양한 목적을 위해 미술활동을 치료에 활용하는 것을 말한다. 이는 아동, 청소년, 성인 모두를 대상으로 건강한 심리발달, 생활적응, 심리치료, 정신건강뿐만 아니라 위기치료와 같은 특정 목적을 위해서도 활용되고 있다. 또한 장애아동의 교육과 치료에도 활용되며, 노인들을 대상으로 한 재활치료나 그들의 삶을 정리하는 데도 미술치료가 도입되고 있다.

미술치료의 이미지 표출과정은 비언어적인 커뮤니케이션 기법이 언어적인 커뮤니케이션 기법보다 우위를 차지하고 있다. 이미지를 강조하는 시대적 변화, 고도의 합리적 · 이성적 · 언어적 능력 요구에 대한 균형으로서 감성적 · 정서적 · 비언어적 능력을 강조하는 시대적 변화 그리고 정신건강과 행복한 삶의 추구에 대한 사회적 요구와 맞물려 미술치료는 더욱 확장되고 있으며 많은 미술치료사를 요구하고 있다.

그런데도 한국의 미술치료는 번역서에 의존하여 교육과 치료가 이루어지고 있다. 번역서로 미술치료를 이해하고 현장 적용을 위한 지식과 기법을 습득하는 데는 한계점이 있으며, 특히 서구의 사례를 통한 미술치료의 설명은 우리 문화권을 이해하고 우리 문화에 미술치료를 적용하는 데 부족함이 많다.

이 책에 소개된 미술치료 대상자의 작품은 거의 모두가 저자의 교육과 임상에서 얻은 자료로서, 미술치료의 이론과 실제 적용에 대한 이해에 도움이 되도록 제시하고자 노력하였다. 이 책에서는 미술치료를 미술이 지니고 있는 치료적 속성과 심리치료의 결합이라는 측면에서 접근하였다. 미술치료를 시행하기 위한 심리치료의 치료적 요인과 미술활동이 지니고 있는 치료적 속성의 만남을 중심으로 구성하였다. 그리고 미술치료 과정에 중점을 두면서 미술치료의 기본지식, 미술치료 과정에서 요구되는 심리치료적 전문지식, 미술치료사의 전문적 태도, 미술치료적 활동과정, 미술의 치료적 속성인 미술활동과 미술매체를 중심으로 다루었다.

이 책은 모두 11장으로 구성되어 있다. 제1, 2, 3장에서는 미술치료의 개념, 미술치료의 영역과 발달, 미술치료의 역사, 미술치료에서 요구되는 심리치료에 관한 내용을 중심으로 다루었다. 제4장에서는 미술치료의 이론들에 대해 다루었다. 미술치료사가 지니고 있는 이론적 틀에 따라 인간에 대한 이해, 삶의 문제와 이를 보는 관점, 인간의 정신병리에 대한 관점이 어떻게 다른지, 또 이론에 따라 치료대상자의 문제해결을 위한 목표, 치료과정, 치료전략, 치료기법 등이 어떻게 다른지에 대한 이해를 높이고자 하였다. 제5, 6장에서는 미술의 치료적 요인, 미술활동의 치료적 특성, 미술활동의 해석을 정리하였다.

제7장에서는 색의 심리, 색의 선호도, 색채치료에 대해 살펴보았다. 색채는 과학적 · 임상적 증거가 더 보완되어야 하는 영역이나 인간의 감정과 정서에 커다란 영향을 미치고 있으며, 미술 영역뿐만 아니라 심리학 분야에서도 많이 논의되고 있다. 제8장에서는 미술매체의 치료적 의미와 대상자 특성에 따른 미술매체를 정리하였다.

제9, 10장에서는 미술치료실 구성, 미술치료 진행과정, 미술치료사의 전문적 태도, 심리검사, 미술진단검사, 미술표현 촉진기법, 미술치료 기법, 자기탐색 기법 등을 정리하였다. 마지막으로 제11장에서는 미술치료에서의 윤리에 대해 살펴보았다. 여기서는 심리치료에서 다루어야 할 윤리적 문제 외에도, 미술작품이 구체적으로 형성되기 때문에 미술작품에 대한 윤리적 문제도 다루었다.

이 책이 미술치료를 전공하는 대학생 및 대학원생, 일선에서 미술치료를 실시하고 있는 미술치료사를 위한 교재뿐만 아니라 상담사, 교사, 사회복지사, 임상심리사 그리고 인간의 정신건강이나 상담에 관심을 가지고 있는 일반인에게도 도움이 되기를 바란다.

끝으로 사랑과 헌신으로 키워 주신 부모님께 존경과 감사의 마음으로 이 책을 바친다. 그리고 이 책의 출간이 가능하도록 배려해 주신 학지사 김진환 사장님과 편집부 여러분의 노고에도 감사를 드린다.

2006. 4.
정현희

차례

2판 서문 / 3
1판 서문 / 5

제1장 미술치료의 이해 · 13

1. 미술치료의 정의 / 15
2. 심리치료, 상담, 생활지도, 재활교육 및 재활치료와 미술치료의 관계 / 17
3. 미술치료의 가치 / 22

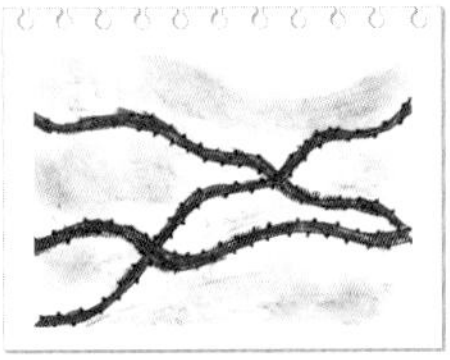

제2장 심리치료에 근거한 미술치료 · 27

1. 미술치료에서의 인간관계 / 29
2. 관계 형성과정 / 33
3. 심리치료사로서의 미술치료사 / 36
4. 치료대상자 마음 형성하기 / 46
5. 치료관계에서의 제한점 / 51

제3장 미술치료의 발전 · 55

1. 미술치료의 역사 / 57
2. 한국에서의 미술치료 / 62
3. 미술치료의 견해 / 63

제4장 미술치료의 이론 · 71

1. 정신분석적 미술치료 / 74
2. Jung의 분석적 미술치료 / 87
3. 현상학적 미술치료 / 94
4. 게슈탈트 미술치료 / 102
5. 인간중심 미술치료 / 109
6. 행동주의 미술치료 / 113
7. 인지행동 미술치료 / 120
8. 발달적 미술치료 / 123
9. 동양적 접근 / 130
10. 통합적 접근 / 137
11. 이론의 평가 / 139

제5장 미술의 치료적 특성 · 143

1. 심 상 / 145
2. 승 화 / 154
3. 창조성 / 159

제6장 미술활동의 치료적 요인 · 167

1. 미술의 생리적 의미 / 169
2. 미술활동 과정의 치료적 요인 / 173

제7장 색채의 심리치료적 의미 · 193

1. 색채감각과 색채지각 / 195
2. 색에 대한 생리적 반응 / 198
3. 색에 대한 심리적 반응 / 203
4. 색의 선호도와 성격: Dewey Color System / 225
5. 색채치료 / 236

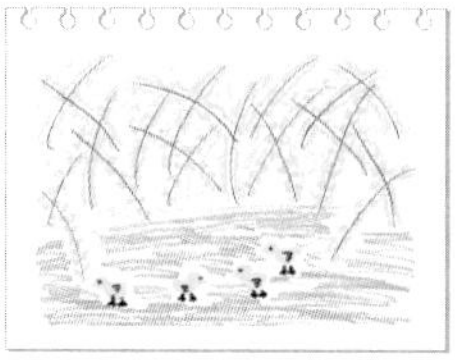

제8장 미술치료실과 미술매체 · 245

1. 미술치료실 / 247
2. 치료대상자 특성과 미술매체 / 253
3. 매체의 종류와 활용 / 260

제9장 미술치료의 시작 · 281

1. 방 문 / 283
2. 면 담 / 284
3. 심리검사의 활용 / 292
4. 미술진단검사 / 311
5. 미술치료 사례개념화 / 325

제10장 미술치료계획 · 331

1. 치료계획 단계 / 333
2. 치료과정 / 336
3. 미술치료사의 역량 평가 / 383

제11장 미술치료와 과학적 연구 · 387

1. 과학적 연구의 단계 / 389
2. 과학적 연구의 요소 / 401
3. 과학적 방법 / 405
4. 미술치료의 연구목적 / 409

제12장 미술치료에서의 윤리문제 · 413

1. 미술치료사 / 415
2. 치료대상자와의 관계 / 416
3. 치료대상자의 권리 / 418
4. 미술작품 / 419
5. 윤리결정 모델 / 422
6. 작품의 보관 / 425
7. 작품의 소유권 / 426
8. 심리검사로의 활용 / 428

참고문헌 / 431
찾아보기 / 449

제1장
미술치료의 이해

1. 미술치료의 정의
2. 심리치료, 상담, 생활지도, 재활교육 및 재활치료와 미술치료의 관계
3. 미술치료의 가치

1. 미술치료의 정의

미술치료는 심리치료를 하는 데 있어 미술을 치료적으로 활용하는 심리치료의 한 분야이다. 심리치료 이론을 기초로 하여, 미술활동을 통한 자아표현, 자아수용, 승화, 통찰에 의해 개인의 갈등을 조정하고 심리문제를 해결하여 자아성장으로 이끈다. 미술활동을 통해 심리치료를 할 수 있는 것은 미술활동이 인간의 심상을 시각화해 놓은 것이고, 인간의 심상은 경험을 통해 형성되기 때문이다. 미술활동에서는 개인이 자신도 모르게 쌓은 경험, 말로는 표현하기 어려운 생각과 감정, 자신의 성격, 욕구와 소망 등이 은연 중에 나타나므로 개인의 미술활동에서 개인의 내면을 볼 수 있다.

그림 1-1 욕구나 경험이 표현된 그림

자신의 상황을 그리라는 지시에 벌을 서는 자신의 모습을 그린 것이다. 이 아이는 자기가 나쁜 아이기 때문에 벌을 받는다고 했다. 미술치료를 통해 구체적으로 어떤 행동이 좋지 않은 행동이고, 어떤 행동이 좋은 행동인지 알려 줄 필요가 있으며, 자신이 나쁜 아이가 아님을 인식시켜 주는 것이 필요하다.

미술활동은 개인의 느낌이나 사고, 문제점을 전달해 줄 뿐 아니라 정신적 문제를 이겨내고 회복하는 데도 도움을 준다. 학대, 상실, 폭력, 재난 등의 정신적 외상들이 미술활동을 통해 표현됨으로써 개인이 지니고 있는 긴장과 불안이 해소된다. 그러나 표현되지 않은 고통스러운 경험은 미해결된 채 마음 깊이 억압되어

그림 1-2 불타고 있는 마음

표현되고 이해되면 더 이상 외상이 아니다.

그림 1-3 돌 같은 마음

장애아 어머니의 돌덩어리 같은 고통이 표현되었다 → 이 마음을 깨뜨려 보고 싶다는 느낌을 갖게 되었다 → 가벼워짐을 경험할 수 있다 → 정서적 안정이 현실을 인정하고 긍정적으로 행복하게 사는 방법을 생각해 볼 여유를 줄 수 있다.

그림 1-4 불안했던 경험

깨닫지는 못했지만 내 마음을 차지하고 있었던 것이 표현되었다. 놀림받고 고립되었던 경험이 다른 사람에게 다가가는 것을 힘들게 만들었다.

개인의 행동을 지배하고 그것은 훗날 문제행동으로 그 증상이 나타나게 된다.

미술활동은 개인의 무의식을 의식화하는 데 매우 유용하며, 자발적인 미술활동은 개인의 내면세계가 조화를 이룰 수 있도록 도와준다. 미술활동이 다른 활동보다 유리하다고 하는 점은 그리는 것 혹은 만드는 것 자체가 즐거움을 준다는 것이다. 또한 미술에 의한 표현은 사회적 · 윤리적 비난에서 벗어나게 되어 표현에 대한 안전감을 느낄 수 있기 때문이다.

그러나 단순히 미술치료사가 미술활동을 소개한다고 해서 치료대상자의 정서가 표현되고 이완되며, 저절로 내면세계가 조화를 이루게 되는 것은 아니다. 미술치료사의 미술치료에 대한 구체적 이론, 실제 기법, 미술창작 과정에 대한 지식, 인간행동의 이해, 임상경험 등이 선행되었을 때, 치료대상자의 정서적 안정, 갈등해결, 치료적 변화가 나타나는 것이다.

미술치료는 비언어적 의사소통 기법이다. 이 기법을 반복 시행함으로써 시각적 이미지가 구체화되고, 여기에 언어적 보완이 이루어지면서 지금까지의 자기상실, 왜곡, 방어, 억제 등의 상황에서 벗어나 보다 명확하게 자아인식, 자기실현을 이루게 하는 심리치료의 한 분야다.

■ 표 1-1 ■ 미술치료의 방법과 목표

방법	목표
미술의 활용	자아상, 자아관 발견
비언어적 의사소통	인격의 통합, 재통합
시각적 이미지 표출, 언어적 보완	자아인식, 자기실현

미술치료는 회화요법, 묘화요법, 그림요법 등으로 사용되는 경우도 있다. 그러나 미술은 그림만이 아닌 모든 미술활동을 포함한다. 'Art therapy'가 예술치료로 번역되는 경우도 있는데 여기에는 미술뿐 아니라 음악, 드라마, 문학, 무용(동작) 등 모든 예술이 포함된다. 따라서 미술치료라고 할 때는 예술의 한 영역인 미술활동, 즉 그림, 조소, 디자인, 서예, 공예 등 미술의 전 영역을 활용하여 심리치료를 하는 것이다.

2. 심리치료, 상담, 생활지도, 재활교육 및 재활치료와 미술치료의 관계

미술치료는 미술활동을 치료적으로 활용하여 인간의 문제행동이나 잠재적 문제행동을 제거 또는 예방함으로써 인간의 적응, 성숙, 발달을 도와주는 심리치료의 한 분야다. 심리치료와 유사한 목적으로 유사한 활동을 하는 분야에 대한 이해는 미술치료 영역의 이해에 도움이 된다. 이러한 분야에는 상담, 생활지도가 있다. 또한 미술치료는 재활교육, 재활치료에도 활용된다. 여기에서는 심리치료, 상담, 생활지도, 재활교육 및 재활치료에 대해 간단히 살펴봄으로써 미술치료 적용 분야에 대한 이해를 돕고자 한다.

1) 심리치료

심리치료의 사전적 의미는 인간의 긍정적인 성격발달을 증진시킬 목적으로 인간이 지니고 있는 심리적 · 행동적 증상을 제거, 수정, 완화하고 장애행동을 조정하는 것이다. 그러기 위해서 훈련된 치료사가 환자와 전문적인 관계를 의도적으로 형성하여 환자의 정서적 · 사회적 · 행동적 문제를 심리학적 방법으로 치료하는 것이다.

2) 상담

상담은 도움을 필요로 하는 사람이 전문적 훈련을 받은 상담사와의 대면관계를 통해 문제의 해결과 사고, 행동 및 감정 측면에서 인간적 성장을 위해 노력하는 학습과정이다(이장호, 1996). 전문적인 관계를 바탕으로 정서적인 문제에 심리학적으로 접근한다는 면에서 심리치료와 상당히 비슷하다고 볼 수 있다.

3) 심리치료와 상담

심리치료와 상담은 이론적 원리나 방법에 있어 공유하는 부분이 상당히 많다. 유사한 인간의 정신세계를 다른 용어로 설명한다고 볼 수도 있다. 따라서 단순하게 이 부분은 상담, 저 부분은 심리치료라고 구분하기는 어렵다.

심리치료와 상담의 목적은 모두 인간이 자신의 잠재력을 개발하고 일상생활에 잘 적응할 수 있도록 도와주는 것이다. 심리치료와 상담 모두 정서, 사고, 행동, 대인관계, 성격장애 등을 실제의 현장에서 다루고 있다.

4) 생활지도

생활지도는 주로 유아교육기관, 학교기관 등에서 사용되는 용어로 영유아, 아동, 청소년의 발달 및 적응을 돕기 위한 교육적 활동이다. 교사들의 활동으로 여겨져 왔으나, 현재의 실제 교육현장에서는 생활지도가 심리치료나 상담의 전문 영역으로 인정받고 있다. 특히, 학교사회복지실천, 장애아 통합교육 영역에서 심리치료사, 사회복지사, 특수교사 등이 영유아, 아동, 청소년 개개인의 문제나 특정 집단을 상담 및 교육하는 역할을 담당하고 있다.

5) 심리치료, 상담, 생활지도와 미술치료

생활지도의 영역이 확대되고 전문화됨으로써 심리치료, 상담, 생활지도의 영역이 중복되고 있다. 특히, 오늘날 상담 및 심리치료의 목표가 '건강한 개인을 더욱 건강하게' '문제의 예방, 정신건강, 스트레스 완화' '행복 느끼기' 등의 생활 영역까지 확대되어 가고 있기 때문에 이러한 현상이 더욱 증가하고 있다. 따라서 미술치료는 미술활동을 통해 심리치료, 상담, 생활지도가 이루어지는 것이라고 볼 수 있다.

6) 재활교육 및 재활치료와 미술치료

미술활동은 미술작품의 형성과정이 개인의 인지적 · 정서적 · 사회적 · 신체적 · 언어적 발달에 도움을 주게 됨으로써 재활교육 및 재활치료와 중복되고 있다.

그림 1-5 발달지체(시지각통합)

시지각과 손근육 통합을 위한 미술치료

그림 1-6 노인(모자이크)

손근육운동에 장애가 온 노인에게 활용된 미술치료. 미술활동과정에서의 적절한 즐거움은 교육이나 치료를 받는다는 의식 없이 활동에 임할 수 있게 한다.

그림 1-7 인지발달 수준이 나타남

13세 정신지체아의 그림이다. 그림 표현이 6세 아동의 인지 수준과 유사하다.

미술활동은 시지각과 손근육을 필요로 하며, 인지적 상태, 정서적 상태, 사회적 태도가 나타나는 재미있는 활동이다. 이는 미술활동이 재활치료가 될 수 있는 근거가 된다. 실제로 미술은 발달지체아동치료, 노인치료에서 다양하게 활용되고 있다.

한편, 미술치료는 전문적인 심리치료를 목적으로 하지 않는 경우에도 그 자체에 개인의 발달, 정서, 사고, 태도가 스며들어 있으며, 미술활동이 실제로 그 분야의 성장을 도와주기도 한다. 또한 미술작품을 통해 자기 자신과의 의사소통, 타인과의 의사소통이 촉진되기도 한다.

이상과 같이 심리치료, 상담, 생활지도, 재활교육 및 재활치료는 중복되는 경우가 많음을 볼 수 있다. 따라서 미술치료는 심리치료, 상담, 생활지도, 재활교육 및

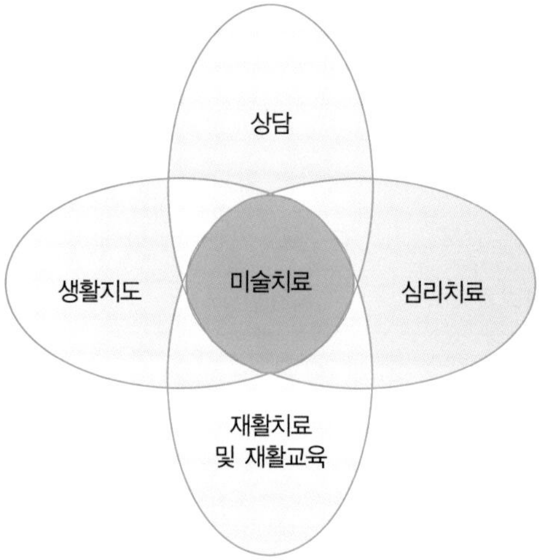

그림 1-8 분야의 중복

치료에 적용된다고 할 수 있다.

[그림 1-8]과 같이 중복되는 영역이 많은데도 구분해서 사용하는 것은 '누가' '어디에서' '누구를 대상으로 하느냐'에 따른 편의상의 구분(이장호, 1996)이라고 볼 수 있다. '누가 담당하는가'에서 전문가적 훈련, 경험, 능력, 자격으로 구분하기는 어렵다. 일반적으로 어느 학문 분야에서 훈련을 받았느냐에 따라 구분된다고 보는 것이 타당하다.

'어느 장소인가'는 교육현장이냐, 병원이냐, 연구소냐, 상담소냐, 복지관이냐와 같이 구분될 수 있다. 장소에 따라 대상자를 환자, 내담자, 학생 등으로 다르게 부르기도 한다.

심리치료는 주로 임상심리학, 정신의학, 사회복지학 분야에서, 상담은 상담심리학 분야에서, 생활지도는 교육학 분야 등에서 불리는 경향이 있기는 하나 혼용되어 불리기도 한다.

■ 표 1-2 ■ 심리치료, 상담, 생활지도, 재활교육 및 재활치료의 비교

구 분	누 가	어디에서	누구를	학문 분야
심리치료	심리치료사	병원	환자	임상심리학, 정신의학
상담	상담사	상담소, 학교	내담자	상담심리학
재활교육	특수교사	특수교육기관	장애인	특수교육학
재활치료	심리치료사	치료실	장애인	특수교육학

다양한 학문 분야에서 유사한 내용이 중복되어 다루어진다고 하는 것은 인간의 정신세계가 매우 복잡하며, 인간의 심리적 · 행동적 문제를 다루는 데 있어 학제 간의 연구와 접근이 필수적임을 나타내는 것이라고 볼 수 있다. 따라서 치료사 개인의 학문 영역에 관계없이 인간에 대한 관심과 애정, 전문적 · 윤리적 책임을 다할 수 있는 교육, 수련, 경험 그리고 본인의 바람과 사회의 요구가 있으면, 심리치료, 상담, 생활지도 및 재활의 어느 영역에서든 인간의 심리적 · 행동적 문제들을 충분히 다룰 수 있을 것이다(이장호, 1996).

또한 학문 분야에 따라 사용하는 용어가 다르다. 이 책에서는 편의상 환자나 내담자라는 용어보다는 치료대상자라는 용어를 사용하도록 하겠다.

3. 미술치료의 가치

미술치료는 다른 심리치료와 마찬가지로 연구되어야 할 부분이 많고 제한점도 있다. 그러나 심리치료의 한 방법으로서 독특한 가치를 지니고 있다. Wadeson(1980)이 언급한 미술치료의 장점을 중심으로 미술치료의 가치에 대하여 살펴보고자 한다.

첫째, 미술은 심상의 표현이다.

인간은 언어보다 먼저 심상으로 사고하는 경우가 많다. '선생님은 어떤 사람

인가' 라는 주제가 주어졌다면 선생님에 대해 언어적 사고가 이루어지기 전에 선생님의 심상이 먼저 떠오른다.

심상 형성은 삶의 초기 경험이 중요한 요소가 된다. 그리고 형성된 심상은 성격 형성에 중요한 역할을 한다. 언어적 치료법에서는 꿈, 환상, 경험이 언어로 해석되는 데 반해, 미술치료에서는 심상으로 표현된다.

그림 1-9 왕관

선생님이 씌워 준 왕관은 선생님에 대한 좋은 심상을 갖게 해 선생님과 관련된 행동에 영향을 준다.

둘째, 미술은 방어가 감소된다.

심상과 밀접한 관련이 있는 것이 방어다. 언어는 주로 의식차원에서 이루어지며, 이성의 통제를 받을 수 있다. 그러나 미술은 비언어적 수단이므로 이성적 통제를 언어보다 덜 받는다. 예상치 않았던 표현이 미술작품에 나타나며, 치료대상자의 의도와는 전혀 다르게 표현되기도 한다. 이는 치료에서 중요한 의미를 지닌다. 예상치 않았던 표현과 이 표현에 대한 인식은 통찰, 학습, 성장으로 나아가는 촉매가 되기도 한다.

그림 1-10 방어의 감소

자신도 모르게 예상하지 못한 표현이 나온다. 자신이 문제를 가지고 있음을 알리고 싶지 않았는데 문제가 드러났다.

셋째, 미술은 구체물이 형성된다.

미술활동을 통해 눈으로 볼 수 있고 만져 볼 수 있는 자료가 형성된다. 미술의 이러한 면이 치료에서 중요한 의미를 갖는다. 치료대상자가 만든 구체적인 자료를 통해서 치료자와 치료대상자 사이에 다리가 놓인다.

저항이 강한 치료대상자의 감정이나 사고 등도

그림 1-11 부정하기 어렵다(구체물)

좋은 부녀관계라고 했으나, 그림에서는 아버지 손에 있는 회초리와 도망가는 자신이 보인다.

그림이나 조소를 통해 구체화된다. 그리고 자신이 만든 작품을 보고 자신의 실존을 깨닫게 된다. 어떤 대상자는 단 한 번의 작품에서 자신의 감정을 느끼기도 하는데, 저항이 강한 대상자는 더 오랜 시간이 걸린다.

넷째, 미술은 자료의 영속성이 있어 자신을 회상할 수 있다.

미술작품은 보관이 가능하기 때문에 치료대상자가 만든 작품을 필요한 시기에 재검토해 볼 수 있다. 때로는 새로운 통찰이 일어나기도 하며, 대상자 자신이 이전에 만든 작품을 다시 보면서 자신의 감정을 회상하기도 한다. 미술작품은 주관적인 기억의 왜곡을 방지할 수 있다.

그림 1-12 이렇게 변했어요(치료 전)

그림 1-13 이렇게 변했어요(치료 후)

치료를 통한 자신의 변화를 시각적으로 볼 수 있다.

또한 작품 변화를 통해서 치료과정이 한눈에 이해될 수 있다. 치료팀의 회의에서도 작품은 치료대상자의 생생한 목소리를 전달할 수 있다.

다섯째, 미술은 공간성을 지닌다.

언어는 일차원적 의사소통 방법이다. 한 번에 한 가지씩 이야기해 나간다. 그러나 미술표현은 본질적으로 공간적이다. 인물들, 상황, 장소 간의 관계특성이 한 공간에 표현된다.

그림 1-14 공간성

현재 나의 소망, 미래에 대한 두려움, 과거의 힘든 경험이 한눈에 보인다.

여섯째, 미술은 창조성과 신체적 에너지를 유발한다.

미술활동을 시작하기 전에 신체적 에너지가 떨어져 있는 치료대상자는 미술활동을 하고 자신의 작품을 감상하며 토론하고 정리하는 과정에서 활기찬 모습으로 변하는 경우가 자주 있다. 체내의 에너지 수준이 변화한다는 것을 느끼는 대상자도 많다. 미술활동은 단순한 신체적인 운동이라기보다는 창조적 에너지를 발산시키는 역할을 한다.

그림 1-15 더 표현하고 싶어요

활동을 하지 않으려다가 먹물을 불었다. 이 먹물 불기를 시작으로 점점 표현의욕이 증가되었다. 결국 미술활동은 나에게 의미 있는 시간이 된다.

제2장

심리치료에 근거한 미술치료

1. 미술치료에서의 인간관계
2. 관계 형성과정
3. 심리치료사로서의 미술치료사
4. 치료대상자 마음 형성하기
5. 치료관계에서의 제한점

미술치료에서는 심리치료가 그 바탕을 이루고 있다. 미술치료에서 요구되는 심리치료에 관한 내용을 미술치료에서의 인간관계, 관계 형성과정, 심리치료사로서의 미술치료사, 치료대상자 마음 형성하기, 치료관계에서의 제한점으로 나누어 간단히 살펴보고자 한다. 심리치료에 대한 더 자세한 내용은 심리치료나 상담학 관련 서적을 참고하면 될 것이다.

1. 미술치료에서의 인간관계

미술치료에서의 인간관계는 개인이 일상생활에서 겪는 일반적인 인간관계와는 구별되는 독특한 특성을 지니고 있다. 이는 심리치료에서의 인간관계가 단순히 사람과 사람이 상호작용하는 관계나 복종하고 의존하는 관계와는 다르기 때문이다.

1) 전문적인 관계

심리치료에서 치료사와 치료대상자의 관계는 전문적인 관계다. 이는 치료대

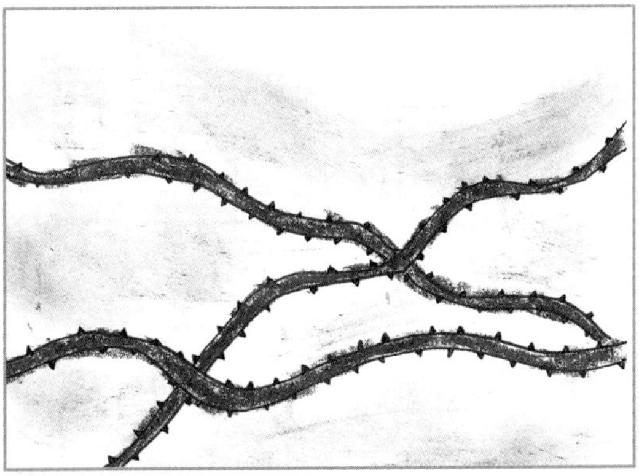

그림 2-1 나의 마음

가시 돋친 나의 마음이 표현된다.

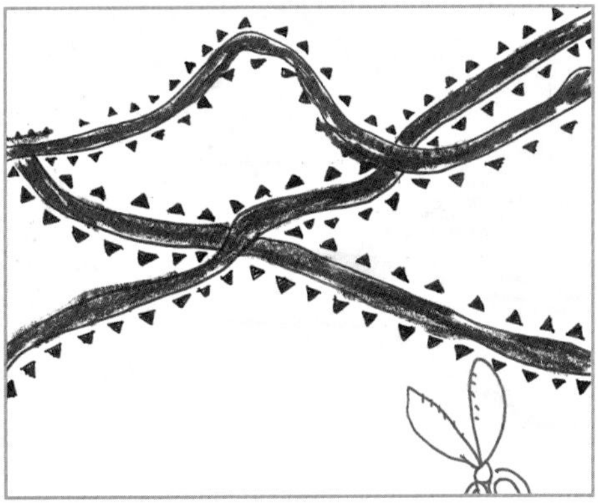

그림 2-2 목적

치료사는 치료대상자가 스스로 자신의 마음의 가시를 잘라야 한다는 인식을 갖게 하는 데 도움을 준다.

상자가 자신의 문제를 정확히 알든 모르든 치료라는 목적을 가지고 만나는 관계다.

치료사는 치료대상자가 겪고 있는 문제나 증상을 치료대상자 스스로의 힘으로 해결할 수 있도록 도와주는 전문가다. 다시 말해서 치료대상자가 궁극적으로 행복하고 적응하는 사람이 될 수 있도록 도와준다. 그리하여 치료대상자가 나름대로 자신이 속한 사회에 공헌할 수 있도록 도움을 주는 것이다.

2) 내적 세계와의 접촉

치료사는 치료대상자의 내적 세계와 만나서, 치료대상자로 하여금 자신이 누구며 어떤 욕구, 사고, 감정, 행동을 갖고 있는가를 이해할 수 있도록 도와준다. 그렇게 하기 위해 치료사는 치료대상자가 자신을 드러낼 수 있도록 치료 분위기를 조성한다.

이러한 과정은 과학적 근거와 믿을 만한 임상적 경험에 근거하여 이루어진다. 치료사는 전문적인 훈련을 쌓은 사람으로,

그림 2-3 칠하고 싶은 대로 칠하기

편하고 쉽게 자신을 드러낼 수 있는 과제를 줌으로써 치료 분위기를 이끌어 낼 수 있다.

내면으로의 접근

매체를 활용해서 그림을 그려 보세요!
➡ 도식적 재현
나무를 그려 보세요!
➡ 자유화에 뒤이은 지시로 덜 억제된 반응
선, 형태, 색을 사용하여 자신이 느끼는 것을 그리세요!
➡ 느낌의 표출

-Cohen(1995)의 진단그림 시리즈

자신의 전문적 지식과 경험을 타인의 행복과 복지를 위해 사용하는 사람이다.

3) 독점적인 관계

심리치료의 시간은 치료사와 치료대상자만의 시간으로 이 시간에 신뢰로운 관계가 이루어진다. 치료대상자는 치료시간만큼은 어떤 다른 사람에게도 방해받지 않으며 위태롭지 않다는 것을 경험해야 한다. 치료시간에 있었던 일은 외부에 노출하지 않기 때문에, 치료대상자가 지금까지 감추었던 감정이나 사고가 이 관계 속에서 표현된다([그림 2-5]).

그림 2-4 나의 마음(선과 색깔로 느낌 표출)

선이나 색깔을 통한 표현에서 의도하지 않은 자신의 느낌이 감지될 수 있다.

그러나 학대나 자살 위험처럼 외부의 다른 사람과 공유되어야 하는 사건의 경우에는 비밀유지의 한계에 대해서 미리 논의해야 한다.

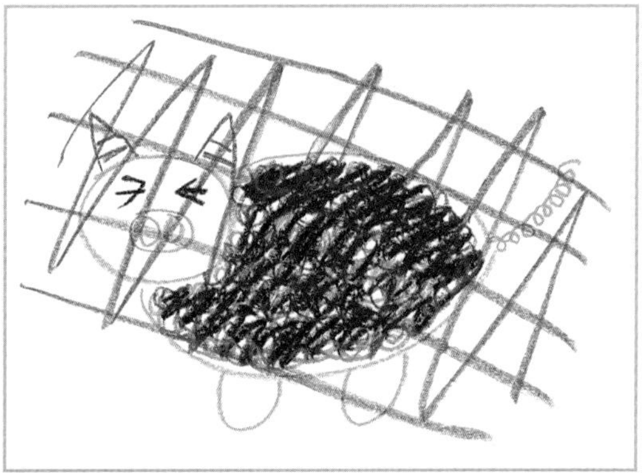

그림 2-5 독점관계

우리에 가두고 싶은, 내가 미워하는 사람을 표현한 것이다. 이러한 나의 마음이 치료사와 치료대상자만의 시간에서 표현된다.

4) 압력이나 강요가 없는 관계

치료관계는 어떤 종류의 압력이나 강요가 없다. 나누기 싫은 내용에 대해서는 침묵해도 좋다([그림 2-6]). 치료시간은 치료대상자의 시간이지 결코 치료사의 시간이 아니기 때문이다. 충고, 제안, 압력이 치료에서는 일어나지 않는다.

치료사는 조심스럽게 치료대상자에게 다가가되 그를 앞서가지 않는다. 이렇게 함으로써 치료대상자는 심리적 성숙의 기초를 닦고, 자발적이고 독립적인 사람으로 성숙되어 간다.

그림 2-6 이야기 안 해도 된다

치료대상자가 힘든 자신의 마음에 대해 이야기하지 않아도 치료사는 미술표현에서 치료대상자의 힘든 상황을 이해할 수 있다.

5) 목적이 있는 관계

치료관계는 치료사가 어떤 때는 개입하기도 하고, 어떤 때는 치료대상자가 자기 자신을 내적으로 탐색하고 있음을 이해하여 그를 그대로 두기도 하면서, 치료대상자가 치료과정을 이끌어 나가도록 해 주는 두 사람 간의 관계다. 때때로 치료대상자의 자기탐색 과정에서 치료사는 치료대상자를 밝은 곳으로 이끌어 줘야 한다(김기석, 1972). 이런 과정을 거쳐 치료대상자의 은유나 상징적인 표현이 현실에 대한 직접 표현으로 바뀌게 된다.

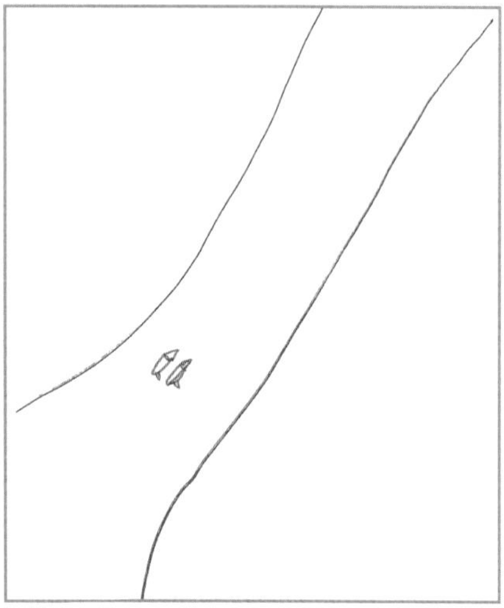

그림 2-7 나의 탐색(목적관계 1)

나는 너무 외롭다.

그림 2-8 치료사의 개입(목적관계 2)

[그림 2-7]의 표현에서는 외롭지 않기 위한 길을 찾는 것이 밝은 곳으로 가는 것이다. 치료사의 개입으로 치료대상자는 발자국 옆에 다른 사람의 발자국을 표현하고 아주 즐거워하였다.

이러한 미술치료의 인간관계 특성은 각 특성 내용에서 보았듯이 다음과 같은 미술치료의 목적이 있기 때문에 나타난다.

미술치료의 목적

- 자아의 느낌, 생각, 사고의 탐색 촉진
- 정신적 문제 인식과 정서 확인
- 자신감, 성취감, 자아통제 부여
- 생활의 의미 발견
- 부적응행동의 이해
- 긴장완화, 정서이해, 갈등해결
- 대처기술 터득

2. 관계 형성과정

미술치료의 초기에 치료대상자는 치료에서의 인간관계 특성을 제대로 파악하지 못하고, 심리치료에서의 인간관계와 이제까지의 인간관계를 비슷하게 생각하거나 치료관계가 어떻게 다른지 알기 위한 시도를 하기도 한다. 이러한 점을 미술치료사가 충분히 파악하고 있어야 치료관계를 잘 이끌어 나갈 수 있다. 관계 형성과정을 살펴보고자 한다.

1) 시험하기

치료의 초기 단계에 치료대상자는 미술치료사를 볼 때 이 사람을 믿어도 될지, 나에게 좋은 사람인지 아닌지 하는 불확실성을 갖는다. 치료가 필요한 치료대상자의 대부분은 과거에 다른 사람과의 좋지 않은 기억을

그림 2-9 시험적 태도

간단하고 같은 그림만 반복해서 그렸다. 자신을 드러내기를 꺼린다는 것을 알 수 있다. 이 아동은 버스만 10장을 그렸다.

가지고 있고, 이러한 경험으로 타인과 관계를 맺는 것 자체에 부담을 가지고 있다.

치료대상자들은 미술치료사의 반응을 탐색하기 위한 몇 가지 시험을 시도한다. 즉, 어디까지 신뢰할 수 있고, 내가 어디까지 행동할 수 있나, 내 모습을 받아주나 등을 탐색한다.

미술치료사는 자신이 치료대상자를 도와주려는 사람이라는 것을 관심, 지지, 격려를 통해 치료대상자에게 전달해야 한다. 치료대상자가 불안감을 가지고 작품을 구성하면, 하고 싶은 미술활동을 하게 하는 것도 한 방법이다. 치료대상자는 요청한 내용과는 상관없는 것을 작품에서 표현하기도 하는데, 이는 미술치료사에 대한 방어 또는 신뢰의 테스트라고 볼 수 있다.

2) 신뢰하기

미술치료사에 대하여 치료대상자가 신뢰감을 형성하는 데 걸리는 시간에는 개인차가 있다. 미술치료사는 이 시간을 인내심을 가지고 지켜봐야 한다. 치료사가 따뜻하게 대한다 해도 치료대상자가 자신의 마음을 여는 것은 쉬운 일이 아니다. 그러나 치료라는 독특한 관계에서 치료대상자의 신뢰를 끌어내는 것은 반드시 이루어져야 할 중요한 일이기 때문에 많은 시간이 걸리더라도 신뢰를 얻을 때까지 기다려야 한다.

그림 2-10 신뢰하기 a

명수는 아주 조용하고 기가 죽은 듯이 보이는 아동이었다.

그림 2-11 신뢰하기 b

아주 소심하고 불안한 이제까지의 그림에서 급격히 변화된 그림의 표현을 보였다. 자신의 내면에 가지고 있던 공격적인 면의 일부를 표현해 보이고 있다.

이와 같이 치료관계는 전문적인 관계로서 치료사와 치료대상자 간에 형성되는 특수한 관계다.

3) 노출하기

치료대상자가 치료사와의 관계에서 신뢰를 형성하게 되면 자신을 열어 보이는 모험을 하게 된다. 자신만의 비밀을 그리기도 하고 이야기를 하기도 한다. 미술치료사는 치료대상자의 자기노출에 당황함을 보이지 않고 치료대상자가 원하는 것을 파악하는 것이 중요하다. 치료사가 당황하는 것을 보게 되면 치료대상자는 다시 마음을 닫을 수 있기 때문이다.

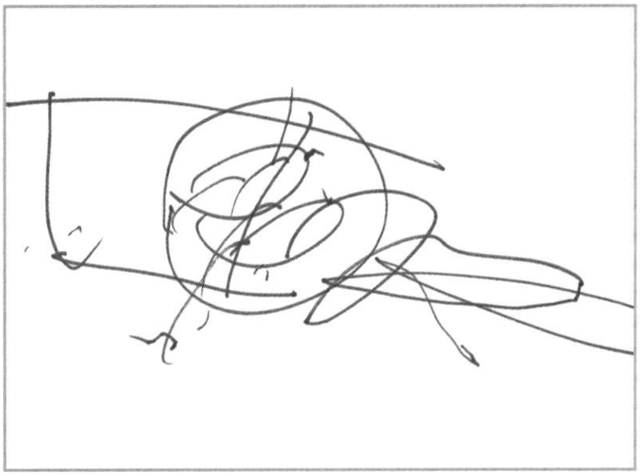

그림 2-12 울어요(노출하기)

[그림 2-9]처럼 버스만 반복해서 그린 후에 "울어요."하면서 눈물을 크게 그렸다. 어머니는 이 그림을 보고 "우리 아이는 슬플 거예요." "내가 자주 때려요." "내가 전혀 애정을 주지 않았어요." 하면서 자신에 대한 이야기를 하였다.

미술치료의 관계에서는 치료대상자의 감정에 치료사가 응하는 것이다. 대체로 일반적인 대인관계에서는 언어의 내용에 주의를 기울이는 것이 보통이며, 그 언어가 내포하는 감정에는 주의하지 않은 경우가 많다. 그러나 심리치료에서는 치료사가

■ **표 2-1** ■ **치료사와의 관계 형성**

관계 유형	내 용	
시험하기	치료대상자	믿어도 될까? 어디까지?
	치료사	관심, 지지, 격려
신뢰하기	치료대상자	마음 열기
	치료사	감정에 응하기, 인내하기
노출하기	치료대상자	모험, 저항, 탐색
	치료사	지지, 격려, 공감

표현된 언어의 이면에 있는 치료대상자의 감정과 태도를 인식하고, 치료대상자로 하여금 그 감정을 표현하게 하는 일이 아주 중요하다.

치료사의 지지와 공감은 치료대상자가 표현하고 싶은 것을 다 표현해 볼 수 있도록 도와준다. 치료대상자는 자신을 노출시키는 모험을 하면서 저항을 하기도 하고, 자신이 만든 작품을 보며 자신을 탐색하는 과정을 거치기도 한다. 이러한 심리치료 관계를 통해 미술치료의 목표에 도달하게 된다.

3. 심리치료사로서의 미술치료사

심리치료 관계의 독특성으로 인해 미술치료사가 지녀야 할 심리치료사로서의 일반적인 특성이 있다. 그 특성을 치료사의 태도와 전문기술로 나누어 살펴보고자 한다.

1) 치료사의 태도

심리치료를 기초로 하여 미술치료사가 지녀야 할 태도에는 민감성, 허용성, 의사소통성, 인내성, 양면감정에 응하기 등이 있다.

(1) 민감성

미술치료사는 민감성을 지녀야 한다. 민감성은 치료대상자의 생각과 감정을 예민하게 느끼고 그에 적절하게 대처하는 것을 말한다. 이러한 치료사의 민감성은 치료대상자와 깊은 정서관계를 수립할 수 있게 해 준다.

■ 표 2-2 ■ 민감성에서의 유의점

• 치료를 위한 정서적 관여
• 치료대상자와의 정서적 분리
• 중립적 심리상태에서의 공감

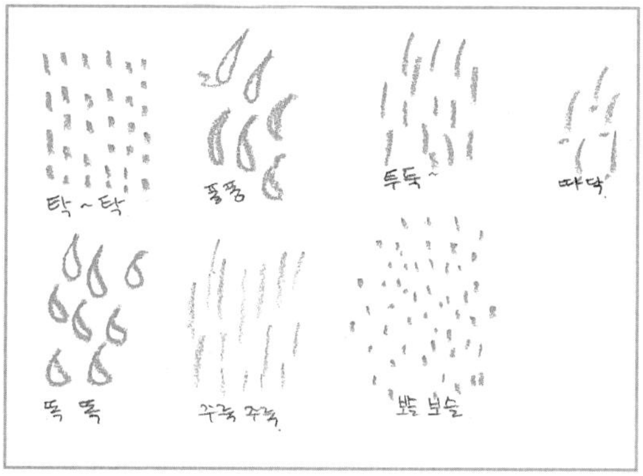

그림 2-13 민감성훈련 a

비 내리는 모습 표현해 보기

그림 2-14 민감성훈련 b

다양한 감정을 색깔로 표현해 보기

그러나 치료사의 정서적 관여는 엄격하게 치료대상자의 치료를 위해서라는 것을 알아야 한다. 즉, 한계를 가진 관계여야 한다는 것이다. 치료사가 치료대상자와 정서적으로 분리되어 있을 때, 치료사는 치료대상자에게 공감하면서도 치료대상자가 보지 못하는 점, 지각하지 못하는 면을 지각하고 비추어 줄 수 있다.

치료사는 치료관계에서 어느 정도 정서적으로 빠질 수 있다. 그러나 치료대상자의 감정에 동요되지 않으면서 감정에 공감하는 중립적인 심리상태를 유지하도록 노력해야 한다. 치료대상자에게 관심과 감수성으로 임하면서, 확고한 한계를 지닌 정서적 애정으로 대하여야 한다.

그림 2-15 나의 마음(허용성)

어떤 표현도 가능하다.

(2) 허용성

치료사는 허용성을 지녀야 한다. 치료대상자가 자신의 감정을 자유롭게 표현하도록 하는 것이 치료사의 허용성이다. 그렇다고 허용이 규칙이 전혀 없다는 것을 의미하지는 않는다. 치료대상자가 자신의 모든 감정을 자유롭게 표현할 수 있도록 치료사가 치료대상자를 격려한다는 것이다. 수치심, 두려움, 증오, 적의, 원한, 후회, 번민, 죄책감 그리고 일상생활에서 금지된 충동과 감정, 태도까지도 자유롭게 표현하도록 격려하는 것이다. 또 치료를 받으러 오는 데 대한 혐오감, 치료사에 대한 적의까지도 허용하는 것이다.

치료사는 도덕적 · 판단적 태도를 취하지 않는다. 치료사가 치료대상자를 진실로 이해하려는 태도를 표시함으로써 치료대상자는 점차 치료 중에는 자신의 모든 감정과 상태를 표현할 수 있다는 믿음을 갖게 된다.

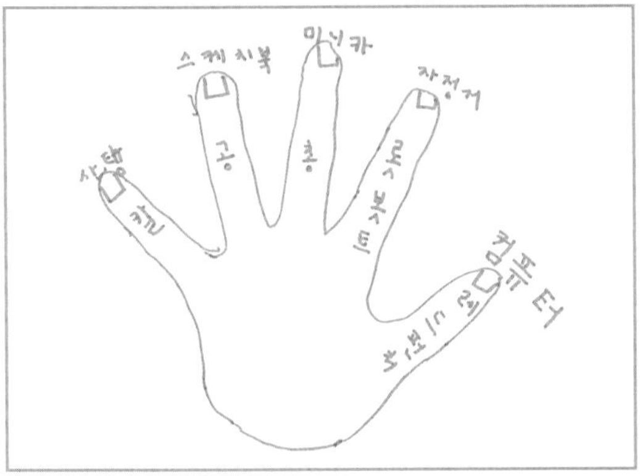

그림 2-16 내가 받은 선물, 받고 싶은 선물

내가 실제로 받은 선물과 받고 싶은 선물 간에 차이가 있음이 시각적으로 드러나고, 어머니와 자신에 대한 이야기가 쉽게 이루어질 수 있었다.

(3) 의사소통성

의사소통이 언어적으로 이루어지든 비언어적으로 이루어지든, 치료사와 치료대상자의 관계에서 의사소통은 매우 중요하다. 따라서 의미 있는 의사전달 방법을 찾는 것이 치료에서 필수적 요소다. 이를 위해 미술치료사의 창조적 능력이 요구된다([그림 2-16]).

그림 2-17 분노

준비될 때까지 그림을 해석하지 않았다. 치료대상자가 충분히 자신의 부정적 감정을 표현할 수 있도록 해 주었다.

(4) 인내성

인내는 치료사가 서두르지 않고 치료대상자를 뒤에서 격려하고 지지해 주는 것이다. 미술치료사의 인내는 치료대상자의 자유로운 감정 표출을 가져온다. 이 감정 표출을 통해 치료대상자는 갈등과 문제의 핵심에 도달하게 된다. 그리하여 진정한

■ 표 2-3 ■ 인내에서의 해석 지침

- 대상: 치료대상자의 방어기제, 생각, 느낌, 태도
- 시기: 치료대상자의 받아들일 준비
  거의 깨닫고 있으나 확실하게 개념화를 못하고 있을 때
- 방법: 초기-느낌의 반영
  진행과정-생각, 태도의 명료화
  중기 이후-심층적 해석

문제를 점차 이해하게 된다. 치료사는 재촉하지 않고 치료대상자의 속도와 능력에 맞춰 따라간다.

치료대상자가 자신에 대해 완전한 절망, 포기, 실망, 두려움을 느꼈을 때도 치료사는 치료대상자를 이성적으로 이해시키려고 하지 않아야 한다. 객관적 사실에 대한 설명에도 치료대상자는 그런 감정을 가지기 때문이다.

치료사는 치료대상자로 하여금 그런 감정을 인지하게 해 주고, 치료대상자 스스로 자신이 그런 감정을 지니고 있다는 것을 깊이 체험하게 해 주어야 한다. 치료대상자가 자신에 대한 최악의 감정을 경험하게 되면, 비록 그 감정이 사실이라고 해도 그것이 자신의 전부가 아니라는 점을 느끼게 된다.

치료대상자가 자기 마음의 가장 힘든 면을 들여다보고 그것을 미술치료를 통해 수용하여야만, 비로소 자신을 변화시킬 용기와 더 나아가 자신에게 있는 강점을 인식할 마음의 여유가 생기게 된다.

■ 표 2-4 ■ 치료사의 인내

- 감정의 표현
- 불안감 제거
- 감정 탐색
- 감정 인지
- 감정 수용
- 변화의 용기
- 장점의 인식

(5) 양면감정에 응하기

치료사의 중요한 태도로서 치료대상자의 양면감정에 응하는 자세와 기술이 필요하다. 치료대상자가 표현하는 명확한 감정에 대해서는 비교적 대응하기 쉽지만 양면감정(예를 든다면, 미워하는 마음과 사랑하는 마음이 뒤섞여 있는 감정)에 대해서는 잘 응하지 못하는 경우가 많다.

양면감정도 다른 감정과 마찬가지로 그대로 인지되고 수용되며 명료화되어야 한다. "어머니가 밉기도 하고 좋기도 하다는 말이군." "가사에 충실하고 싶기도 하고 벗어나고 싶기도 하시군요."처럼 양면감정이 명확하게 밝혀지면 치료가 진전된다.

그림 2-18 양면감정

꽃도 가꾸고 물도 주고 싶고, 이런 상황을 벗어나고 싶기도 하다.

복잡한 여러 감정 중에서 한 감정만을 치료사가 인지하면 치료가 지연될 가능성이 있다. 가족에 대해서 긍정적인 감정도

치료사에 대한 치료대상자의 양면감정: 치료사의 반응기술

치료대상자는 치료사와 치료과정에 대하여 긍정적 감정이나 부정적 감정을 표시할 때가 많다. 이때 치료사가 유의해야 할 것은 이와 같은 감정이 치료사 개인에 대한 것이 아니라, 심리치료라고 하는 경험에 대한 표현이라는 점이다.

치료의 경험이 만족스럽지 않으면 치료사가 미워지거나 치료에 오기가 싫어진다. 반면에 치료가 만족스럽다면 치료사를 좋아하게 되거나 치료시간이 기다려진다. 하지만 이것도 수시로 변할 때가 많다.

치료사가 이러한 점을 인식하고 수용하여야만 치료대상자가 치료사에 대해서 수시로 표시하는 긍정감정과 부정감정을 능숙하게 다룰 수 있게 된다. 치료대상자가 치료사에 대해서 긍정적 태도를 표시할 때는 별로 큰 문제가 없으며, 그것을 심리치료 상황의 부수적 현상으로 수용하기만 하면 된다.

(김기석, 1978)

가지고 있는데, 안 좋은 감정만 인지되는 경우에는 나중에 치료대상자가 좋은 감정을 충분히 표현하기 어려워질 수 있다. 따라서 양면감정이 나타날 때는 긍정적인 감정과 부정적인 감정 모두 인지되어야 한다.

서로 모순되는 여러 감정들이 모두 표현될 수 있다면, 이런 감정들을 정리할 수 있는 기회를 갖게 되고 문제해결을 위한 기틀을 마련하게 된다. 치료사에 대한 치료대상자의 양면적 감정에 대해서도 치료사의 반응기술이 필요하다.

2) 치료사의 전문기술

미술치료사에게 필요한 심리치료 전문기술로서 수용하기, 반영하기, 공감하기, 직면하기, 통찰하기에 대해 살펴보고자 한다.

(1) 수용하기

치료사가 치료대상자의 감정, 행동, 사고가 무엇이든 간에 그것을 평가나 판단 또는 비난하지 않고 있는 그대로 받아들이는 것이다. 수용은 치료대상자에게 성장 · 발전할 수 있는 긍정적 변화를 가져오며, 문제해결 능력을 키워 준다. 수용은 치료대상자가 심리적으로 건강한 방향으로 나아가며, 보다 생산적이고 창조적이 되는 데 필요하다. 더불어 치료대상자에게 자신이 실현할 수 있는 잠재력을 가지고 있음을 깨닫게 해 준다.

부정적 감정의 수용

치료사는 치료대상자가 표출하는 부정적 감정에 도덕적 판단이나 평가를 하지 않는다. 있는 그대로 수용하고 이해하고 정리해 주어야 한다.

치료사는 치료대상자가 자신의 부정적 감정에 대해 억제, 투사, 합리화 등의 방어기제를 사용하지 않도록 치료 분위기를 조성하여야 한다.

치료대상자로 하여금 단순하고 솔직하게 그런 감정이 있음을 인정하고 수용하게 해 주어야 한다.

그림 2-19 치료사가 미워요(수용하기)

그림 2-20 고래(수용하기)

엄마를 물고기 잡는 고래로 표현하였다. 엄마에 대한 아이의 부정적 감정을 그대로 수용한다. 이는 후에 어머니에 대한 긍정적 감정의 변화를 가져오게 한다.

그러나 부정적 감정을 수용하고 이해하고 정리해 주는 데 있어 유의해야 할 점이 있다. 이것은 치료대상자가 표현하지 않은 감정을 앞질러 가서는 안 된다는 것이다. 치료대상자가 아직 인식하지 못하고 있거나 받아들일 준비가 안 된 감정을 치료사가 먼저 표현하면 치료에 위기가 오기 쉽다. 물론 이미 표출된 감정을 치료사가 인식하지 못하는 것도 치료의 진전을 방해한다.

(2) 반영하기

반영은 치료대상자의 감정을 그대로 비춰 주는 것이다. 반영을 통해 치료대상자는 자신이 깊게 이해되고 있다는 것을 느낄 수 있다. 또한 치료대상자는 자신의 욕구, 감정, 행동이 논의되는 것이 중요하다는 인식을 하게 된다.

반영은 치료대상자가 표현한 것을 넘어, 치료사가 치료대상자가 어떻게 느끼는가를 진실로 이해하고 있음을 전하는 의사소통이다. 모든 반영은 치료대상자가 표현한 것의 의미가 피드백되도록 해야 한다.

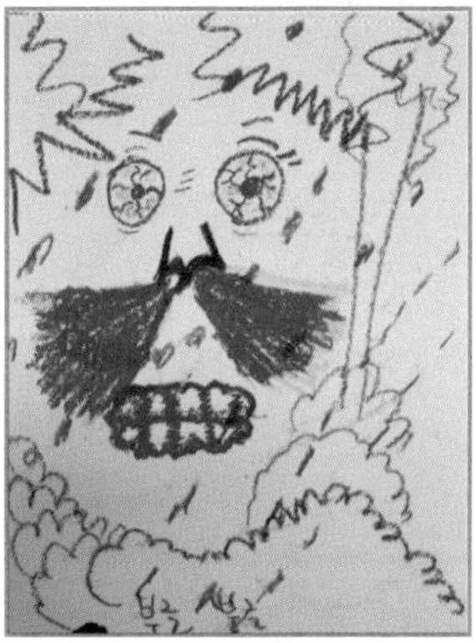

그림 2-21 너무 화가 난 감정

화가 난 감정을 표현하고 나면 그에 대해 반영해 주는 것이 필요하다.

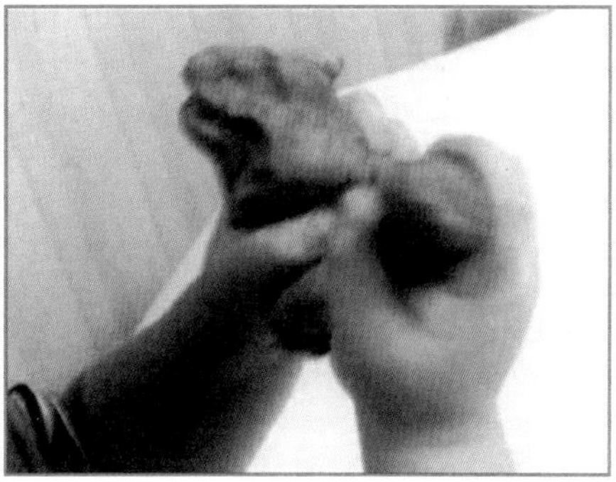

그림 2-22 화난 감정 반영

열심히 점토를 뭉치고 던지는 기회를 충분히 준다. 이것은 자신이 표현하고 싶은 것을 표현할 기회를 줌으로써 치료대상자의 감정, 내용, 표현의 의미를 반영해 주는 방법의 하나다.

■ 표 2-5 ■ 피드백할 때 유의할 점

- 받을 준비가 되어 있을 때 해야 한다.
- 생각이나 느낌을 전한다.
- 도덕적 또는 가치 판단이 개입되지 않도록 한다.
- 구체적으로 말한다.
- 충고나 설교를 하지 않는다.

(3) 공감하기

공감은 치료대상자가 경험한 정서를 치료사가 같이 경험하는 것을 의미한다. 치료대상자의 감정을 그의 입장에서 느끼고 이해하며, 이것을 치료대상자에게 전달해 주어야 한다. 치료사는 치료대상자의 입장에서 그의 마음 깊이 들어가려는 시도를 해야 한다. 치료사는 치료대상자의 눈, 마음 그리고 가슴을 통해 그의 세계를 보아야 한다.

그림 2-23 공감

치료대상자의 입장에서 이처럼 힘든 마음을 이해해 주는 것이 중요하다.

치료대상자는 부정적 감정과 긍정적 감정을 모두 인식하고 수용함으로써 자기이해를 하게 되고 성장을 위한 틀을 마련하게 된다. 또한 자신의 부정적 감정에 대해 방어기제를 사용할 필요도 없고, 긍정적 감정을 과대평가할 필요도 느끼지 않게 된다. 치료대상자는 긍정 감정, 부정 감정 모두 자신의 감정의 한 부분임을 인정하고 수용할 때, 진정한 자기이해가 되어 통찰로 나아가게 된다(김기석, 1978).

긍정적 감정의 수용

치료사는 치료대상자의 부정적 감정을 받아들인 것과 마찬가지로 긍정적 감정도 인정하고 받아들여야 한다.

감정의 수용은 긍정적 감정이든 부정적 감정이든 치료대상자가 느끼는 자랑, 애정, 수치, 미움 등의 감정을 도덕, 가치, 관습에 의한 판단 없이 이해하고 받아들이는 것이다.

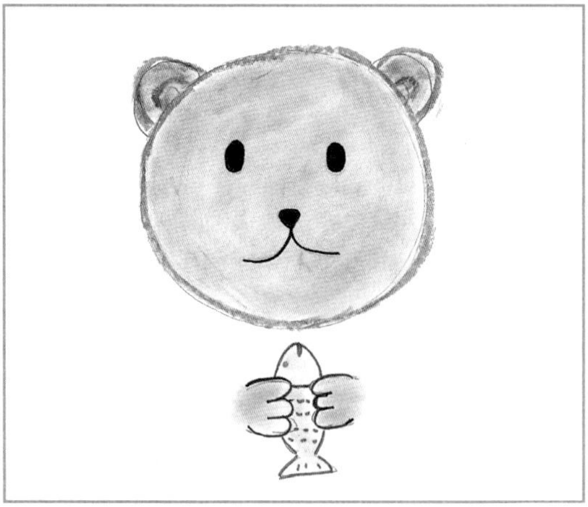

그림 2-24 나의 문제 직면하기

그림을 통한 대화에서 자신이 근본적인 문제는 피하고, 주변 문제에서만 빙빙 돌고 있음을 깨닫게 되었다.

(4) 직면하기

치료과정에서 아주 힘든 부분이 직면이다. 직면하기는 치료대상자가 열어 보인 정보를 그로 하여금 맞대면하도록 하는 것이다. 직면하기는 치료대상자가 충분히 준비가 되었을 때, 그로 하여금 자신의 문제를 제대로 보게 하는 데 필요하다. 미술작품을 통한 직면은 상징적인 직면이므로 덜 위협적이며, 시각적인 직면이므로 효율성이 높다.

(5) 통찰하기

치료대상자가 자신의 경험에서 새로운 의미를 찾는 것이 통찰이다. 인과관계를 새롭게 인식하게 되고, 자신의 문제에 대해서 새로운 이해를 하게 되며, 자기행동을 이해하게 되는 것이다. 즉, 과거의 사실을 새로운 관점에서 보게 되는 것이다.

통찰은 한 번에 일어나는 것이 아니라 단편적으로 일어난다. 이는 단순한 이성적 · 합리적 경험이 아닌 깊은 정서를 수반한다.

■ 표 2-6 ■ 통찰을 위한 치료사의 태도

• 치료사는 최대한 자기억제를 한다.
• 일정한 조건하에서 치료사는 해석을 해 주어도 좋다.
• 치료대상자의 수용이 중요하다.

치료대상자의 통찰을 위해서는 치료사의 전문적 태도가 요구된다. 치료사는 최대한 자기억제를 하여야 한다. 통찰을 일으키려고 인위적으로 노력하면, 치료대상자의 통찰은 더 오래 걸리거나 전혀 일어나지 않을 수 있다. 치료대상자의 감정이 충분히 표현되는 심리치료 분위기에서 통찰은 일어난다.

그림 2-25 나의 감정(깨달음)

아동의 문제 원인이 자신에게 있음을 깨닫게 되었다. 어머니의 기대에 못 미치는 자녀에 대한 분노를 이해하게 되었다. 어머니의 분노는 아동에게 전혀 도움이 안 된다. 파도 위 검은색의 아동은 파도에 휩싸여 있고, 어머니 자신은 힘 없는 배다.

일정한 조건하에서 치료사는 해석을 해 주어도 좋다. 여기서의 조건은 해석이 전적으로 치료대상자가 표현한 것에 토대를 두거나, 치료대상자 스스로 인지한 것을 분명히 해 주거나, 치료대상자가 해석을 받아들일 마음의 준비가 되어 있을 때다.

해석에서는 치료대상자의 수용이 중요하다. 해석이 정확하더라도 치료대상자가 수용하지 않으면 저항이 일어나며, 결국

치료효과가 나타나기 어렵다. 경험이 적은 치료사는 통찰을 촉진하기 위해 해석을 사용하지 않는 편이 더 안전하다. 해석을 할 때의 주의점은 다음과 같이 요약할 수 있다.

■ 표 2-7 ■ 해석할 때의 주의점

- 자신이 없거나 확실치 않을 때는 해석을 하지 않는다.
- 해석할 때 치료대상자의 언어나 표현을 빌려서 하면 해석이 더 잘 받아들여진다.
- 이미 표현된 감정이나 태도만을 해석해 주는 것이 좋다.
- 말하지 않은 감정이나 태도를 해석하는 것은 위험하다.
- 해석에 대해 치료대상자가 논쟁을 벌일 경우 그 해석은 포기한다.
- 치료대상자는 자신의 약점이나 잘못했던 점에 대해 통찰을 한 후에 일시적으로 퇴보할 수 있다.
- 통찰 후 치료대상자가 느끼는 낙담한 심정을 수용해 주어야 한다.

치료사가 적절하게 치료대상자의 자유로운 표현을 격려하고, 감정과 태도를 인지하고 공감하며 분명히 하여 주는 것만으로도 치료대상자는 스스로 통찰에 이를 수 있다. 그러나 치료대상자가 치료사의 해석을 전적으로 받아들이면, 그에 관련된 이야기를 더 많이 하게 되어 치료의 더 큰 진전을 이루게 된다.

4. 치료대상자 마음 형성하기

치료대상자는 도움을 받고자 치료사를 찾아 온 사람이다. 치료대상자는 미술치료를 받으려고 온 것인데, 이때 치료를 받으려는 치료대상자의 마음가짐이 매우 중요하다. 여기에서는 치료대상자가 치료에서 경험하는 과정을 중심으로 치료에 대한 책임 느끼기, 감정표현의 의욕 갖기, 자신을 이해하고 수용하기, 대처하기, 긍정적 행동 증가시키기, 치료사와 이별하기에 대해 살펴보고자 한다.

1) 치료에 대한 책임 느끼기

치료대상자가 치료를 의뢰할 때 자신이 문제가 있음을 제대로 인식하지 못하거나, 문제설정과 치료 목표 및 계획에 동의하지 못하고 미술치료에 임하게 되면, 치료대상자는 자신이 변해야 할 필요성을 느끼지 못한다. 치료 초기에 치료대상자로 하여금 치료에서 기대하는 것을 표현하게 해 보고, 치료에 대하여 긍정적인 사고를 갖도록 해 주며, 스스로 변화해야 함을 인식시켜 주는 것이 필요하다.

치료대상자는 간혹 자신의 결정으로 치료실에 오게 되었다는 것을 부정할 때도 있다. 선생님이나 부모에 의해 치료실에 왔다는 것이다. 이런 경우에 미술치료의 첫 초점은 미술치료에 대한 타의적인 결정을 자의적으로 변화시키는 것이 된다.

그림 2-26 문을 열면(치료에서 기대하는 것)

문을 열고 나가면 환한 바다와 떠오르는 태양이 있다. 치료에 대한 치료대상자의 필요성, 치료목표, 치료효과에 영향을 준다.

그림 2-27 치료 전

지금까지의 마음이다.

그림 2-28 치료 후(네가 얻을 수 있는 것)

아동의 행동을 변화시키기 위한 모임에서 [그림 2-27]의 행동이 이 그림의 행동으로 바뀔 수 있다고 이야기해 준다. 치료에 대한 기대는 치료의 효과를 높여 줄 수 있다.

2) 감정표현의 의욕 갖기

그림 2-29 내가 미워하는 사람

그 사람에 대한 부정적 정서를 충분히 표현하면 그 사람에 대한 긍정적인 생각도 나타나게 된다.

치료대상자는 치료사에 의해 문제에 관한 감정을 자유롭게 표시할 의욕을 갖게 될 수 있다. 이는 치료사의 전문적 치료태도인 민감성, 허용성, 인내성 등에 의해서 조성되며, 치료사의 충분한 임상 경험에 의해서도 조성된다. 치료대상자가 부정적 감정을 완전히 표현한 후에는 미약하지만 성장에 도움이 될 수 있는 긍정적 감정이 나타난다.

3) 자신을 이해하고 수용하기

치료대상자가 자신의 상황에 대해 이해하고 자신의 욕구, 충동 등을 수용하면 자신을

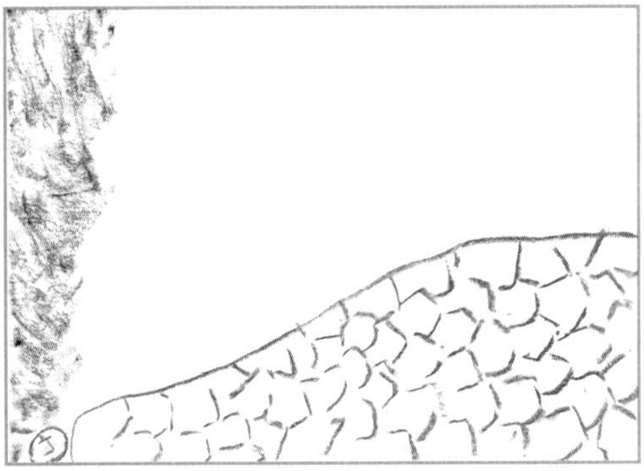

그림 2-30 부정

자신의 상황에 대해 부정적인 감정을 가지고 있음을 이해한다.

그림 2-31 부정 후의 긍정

이제 그만 튼튼한 밧줄을 타고 절벽 위로 올라와.

천천히 통합해 나간다. 저항, 거부, 공격성 표출, 우울, 퇴행, 욕구 표출, 감정표현 등의 과정을 거치면서 조금씩 자기 자신을 알아가고 어떻게 행동할지를 배우게 된다.

치료대상자가 표현했던 부정적 감정이 강하고 깊었으며 그 감정이 인정되고 수용되었다면, 뒤따라 긍정적 감정, 즉 의욕감, 자아존중감, 효능감, 성취동기, 성숙 욕구, 사랑, 배려 등의 감정이 더 확실하게 나타난다.

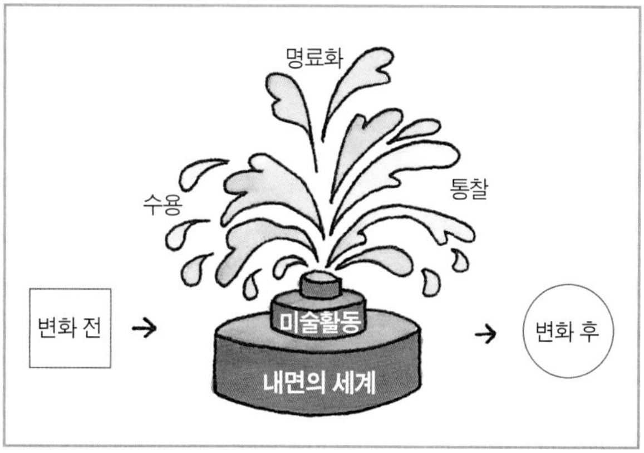

그림 2-32 미술치료 과정

4) 대처하기

대처하기는 치료대상자가 자신의 상황, 감정, 사고, 행동, 공상과 사실, 주관과 객관, 환상과 현실을 이해하고 어떻게 행동해야 할지 알게 되는 것이다. 환경이 변화될 수 없을 때, 환경에 대처하는 방법으로서 자기통제와 조절능력을 갖게 된다.

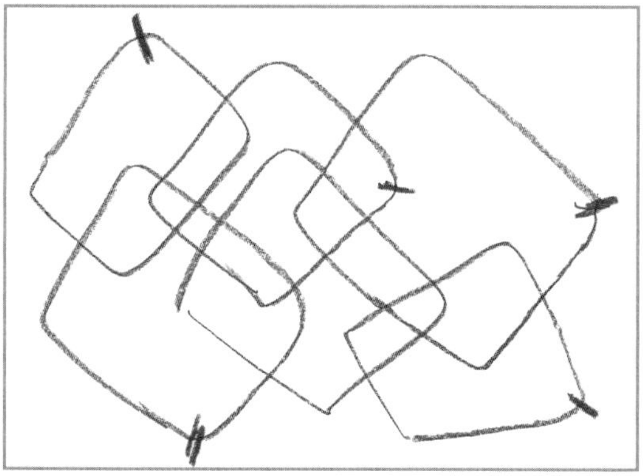

그림 2-33 문제

복잡하게 얽혀 해결할 수 없는 상태

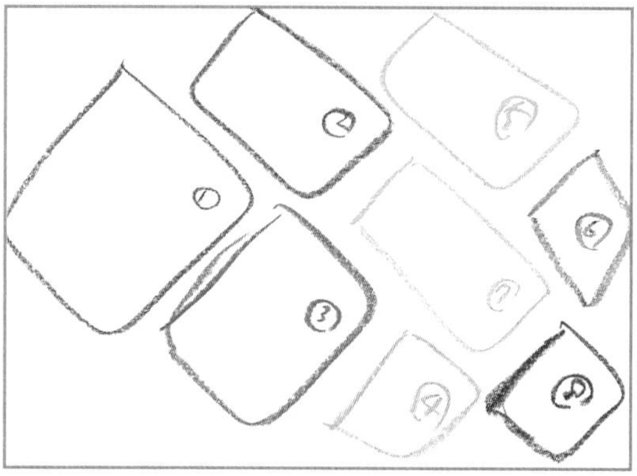

그림 2-34 대처

한 가지씩 다루면 된다는 것을 깨닫게 된다.

그림 2-35 밝아진 나

긍정적 행동이 증가되었다. 아빠, 엄마도 밝게 웃는 모습으로 표현하였다.

5) 긍정적 행동 증가시키기

치료가 진전되면서 치료대상자는 긍정적 행동을 점점 더 많이 하게 된다. 또 자기 표현, 의사결정, 행동 수행에 더 자신을 갖게 된다. 문제가 남아 있더라도 치료대상자는 그것을 다룰 수 있다는 자신과 능력을 갖게 된다.

이에 따라 치료대상자는 점차 치료를 받을 필요성을 덜 느끼게 되고 치료관계를 종결해야겠다는 생각을 하기에 이른다. 심리치료의 종결시기가 자연적으로 정해지고, 아쉬움은 있으나 우호적인 분위기에서 치료가 종결된다.

6) 치료사와 이별하기

치료 말기에 치료대상자는 치료사와의 이별을 준비해야 한다. 이별이 중요한 것은 치료대상자 삶의 주인은 바로 그 자신이기 때문이다.

이별은 점진적으로 준비되어야 한다. 이 경우 치료사는 치료대상자의 미술작품들을 치료대상자와 함께 보면서 변화를 나누기도 하고, 이별의 선물을 만들어 나누어 갖기도 한다. 또한 종결에 즈음하여 치료기간의 간격을 넓히기도 한다.

그림 2-36 날 수 있는 내 마음

내 마음을 선물로 주어요.

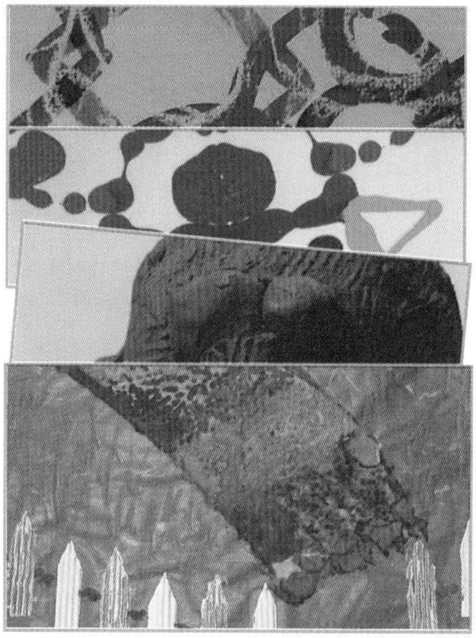

그림 2-37 이제까지의 작품 모음

이제까지의 작품을 엮어서 선물로 준다.

5. 치료관계에서의 제한점

미술치료는 일상생활에 적응하기 위해 하는 것이다. 일상생활에는 여러 제한이 있으며, 이런 제한에 대한 개인의 적응이 중요하다. 미술치료에 한계가 설정됨으로써 치료대상자는 이에 적응하게 되고, 이는 일상생활에 적응하기 위한 연습이 된다.

이 장에서는 치료에서 제한설정의 필요성과 제한의 내용에 대해 살펴보고자 한다.

1) 제한설정의 필요성

미술치료에서는 제한설정이 불필요하다고 느낄지 모른다. 치료 초기에 치료사는 치료대상자와 좋은 관계를 형성하기 위해서 그리고 치료대상자의 감정을 상하게 할까 봐 치료대상자가 요청하는 것을 다 들어 주고자 하는 경향이 있다.

그림 2-38 서로 안아 달라고 한다.

아동의 요구에 대한 수용 결과를 치료사가 아동에게 그림으로 보여 준다. 또는 요구수용 결과를 아동에게 표현하게 해 볼 수도 있다.

그렇게 되면 치료대상자는 점점 더 많은 것을 요구하게 되고, 이에 치료사는 미술치료 하는 것이 부담이 되어, 그때서야 치료대상자의 요구를 거절하게 된다.

이때 치료대상자는 속았다고 느낄 것이다. 지금까지의 인생에서 경험한 것처럼 자신이 또 한 번 배반을 당했다고 느끼게 된다. 그리고 미술치료에 대해 부정적인 감정을 갖게 된다. 때로는 이것이 다른 유능한 심리치료사의 도움을 받을 기회마저 상실하게 만든다. 따라서 미술치료에서는 한계가 주어져야 하며, 면접에서 그 제한에 대해 다루어져야 한다.

치료실에서의 활동시간은 일상생활로 돌아갔을 때 적응을 하기 위한 임시적인 시간이다. 우리의 일상생활은 제한이 있는 자유로운 생활이다. 따라서 치료실에서 제한을 두는 것은 일상생활에서의 제한을 연습해 보는 시간이 되는 것이다.

그림 2-39 시간의 한계

정해진 시간이 갖는 제한성에 대해 표현해 보는 시간을 갖는다.

2) 제한의 내용

미술치료에서 제한의 내용인 시간의 한계, 공격행동의 한계, 책임의 한계, 애정의 한계에 대하여 살펴보고자 한다.

(1) 시간의 한계

시간의 한계는 치료시간에 대한 것이다. 치료과정에서 감정을 표현하는 것은 모두 허용되지만, 시간에 있어서는 제한이 있다는 것이다. 구체적으로 말하면, 치료시간에 늦게 오는 것은 좋지만 그 시간을 연장할 수는 없다.

어떤 치료대상자는 치료시간에 자주 늦거나, 치료시간의 변경을 수시로 요구하거나, 치료시간의 대부분을 일상적인 이런저런 말로 끌다가 끝날 무렵에 자신에 관한 중요한 이야기를 하는 경우가 있다. 아동의 경우에는 더 오래 있고 싶다고 떼를 쓰기도 한다. 그러나 기본적으로 정해진 시간의 한계를 지켜야 한다. 그래야만 치료대상자는 한정된 시간을 최대한으로 활용하는 것을 학습하며, 결과적으로 치료의 진전을 보이게 된다.

■ 표 2-8 ■ 시간 한계의 유의점

- 시간의 한계가 무조건 정확한 시간의 준수를 뜻하지는 않는다.
- 미술치료는 인간과의 관계다. 치료사는 치료대상자가 시간규칙을 어기려는 충동과 욕구가 있음을 이해하면서 시간 제한을 지켜야 한다.

(2) 공격행동의 한계

공격행동의 한계는 어느 정도로 공격행동을 허용하느냐 하는 것이다. 치료사를 언어와 감정으로 공격하는 것은 허용되나 신체적인 공격행동, 물건을 던지거나 파괴하는 행동, 자신에 대한 가해행동을 해서는 안 된다.

치료 시 자신이 만들고 있는 작품을 집어던지거나 망가뜨리고, 지점토를 두드리고, 인형을 때리며, 종이를 찢고 함으로써 적개심을 공격행동으로 표시하는 것은 할 수 있다.

미술치료는 공격행동의 분출에 유리한 측면이 있다. 지점토로 작품을 만들기 전에 두드리는 행동은 반죽과 공격의 효과가 있으며, 공격행동이 자연스럽게 작품활동으로 이어질 수 있다.

그림 2-40 공격행동 한계

공격행동의 문제점을 이야기해 준다.

그림 2-41 책임 인식

눈치 보는 나: 누가 변해야 되는가를 인식시킬 수 있다.

(3) 책임의 한계

책임의 한계는 어느 정도로 치료사가 치료대상자의 문제와 행동에 책임을 지는가에 대하여 명백히 하는 것이다. 흔히 치료대상자는 미술치료의 책임을 치료사에게 떠맡기려는 경향이 있다. 이러한 책임의 한계를 건설적으로 잘 다루면 치료대상자의 성장에 매우 도움이 된다.

(4) 애정의 한계

애정의 한계는 치료사가 가장 유의하여야 할 부분이다. 특히, 아동을 치료할 때 현저하게 나타나지만, 이는 모든 치료대상자에게도 해당된다. 미술치료사에게 애정을 원하는 마음은 여러 형태로 나타난다. 선물을 요구할 때도 있고 치료시간 이외의 만남을 원하기도 한다. 치료사가 다른 사람을 치료하는 것을 보고 질투할 때도 있다. 치료대상자는 다른 사람의 치료를 목격하거나 선물, 치료시간 이외의 만남을 거절당했다고 해서, 이것이 자신에 대한 애정의 거부가 아니라는 것을 배워야 한다. 이런 것을 알게 하는 것도 미술치료다.

제3장

미술치료의 발전

1. 미술치료의 역사
2. 한국에서의 미술치료
3. 미술치료의 견해

미술치료는 인간의 생활과 더불어 발달되어 왔다고 볼 수 있다. 이 장에서는 미술치료의 역사, 한국에서의 미술치료, 미술치료의 견해에 대해 살펴보고자 한다.

1. 미술치료의 역사

미술치료의 역사에서는 미술치료의 초기 시대, 현대 미술치료의 이론적 토대가 된 Freud와 Jung의 심리학적 토대, 작업치료로서의 미술활동, 현대 미술치료의 발전으로 나누어 살펴보고자 한다.

1) 미술치료의 초기 시대

미술치료의 근원은 선사시대로 거슬러 올라간다. 우리의 조상들은 자신의 생활, 소망을 미술활동으로 표현했다. 또한 미래에 대한 두려움과 공포로부터 자신을 보호하기 위해 주술적인 목적으로도 미술작품을 창조해 왔다. 이러한 자신들과 외부 세계의 관계가 동굴벽화에 표현되어 있다.

그림 3-1 벽화

당시의 생활상 표현

그림 3-2 생산의 여신
발렌도르프의 비너스

기원전 2500년경 그리스에서는 가슴을 상징하는 석조 작품을 생산의 여신으로 섬겼다(Jung, 1964). 다른 문화에서도 이와 유사하게 소망, 미지의 것, 신비, 언어로 표현할 수 없는 것 등이 구체적 심상인 미술작품으로 표현되어 왔다. 사고의 발달은 이런 상징화에서 시작된다.

2) 심리학적 토대

20세기 초의 정신의학은 이미지, 인간의 감정, 무의식 간의 관련성에 많은 관심을 보였다. 이러한 관심으로 미술 표현이 개인의 내면세계에 대한 구체적인 증거를 제공한다고 믿게 되었다.

1901년 정신과 의사인 Reja는 환자의 미술작품, 아동의 미술작품, 원시시대 미술작품 간의 유사성을 발견했다. 1912년 Kraepelin과 Jaspers는 환자들이 그린 그림을 정신병리를 이해하는 보조수단으로 이용할 수 있다고 하였다.

그림 3-3 정신분열증 환자의 그림
나열식(인지 특성의 반영)

그러나 현대의 미술치료에서는 상징화의 중요성을 부각시킨 Freud와 Jung의 역할이 크다. Freud는 생생하게 표현되는 꿈을 무의식의 상징적 심상으로 보았다. Jung은 다른 문화권들에서 공통된 상징이 나타난다는 데서 인류의 보편적 무의식을 개념화했다.

그림 3-4 Freud

그림 3-5 Jung

3) 작업치료로서의 미술활동

1907년 이래로 미국에서는 정신과 병동에서 환자들이 미술가들의 지도 아래 미술활동을 하였다. 독일의 정신병원에서도 환자의 치료에서 미술의 효과를 인정하고 미술활동을 작업치료의 한 부분으로 받아들였다. Horn은 정신병 환자의 그림을 수집하여 미술활동이 환자의 심리에 접근하는 데 중요한 의미가 있음을 제시하였다.

그러나 그 당시 미술치료라는 용어는 사용되지 않았다. 미술을 심리치료적 관점과 연계하여 인식하게 된 것은 1940년대 초반이다. 현대도 작업치료의 한 부분으로 미술활동을 하는 곳이 많다.

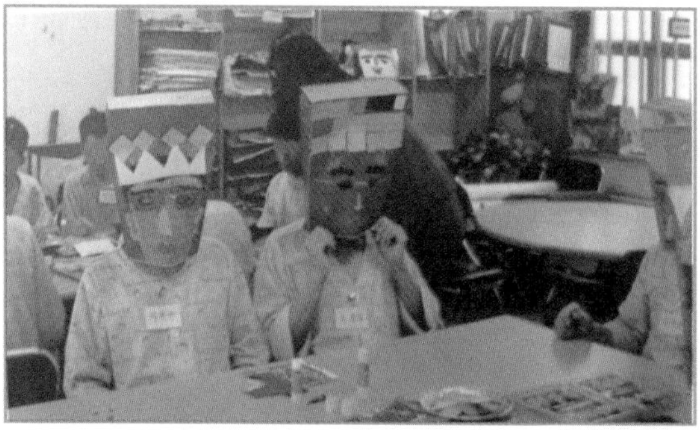

그림 3-6 정신병원에서의 미술활동 (고양정신병원, 2005)

4) 현대 미술치료의 발전

1940년대부터 심리치료의 양식으로 미술표현이 도입되었다. Naumburg는 현대 미술치료 개척자 중의 한 사람이다. 그는 정신분석이론과 자신의 경험에 입각하여 환자들에게 자발적인 자유연상을 하게 하고 그림을 그리도록 격려하였다. 그리고 환자들에게 어떤 주제를 주기보다는 환자가 그리고 싶은 대로 그리게 하는 자발적인 그림을 중요시하였다.

그림 3-7 자화상(상징언어)

코 부분에 사람의 실제 모습을 오려 붙인 것은 살색을 표현하기 위해서라고 했다. 그러나 실제로는 내가 미워하는 사람의 모습이다.

그림 3-8 물에 빠진 미운 엄마(갈등표출-파괴에너지 전환)

엄마 그림 위로 물을 표현한 파란색을 계속 칠하더니 엄마가 건널 수 있는 다리를 그려 달라고 치료사에게 요청하였다.

Naumburg의 기본적 입장은 환자의 무의식적 사고와 감정이 그림에 직접적으로 표현된다는 것이다. 따라서 그는 그림을 환자가 자신의 내적 상태를 표현한 상징적인 언어로 보았다. 그림과의 대화를 중요시하였고, 미술작품이 환자가 내면을 통찰하는 데 기초가 된다고 보았다. 또 필요에 따라서는 그림에 나타나는 전이관계도 다루었다.

1950년대에 Kramer가 등장했다. Kramer는 주로 아동을 대상으로 미술치료를 했으며 승화를 중요하게 다루었다. 그는 아동 환자가 미술활동 과정을 통해서 어떻게 자신의 갈등을 표출하고 파괴적 에너지를 창조적 에너지로 전환시키는가에 주목하였다. 이러한 Kramer의 접근은 미술 창작과정 자체가 치료 효과를 지니고 있음을 보여 주었다. 이는 미술을 중시하는 입장이다.

Ulman도 미술치료를 독립된 분야로 발달시킨 중요한 인물이다. 그는 Naumburg,

Kramer와 더불어 Freud의 정신분석적 틀에서 인간의 내적 갈등과 승화라는 중요한 두 개념을 미술치료에 도입했다. Ulman은 Naumburg와 Kramer가 각각 심리치료 혹은 미술 중 어느 한쪽에 치중하고 있다고 지적하면서 이 둘을 통합하고자 하였다.

그림 3-9 나는 할 수 있다.
먹구름을 부수어 버리고, 햇빛을 비추게 할 수 있다.

미술치료라는 용어는 1961년 *Bulletin of Art Therapy* 창간호의 Ulman의 논문에서 소개되었다. 여기에서 Ulman은 미술치료라는 용어는 '미술'과 '치료'의 합성어로 두 단어의 의미가 포함된 것이라고 하였다.

그 이후 미술치료는 꾸준히 발전되었다. 정신분석학적 입장에서 출발한 미술치료는 여러 방향으로 나누어졌다. 그리하여 환자에게 책임과 의무를 부여하는 실존주의적 방향으로 선회하기도 했다([그림 3-9]).

실존주의는 정신분석과 대조가 된다. 인간의 잠재력이 강한 힘을 가지고 있다고 하여 Jung 심리학의 재기를 초래하기도 했다. 오늘날의 미술치료는 다양한 이론적 접근에서 시행되고 있다.

1960년대의 미술치료는 보다 전문적인 양상을 보이기 시작하였고 중요한 변화가 일어났다. 미국미술치료학회(American Art Therapy Association)가 창립되었고, 미술치료 전문지 *American Journal of Art Therapy, The Bulletin of Art Therapy*가 출간되었다.

그림 3-10 미국미술치료학회(American Art Therapy Association) 포스터

미국은 학술단체와 전문 연구지를 통해서 미술치료 훈련 프로그램의 제도를 마련하고 전문가를 양성하고 있다. 일본은 일본 묘화검사 · 요법학회를 창립하여 적극적인 활동을 하고 있으며, 정신병원, 심신장애인 치

료 및 상담 기관에서 미술치료를 많이 도입하고 있다.

2. 한국에서의 미술치료

한국에서는 정신병원이나 종합병원의 신경정신과 입원 환자를 대상으로 한 작업활동으로서의 미술활동이 먼저 이루어졌다. 1992년 한국미술치료학회의 창립으로 미술치료는 전문적인 양상을 보이기 시작하였다.

아동상담과 가족치료(생활과학), 특수교육과 재활치료(재활과학, 사회복지학), 상담 및 임상심리(심리학, 교육학), 신경정신의학 및 간호학(정신건강), 미술학의 전공자가 주축이 되어 미술치료의 적용 영역을 넓혀 가기 시작하였다. 그리고 외국의 저명한 미술치료 전문가들과의 교류도 활발히 이루어지고 있다.

전문 학술지인 『미술치료연구』가 연 6회 발간되고 있으며, 학회 연수과정을 통해 미술치료사, 미술치료 전문가, 미술치료 수련가를 양성하고 있다. 미술치료가 심리치료의 한 분야이기는 하지만, 미술의 특성으로 아동상담, 가족치료, 특수교육, 재활치료, 상담, 임상심리, 신경정신의학

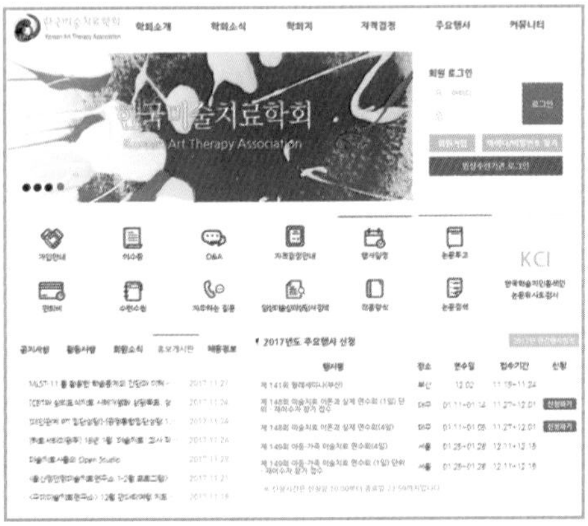

그림 3-11 한국미술치료학회 홈페이지

그림 3-12 한국을 방문한 미술치료사

Levy, Levick, Robbins, Landgarten, Wadeson 등이 한국미술치료학회 창립 이후 해마다 학회 연수회에 참여하고 있다.

과 구별되는 미술치료가 활성화되고 있으며, 미술치료 연구방법도 개발되고 있다.

정신건강과 심리치료에 대한 사회의 요구, 이미지를 강조하는 시대적 변화, 고도의 합리적 · 이성적 · 언어적 능력 요구에 대한 균형으로서의 감성적 · 정서적 · 비언어적 능력의 강조는 사회적으로 미술치료사를 많이 필요로 하고 있다.

그림 3-13 전문 학술지『미술치료연구』

교육기관, 사회복지기관, 상담기관, 발달장애치료소, 신경정신과, 소아정신과, 장애아 통합 어린이집, 장애아 통합 초 · 중 · 고, 특수학교 등에 전문미술치료사를 두는 경우가 많아지고 있다. 그리고 노인시설, 노인병원, 정신건강센터 등에서도 미술치료가 실시되고 있다.

3. 미술치료의 견해

Naumburg, Kramer, Ulman의 견해는 지금도 실제의 미술치료에 나타나는 견해다. 따라서 여기서 그들의 각 견해를 제시함으로써 미술치료에 대한 이해에 도움을 주고자 한다.

1) 치료에서의 미술-Naumburg

Naumburg는 1890년에 뉴욕에서 태어났다. 먼저 교육자로서 활동하였고 후에 심리학, 특히 정신분석을 공부하였다. 그는 Freud, Jung, Sullivan의 영향을 많이 받았다.

Naumburg는 1920년 뉴욕의 월든학교에서 미술교육의 한 방법으로 자발적인 그림을 시도하였고, 후에 이것이 미술치료

그림 3-14 Naumburg의 책

의 한 모델로 개발되었다. 뉴욕정신분석학교에서 행동장애 아동의 미술치료를 시행하면서 임상 경험을 넓혔다. 후에 성인미술치료에도 이러한 기법을 적용하였고, 1940년대에는 정신분석 지향적 미술치료 모델을 정립하였다.

Naumburg는 치료사와 환자 사이의 치료적 관계 형성, 전이와 역전이의 해결, 자유연상, 자발적인 그림표현과 그 해석, 그림의 상징성 등을 중시하였다. 그래서 학자들은 Naumburg의 이론을 심리치료 과정에서 그림을 매체로서 이용하는 '치료에서의 미술(Art in therapy)'로 규정한다.

미술치료에서 미술의 장점

① 언어보다 그림으로 자신에게 일어나는 내적 욕망, 꿈, 환상을 직접 표현하도록 한다.
② 무의식을 그림으로 투사하면 언어적 표현보다 방어기능이 약화되어 치료과정이 촉진된다.
③ 그림으로 나타난 것은 영속성이 있다. 내용 자체가 지워지지 않으며, 그 내용을 부정하기 어렵다.
④ 전이문제가 언어보다 그림에 의해 더 쉽게 해결된다. 환자는 자신의 그림을 해석할 수 있는 능력에 의해 더 고무된다.

-Naumburg

2) 치료로서의 미술-Kramer

Kramer는 Naumburg보다 25년 후에 출생하였고 어린 시절에는 주로 빈에서 자랐다. 비교적 자유로운 가족 분위기에서 성장하였으며, 초기에 정신분석가들과 친숙하게 지냈다. 후에 그는 자아심리학의 영향을 받았으나 특정 학파에 대해서는 언급하지 않았다.

Kramer는 아동미술치료에 대해 많은 연구를 했다. 그림의 자아표현과 승화작용으로 자아가 성숙할 수 있다고 보았다. 즉, 미술활동을 통하여 환자는 자신의 파괴적 · 반사회적 에너지를 분출함으로써 그러한 에너지를 감소시키거나 전환시킬 수 있다고 보았다. 또한 환자는 미술활동 과정에서 자신의 원시적 충동이나 환상에 접근하게 되는데, 이 과정에서 갈등을 재경험하여 그 갈등을 해결하고 성격의 통합을 이루게 된다고 했다.

이러한 견해는 Naumburg의 견해와는 다른 것으로 자아심리학적 통찰로 볼 수 있다. 치료사의 역할은 환자가 만든 작품을 해석하는 것이 아니라, 승화와 통합과정을 도와주는 것이라고 보았다. 1961년 Ulman은 Kramer의 견해에서는 작품을 만드는 과정 자체가 치료며 '치료로서의 미술(Art as therapy)'이라고 표현하였다.

그림 3-15 Kramer의 책

그러나 창의적 과정에 존재하는 치료적 과정을 이해하는 데는 Freud의 성격이론에 근거를 두고 있다. Kramer의 견해는 Naumburg의 견해보다 더 잘 알려져 있으며, 미술 그 자체로도 심리치료에 공헌할 수 있다고 본다.

그림 3-16 미술의 치료적 속성

치료에서 미술활동 활용방법

① 예비활동: 어떤 상징적 현상을 만들 정도는 아니다. 문질러 보고 끼적거려 보고 만져 본다. 그러면서 재료의 물리적 속성을 탐색하여 긍정적이고 자아동조적인 경험을 한다.
② 무질서한 경험: 흘리고 물장난치고 물을 따르고 그 외에 여러 파괴적인 행동을 하는 것으로 통제력을 잃을 수도 있다.
③ 방어기제 기능의 미술활동: 베끼고, 따라서 그리고 평범하게 버릇대로 그리고 등을 상투적으로 반복한다.
④ 그림문자: 언어 대신 또는 그 보충으로 그림을 사용하여 의사소통을 하는 것이다. 이런 대화는 치료관계가 어느 정도 진전되었음을 나타낸다.
⑤ 형상화된 표현: 충분히 뜻을 알 수 있는 미술활동으로 성공적으로 자신을 표현한다. 그리고 의사소통할 수 있는 상징적 형태를 만들어 낸다.

-Kramer

그림 3-17 예비활동

그림 3-18 반복

그림 3-19 자신을 표현

3) 통합적 입장 – Ulman(치료+창조)

Ulman은 Kramer보다 5세 정도 위지만 거의 같은 시기에 미술치료에 관심을 갖기 시작했다. 그는 1950년대 초반 정신병원에서 활동을 시작했을 때, 미술치료사로서가 아닌 미술교사의 자세로 활동했다고 술회하고 있다.

Kramer의 *Art therapy in a children's community*라는 책을 읽고, Ulman은 정신분석과 미술적 통찰 간의 미묘한 관계를 실감하였다. 그리고 미술교사와 미술치료사는 관계가 있다는 자신의 느낌에 대한 이론적 지지를 얻었다. 이 생각은 그가 정신분석적 방법으로 환자들을 치료할 때, 많은 환자들이 그들의 그림에 내포된 상징적 내용을 언어로 전환하려 하지 않는 것에서 발견한 것이다. 즉, 그림으로만 제공될 수 있는 미술활동에서 무언가 가치 있는 어떤 것이 있다는 생각을 한 것이다. 그는 '미술심리치료'와 '치료로서의 미술'이란 용어를 다 포함하는 정의를 내리기 위해 노력했고, 1961년 마침내 '미술치료'라는 용어를 소개했다.

Ulman은 미술과정을 인간의 성숙과정과 비교하였다. 미술과정도 일반적인 인간의 성숙과정처럼 필연적으로 갈등하는 충동과 통제, 공격과 사랑, 환상과 실제, 무의식과 의식 간의 통합을 요구한다. 즉, 성숙과정이 성격 내의 반대되는 힘의 통합 또는 개인 욕구와 외부세계 요구 간의 화해과정인 것처럼 미술과정도 통합적인 기능을 요구한다. 또한 삶의 과제는 훈육된 자유를 얻는 것인데 이것이 미술과정에도 나타난다고 보았다. Ulman은 미술가의 경험에서 미술치료를 하게 되었다고 볼 수 있다. 그러나 미술치료를 시행할 때 그는 '치료에서의 미술'과 '치료로서의 미술' 두 측면의 타당성을 모두 인정했다.

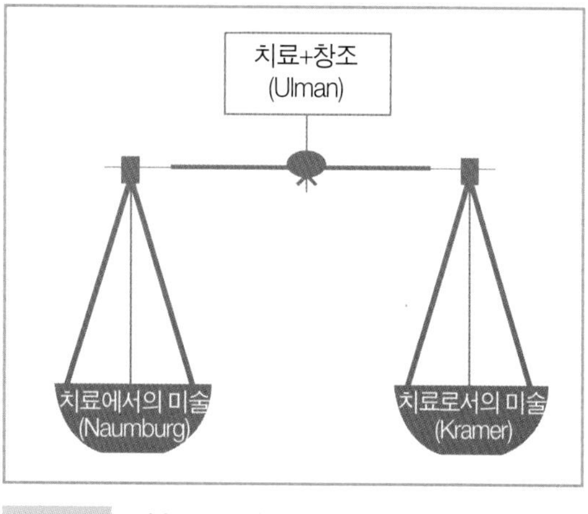

그림 3-20 미술, 치료 어느 쪽으로 좀 더 기울었나?

Ulman은 Kramer와 Naumburg의 접근

■ 표 3-1 ■ 미술치료의 견해

치료에서의 미술 (Art in therapy)	치료로서의 미술 (Art as therapy)
Naumburg	Kramer
치료과정에서 미술을 매체로 활용 정신분석적 정신치료 그림표현과 해석 중시	미술 작업과정과 창조성 자기표현, 승화작용, 자아성숙 치료사는 승화와 통합과정을 도움

방법 차이를 미술 자체에 역점을 두느냐, 치료에 역점을 두느냐 하는 관점의 차이로 보았다. 즉, Kramer는 언어적 영향이 없는 미술의 창조적 과정 자체의 통합적, 치료적 역할을 강조하고, Naumburg는 치료를 강조한다고 보았다.

Ulman은 임상가로서 치료로서의 미술을 활용하면서 미술심리치료를 했고, 미술심리치료가 통하는 곳에서는 치료에서의 미술을 사용하여 융통성을 보였다. 즉, Naumburg와 Krammer의 미술치료를 통합하면서 쟁점 부분에 관해서는 융통성을 부여하고 있다고 볼 수 있다.

Ulman은 환자의 작품이 예술이냐 아니냐를 논하는 것보다는 대상에 따라서 상동적 또는 강박적 표현도 허용되어야 하고, 때로는 예술적 성취감도 중시하여, 미술치료는 치료적 측면과 창조적 측면을 모두 내포하고 있음을 제시했다.

미술치료의 이미지 표출과정에서는 비언어적인 의사소통 기법이 언어적인 의사소통 기법보다 우위를 차지하고 있다. 비언어적 기법을 반복적으로 시행함으로써 치료대상자는 지금까지 상실 · 왜곡 · 방어 · 억제되어 있던 상황을 표현하고 수용하게 된다. 그리하여 보다 명확한 자기상, 자기세계관을 재발견하고

■ 표 3-2 ■ 언어와 비언어 기법 비교

언어 기법	비언어 기법
언어 중심 이성과 의식의 활동 방어기제(투사, 합리화 등) 사용	언어적 보완 심상을 활용하여 무의식 자극 방어기능 약화

자기동일화, 자기실현을 꾀하게 된다(Wadeson, 1980).

미술치료는 심신에 어려움을 겪고 있는 사람들을 대상으로 하여, 그들의 미술작품(미술활동)을 통해 심리를 진단하고 치료하는 것이다. 인간은 미술활동을 통해서 자기의 갈등을 조정할 수 있다. 동시에 자기표현과 승화작용을 통하여 자아성장을 촉진할 수 있다. 또한 자발적인 미술활동을 통해 자신의 내적 세계와 외적 세계 간의 조화를 이룰 수 있다.

미술치료의 어떤 견해를 선택해서 치료에 임하든 간에 치료는 하나의 과정이며 치료시간에 한정된 것이 아니다. 따라서 일상생활이나 치료대상자의 인격에 지속적으로 바람직한 행동의 변화를 가져올 수 있는 미술치료 프로그램이 설계되어야 한다.

제4장

미술치료의 이론

1. 정신분석적 미술치료
2. Jung의 분석적 미술치료
3. 현상학적 미술치료
4. 게슈탈트 미술치료
5. 인간중심 미술치료
6. 행동주의 미술치료
7. 인지행동 미술치료
8. 발달적 미술치료
9. 동양적 접근
10. 통합적 접근
11. 이론의 평가

미술치료사가 가지고 있는 이론적 접근이 무엇이냐에 따라 인간에 대한 이해, 삶의 문제와 이를 보는 관점, 인간의 정신병리에 대한 관점, 치료대상자의 문제해결을 위한 목표, 치료과정, 치료전략, 치료기법 등이 달라진다. 따라서 심리치료 이론의 이해는 미술치료에서 매우 중요하다.

각 이론마다 나름대로 유용한 측면이 있기 때문에 한 이론을 따른다고 해서, 다른 이론을 배척할 필요는 없다. 실제로 인간의 인지, 정서, 행동 중의 한 영역이 변화되면 다른 부분에서도 변화가 나타난다. 따라서 최근에는 어느 한 이론

■ 표 4-1 ■ 심리치료 이론과 미술치료

정신역동적 접근	정신분석적 미술치료
	Jung의 분석적 미술치료
인본주의적 접근	현상학적 미술치료
	게슈탈트 미술치료
	인간중심 미술치료
행동, 인지, 발달적 접근	행동주의 미술치료
	인지 미술치료
	발달적 미술치료
동양적 접근 (불교, 도교, 본성현실)	준비단계
통합적 접근	

통합접근의 필요

인간 존재의 본질적 다양성, 복잡성
인간문제의 복잡성
이론에 치료대상자를 적용하는 것이 아니라, 치료대상자에게 이론 적용
완벽한 이론의 부재

에 기초한 심리치료를 고수하기보다는, 치료사의 교육적 훈련과 인간관에 따른 중점적인 이론이 있되 다른 이론도 수용하는 경우가 허다하다. 그리고 인간의 사고, 감정 및 행동을 다루는 모든 이론을 통합하고자 하는 통합적 모델이 시도되기도 한다(Corey, 2002).

통합적 접근을 시도할 때는 각 치료이론에 대한 이해가 매우 중요하다. 각 이론에 대한 기본 지식의 부족은 통합이라는 명목하에 합리적인 이유 없이 비체계적으로 심리치료를 하게 될 가능성을 내포하기 때문이다. 또한 이론적 틀에 따라 치료대상자의 문제를 평가하고 해석하는 기준이 달라지는데, 언제 개입하고, 어떻게 개입해야 하는가의 개입방법과 개입의 결과를 평가하는 기준이 달라지기 때문이다. 통합은 치료대상자에게 가장 적절한 이론을 찾는다는 의미다. 이는 치료대상자의 요구를 충분히 고려한 결과의 통합이어야 한다.

이 장에서는 미술치료를 하는 데 기본이 되는 이론들에 대해 간단히 다루고자 한다. 그리고 이론의 평가 준거도 제시하고자 한다.

1. 정신분석적 미술치료

정신분석이론에 대해서 먼저 살펴보고 정신분석적 미술치료에 대해 살펴보고자 한다.

■ 표 4-2 ■ 정신분석적 미술치료

• 미술작품의 상징성 무의식에 억압되어 있는 것을 표출 언어로 표현할 수 없는, 표현하지 않은, 표현되지 않은 단면 포착 위장된 상징은 자기방어, 표현곤란 • 미술표현은 무의식의 의식화 • 자유연상, 꿈, 저항, 전이의 분석, 해석 기법 사용

1) 정신분석이론

정신분석의 기본이론, 방어기제, 정신분석 치료의 목표, 기법으로 나누어 살펴보고자 한다.

(1) 기본이론

정신분석적 모델은 Freud에 의해 창시되었다. 이론적 모형은 지형학적 이론, 구조적 이론, 역동적 이론으로 구성되어 있다. 지형학적 이론은 인간의 마음을 지층에 비유하고 있다. 마음은 지각할 수 있는 내용에 따라 무의식층, 전의식층, 의식층으로 구성된다.

의식: 현재 인식의 범위
전의식: 현재는 인식하지 못하나 알 수 있음
무의식: 인식 못함-심층, 접근 어려움

그림 4-1 의식, 전의식, 무의식

구조적 이론은 인간의 마음을 움직이는 힘의 종류와 그 특성의 비유다. 그 힘은 쾌락의 원리에 따라 욕망을 발산하는 원초아, 이상적인 자아와 양심 및 사회적 규범을 달성하라는 초자아, 원초아와 초자아의 요구를 현실적으로 수용하려는 자아로 구성되어 있다.

역동적 이론은 인식의 수준(무의식, 전의식, 의식)에서 인간의 마음을 움직이는 힘의 요소들(원초아, 자아, 초자아) 간의 역학관계를 설명하는 비유다. 인간의 마음을 움직이는 힘의 양은 고정되어 있다. 따라서 원초아의 욕망과 소망이 숨겨진 무의식, 원초아의 발산을 견제하는 초자아, 현실을 검증하는 자아의 의식, 무의식적 유발과 조절이 충돌 시 머무르는 전의식 등의 정신적 힘은 끊임없이 상호작용하는 역동적인 상태에 있다.

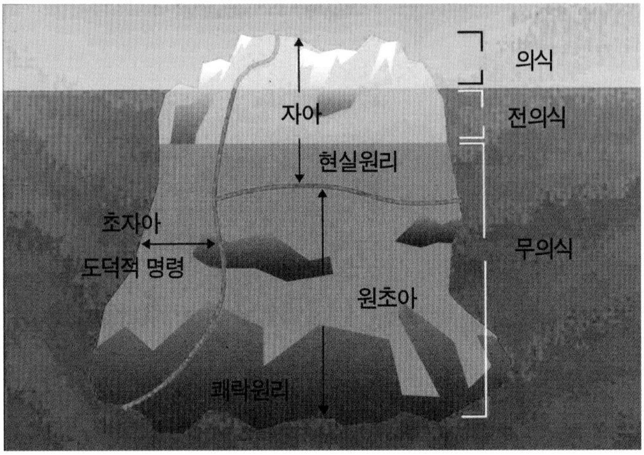

그림 4-2 원초아, 자아, 초자아

인간의 행동은 이러한 정신적 힘의 작용이 신체를 통해 외부로 표현된 것이다. 이때 현실적으로 수용될 수 없는 부분은 무의식화된다. 이 부분이 무의식에 숨어서 그 영향력을 발휘하다가 해결되지 못하면 증상으로 표현되는 것이다.

그림 4-3 성격 역동

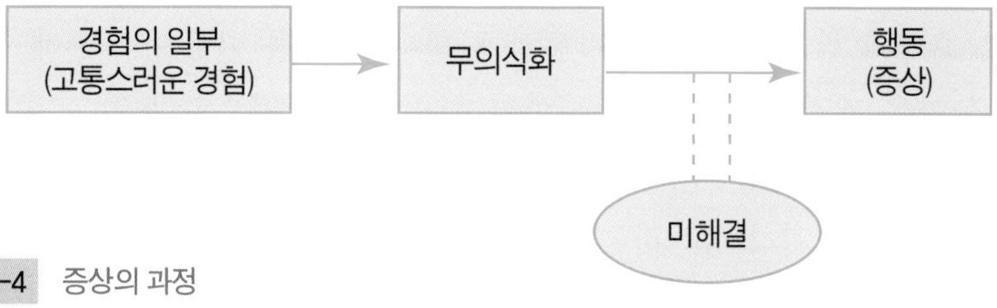

그림 4-4 증상의 과정

무의식에 있는 경험은 의식에서 해리되어 있다. 따라서 이 경험에 수반되는 감정을 적절히 배출하지 못하면, 그 감정은 인격의 부분에 동화될 수 없다. 그리하여 무의식에 있는 경험은 상징화되거나 방어기제를 동원하는 방식으로 표출되어 증상을 이루게 된다.

- **증상**: 점을 찍고 낙서함 → 말을 안 함
- **원인**: 엄마에 대한 적개심 → 엄마에 대해 공격 못함(억압)
- **그림표현**: 점(엄마의 상징) → 낙서하기(엄마에 대한 공격)

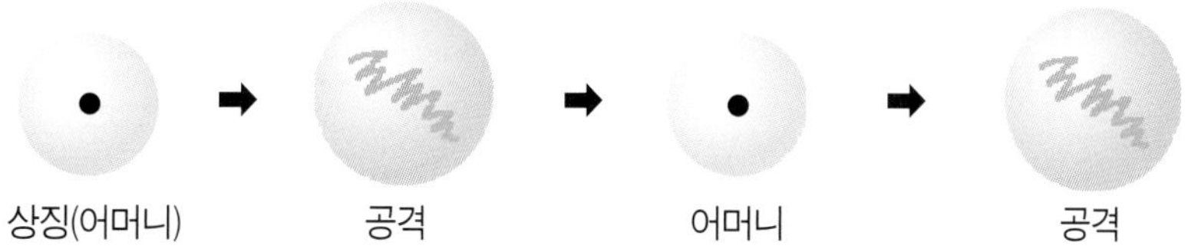

그림 4-5 증상 표출의 예

정신분석은 인간을 비합리적이며 과거의 경험에 지배되는 결정론적인 존재로 본다. 인간의 무의식 속에 잠재해 있는 어린 시절의 심리 · 성적 사건들이 인간의 성격을 형성한다고 본다. 또한 원초아, 자아, 초자아 사이의 갈등이 인간의 통제를 넘어설 때 인간은 불안을 느끼게 된다.

(2) 방어기제

인간은 욕구와 금지 사이에서 갈등하게 되며, 이러한 갈등으로 인해 불안을 느낀다. 불안은 해결되어야 한다. 자아가 합리적인 방법으로 불안을 줄이거나 제거하지 못하면, 자신이 의식하지 못하는 가운데 비현실적이고 비합리적인 방법으로 불안감을 제거하려고 하는 무의식적인 심리기제가 나타나게 된다. 이것이 방어기제다. 방어기제는 무의식 수준에서 일어나며, 개인이 불안을 극복하도록, 불안에 압도되지 않도록 자아를 보호하는 일을 한다.

방어기제

- **부정**: 의식화된다면 도저히 감당하지 못할 어떤 생각, 욕구, 현실적 존재를 무의식적으로 부정하는 것. 엄연히 존재하는 위험이나 불쾌한 현실을 부정함으로써 그에 따른 불안을 회피하는 것.
  예) 어머니의 사망을 인정하지 않고 어디 가셨다고 함. 환자가 자신의 병을 부정하는 것.
- **투사**: 자아가 스스로 받아들일 수 없는 공격적인 충동이나 성적인 욕구를 인정치 않고 남에게 돌려버리는 심리기제. 자기의 결점을 어떤 사람이나 사물의 탓으로 돌림으로써 자기의 불안을 해소하려고 하는 것.
  예) 자신의 잘못으로 시험을 못 본 학생이 선생님이 잘못 가르쳤기 때문이라고 함.
- **퇴행**: 생의 초기에 성공적으로 사용했던 생각이나 감정, 행동에 의지하여 불안이나 위협을 해소하려는 과정.
  예) 대소변을 잘 가렸던 아이가 동생이 생긴 후에 동생처럼 대소변을 가리지 못함.
- **억제**: 현재의 갈등, 감정, 욕구가 적절하게 해결되지 못할 경우에 이들이 적절히 다루어질 수 있을 때까지 관심을 의식적으로 보류하고 문제해결을 지연시키는 것.
- **반동형성**: 무의식에 있는 용납될 수 없는 생각, 소원, 충동이 이런 욕구에서 벗어나고자 과도하게 억압되어 정반대의 감정이나 행동으로 표현되는 것.
  예) 범죄 성향의 사람이 반동형성으로 용감한 경찰관이 되는 것.
- **치환**: 실제로 있는 어떤 대상에게 향했던 감정이 덜 위협적이고 덜 위험하다고 생각되는 대체물로 옮겨 가는 것.
- **동일시**: 자기보다 우세한 다른 대상이 가지고 있는 가치나 태도를 자신의 성격 속에 흡수하는 것. 사회에서 통용되는 행동양식과 가치관의 획득에 중요한 역할을 함.

- **전이:** 어떤 사람에 대한 심상이 무의식적으로 다른 사람에 대한 심상과 동일시되는 것. 어릴 때 중요하였던 인물에 대한 감정을 현재 다른 대상에게 동일하게 느끼는 것.
  예) 까닭 없이 누군가를 좋아하거나 싫어하기.
- **신체화:** 심리적인 갈등이 신체 부위의 증상으로 전환됨으로써 신체 반응을 나타내는 것.
  예) 심한 스트레스를 받으면 배가 아프거나 머리가 아픈 것.
- **합리화:** 개인의 무의식적인 동기에서 나온 행동을 그럴 듯하게 용납될 수 있는 이유를 댐으로써 의식은 물론 윤리 도덕에도 부합되도록 설명하려는 것.
- **승화:** 원초적이고 용납될 수 없는 성적 및 공격적 에너지 또는 충동을 개인적으로나 사회적으로 인정받을 수 있는 방향으로 표현하는 것.

방어기제라는 말을 처음 사용한 사람은 Freud지만 정리하고 정착시킨 사람은 그의 딸인 Anna Freud다. 그리고 후대의 정신분석학자들에 의해 방어기제의 종류는 더 많이 늘어나게 되었다.

그림 4-6 여우와 신포도(합리화)
저 포도는 신포도야!

(3) 치료의 목표

Freud는 인간의 문제는 인생 초기 경험에서 비롯되기 때문에 이를 해결하기 위해서는 과거에 자신이 억압해서 무의식의 심연에 숨겨버린 갈등의 경험을 이해하는 것이 필요하다고 했다. 그는 환자와의 중요한 의사소통에서 시각적 표상을 기술하게 하였다.

Freud는 환자의 자유연상을 도와주기 위해 환자에게 눈앞에 펼쳐진 경치를 묘사하듯이 이야기하라고 하였다. 그에 따르면, 이러한 시각화를 통해 무의식이 의식화되는 것이 가능하다는 것이다.

잊혀진 기억의 환기 기법

환자의 이마에 손을 얹거나 머리를 감싸며, "나의 손이 당신의 머리를 누르고 있는 동안 무엇인가를 생각할 것입니다. 내가 손을 푸는 순간, 당신은 앞에 무엇인가를 보게 되거나 어떤 것이 머리에 떠오를 것입니다. 그것을 잡으세요. 그것이 우리가 찾고 있는 것입니다."
"자 그러면 무엇을 보았습니까?"
"아니면 어떤 것이 떠올랐습니까?"

그림 4-7 Freud의 방

정신분석적 심리치료의 목표는 무의식을 의식화하여 개인의 성격 구조를 수정하고 자아를 강화시켜, 행동이 본능의 요구보다는 현실에 바탕을 두도록 하는 것이다. 치료의 궁극적인 목표는 과거의 경험, 갈등과 이에 대처하는 현재의 방법 간의 관계에 대해 정서적으로 의미 깊은 종합적인 이해를 환자에게 제공하는 것이다.

치료사는 환자와 치료관계를 형성하고 주의 깊은 경청과 해석을 한다. 환자의 저항에도 주목한다. 그리하여 환자가 문제를 통찰하고 변화를 위한 방법을 인식할 수 있도록 돕는 것이다. 환자는 치료를 받을 의지가 있음을 치료사와 언어로 약속한다. 치료과정에서는 과거와 무의식에 대해 통찰하고, 자신의 통찰을 방해하는 저항을 경험한다.

또한 치료사와 전이관계를 형성하며, 자신의 문제를 명료화하고 수용한다. 문제의 원인을 이해하고 현재의 대인관계와 과거의 문제를 통합한다.

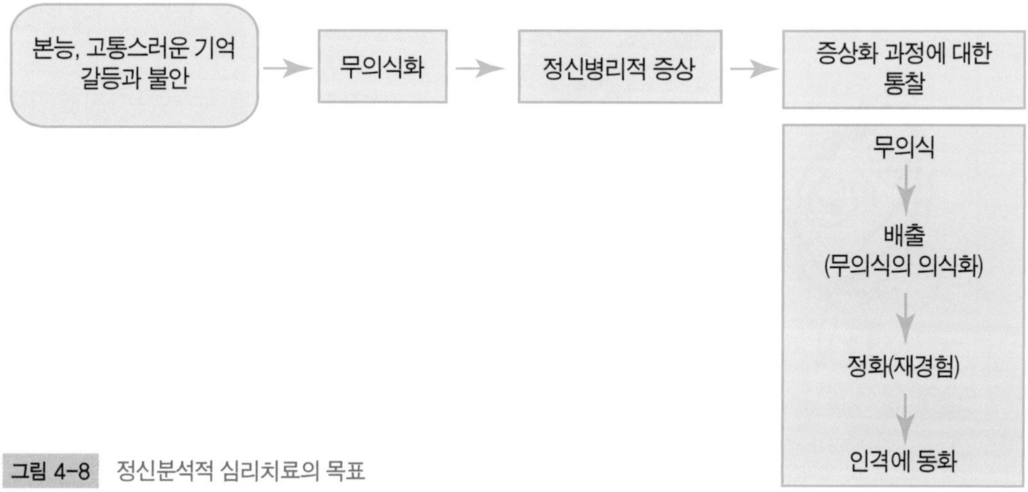

그림 4-8 정신분석적 심리치료의 목표

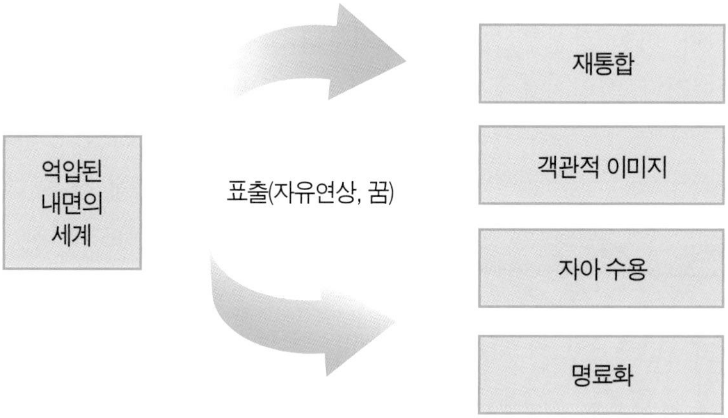

그림 4-9 성격의 재구조

(4) 치료의 기법

정신분석적 심리치료 기법은 행동에 대한 통찰을 얻게 하여 증상의 의미를 이해하도록 하는 것이다. 치료사는 증상 이면에 숨어 있는 수수께끼를 풀고 환자의 갈등이 완화되도록 수수께끼를 설명하는 '해석자'다. 즉, 마음에 일어나는 것을 그대로 말하도록 시키고 그것을 해석해 주는 것이다. 해석할 때는 일관성,

시기 적절성 및 환자의 준비도를 고려하여야 한다.

이때 사용될 수 있는 치료기법에는 꿈의 분석, 자유연상, 해석, 저항의 분석과 해석, 전이의 분석과 해석 등이 있다. 아동은 성인에 비해 언어로 자유연상을 하는 데 어려움이 있다. 따라서 그림의 사용이 언어의 사용보다 의사소통을 더 용이하게 해 준다.

그림 4-10 불이 났어요(무서움 표현하기)

엄마가 없었을 때 가스 오븐의 불꽃에 놀란 경험이 있다. 그 뒤로 엄마 곁에서 떨어지려고 하지 않았다.

또한 어떤 환자의 경우는 무의식적 동기를 각성시켜 의식수준으로 전환시키는 방법에서 꿈보다는 미술작품의 분석이 더 효율적이라는 사례연구도 있다. 아동 정신분석에서는 초기부터 그림이나 창조적 매체의 사용이 잘 받아들여졌다. 성인치료에서는 1940년대부터 몇몇 임상가들이 정신분석치료에 미술을 활용하였다. 환자에게 핑거페인팅을 하게 한 후 그 그림에 대해 연상을 하도록 한 경우(Mosse, 1940), 난화를 그리도록 한 경우(Auerbach, 1959), 집에서 자유로이 연상되는 그림을 가져오게 한 경우(Mosse, 1940) 등이 있다.

그림 4-11 난화

난화에서 연상되는 것 찾기

모든 심리치료 이론은 각기 장점과 단점을 가지고 있는데 정신분석 심리치료의 장점과 단점은 다음과 같다.

■ 표 4-3 ■ 정신분석 심리치료의 장점과 단점

장점	단점
• 적용범위가 넓다. • 인생의 초기 경험을 강조하였다. • 무의식적 동기와 기제를 명료화했다. • 인지하지 못하거나 수용할 수 없는 충동에 의해 사고나 행동이 동기화됨을 밝혔다.	• 이론이 애매하다. • 해석의 다양성 및 남용 가능성이 있다. • 유아기 경험을 강조한다. • 사회학적 · 문화인류학적 관점이 약하다. • 치료기간이 길다.

2) 정신분석적 미술치료

정신분석가들이 미술을 무의식의 표출수단으로 활용하였지만, 이를 치료법으로 확립한 사람은 Naumburg였다. 그는 억압된 것을 이미지를 통해 표출하는 것이 치료적일 뿐만 아니라 정화가 되면서 동시에 의사소통의 효과가 있음을 알아냈다.

(1) 치료의 과정

정신분석적 미술치료는 자유연상, 꿈의 해석, 저항과 전이의 분석과 해석 등을 기법으로 사용한다. 특히, 자유연상이나 꿈의 내용을 전달하는 데 그림이나 다른 미술활동으로 표현하는 것이다.

성인의 경우에도 난화나 핑거페인팅 등을 통해 자유연상을 하게 하거나 연상되는 것을 그리게 하는 방법을 적용하여 무의식적 동기를 밝히고 있다. 자발적인 미술표현을 통하여 이미지를 표출하는 것이 바로 무의식을 의식화하는 것이다. 이는 치료나 정화, 원활한 의사소통의 효과를 거둘 수 있다(Naumburg, 1955).

그림 4-12 반복되는 꿈 그리기(외로움)

정신분석적 미술치료는 치료대상자의 작품을 상징적 언어로 보고 있으며, 작품과정에서의 승화를 치료의 중요 개념으로 본다. 승화는 제5장 미술의 치료적 특성에서 지세히 다루겠다.

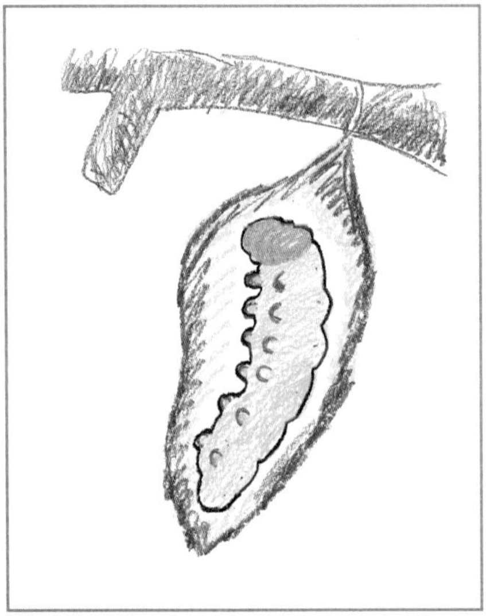

그림 4-13 마음대로 그리고 떠오르는 생각 말하기

나비를 그리다가 매달린 애벌레를 그렸다. 이 애벌레는 꿈만 크고 아무것도 하지 않는다. 내가 애벌레다.

(2) 개념의 이해

정신분석 미술치료를 하는 데 있어 주요한 개념인 무의식, 저항, 해석에 대해 살펴보겠다. 무의식에는 일상생활에서 경험한 의식하지 못하는 모든 기억들이 포함되어 있다. 미술치료사가 치료대상자의 그림에서 어떤 의미를 찾으려고 할 때, 이 무의식의 역할을 인식하는 것이 중요하다.

그림 4-14 어린 시절(공원에 놀러 간 우리 가족)

아이스크림 먹는 자신 외에 다른 가족은 보이지 않는다. 의식하지 않았던 기억이 표현되었다.

Freud는 모든 행동의 일차적인 동기를 무의식으로 보았다. 심한 불안이나 공포를 야기하는 상황에 직면한 사람은 이런 경험과 감정을 무의식으로 억압한다. 이 경험이나 감정을 기억에 떠올리거나 의식수준으로 되살려 낸다면 불안이나 공포가 해소될 수 있다. 그러므로 미술치료의 목적은 치료대상자의 무의식에 억압된 것을 점차적으로 의식으로 가져올 수 있도록 안정되고 편안한 분위기를 만들어 주는 것이다. 치료사가 미술활동에서 치료대상자의 방어적인 태도를 알아차린다면 무의식을 보다 잘 이해할 수 있을 것이다.

저항은 환자로 하여금 무의식 세계를 다루지 못하게 하는 모든 방어적인 행동을 말한다. 저항은 미술활동하지 않기, 그림을 그렸다가 지우기 그리고 지우기를 반복하는 행위 등으로 나타난다.

저항은 치료관계를 형성하는 과정에서 자연스러운 부분이기도 하다. 어떤 저항들은 이전의 상담에서 상처받은 경험을 반영하기도 한다. 또 치료과정에서 앞으로 무엇이 일어날 것인가를 잘 모르거나, 도움을 받을 수 있을 것인가에 대한 신뢰가 부족하거나, 자신을 드러내는 것에 대한 두려움, 수치 등과도 관련이 있다.

미술치료에서 이러한 저항을 극복하고자 한다면 앞 장의 심리치료 기본원칙을 참조하도록 한다. 저항은 치료사와 치료대상자 간의 따뜻하고 친밀한 관계, 치료대상자의 수용, 치료대상자가 자신의 감정을 자유로이 표현할 수 있는 허용적인 분위기, 치료대상자가 표현하는 미술활동과 감정에 대한 치료사의 반영, 치료대상자의 문제해결 능력에 대한 존중, 치료는 치료대상자에게 보조를 맞추며 점진적으로 이끌어 가는 것이라는 미술치료사의 이해 등을 통해 극복될 수 있다.

저항은 치료관계에서 나타나는 중요한 방어기제라는 점도 인식해야 한다. 치료대상자가 미술치료의 본질을 이해하고 받아

그림 4-15 내가 기억하는 최초의 무서움

밤에 깨어 보니 혼자였다.

그림 4-16 나의 생각

'자신의 복잡한 생각 표현하기'에서 나무를 그렸다. 1시간 동안 칠한 부분을 계속해서 덧칠하였다.

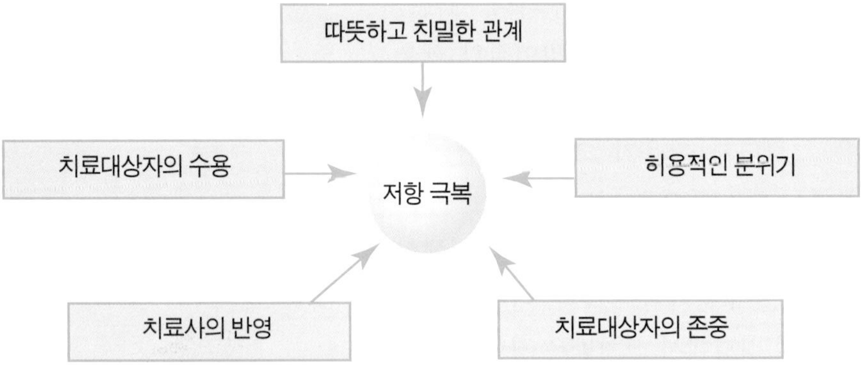

그림 4-17 저항의 극복을 위하여

들이면, 치료사는 치료대상자의 저항 행동에 대해서 간단히 지적해도 좋다. 어느 정도 시간이 경과하고 깊은 신뢰감과 친밀한 관계가 형성되면, 치료사는 저항을 극복하게 하기 위해 직접 직면하도록 할 수도 있다.

해석은 정신분석 미술치료에서 중요한 부분이다. 먼저 치료사는 치료대상자가 어떤 미술재료를 선택하여 사용하고, 무엇을 투사하고자 하는지를 정확히 파악하도록 노력해야 한다. 여러 연구들은 혼란된 치료대상자의 그림에는 건강한 개인의 그림보다 독특한 특성이 더 자주 나타남을 보여 주고 있다. 즉, 기괴한 인물이나 사물, 경직된 인물, 생략되거나 왜곡 또는 과장된 표현, 잘 통합되지 않는 인물과 사물 등이 묘사되곤 한다.

그림 4-18 우리 가족

가족을 온전하게 그리지 않았다.

정신분석 미술치료에서 치료사는 질문, 명료화, 직면, 해석 등의 중재기법을 사용하여 치료대상자가 자신의 부적응적 사고와 행동을 이해하도록 도와준다. 그리고 갈등이 어떻게 부적응적 행동으로 나타나게 되었는가를 깨닫도록 해 준다.

그림 4-19 우리 엄마

2. Jung의 분석적 미술치료

■ 표 4-4 ■ Jung의 분석적 미술치료

• 미술작품 환자와 치료 간의 상호 통찰과 이해의 자료 내적 · 외적 실체에 대한 잠재적 통찰을 일으키는 합성물 능동적 심상법 무의식의 심상을 그리고 색칠한 것 • 심상 정신으로부터의 의사소통

1) Jung의 분석이론

기본이론에서는 정신의 구조, 원형, 자아의 기능, 내향성과 외향성에 대해 살펴보고자 한다.

(1) 정신의 구조

Jung의 정신구조는 무의식과 의식으로 되어 있다. 의식은 무의식에 둘러싸여 있으며, 한 번에 아주 작은 양의 내용만을 취할 수 있다. 무의식은 언젠가는 의식으로 다시 올라올 수 있는 가능성을 지니고 있다.

자아는 의식의 주체다. 자아는 우리가 의식하는 감정, 생각, 기억, 지각 등으로 구성된다. 또한 외계에 대한 우리의 자각도 포함한다. 무의식은 개인무의식과 집단무의식으로 구분된다.

개인무의식은 개인이 살아오면서 억압하거나 망각한 사고와 감정이다. 집단무의식은 민족이나 사회의 집단역사와는 관계없이 모든 인류에게 공통적으로 유전되어 내려온 불안, 위험, 공포, 대항, 애정, 증오, 이성관계, 친자관계, 출생, 사망 등에 대한 인간의 본성이다.

집단무의식의 원형은 직접 알 수는 없으나 신화, 예술, 꿈, 환상 등을 통해 알아볼 수 있다. 물론 문화에 따라 표현되는 방식에는 다소 차이가 있다. 집단무의식에는 의식으로 끌어올릴 수 없는 부분이 있다.

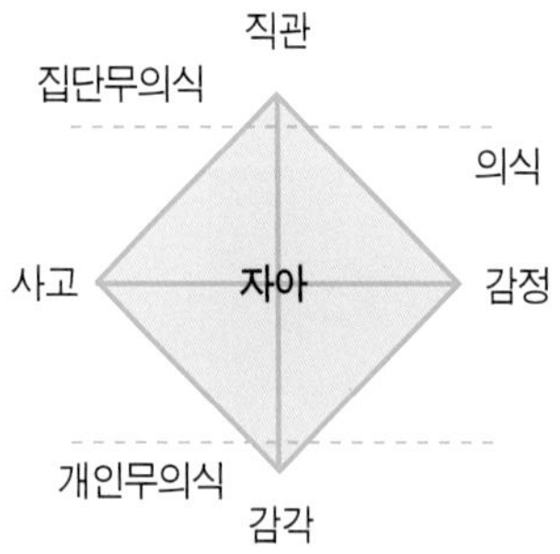

그림 4-20 자아, 개인무의식, 집단무의식 간의 관계

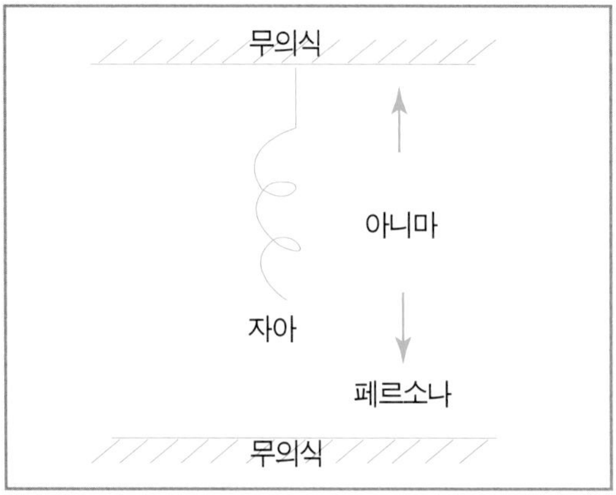

그림 4-21 무의식 영역

원형을 직접 알 수 없다.

그림 4-22 나의 다른 면

나에게도 이런 무서운 마음이 있음을 알게 된다.

(2) 원형

Jung은 집단무의식의 구조적 요소들을 원형이라고 불렀다. 원형은 보편적 · 집단적 · 선험적 심상으로 개인이 태어나기 전에 이미 형성되어 있는 것이다. 이는 페르소나, 음영(그림자), 아니마, 아니무스, 자기로 구성된다.

원형의 구조적 요소

- **페르소나:** 외부에 보여 주는 이미지다. 즉, 개인이 사회적으로 보이는 공적 얼굴이다. 진정한 자기 모습과 분리된 것으로, 남들에게 좋은 인상을 주거나 자신을 은폐시키는 것이다.
- **음영(그림자):** 우리의 본성에 있는 자신이 용납하기 어려운 특질과 감정들로서 억압되어 있다. 공격성, 잔인성, 사악한 면, 부도덕한 면 등으로 무의식을 드러내는 자료에서 나타나기도 한다.
- **아니마와 아니무스:** 우리 마음의 상으로 남성이 지니는 여성적인 면이 아니마고, 여성이 지니는 남성적인 면이 아니무스다.
- **자기:** 가장 중요한 원형으로 성격의 모든 요소들을 균형 있고 조화롭게 만들려는 내적 충동이다. 개인의 내적 지혜의 안내자로 불린다.

그림 4-23 아니마(심상옥, 2000)

그림 4-24 페르소나

(3) 자아의 기능

자아는 사고, 감정, 감각, 직관의 네 기능이 있다. 이 기능은 모든 사람들이 가지고 있다. 자아의 이 네 기능은 실제 생활에서 대부분 혼합된 형태로 나타난다. 사고는 사고활동이나 인지활동을 하는 기능이고, 감정은 즐거움, 불쾌, 수용, 배척을 기준으로 사물을 평가하는 기능이다. 또한 감각은 사실을 있는 그대로 지각하는 기능이고, 직관은 사물에 내재해 있는 맥락이나 내적 의미를 꿰뚫어 지각하는 기능이다. 사고와 감정이 대극관계고, 감각과 직관이 대극관계다. 개인은 사고, 감정, 감각, 직관의 네 기능에서 더 우월한 부분과 열등한 부분을 지니고 있다.

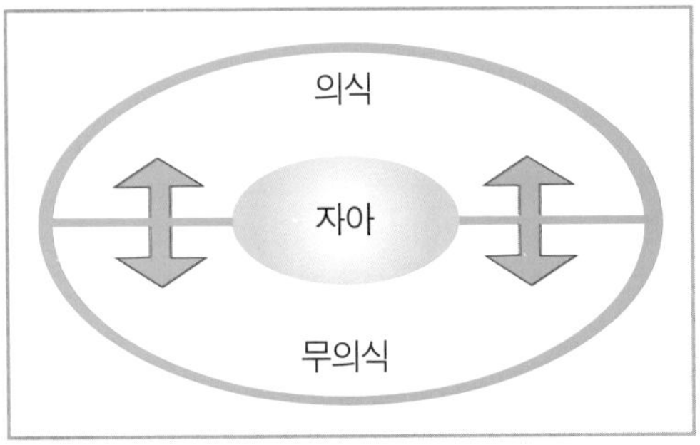

그림 4-25 의식의 기능

(4) 내향성과 외향성

내외적 자극에 대한 반응양식이 내향적인가 외향적인가다. 외향성은 직접 행동에 참여하며, 당시의 시대정신에 적응하고 반응한다. 내향성은 자신의 내부 세계에서 보다 안전함을 느낀다.

그림 4-26 내향적

그림 4-27 외향적

2) 미술치료의 준거

미술치료에 대해 Jung은 의미 있는 준거를 제시하고 있다(Jung, 1961).

> 왜 나는 환자들에게 발달단계에 따라 붓, 연필, 펜을 사용하여 자신을 표현하도록 격려할까? 나의 목적은 어떤 효과를 내기를 원하는 것이다.
>
> 수동적인 환자가 적극적으로 행동한다. 종이에 자신에게 다가오는 환상에 대해 세밀한 행동까지 표현한다.
>
> 이 환상이 무의미하다면 환자는 색칠하는 것에 싫증을 내고, 다음에는 이런 행동을 하지 않을 것이다. 그러나 그는 환상이 무의미하지 않다고 느끼고 자신에 몰두한다.
>
> 나아가 심상에 시각적 형태를 취하려는 노력은 그 심상의 모든 부분을 검토하도록 하며 이 활동의 효과를 경험하게 한다.
>
> 그리는 활동만으로는 불충분하다. 그림을 지적, 감정적으로 이해해야 한다. 그리고 종합적으로 해석하여야 한다. 그러면 그림은 의식과 통합된다.

Jung 학파의 치료사들은 치료대상자에게 꿈이나 환상을 시각적으로 표상하도록 지시한다. 치료사는 상징적 심상에 대해 강한 감정이입을 하며 심상을 이해하고자 한다. 특히, Jung은 자신의 개인적 위기에서 그림이나 조소활동을 통해 생동감 있는 통찰을 얻었다.

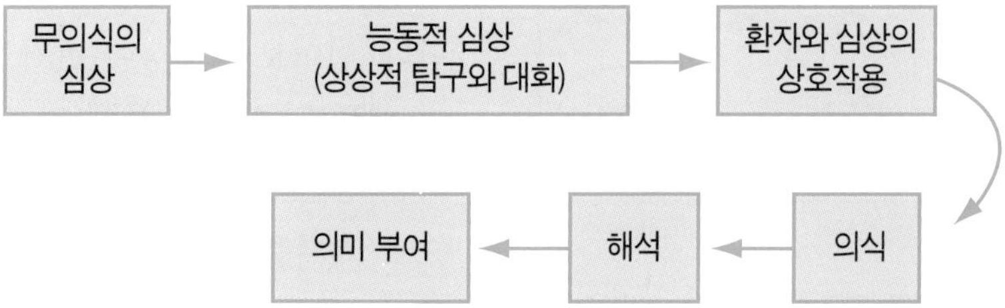

그림 4-28 능동적 심상

상징적 심상은 그 자체가 최고의 설명력을 가진다. 무의식은 거짓말을 하지 않으며, 자아만이 진실에 대해 방어할 필요를 느낀다. 수용된 무의식적 심상은 상상적 탐구와 대화를 자극한다. 그리하여 심상과 심상 형성자 간에 관계가 형성된다. 이러한 상상적 탐구와 대화는 능동적 심상화의 본질이다.

Jung은 무의식에서 나온 심상을 그리고 색칠하는 데 중요한 역할을 하는 능동적 심상에 대해서 많이 언급하고 있다. 치료대상자의 그림은 종합적으로 해석되어야 하며 지적, 감정적으로 이해되어야 한다고 했다. 즉, 원형의 긍정적인 측면은 무의식 요소와의 적극적인 대화를 통해서 그 무의식 요소가 의식으로 통합되었을 때 되살아날 수 있다고 보았다.

■ 표 4-5 ■ 능동적 심상과 꿈의 비교

- 능동적 심상: 내적인 심상의 흐름을 관찰하는 내성법이다. 능동적 심상은 심상이 일어나는 동안에 무엇이 진행되고 있는가를 의식 상태에서 충분히 알 수 있다.
- 꿈: 의식하지 못하는 무의식 상태에서 일어난다.

3) 미술치료 과정

그림 4-29 되고 싶은 나

넓고 깊은 바다가 되고 싶어 바다를 그리고자 했다. 너무 외로워 보여 갈매기를 그렸다. 차가운 색만 있어 따뜻하게 보이고자 떠오르는 태양을 그렸다. 의식하며 그려 나갔다.

심상은 정신의 깊은 곳에서 나오며, 진실은 무의식에 존재한다. 무의식 요소와의 적극적인 대화를 통해서 무의식이 의식으로 통합되어야 원형의 긍정적인 측면이 되살아난다. 언어보다 심상이 먼저 떠오르기 때문에, 심상을 통해 잘 알지 못하는 정신세계를 깨울 수 있고 의식으로 가져올 수 있다. 이 과정에서 무의식의 이해가 이루어지고 치료가 이루어진다.

심상의 시각화

- **초기단계**
  심상 형성 자체가 모험이다.
  매체에 불안감과 불신감이 나타난다.
- **미술매체와의 관계**
  아직 불확신이 남아 있다.
  내적 경험과 외부 표현의 일치가 거의 없다.
  미술활동에 대한 불안 증가 또는 방어적 위축이 있다.
- **표현의 증가**
  첫 번째 표현부터 자신의 의지나 기대와는 다르다.
  심상과 심상 형성자의 대화가 시작된다.
  심상에 주의함으로써 변화와 문제해결 과정에 있게 된다.
  자아가 심상 형성을 통제하기보다 과정을 바라보게 된다.
  환자와 치료자의 관계에 의해 치료가 이루어진다.

심상은 예측이 거의 불가능하다. 우호적인 심상이 즉각적인 실망이나 수치심을 주기도 하며, 과정이 순조롭게 흘러가지 않을 수도 있다. 통제하에 심상을 그리게 하였는지, 정형화된 것을 만들도록 어떤 의도가 작용했는지도 살펴보아야 한다. 심상이 생명력을 갖기 위해서는 어떤 심상이든 모두 옳다는 관점을 가져야 한다.

예측하지 못한 시각적 심상에서 무의식과의 대화가 시작된다. 치료대상자는 이러한 시각적 심상을 자신의 것으로 인식하고, 자아와 반대되는 성격의 숨겨진 부분으로 알아야 한다. 이 때문에 심상과의 대

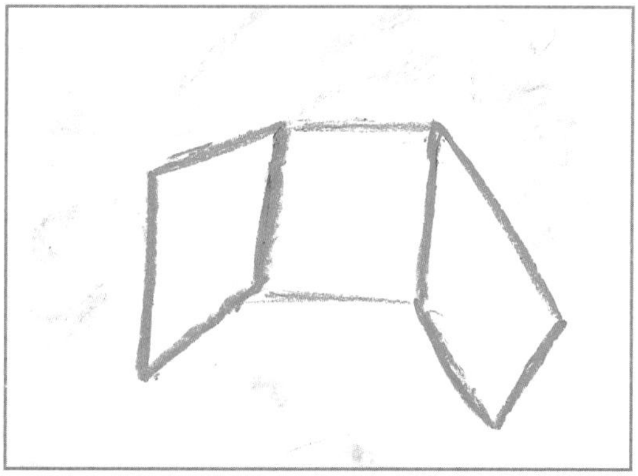

그림 4-30 창문

내가 왜 창문을 그렸지? 자신과의 대화를 통해 자신의 욕구를 부모님께 표현하고 싶음을 인지하게 되었다.

그림 4-31 속이 상한 나

돌멩이의 위치, 크기, 다른 돌멩이와의 거리 등 사소한 표현의 위력이 상실되지 않도록 주의해야 한다.

화가 중요하다. 심상을 단지 문제를 나타내는 것으로만 본다면 더 깊은 탐색의 가능성이 상실될 수 있다.

심상은 심상 형성자로 하여금 여러 가능성과 만나게 한다. 치료사와 치료대상자는 각기 다른 관점에서, 다른 상황에서, 다른 맥락에서 다양한 방식으로 바라보는 것이 중요하다. 무비판적인 수용으로서 심상의 사소하고 미묘한 뉘앙스를 놓쳐버리지 않도록 해야 한다.

치료사는 치료대상자가 심상의 메시지로 인해 압박감을 느끼지 않도록, 심상의 위력이 상실되지 않도록 치료적 틀을 구축해야 한다. 심상과의 대화는 다른 심상들을 보게 해 준다. 상황이 허락되면 치료사는 치료대상자가 자신의 작품을 거리를 두고 보도록 해 주고, 치료대상자가 발견한 새로운 사실에 대한 놀라움을 함께 공유하는 것이 필요하다.

이러한 능동적 심상화 과정은 미술매체를 통해서 촉진될 수 있다. 한 예로 반투명의 색종이를 가지고 자유로운 형상을 만들 수 있다. 이 형상은 깊은 정신세계(무의식)에서 나오는 것으로 볼 수 있다. 이러한 미술활동을 통해서 나타난 것에 대한 의미를 알게 되고, 이로써 무의식적 형태가 명료해지는 것이다.

Jung 학파의 정신분석적 미술치료의 목표는 미술능력을 증진시키는 데 있는 것이 아니다. 미술이라는 매체를 통해서 개인 내부의 숨겨진 근원을 찾고, 개인의 이해와 성장 및 변화를 증진시키고자 하는 데 있다.

3. 현상학적 미술치료

현상학은 선입관이나 추론적 이론과 달리 주관적인 경험을 강조하는 철학이

■ 표 4-6 ■ 현상학적 미술치료

• 미술작품 현상의 창조, 의도성 • 현상학적 논의 • 현상학적 통합 • 미래의 대처능력과 설계능력

다. 현상학적 심리학은 Wundt의 요소주의와 구조주의에 대한 반발로 나타났다. 심리학적 현상은 자연과학적 방법과 실험으로 연구될 수 없으며 주관적 접근이 필요하다고 본다. 현상은 사고, 느낌, 꿈, 백일몽, 인간의 마음과 같은 정신적 경험 영역과 보고 듣고 만질 수 있는 모든 것을 일컫는다. 현상학적 태도는 대상의 존재나 비존재에 대한 모든 판단을 중지하고(판단 보류) 편견 없이 고찰하는 태도다. 기본이론과 현상학적 미술치료로 나누어 살펴보고자 한다.

1) 현상학적 이론

현상학의 기본개념은 의도성이다. 의도성은 내가 보고 있는 것에 열중하는 것을 의미한다. 열중하면 더 명확하게 의식할 수 있다. 인간은 현실세계를 만드는 의식을 가진 의도적인 존재다. 의도성은 새로운 세계를 만들고 볼 수 없는 것을 보도록 해 준다.

의도성은 세상을 향하도록 방향이 설정되어 있다. 이것은 우리들의 의식이 항상 어떤 대상과 관계하고 있음을 의미한다. 치료대상자는 의도성을 통해서 새로운 세계를 의식하고, 생활 속에서 자기와 관계하는 대상들을 찾으려 한다. 의도성이 신

그림 4-32 무엇이 보이는가

코끼리 다리에 깔린 꽃. 그러나 그 꽃은 예쁘게 피어 있다.

체와 더불어 존재하기 때문에 신체는 의도성으로 가득 차 있다. 예컨대, 우리는 신체를 통해서 세상을 지각하고 있다. 또한 많은 학자들은 이 의도성이 정서에도 있다고 한다. 인간의 정서는 자기 자신을 서서히 세상에 적응시켜 나가는 데 중요한 역할을 한다.

의식의 현상학은 존재의 숨겨진 차원(무의식의 현상학)을 밝혀 내고자 한다. 이 점은 미술치료가 미술표현에서 무의식을 이해하고자 하는 것과 상당한 유사성을 갖고 있다.

2) 현상학적 미술치료

치료대상자가 자유롭게 미술매체를 선택하고 자유롭게 표현하는 과정, 자신의 미술작품을 감상하고 고찰하는 과정을 통해서 현상학적 목표에 도달할 수 있다. 작품을 현상학적 접근으로 바라볼 때 중요한 것은 작품 내용과 만든 사람의 세계관에 대해 개방적 태도를 가져야 한다는 점이다. 그리고 치료대상자의 표현을 이해하기 위해서는 미술표현에 대해 편협된 의미가 아닌 통합적인 관점을 가져야 한다.

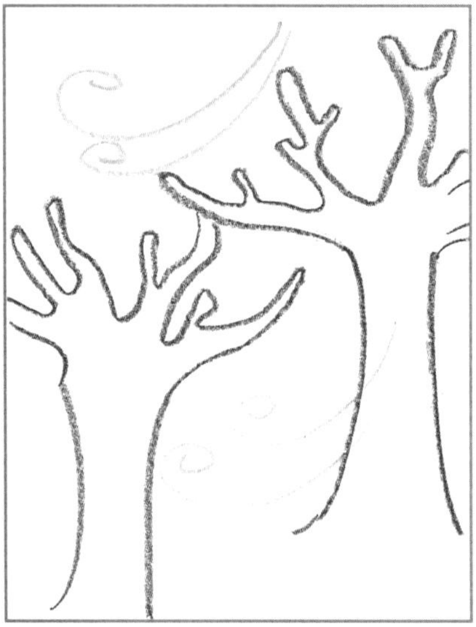

그림 4-33 자신의 작품 바라보기

앙상한 나무와 바람 부는 모습을 보고 자신을 의식한다.

치료과정에서 치료대상자는 자기 자신이 만들어 놓은 현상, 즉 작품을 바라보게 된다. 치료대상자는 이 과정을 통해 자신의 감각과 의식을 이해하게 됨으로써 자신만의 주관적인 의미를 찾게 된다.

현상학적 접근에서 그림을 보는 과정(Malchiodi, 1998)은 다음과 같다. 먼저 치료사가 '알지 못함(not knowing)'의 입장을 취하는 단계다. 치료대상자의 미술표현이 형태, 내용, 스타일에 있어 다른 사람들과 공통성을 지녔다고 하더라도, 치료사는 알지 못한다는 입장을 취해야 한다. 미술작품은 개별적이고 다양한 의미가 있다는 것을 깨달아야 한다. 그리고 치료대상자를 자기 자신의 경험에 대한 전문가로 대한다.

점차 치료대상자는 자연스럽게 자신에 대한 새로운 정보를 개방하게 되고, 치료사와 치료대상자 간의 관계는 발전된다. 그러면서 치료대상자에게 미술과 관련된 인식발달, 정서발달, 대인관계 기술, 발달적 성숙의 다양한 측면의 이해가 제공된다. 더불어 치료대상자는 내부 자아와 함께 인간, 환경, 사회와 자신 간의 관계를 발견하게 된다.

3) 미술치료 과정

현상학적 미술치료 과정은 미술재료의 선택, 미술활동, 현상학적 직관, 현상학적 통합의 4단계로 구성된다.

■ 표 4-7 ■ 미술치료의 현상학적 단계

- 단계1: 미술재료의 선택
- 단계2: 미술활동 - 현상의 창조
- 단계3: 현상학적 직관
  - ① 인지과정(인지촉진)
    - 시각적 전시
    - 거리두기
    - 의도적 관찰
  - ② 현상학적 묘사(무엇이 보입니까 과정)
    - 현상학적 기술
    - 현상학적 개방(미술표현에 대해 현상학적으로 논의)
- 단계4: 현상학적 통합

(1) 미술재료의 선택

현상학적 미술치료의 첫 단계로 치료대상자가 미술재료를 선택하는 것이다. 미술치료사는 치료대상자로 하여금 자유롭게 미술재료를 선택할 수 있도록 미

그림 4-34 재료의 선택

그림 4-35 회색 동그라미가 그려진 종이에 그린 그림

현상의 창조

술재료를 준비한다. 그리고 자유롭게 매체를 선택하게 하면서 이 선택하는 태도를 관찰한다.

(2) 미술활동-현상의 창조

미술활동을 통해 현상을 창조하는 것이 두 번째 단계다. 현상을 창조하는 것은 곧 치료대상자가 직접적인 자신의 경험을 미술작품에 투사하는 것이다. 초기 단계에서는 라포 형성을 위해 비지시화가 지시화보다 더 유용하다. 또 난화기법도 유용하다.

(3) 현상학적 직관

현상학적 직관 단계는 인지를 촉진시키는 인지과정과 현상학적 묘사를 하는 '무엇이 보입니까'의 두 과정으로 되어 있다. 인지과정은 시각적 전시, 거리두기, 의도적 관찰로 되어 있다.

① 인지과정

• 시각적 전시: 미술작품을 완성했을 때 잘 보이는 곳에 전시하는 것으로, 자신을 객관적으로 바라볼 수 있게 도와준다.

• 거리두기: 작품을 보기 위해 거리를 조절하는 것이다. 미술작품은 존재하는 하나의 현상이다. 따라서 만든 사람으로부터 분리될 수 있다. 분리됨으로써 선입견 없이 객관적으로 관찰될 수 있다.

• 의도적 관찰: 의도를 가지고 작품을 오랫동안 보게 하는 것이다.

"그림 바로 앞에 있을 때 볼 수 없었던 것을 그림에서 떨어져 있을 때는 볼 수 있어요. 작품에서 볼 수 있는 것을 모두 보려고 노력하세요."

치료대상자는 집중해서 자신의 작품을 보고, 자신이 만든 현상과 대화를 한다. 이제 자신은 관찰자며 메시지의 수신자가 된다. 그러면서 많은 것이 관찰된다.

유의점

충분한 시간을 준다.
침묵의 중요성을 안다.

② 현상학적 묘사

치료대상자는 작품 내에 있는 것을 가능한 정확하게 묘사한다. 이것이 현상학적 묘사로 '무엇이 보입니까?' 과정이다. 치료사는 "당신에게 무엇이 보입니까?"라는 단순한 질문을 한다. 이 과정은 현상학적 기술과 현상학적 개방으로 되어 있다([그림 4-36] 참조).

질문의 의미

개인적 지각과 의미의 중요성 강조
현상학적 증거

• 현상학적 기술: 치료대상자는 자신의 내적인 경험, 지각, 내부 자아, 다른 사람과의 관계, 환경, 사회와 자신의 관계를 발견하며, 이를 확인하는 데 미술을 통합적으로 사용하는 것이다. 이 과정에서 치료대상자의 독특한 경험을 치

그림 4-36 자신이 못 본 푸른색을 보게 한다

치료사의 "당신에게 무엇이 보입니까?"라는 질문으로 치료대상자가 관찰자로서 자아와 외부세계의 상호작용을 경험하게 하는 것이다. 치료사의 질문에 치료대상자는 그림에서 보이는(느끼는) 부분을 설명한다.

료사가 받아들일 수 있게 되며, 치료대상자와 더 깊은 치료적 관계를 확립할 수 있게 된다.

치료대상자들이 표현한 작품의 의미를 모두 깊이 이해하는 것은 어렵다. 다만 다양한 의미가 있을 수 있다는 가능성을 치료사가 받아들이는 것이 중요하다. 미술은 내적인 사건뿐만 아니라 인간 상호 간의 관계까지도 상징화한다. 미술은 많은 경험, 감정, 인식들을 하나의 시각적인 이야기로 압축해 놓은 것이기 때문이다. 미술작품은 치료대상자의 인식발달, 정서발달, 대인관계 기술, 발달적 성숙 등 한 개인과 관련된 다양한 측면을 이해할 수 있는 기회가 된다.

• 현상학적 개방: 미술표현에 대한 현상학적 논의로써 치료사가 치료대상자의 마음을 열도록 도와주고, 미술작품에 나타난 요소와 대상들에 대한 토론점을 지적해 주는 단계다. 치료대상자에게 작품의 내용에 대해 자유롭게 연상하도록 요구하고 가능한 의미를 모두 내놓게 하는 것이다. 이러한 현상학적 접근법은 치료대상자 중심의 접근법이다. 현상학적 접근은 치료사들에게 제한된 시각이 아닌 통합적 관점으로 치료대상자의 작품을 이해하게 해 준다.

(4) 현상학적 통합

현상학적 통합은 치료대상자가 만든 작품의 결과를 놓고, 원래 의도한 내용과 실제로 표현한 것의 관계를 파악하여 자기를 발견하게 하는 것이다. 그러고 나서 치료대상자가 만든 이전의 미술작품들과의 유사점과 차이점을 찾는다. 이전의 작품과의 비교에서 치료대상자는 되풀이되는 요소와 주제를 발견할 수 있다. 이것은 치료대상자의 행동양식을 인식하는 데 도움이 된다. 끝으로 치료대상자가 미술표현 과정에서 하는 노력과 실제 생활에서 하는 노력 간의 유사점을 찾게 한다. 이로써 미래의 대처능력과 설계능력을 기를 수 있다.

■ 표 4-8 ■ 현상학적 통합

• 원래 의도와 실제 표현의 차이
• 작품들 간의 유사점과 차이점
• 되풀이되는 요소와 주제
• 표현과정과 실생활 경험의 노력 간의 유사점

4) 보완

현상학적 접근으로 치료대상자의 작품을 이해하는 데는 이점이 있다. 그러나 확실하게 믿을 만한 치료대상자의 경험, 상황 등에 관한 정보를 무시해서는 안 된다. 치료사는 이러한 정보들을 미술표현에 대한 부가적인 관점으로 신중하게 다뤄야 한다.

치료대상자는 여러 원인으로 인하여 자신의 작품에 대해 말하기를 원하지 않고 말하려 하지 않을 수 있다. 어떤 치료대상자들은 단순히 자신들의 경험을 말로 정확하게 표현할 수 없기 때문에 말하지 못할 수도 있다. 또는 치료 상황에서 자신이나 가족의 비밀이 드러날까 봐 두려워할 수도 있다. 이러한 경우나 아동처럼 언어적 의사소통이 제한되어 있는 경우에는 작품을 이해하기 위해 다른 접근이 필요할 것이다.

그림 4-37 눈물

그림에 대해 이야기하려고 하지 않음 → 다른 접근방법의 모색이 필요

4. 게슈탈트 미술치료

■ 표 4-9 ■ 게슈탈트 미술치료

자아통합
지금-여기의 강조
전경과 배경의 변화
워크숍 형태의 치료
꿈작업, 점토작업, 느낌 그리기

1) 게슈탈트 이론

게슈탈트는 통합되어 있는 구조라는 의미로 전체 또는 형태로 번역된다. 게슈탈트 이론은 개체가 대상을 지각할 때 그것들을 산만한 부분들의 합이 아닌 하나의 의미 있는 전체, 즉 게슈탈트로 만들어 지각한다고 본다.

그리고 개체가 어떤 대상을 지각할 때, 관심 있는 부분은 지각의 중심에 떠오

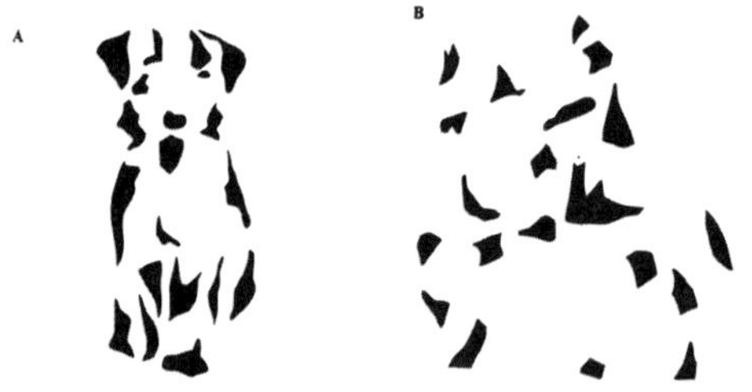

처음 보기에 (B)는 조직화되지 않은 조각들로 보인다.
그러나 잠시 동안 계속해서 그것들을 보면 형태가 있는 새로운 모습을 발견할 수 있다. (A)처럼 강아지가 된다. 일단 이러한 방법으로 재구성하게 되면, 처음에 봤던 것처럼 무질서한 것으로 보이지 않는다.

그림 4-38 게슈탈트 형성

의미 있는 형태로 지각한다.

그림 4-39 전경과 배경

개체는 게슈탈트를 자신의 관심에 의해 전경과 배경으로 구조화한다. 흰 말을 탄 기사 또는 검은 말을 탄 기사가 전경이나 배경이 된다.

르고 나머지는 배경으로 물러나는 것을 경험한다. 여기서 관심 있는 부분이 전경이고 물러나는 부분이 배경이다.

게슈탈트 심리학은 적용범위를 인간의 지각에만 국한시킨 데 반해, 게슈탈트 심리치료는 인간의 사고, 감정, 욕구, 신체감각, 행동 등의 모든 영역에 적용된다. 게슈탈트 심리치료는 개체를 여러 심리적인 요소로 분할하여 분석하는 대신, 전체 장의 관점에서 통합적으로 이해하려고 한다. 즉, 각 심리적 요소는 서로 관련되어 나타난다고 본다.

2) 게슈탈트 심리치료

게슈탈트 심리치료는 Perls에 의해 창안되었으며, 정신분석, 현상학 - 실존주의 철학, 게슈탈트 심리학의 다양한 이론과 기법을 바탕으로 발전되었다.

개체는 게슈탈트 형성을 통해서 자신의 욕구나 감정을 의미 있는 행동으로 만들고, 환경과의 유기적인 관계 속에서 실행하고 완결지으려 한다. 그리고 그것을 자신이 처한 상황과 환경을 고려하여 그 상황에서 실현할 수 있는 행동동기로 지각한다. 환경과의 관계를 고려하지 않는 개체의 욕구나 감정은 게슈탈트라고 할 수 없다.

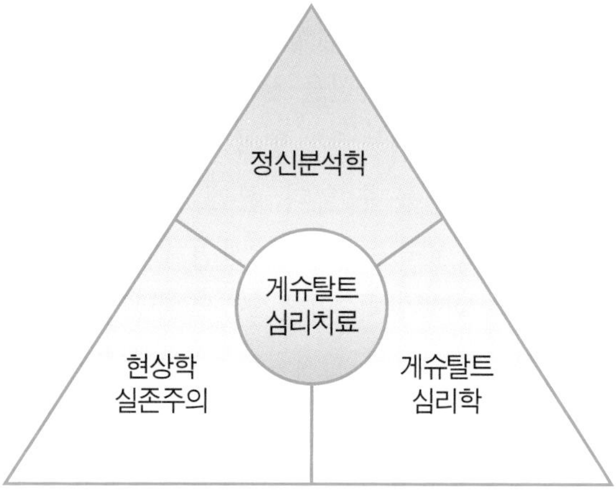

그림 4-40 3대 원류

(1) 인간관과 치료목표

게슈탈트 심리치료의 인간관과 Perls가 지적한 성장에 이르는 5개 층(우재현 외, 1994)에 대해 알아보고자 한다. 게슈탈트 심리치료에서 인간은 전체적이며 자신의 현실에 대해 능동적으로 지각한다. 이를 바탕으로 자유로운 선택과 행동이 가능하다. 나아가 인간은 자신의 선택에 대해 책임을 질 수 있는 능동적인 존재다.

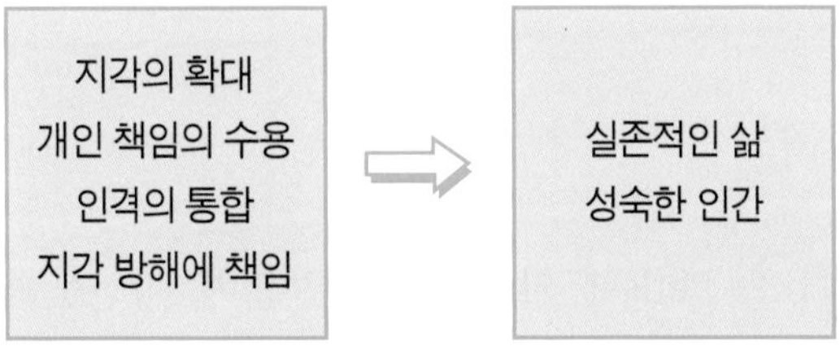

그림 4-41 게슈탈트 치료의 인간

전체적인 존재라는 데서 인간의 행동은 신체적 · 심리적 · 환경적 요인으로 분석될 수 있는 그 요소들의 합이 아니다. 그보다는 환경 속에서 각 요소들이 역동적으로 상호 관련되어 나타나는 전체로서의 행동이다. 또한 신체, 정서, 감각, 지각 어느 것도 전체로서의 인간에서 벗어날 수 없다.

게슈탈트 치료의 목표는 개인의 성장과 성숙이다. 인간은 궁극적으로 독립을 해야 한다. 결국 그 목표는 성장이 정지하고 있는 측면을 밝혀 내서 의식을 갖게 하는 것이다. 그럼으로써 자기 자신을 생생하게 경험하고 자신의 감정을 표현할 수 있다. Perls의 성장에 이르는 5개 층의 내용은 다음과 같다.

피상층에서는 자신의 모습을 볼 수 없다. 본래 자신의 것을 스스로 포기한다. 공포층에서는 자신이 정말로 바라는 행동을 하면, 그 결과에 대해 공포심을 갖게 된다. 따라서 그 행동을 회피한다. 임패스층은 길이 막혀 있고 공허하다. 전혀 움직일 수 없다. 내부파열층에서는 지금까지 자신이 얼마나 쓸데없이 자기 규제를 해 왔는가를 의식하고 후회 및 자책을 하기도 한다. 그러나 새로운 행동을 하려는 마음이 생긴다. 이에 방어를 벗어버리고 순수한 자기와의 접촉을 시작한다. 마지막으로 폭발층은 지금까지 활용하지 않았던 에너지가 힘을 발휘하

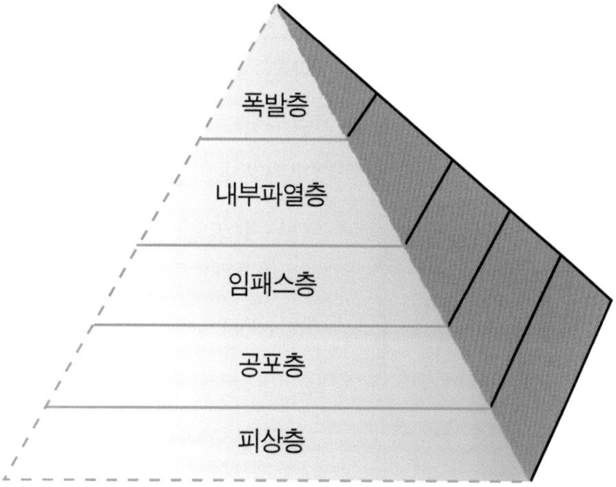

그림 4-42 성장에 이르는 5개 층

심리치료를 통해 다섯 단계의 성격 변화가 이루어진다.

고 자신을 표현하게 된다. 이러한 층을 통과함으로써 자신다움을 찾으며 순수 자아가 되는 것이다.

(2) 증상 형성과정

게슈탈트 치료에서 개체가 증상을 형성하는 것은 전경과 배경으로 설명된다. 게슈탈트를 형성한다는 것은 개체가 어느 순간 가장 중요한 욕구나 감정을 지각하여 전경으로 떠올린다는 뜻이다. 전경으로 떠올랐던 게슈탈트가 해소되면 배경으로 사라진다. 그러나 해소되지 못하면 전경도 되지 못하고 배경으로 사라지지도 못하는 상태로 남게 된다. 이를 미해결 과제라고 한다. 개체가 게슈탈트를 형성하지 못해도 미해결 과제가 된다.

그림 4-43 미해결 과제

그림 4-44 미안해!
막연했던 불안이 사라진다.

미해결 과제를 개체가 알아차리고 환경과의 접촉을 통해 완결지으면 문제가 해결되는 것이다([그림 4-44] 참조). 미해결 과제가 생기는 것은 개체 자신이 인위적인 차단활동을 하거나 환경과의 유기적인 관계가 차단되는 경우다. 치료대상자는 자신이 어떤 미해결 과제를 갖고 있는지 지각하지 못한 채 막연한 불안과 두려움으로 고통받고 있다.

(3) 치료과정

지금-여기에 집중함으로써 과거나 미래에서 벗어나 현재로 돌아오게 한다. 과거의 후회나 미래의 두려움에서 벗어나 현재의 자신을 명확하게 지각함으로써 새로운 경험이 가능해진다.

그러기 위해 순수한 자아의 표출과 의식훈련의 기법이 사용된다. 연습에 의해 치료대상자가 전경과 배경을 자연스럽게 변화시킬 수 있도록 돕는다. 내적 · 외적 사건(욕구, 감정, 대인관계 등)들을 거부하거나 억압하지 않고 있는 그대로 경험하는 것이다. 그러면 자신의 상태를 알게 되고 게슈탈트가 형성되어 미해결 과제가 없어지게 된다. 결과적으로 정신적 문제도 발생하지 않게 되는 것이다.

치료사와 치료대상자의 실존적인 만남이 중시되며 주로 워크숍 형태의 치료법을 사용한다. 이때 치료사는 연출가의 역할을 하게 된다.

의식훈련

자신의 내부에 있는 또는 어렴풋이 진행되고 있는 심리적 · 구체적 사실을 깨닫고 의식화하는 훈련을 말한다. 이를 위한 각종 기법이 있다.

(4) 게슈탈트 심리치료의 특성

게슈탈트 심리치료는 다음과 같은 특성을 지니고 있다.

- 지금-여기에 초점을 둔다. 즉, 현재 실존의 순간에 바탕을 두고 있다.
- 자기의 강점과 약점을 이해하고 받아들이게 하며, 인간으로서의 잠재력을 인식하게 한다.
- 지금-여기의 사람은 솔직하게 분노를 표현할 수 있다.
- 현실감 있는 반응을 하며, 상황의 모든 면을 객관적으로 감지한다.
- 행복의 추구에 열중하지 않는다. 자신의 모습 그대로 존재한다.

그림 4-45 나의 이름 꾸며 보기
의식훈련의 예

3) 게슈탈트 미술치료

게슈탈트 미술치료는 미술을 활용하여 게슈탈트 심리치료를 하는 것이다. 게슈탈트 심리치료에서 행해지는 미술활동에 대해 살펴보고자 한다.

(1) 다양한 미술기법의 활용

미술치료에 활용할 수 있는 게슈탈트 치료과정에는 여러 활동이 있다. 자신을 언어로 표현하지 못하거나 표현하기 힘들어하는 치료대상자들에게 적절한 미술매체를 사용하게 하여 자아표현을 하게 할 수 있다. 파스텔, 마블링, 핑거페인팅, 지점토, 종이풀 등이 자아표현을 위해 수월하게 사용될 수 있다. 또한 그림으로 복잡한 감정을 표현하게 할 수도 있다.

적당한 때에 치료대상자에게 작품을 언어로 설명하도록 격려한다. 언어적 설명과 시각적으로 표현된 작품을 비교하며, 분석하고 탐구하면서 치료사와 치료대상자는 접촉하게 된다. 치료대상자는 시각적 표현에서, 자신의 욕구와 자원

그림 4-46 설명해 주겠니?(접촉하기)

상황(구름 낀 날)을 밝은 생각과 긍정적인 사고(구름 낀 날을 잘 활용하기)로 바꾼다면 삶은 훨씬 좋아질 거야.

그림 4-47 화가 남

재의 흘러내림과 현재 상황 간의 관련성 검토

을 인지하고, 자신의 잠재력을 최대한 활성화시키는 방향으로 나아갈 수 있다고 본다([그림 4-46] 참조).

치료대상자에게 정서적 상황에 대한 표현을 하게 할 수도 있다(예: 분노, 공포, 슬픔, 불안, 외로움, 놀람 등). 표현 후 작품을 보고 토의한다. 치료사는 선, 형태, 위치, 배열, 방향성, 주목을 끄는 형태에 유의한다. 그리고 표현이 치료대상자의 상황과 어떻게 관련되는지를 질문한다([그림 4-47] 참조).

그림 4-48 공포(꿈)

(2) 꿈작업 기법

게슈탈트 심리치료에서 꿈작업 기법은 미술치료 기법과 유사하다. 자발적으로 표현된 꿈에 대한 시각적 심상이 치료대상자의 의식을 불러일으킬 수 있다. 꿈의 형태는 자신이 만들어 냈다는 것을 인식하게 해 준다. 즉, 꿈을 현실화하고 재연시켜서 지금 일어나고 있는 것처럼 재생시키는 것이 목적이다. 이는 미술매체를 통해 생생하게 끌어낼 수 있다.

5. 인간중심 미술치료

■ 표 4-10 ■ 인간중심 미술치료

비지시적, 치료대상자 중심, 인간중심 무조건적인 수용, 정확한 공감적 이해

1) 인간중심 이론

인간중심 상담은 Rogers에 의해 주장되었다. 이는 초기에 비지시적 상담으로 불렸다가 곧 내담자중심 상담으로 그리고 인간중심 상담으로 불리게 되었다.

인간중심 상담에서의 인간관, 증상의 형성, 치료대상자 변화를 위한 조건에 대해서 살펴보고자 한다.

그림 4-49 Rogers

(1) 인간관

인간중심 상담에서 인간은 자신의 문제를 해결할 수 있는 내재적 능력이 있는 존재다. 인간은 본질적으로 믿을 만하고 사회적이며 창조적인 존재다. 인간은 존경과 신뢰의 분위기에서는 긍정적이고 건설적인 방향으로 발달하려는 경향을 가지고 있다. 또 부적응에서 심리적 건강상태로 변화할 수 있는 천부적인 능력을 가지고 있다. 따라서 치료사는 치료대상자에 대해 무조건적 존중과 정확한 공감적 이해를 해야 한다.

(2) 증상의 형성

인간은 타인으로부터 인정받고자 하는 자기존중의 욕구와 자신이 경험하는 타인의 평가 간에 불일치가 커지면 불안감이 생긴다. 이것이 결과적으로 심리적인 문제를 일으키게 된다. 따라서 치료는 치료대상자의 자아개념과 유기체적

그림 4-50 기능하는 사람

인정받고자 하는 욕구와 타인의 평가 간의 불일치 제거

경험 간의 불일치를 제거해 주고, 치료대상자가 느끼는 자아에 대한 위협과 그것을 방어하려는 방어기제를 없애도록 도와주는 것이다. 그러면 치료대상자는 충분히 기능을 하는 사람이 된다.

(3) 치료대상자 변화를 위한 조건

인간중심 치료사들은 특별한 문제에 초점을 두지 않는다. 그 대신 치료대상자와의 관계 형성에 중심을 둔다. 긍정적인 관계 형성을 위해 무조건적이고 온정적인 태도로 반응하기, 문제를 해결하는 치료대상자의 능력 존중하기, 감정이입으로 치료대상자의 입장 이해하기를 강조한다.

치료대상자는 자신이 진실하지 않은 상태, 즉 자기지각과 현실 경험 간의 괴리상태에서 심리치료를 시작한다. 치료과정에서 치료사는 치료대상자에게 존중, 수용, 이해의 태도를 취한다. 그러면 치료대상자는 자신이 누군가의 평가나 판단을 받지 않고도 진실로 경청받는 기회를 가지게 된다. 이러한 관계 형성은 치료대상자가 자신과 세계의 관계를 탐색하고 자신의 감정을 표현하는 데 효과적이다.

2) 인간중심 미술치료

인간중심 미술치료의 치료목표와 치료과정에 대해서 살펴보겠다.

(1) 치료목표

인간중심 미술치료는 미술이라는 매체를 통해 인간의 잠재력과 성장가능성을 일깨워 주는 것이다. 이는 창의력 개발과 자기실현으로 나아가게 한다. 적응과 편안함보다는 자기실현과 성장이 인간 존재의 기본목표다. 치료대상자는 삶의 의미를 찾게 되고, 자신의 여러 욕구들을 통합하고 조절해 나감으로써 안정적이 된다.

(2) 치료과정

인간중심 미술치료에서는 수용적 관계에서 치료사가 치료대상자를 공감적으로 이해하여야 한다. 치료대상자가 부조화상태에 있더라도 무한한 성장가능성을 지닌 존엄한 존재임을 믿는 것이다. 치료사는 치료대상자가 자신을 마음껏 표현하도록 긍정적이고 안전한 분위기를 제공해야 한다. 치료사가 치료대상자의 부정적인 모습을 완전히 수용한다는 치료사에 대한 신뢰가 있을 때, 치료대상자는 자신을 드러내며 자신의 더 깊은 마음을 탐색하게 된다.

미술활동은 치료대상자에 대한 치료사의 무조건적 존중, 공감적 이해가 전달되는 매체가 된다. 치료대상자의 인격적 통합은 이러한 치료관계에서 이루어진다. 인격적 통합의 과정은 다음과 같다.

첫째, 내적 심상을 탐색한다. 지금까지 탐색되지 않은 느낌, 불안, 희망을 의식하도록 한다.

둘째, 정신의 깊은 곳까지 탐색할 수 있는 의지와 힘을 길러 준다. 상반되는 양극성(선과 악, 협력과 경쟁, 의존과 독립, 사랑과 분노, 희망과 절망)의 태도를 배제하고 균형을 잡는다.

그림 4-51 앞이 깜깜해요
절망, 희망을 탐색한다.

그림 4-52 깊은 곳 탐색

불을 끄고 문을 열면, 구름도 있지만 해도 있다.

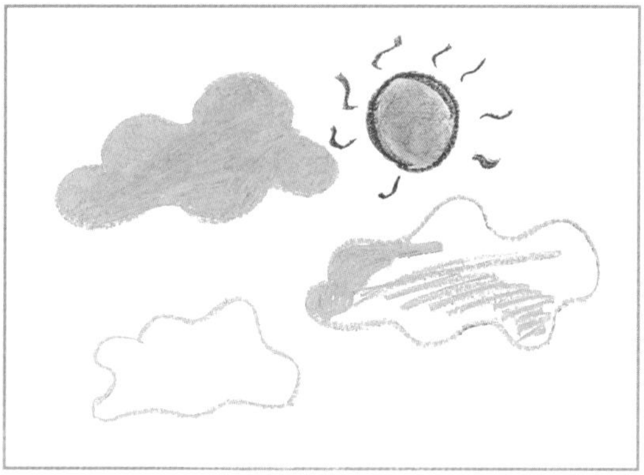

그림 4-53 편안한 하늘

먹구름, 흰구름도 있고 해도 있다.

셋째, 전인격적 통합인 몸, 마음, 영의 조화로운 협력이 이루어진다. 치료의 목표는 두려움, 불행, 불안에서 벗어나는 것이 아닌 정직한 표현이다. 부정적 감정에 대해 방어할 필요를 느끼지 않으며, 자신을 있는 그대로 객관적으로 이해하게 된다. 그리하여 자신의 선택에 대한 두려움이 없어지고 적극적인 행동을 할 수 있게 된다.

(3) 인간중심 상담의 장점과 단점

이러한 인간중심 상담 미술치료는 나름대로의 장점과 단점을 지니고 있다.

■ 표 4-11 ■ 인간중심 상담의 장점과 단점

장 점	단 점
• 자아 연구가 활발해졌다. • 치료사의 무비판적, 수용적 태도가 중시된다. • 치료대상자의 통합성 및 개성을 존중한다. • 치료대상자의 능력과 개성을 발휘하는 자아 실현을 촉진한다.	• 대상자에 따라 지시적 상담이 더 효과적인 경우도 있다. • 가치를 전적으로 배제함이 가능한가라는 의문이 제기된다. • 인지적 요인을 무시하는 경향이 있다. • 실천단계에서 치료사가 수동적이 될 가능성이 있다.

6. 행동주의 미술치료

■ 표 4-12 ■ 행동주의 미술치료

경험을 중시, 실제적 행동 형성법 정적 강화, 모델링

1) 행동주의 이론

행동주의 심리학에서 인간은 환경의 산물이며 단지 환경에 반응하는 개체다. 즉, 인간의 행동은 연합, 반복, 강화, 모방을 통해 학습되고 학습된 행동은 소거될 수 있다. 정서반응도 학습되는 것으로 본다. 행동이 다시 일어날 가능성을 증가시키는 것을 강화라 하고, 반대로 감소시키는 것을 처벌이라고 한다.

(1) 행동주의 심리학의 발전

행동주의 심리학은 Pavlov의 고전적 조건형성과 Skinner의 조작적 조건형성 그리고 Bandura의 사회학습(관찰학습)으로 체계화되었다.

개는 음식이 혀에 닿으면 침을 분비한다. 이것은 타고난 반사다. Pavlov의 고전적 조건형성을 위한 전형적인 실험은 개를 장치에 매어 놓고 전등을 켜는 것이다. 그리고 30초가 지난 후 음식을 개의 혀에 넣어 준다. 이러한 절차를 몇 차례 반복하면 침의 분비와는 아무런 관계가 없었던 불빛의 켜짐에도 침의 분비가 일어난다.

여기서 음식을 제시하는 것을 무조건 자극이라 하며, 음식에 대해 침을 분비하는 것을 무조건 반사라고 한다. 음식에 대해 침을 분비하도록 조건형성을 시킬 필요는 없다. 그러나 불빛에 대해 침을 분비하게 하려면 조건형성이 필요하다. 불빛은 조건자극이며, 불빛에 대해 침을 분비하는 것은 조건반사다. 조건자극이 무조건자극보다 먼저 제시되어야 한다. 이러한 과정에서 전에는 반응을

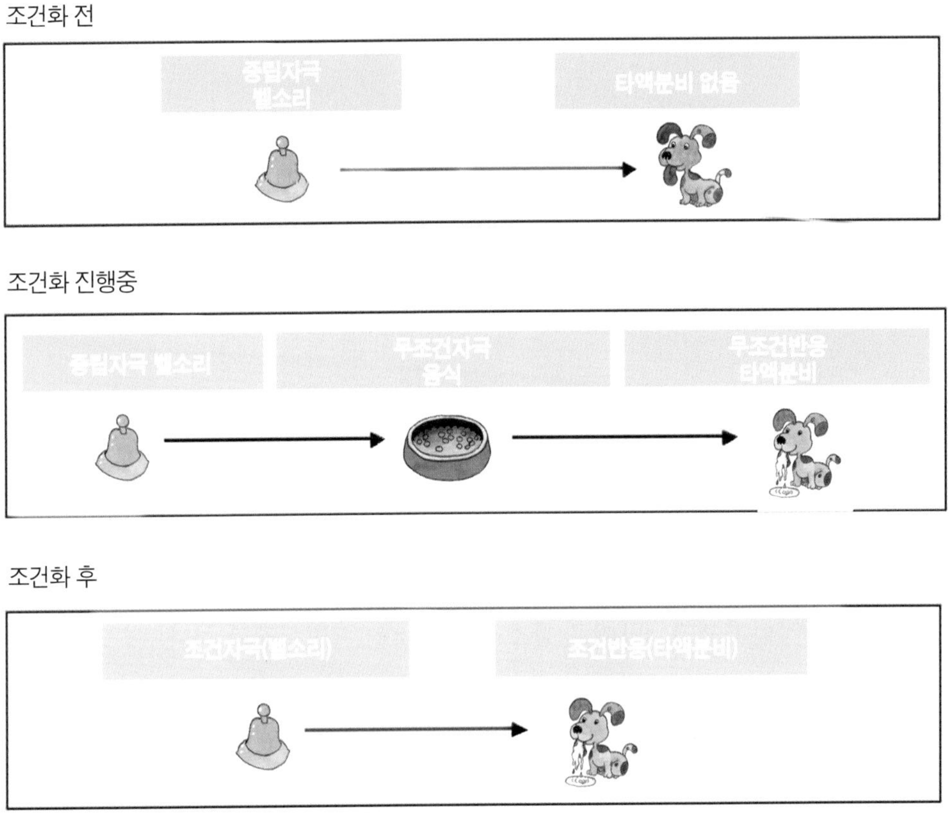

그림 4-54 Pavlov의 고전적 조건형성

일으키지 못했던 자극에 대해 반사가 형성되는 것이 고전적 조건형성이다.

Pavlov의 고전적 조건형성은 음식에 대한 침의 분비, 큰 소리에 대한 놀람 같은 자동적으로 유발되는 반응행동이다. 이에 반해 Skinner는 조작적 조건형성을 주장하고 있다. 조작적 조건형성의 연구에는 Skinner 상자가 활용된다. 이 상자에서 동물은 마음대로 돌아다닐 수 있다. 상자의 한쪽 구석에 지렛대가 있는데 이를 누르면 먹이가 나온다. 쥐가 이리저리 돌아다니다가 지렛대를 누르게 되면 먹이라는 보상을 받게 된다. 이러한 성공적인 반응 또는 유리한 결과는 지렛대를 누르는 행동을 더 하게 만든다. 즉, 행동은 그 뒤에 나타나는 결과에 의해 결정된다. 다시 말하면, 행동은 그 뒤의 강화자극에 의해 통제되는 것이다.

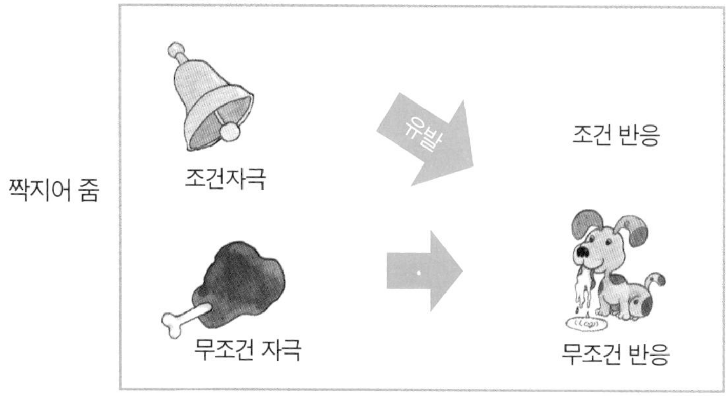

그림 4-55 고전적 조건형성

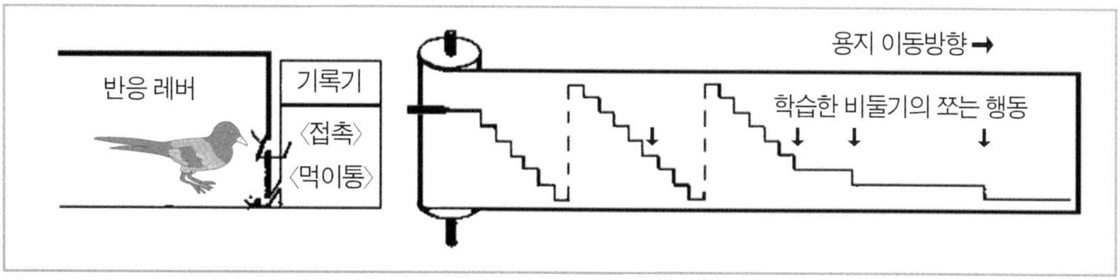

그림 4-56 조작적 조건형성

Bandura는 사회적 상황에 있는 인간은 단순히 다른 사람의 행동을 관찰하는 것만으로도 행동을 학습한다고 했다. 관찰만을 통해 새로운 행동을 학습하므로 무시행학습을 하는 것이다. 인간은 많은 종류의 모델(실제, 시범, 텔레비전, 책 등)을 통해 학습한다. 또한 관찰은 새로운 행동을 시도할 때 어떤 결과가 나타나는지도 보게 해 준다. 이 과정이 대리적 강화다. 관찰만을 통해 행동을 학습할 때 그 행동은 어떤 내적 표상에 의존해야 하므로 학습은 인지적 요소를 포함한다.

실제로 모델을 모방하기 위해서는 모델에 주의를 기울여야 하고(주의과정), 본 것을 상징적인 형태로 잘 기억해야 한다(파지과정). 그리고 그 행동을 할 수 있는 운동기술이 있어야 한다(운동 재생과정). 실제의 수행은 강화와 동기에 영향을 받게 된다(동기화 과정).

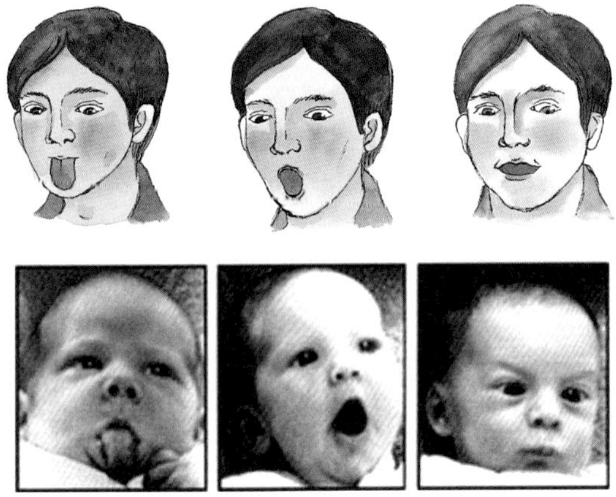

그림 4-57 사회학습(모방)

(2) 치료사의 역할

행동치료는 겉으로 드러나는 행동을 변화시키는 것을 목표로 한다. 부적응 행동은 잘못된 학습의 형태로 볼 수 있다. 그러므로 이 행동을 유발시키고 지속시키는 환경과 사건에 관심을 갖는다. 행동치료는 내적 심리상태의 변화가 아닌 구체적인 문제행동의 변화에 초점을 맞춘다. 따라서 관찰과 측정이 불가능한 내적 심리상태는 행동치료에서 제외된다.

행동치료사는 온정, 공감, 신뢰, 수용 등과 같은 내담자중심 치료에서의 관계형성 변인이 치료대상자의 행동 변화를 일으키기 위한 필요조건은 되지만 충분조건은 아니라고 여긴다. 치료사의 역할은 강화를 주거나 처벌하기, 모델로서 역할하기 등이다.

그림 4-58 처벌

그림 4-59 강화

(3) 치료기법

행동치료의 치료기법에는 체계적 둔감법, 자기지시적 행동, 행동계약법, 모방, 자기표현 훈련 등이 있다.

① 체계적 둔감법

불안을 야기하는 상황에서 치료대상자의 가장 약한 불안유발 상황부터 가장 강한 불안유발 상황까지 위계목록을 작성한다. 이완을 시킨다. 치료대상자의 심신이완이 다 된 후, 작성된 불안위계에 따라 불안을 가장 적게 유발하는 장면을 제시한다. 불안을 견딜 수 있으면 다음 위계가 제시된다. 그렇게 하여 점진적으로 불안을 줄여 나간다.

② 자기지시적 행동

치료대상자가 스스로 통제하거나 변화시키기를 원하는 구체적인 행동을 결정한다. 사람들이 종종 자신의 목표를 성취하지 못하는 중요한 이유는 어떤 기술의 부족 때문이다. 자기지시적 접근은 그러한 영역에 변화를 위한 지침과 변화를 유도하는 계획들을 제공한다.

"넌 정말 긴장 푸는 걸 좀 배워야 돼!"
긴장완화 훈련은 체계적 둔감법의 일부로 사용되기도 하지만 그 자체만으로도 스트레스 대응방법의 하나로 많이 활용된다.

그림 4-60 이완법(이수원 외, 1987)

자기지시적 행동

- **목표 선택**: 원하는 변화를 구체화한다.
- **목표를 목적행동으로 만들기**: 선택목표를 목적행동으로 바꾼다.
- **자기탐지**: 자신의 행동을 주의 깊게, 상세히, 정확히 관찰하고 기록한다.
- **변화를 위한 계획의 실천**: 자기관찰과 자신의 기준을 비교하여 계획을 실천한다.

– Watson & Tharp(2013)

그림 4-61 행동계약

③ 행동계약법

자신이 변해야 하거나 변하고 싶은 행동은 뚜렷하지만 계획대로 실천에 옮겨지지 않을 때 도움이 될 수 있는 행동치료법이다. 행동계약법은 바꾸려는 행동에 대한 계약서를 작성하여 그대로 실천하는 것이다. 이를 잘 지키지 못할 경우에는 일종의 벌을 스스로 받아야 하고, 반대로 잘 이행했을 경우에는 그에 따른 보상을 스스로 하거나 타인에게서 받는다. 행동계약은 치료대상자와 치료사 사이에 이루어지기도 하고, 치료대상자와 그의 문제행동을 지켜볼 수 있는 보호자, 교사와 맺기도 한다.

그림 4-62 모방

④ 모방

관찰학습 과정을 통해 치료대상자는 시행착오 학습을 거치지 않고 원하는 행동을 학습할 수 있다.

⑤ 자기표현 훈련

표현하고 싶은 말을 못하는 치료대상자, 분노나 적개심을 표현하지 못하는 치료대상자, 거절하지 못하는 치료대상자, 지나치게 겸손하거나 다른 사람에게 이용당하는 치료대상자, 애정이나 다른 긍정적 반응을 표현하는 데 어려움을 느끼는 치료대상자, 자신의 생각이나 신념 및 느낌을 표현할 권리가 자신에게 없다고 느끼는 치료대상자에게 유용한 치료방법이다.

이 방법은 우선 치료대상자에게 자신이 표현하기 어려운 구체적인 상황을 떠올리게 한다. 치료사가 모델이 되어 치료대상자가 표현하고 싶은 내용을 표현한다. 그리고 치료대상자가 치료사의 반응을 연습한다.

2) 행동주의 미술치료

행동주의 미술치료는 발달장애 아동이나 행동문제를 지닌 성인 치료대상자에게 유용하다. 특히, 이 모델에서 유용한 기법은 행동형성법이다. 이 기법은 미술치료 기법과 행동치료 원리를 결합한 것으로, 교육적 조치가 포함되어 있어 교육의 의미가 있다.

행동형성은 새로운 행동을 형성하는 절차로, 여기서 강화를 통해 목표행동에 접근하게 된다. 행동형성의 과정은 형성해야 할 행동을 명확하게 정의하기, 출발 시의 행동수준 선정하기(기초선 선정), 기초선에서 목표행동 수준까지의 행동을 작은 단계로 나누기, 강화자 선정하기, 반복을 통한 행동 형성하기다.

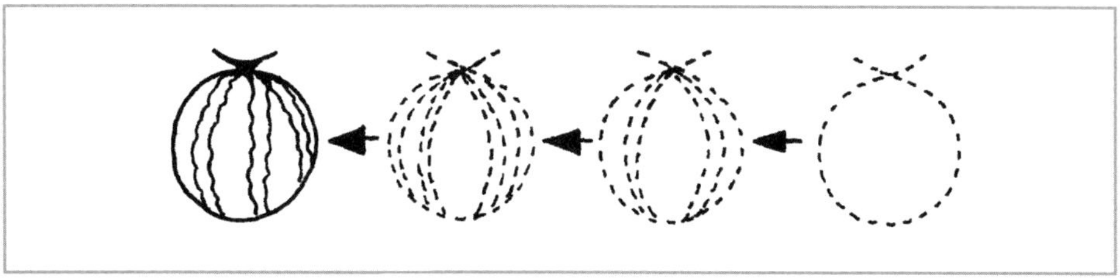

그림 4-63 수박 그리기

이러한 행동주의 심리치료가 지니고 있는 장점과 단점은 다음과 같다.

■ 표 4-13 ■ 행동주의 심리치료의 장점과 단점

장 점	단 점
• 구체적인 목표와 방법을 정한다. • 표출되는 증상을 치료한다. • 증상 제거 시 변용이 확대된다. • 치료에 대한 기본방향이 뚜렷하다. • 불안, 우울, 성행동장애, 흡연, 과식, 과음억제에 효과적이다.	• 현재의 행동에 초점을 두고, 깊은 심층은 다루지 않는다. • 현재 문제가 해결되었어도, 다른 문제로 대체될 수 있다. • 치료에 중요한 인간관계적 요인을 무시한다. • 현재 행동에 대한 과거 원인을 무시한다.

7. 인지행동 미술치료

■ 표 4-14 ■ 인지행동 미술치료

- 합리적 사고
  비합리적 사고는 인지적 오류로 과잉일반화됨
- 객관적 평가
- 미술활동(구체적 자료)

1) 인지행동이론

인지행동치료에서는 부적응 행동이나 증상이 개인의 사고틀, 즉 신념, 기억, 기대의 비합리성에서 비롯된다고 본다. 어떤 사건이나 사실 그 자체보다는 그 사실에 대해 개인이 가지고 있는 생각이나 그 사실을 받아들이는 감정에 따라 우울, 불안, 좌절감, 적대감 등이 유발된다고 본다. 이러한 인지적 오류는 뚜렷한 사실에 근거하기보다 임의적인 추론으로서 과잉일반화된 것이다.

이러한 신념은 충분한 증거가 없거나, 오히려 반대의 증거가 있는데도 막연히 느낀 감정에 의한 것이다. 자기 주변의 자극을 자신의 제한된 경험이나 특정 경험에 비추어 해석하고 왜곡하기 때문에 부적응적 감정이나 행동을 하게 되는 것이다. 따라서 외현적인 행동이 변화하기 위해서는 인지적인 변화가 선행되어야 한다.

그림 4-64 비합리적 사고
리더가 될 때 행복하다.

2) 치료과정

치료과정은 자신의 비합리적이고 부정적인 자동적 사고와 신념을 인식하도록 한다. 그리고 그 사고와 신념을 객관적으로 파악하고 평가하게 한다. 그리하여 그것을 수정하도록 한다. 이 원리를 도식화하면 다음과 같다.

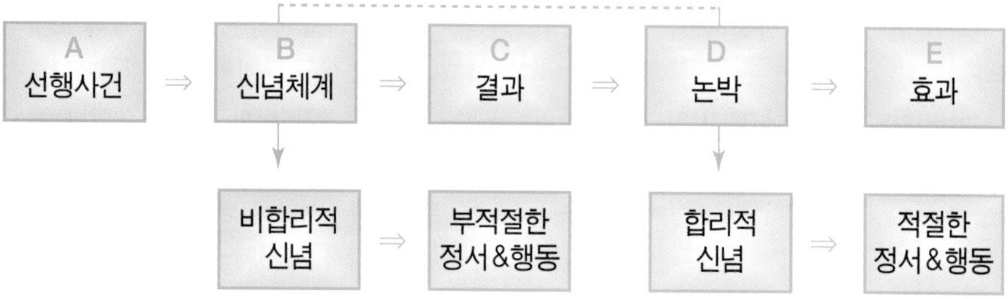

그림 4-65 인지행동치료 과정(Ellis,1994)

치료과정

- **상황 점검**: 부적응 정서를 유발하는 사건이나 경험의 점검
- **신념체계 점검**: 사건과 상황에 대한 해석, 사고의 탐색
- **개인의 사고근거 탐색**: 근거 없는 막연한 유추, 사소한 근거, 합리적인 신념과 비합리적 신념 탐색
- **논박**: 다르게 생각할 수 없나. 달리 어떻게 생각할 수 있나? 비합리적 신념을 논박한다.
- **효과**: 비합리적 신념을 적절하게 논박한 결과로 온당한 감정을 갖게 된다.

인지행동치료에서 치료는 비합리적인 인지과정을 수정하고 온당한 감정을 가지도록 하는 것이다. 그리하여 보다 합리적인 사고와 행동을 할 수 있게 도와주는 일련의 반복된 훈련과정이다. 이러한 인지행동치료의 장단점을 살펴보면 다음과 같다.

■ 표 4-15 ■ 인지행동치료의 장점과 단점

장점	단점
• 비합리적 신념에 대항하여 사고하고 느끼고 행동하게 한다. • 합리적인 인생철학을 발전시키는 데 도움이 된다. • 자신이 비합리적 신념에 빠져 있는지를 확인하기 위해 정서나 행동 과정을 조사할 수 있다. • 정서에 합리성을 첨가하였다.	• 치료대상자가 자신의 비합리적인 생각이나 신념을 인식할 수는 있어도 수용하지는 못할 수 있다. • 치료대상자는 합리적 사고가 가능해도 합리적 사고에 따른 행동을 거부할 수 있다. • 모든 정서문제가 비합리적 생각이나 신념을 바꾸는 것으로 치료가 되는 것은 아니다. • 비합리적 생각이나 신념으로 경직된 대상자는 자신의 생각을 바꾸기 힘들어서 치료를 포기할 수 있다.

3) 인지행동 미술치료

미술활동은 사고나 감정을 시각화할 수 있다. 미술표현을 통해 사고나 신념을 인식할 수 있도록 도와주며, 비합리적 사고를 이해하고 수정할 수 있도록 해 준다.

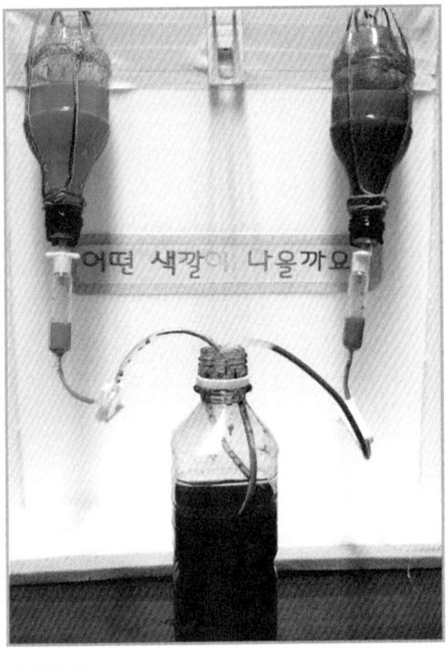

그림 4-66 극단 완화

색채의 배색활동을 통해서 인지 왜곡을 치료할 수 있다. 병에 보색관계의 색을 담고 함께 흘러내리게 한다. 중앙의 병에 두 색을 혼합한 색이 형성된다. 예컨대, 푸른색과 붉은색을 배합하여 보라색을 창조함으로써 극단적 사고를 완화할 수 있다.

그림 4-67 이 세상에 불필요한 것

하지만 없다면 다른 부작용이 있을 수 있다.

8. 발달적 미술치료

■ 표 4-16 ■ 발달적 미술치료

- 발달과업 중시
- 발달단계: 정상 발달과정에 초점
- 인지와 언어: 미술의 상징성과 관련
- 미술활동 중시

1) 발달이론

발달적 접근은 Freud, Erikson, Piaget 등의 발달이론을 기초로 하고 있다. 분리와 개별화 과정, 사회 · 심리적 발달, 인지적 성장이 발달적 접근에 포함된다. 발달적 접근은 정상 발달단계에 있지 않은 치료대상자를 이해하고 조정하기 위한 것으로 정상 발달과정에 초점을 두고 있다. 그러나 이러한 접근은 정상적인 개인에게도 적용될 수 있다. 발달적 미술치료에서 주로 언급되고 있는 이론에 대해 살펴보면 대략 〈표 4-17〉과 같이 요약할 수 있다.

■ 표 4-17 ■ 미술치료를 위한 주요 발달이론

이론가	기술습득이 기대되는 연령		
	0~2세	2~4세	4~7세
Erickson	신뢰 : 불신 안전감 일관성	자율성 : 수치 통제와 허용 독립, 주변탐색	주도성 : 죄의식 도전, 과제 수행 격려, 기회 없음
Piaget	감각운동기 감각경험과 운동 시행착오 과정 대상영속성	전조작기 자기중심적 상징물 사용 직관적 사고	

Lowenfeld		조작기 무선적인 난화 조절된 난화 명명된 조작 초기 도형	전도식기 사람을 표현함 머리-다리 사람 집-나무-동물 특정 도식이 없다.
Hartley, Frank & Goldenson	탐색과 실험 조작 물놀이, 블록놀이	생산물-과정 단계 의도 없는 조작과정 우연한 도형 창조 무엇을 표현하고자 함이 없다.	이미지의 표현 의도 있음 상상의 시작
Gorome	행위에서의 즐거움 재료를 움직이고 느끼는 데 관심	낭만적 단계 형태를 가진 것처럼 재료 사용 형태를 찾고 부분을 명명	
Rubin	고착기 재료를 먹음 형성기 더 의식적 통제	명명기 형태와 연합 표현기 대상의 질을 표현 포함기 외곽선을 그림	실험기 다양한 방식
Williams & Wood	1단계 즐거움을 갖고 환경에 반응 동기화 수단으로 미술재료를 통해 감각자극, 신뢰학습	2단계 성공적인 기술을 학습	

출처: 한국미술치료학회 역(1994).

2) 발달적 미술치료

미술치료에서 발달적 미술치료라는 용어는 Williams와 Woods(1977)가 처음 사용하였다. 정상아동이나 정서장애가 있는 아동에게 미술기법을 적용하여 인지능력과 운동능력의 향상에 효과를 거두었다.

미술치료의 발달적 접근은 인지가 외부세계의 자극을 조절하는 수단이며, 인지와 언어는 미술의 상징성과 관련이 있다는 기본적인 이론을 바탕으로 하고 있다. 또한 인지는 창의성과 분리될 수 없으며, 미술은 사고를 표현하고 받아들이는 유용한 매체임을 전제로 한다.

미술을 통해서 인지나 창조적 기능이 평가될 수도 있고 개발될 수도 있다. 언어를 통해 발달되지 못한 개념들이 미술을 통해 비언어적으로 발달될 수 있다. 미술은 공간개념, 수개념, 계열적 순서, 분류, 유목화 등의 개념을 평가하고 발달시킬 수 있다. 그리고 시지각발달, 손근육발달, 뇌성마비, 학습장애 등의 발달과 치료에도 도움이 된다.

그림 4-68 계열적 순서
미술활동을 통해 계열적 순서를 배울 수 있다.

미술활동을 통한 공간개념, 계열적 순서, 개념형성

- **공간개념**: 관찰화는 왼쪽과 오른쪽, 위와 아래, 앞과 뒤, 높이, 깊이, 폭 등의 공간개념 발달에 도움이 될 수 있다. 아이가 지점토로 사람의 몸통과 얼굴 모양을 만든다. 그리고 이것을 보면서 종이에 스케치한다.
- **계열적 순서**: 빨강 색지, 주황 색지, 노랑 색지를 가지고 종이접기를 한다. 빨강, 주황, 노랑의 순서로 종이접기한 것을 놓는다. 빨간색 물감과 노란색 물감을 종이에 칠하고 종이접기한 것과 비교하게 한다. 빨간색과 노란색 물감을 섞어 주황색을 만든다. 노란색을 더 섞어 주황색과 노란색 사이에 놓는다. 노란색을 더 섞어 가면 노랑에 점점 가까워진다. 즉, 색채를 혼합해 가면서 계열성 개념을 개발시킬 수 있다. 크기가 다른 공 만들기도 계열성 발달에 도움이 된다.
- **개념형성**: 하늘, 땅, 바다의 생물, 다양한 직업군, 인종과 의상, 나무, 동물, 장소 등의 상위개념, 하위개념, 유목, 분류 등에 활용할 수 있는 여러 종류의 그림카드나 모형에서, 형성하고자 하는 개념에 관계되는 모형이나 카드를 보여 준다. 분류해 보기, 연상되는 것을 상상해 보고 그림이나 모형 만들기, 그림이나 모형에 대해 이야기하기, 보여 준 것과 만든 모형 비교해 보기, 과거의 경험과 연결하기, 만든 모형이나 그림의 제목 붙여 보기 등을 한다.

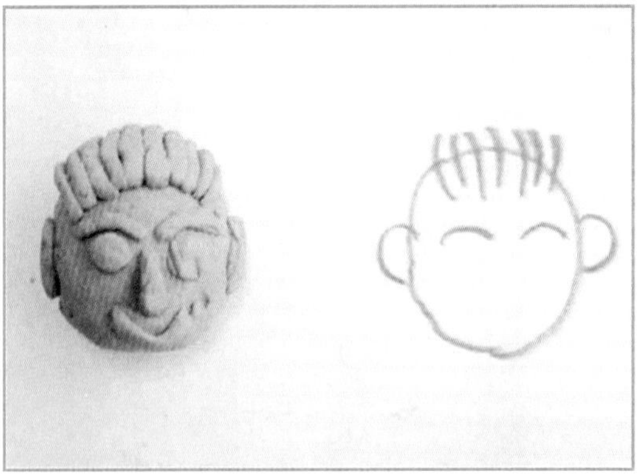

그림 4-69 공간개념(관찰화)

왼쪽, 오른쪽, 위, 아래, 눈, 코를 입체로 만들고, 이를 보고 종이에 그린다.

발달적 미술치료는 일반 아동과 발달장애, 학습장애, 언어장애, 시지각손상 등의 장애가 있는 아동 및 청소년, 정신분열증 환자, 영재아 등에게 활용될 수 있다. 이는 치료대상자의 특성에 따라 다르게 적용된다. 또한 치료대상자의 발달단계, 매체 사용능력, 조작수준, 매체 특성에 대한 반응, 감정의 표현능력 등에 따라 다르게 적용된다.

3) 발달단계 미술치료 방법

발달적 미술치료는 정상유아, 장애인, 인지적 퇴행이 있는 성인에게 적용되며, 생활연령은 6세나 정신연령은 0~2세 수준에 머물고 있는 치료대상자는 감각운동기 단계에 해당된다. 그리고 15세인 정신지체아는 5세 연령의 전조작기 단계에 해당될 수 있다. 인지적 발달단계에 따라 다른 미술 매체와 활동이 활용된다.

그림 4-70 즐거운 날

제목과 그림이 모순되어 있다.

교육 가능 정신지체아는 추상화된 일반화 능력에 문제가 있으므로, 미술활동을 통해 단계적으로 성취하게 해 주는 것이 중요하다. 이때 치료사는 정신지체아가 천천히 학습한다는 사실을 인식해야 한다.

3차원적 미술학습은 공간관계,

감각운동기(0~2세)

- **미술매체:** 비정형 매체(모래, 물, 밀가루, 소금 등)
- **치료목표:**
  - 자신과 타인 구분하기(모래, 물, 밀가루 등)
  - 애착 형성과 분리를 촉진시키기(지점토 활동)
    예) 의존성이 강한 아이에게 자연재료를 간단히 탐색해 보도록 직접 손을 잡고 이끈다.
  - 단순한 운동도식 습득시키기(때리기, 흔들기, 세게 치기, 밀기, 돌리기 등의 감각운동적 수준)
  - 좋은 감각 경험 갖게 하기
    예) 아동이 만지기에 어렵거나 무섭지 않은 매체들을 소개해 준다. 또는 목소리와 몸짓으로 이야기하면서 매체를 소개하면 혐오스러운 촉각 경험을 둔감시킬 수 있다.
  - 인과관계 발견하기(색 조합활동)
    예) 물감을 섞으면서 원인과 결과 간의 관계 발견하기

전조작기(2~7세)

- **미술매체:** 비정형 매체와 다양한 미술매체를 추가(크레파스, 물감, 지점토 등)
- **치료목표:**
  - 자율성 촉진하기: 아동이 주도적으로 시작하고 대안을 선택하도록 격려한다.
    예) 붓의 손잡이에 잡기 편하도록 넓은 고무손잡이 부착
    미술활동 장소, 매체 보관함 간의 거리 고려, 제공되는 매체의 질 및 접근 용이성 고려
  - 감정 분화와 표현 촉진하기: 다양한 정서를 이해하고 느끼도록 한다.
    예) 아동이 공격적으로 신문지를 찢거나 지점토를 칠 때, "종이에게 화가 난 것 같구나!"라고 말한다.
  - 감각분화 발달시키기
    예) 지점토, 밀가루, 핑거페인팅을 사용하여 '젖은'과 '마른'의 성질을 가르쳐 준다.
  - 상징능력 발달시키기: 모방, 연합의 기술을 발달시킨다.
    예) 모방: 치료사가 지점토를 사용하여 먹는 행위를 흉내내도록 도와준다.
    연합: 크레파스로 두드리는 것은 빗방울이 떨어지는 것을 생각나게 할 수 있다. 또 노란색, 빨간색이 바나나와 사과를 생각나게 할 수 있다.
  - 접근: 운동기능에 장애가 있어서 한 덩어리의 지점토로 인물 만들기가 어렵다면, 다루기 쉽게 지점토를 여러 덩어리로 나누어 몸의 각 부분을 만들게 한다. 마지막으로 부분들을 배열하여 연결시킬 수 있다.

공간개념, 환경개념의 문제를 지닌 아동에게 도움이 될 수 있다. 이는 시각적으로 사물을 인식하는 능력과 한 물체와 다른 물체를 변별하는 능력을 길러 주는 내용이 미술활동에 많이 포함되어 있기 때문이다.

정신지체아의 경우에는 현재의 미술 발달단계를 넘어설 수 있도록 하기 위

그림 4-71 엄마와 나

대상 구분하기

그림 4-72 놀이터

입체적으로 만들어 공간개념 익히기

그림 4-73 우리 가족(사진 복사를 모자이크로)

반복하면서 가족개념을 형성할 수 있다.

그림 4-74 나비 만들기
소근육운동

해, 다양한 미술매체를 이용하여 자신의 표현력을 개발할 시간을 제공해야 한다. 이들은 짧은 집중력과 제한된 기억력을 지니고 있기 때문에, 간단한 활동의 반복을 통해 기본적인 개념을 형성시켜 주어야 한다.

새로운 언어의 획득이나 소근육 발달 같은 어떤 기능은 미술활동을 통해 반복 연습하는 것이 중요하다. 아동이 한 번에 한 단계에만 집중하도록 작은 단계들로 미술과제가 구성되어야 한다. 여러 가지 미술재료, 다양한 미술활동, 다양한 선택은 아동에게 혼란을 줄 수 있기 때문이다. 학습매체는 발달단계에 따라 다르게 제시되어야 한다. 발달지체의 경우 활용되는 미술치료의 예를 제시하면 다음과 같다.

소근육운동과 시각협응의 발달을 위한 미술활동

- **줄긋기**
  - -점선들을 연결하기
  - -낙서로 시작하여 선 긋기
  - -점선을 따라 도장 찍기, 스티커 붙이기, 면봉 찍기, 펀치 찍기
- **형태:** 기본적인 기하형태, 원, 정사각형, 삼각형, 직사각형
  - -찰흙으로 만들기, 그리기
  - -주위의 여러 형태 보고 그리기
  - -기억으로 그리기
- **공간**
  - -미술활동에서 공간관계
  - -종이접기, 점토, 여러 종류의 두꺼운 박스 사용하기

9. 동양적 접근

문화권의 틀은 크게 동양문화권과 서양문화권으로 나누어 볼 수 있다. 과거 동양문화권은 정신문화에 기치를 두어 왔고, 이에 반해 서양문화권은 물질문화에 가치를 두어 왔다.

동양문화권에서는 기원전 약 2000년 전부터 동양사상에 근거하여, 정신의 질적 수준을 높이는 데 관심을 두면서 이론적이고 실천적인 측면을 개발해 왔다. 그러나 실용과 능률을 강조해 온 서양문화권은 정신병리적 측면에 초점을 두었다. 서양에서 정신건강에 대해 관심을 둔 것은 근래에 들어서다.

그림 4-75 수양

동양의 정신건강은 인격의 성숙에 초점을 둔다.

그림 4-76 정신병원

서양에서는 병원에서 정신병리 치료에 중점을 둔다.

동양의 정신탐구는 불교나 도교의 고승이나 학자들이 인간적인 구속에서 벗어나 해탈함으로써 보다 자유로운 존재가 되고자 하는 이론적이고 실천적인 노력을 통해 이루어져 왔다. 동양에서는 정신이 고양된 해탈한 상태를 정신적으로 최고의 상태로 보았으며, 이런 상태에서만이 참 자유를 얻게 된다고 보았다.

한편, 정신병리적 접근이 주로 이루어진 서양에서는 제1차 세계대전 당시 미국이 정신위생위원회에서 군대나 귀환병을 위한 정신건강 운동에 노력을 기울였다. 종전 후 그 활동은 정신장애의 예방과 치료를 위한 것으로 발전하게 되었다.

오늘날에는 환경에 적절하게 적응하지 못하는 개인뿐만 아니라, 일반적인 개인을 위한 정신건강에도 관심을 두게 되었다. 이러한 사회적 변화에 의해 증상의 제거를 위한 질병중심의 서구적 심리치료는 동양의 정신수양에 의한 인격완성이 정신건강의 주요 토대라는 사고를 받아들이게 되었다. 그 결과 동양의 정신수양 방법이 심리치료나 상담의 중요한 영역으로 들어오게 되었다.

대표적인 동양적 상담은 불교적 상담이나 도교적 상담으로 최근 우리나라에서도 연구되고 있다. 서구식 상담의 틀에서 벗어나 불교 및 도교 사상을 상담체계로 이론화시키려는 시도로는 윤호균의 불교적 상담, 이동식의 도교적 상담, 이형득의 본성실현 상담 등이 있다.

그림 4-77 전쟁

귀환한 군인의 사회적응을 위해 정신건강의 중요성이 대두되었다.

그림 4-78 요가를 하는 서양인

1) 불교적 상담

기원전 2000년 전 석가는 오랜 고행과 명상 끝에 깨달음을 얻어 대중을 상대로 설법하였다. 불교에서 말하는 해탈, 득도, 열반의 궁극적 목표는 '참다운 나의 발견' '절대자유를 얻기 위한 경지의 도달'을 목표로 하고 있다. 이것은 있는 그대로 존재하도록 두는 혹은 어떤 일이 일어났을 때 집착하지 않는 태도를 갖게 하는 것을 의미한다.

그림 4-79 절

개인이 어떤 일을 의도적으로나 억지로 행하려는 노력(집착)을 멈추게 될 때 절대 자유가 자연발생적으로 나타난다고 본다. 불교는 인간구제의 종교지만, 한편으로는 바라문교의 흐름을 받아 능력개발에도 큰 업적을 남겼다.

불교에서의 고행은 일종의 종교적 수행의 한 형태로서 자발적으로 자기피학을 자행하는 것이다. 고행의 과정은 인간에게 육체적 · 정신적 투지를 길러 준다. 또 자기피학의 체험을 경험하고 나면 자신의 창조성이나 향상성을 통제하는 힘도 몸에 익히게 된다.

불교에서는 심리적 문제의 상태를 '괴로움(苦)'으로 보고, 그 원인이 무명(無明), 갈애(渴愛)에 따른 집착에 있다고 본다.

① 무명

자신의 몸과 마음, 모든 현상이 인연에 따라 나타나고 없어지는 끊임없이 변화하는 허깨비 같은 것임에도 불구하고, 이를 깨닫지 못하고 영속적이고 불변적인 것처럼 생각하는 어리석음이다. 즉, 개인이 지각하는 현상들이 변화하는 것인데도 불변적인 것으로 착각하는 것이다.

② 갈애

인간이 갖고 있는 생리적 · 정서적 욕구, 사회적 인정에 대한 욕구 등 모든 욕구를 지나치게 갈구하는 것이다.

③ 집착

욕망의 대상에 맛을 들이고, 반복적으로 되돌아보며, 마음이 거기에 묶이는 것이다. 심리적 문제의 극복은 해탈을 통해 자신의 마음을 깨우쳐 진정한 자기 자신이 되는 것이다. 개인이 지각하는 현상들은 항상 변한다는 사실을 인정하며, 인간의 욕구에 지나치게 얽매이지 않는 것이다. 그러면 그런 것들로부터 자유로워지고 자신을 바로 알며 융통성 있게 살아갈 수 있게 된다.

깨달음에 이르는 열 단계는 십우도(十牛圖)로 설명될 수 있다. 십우도는 북송 말경(12세기)에 경주 양산의 주지였던 곽암사원 스님의 저작이다. 그는 인간이 원래 가지고 있는 불성을 구하는 수행과정을 목동이 소를 먹여 기르는 10장의 그림과 시로 표현하였다.

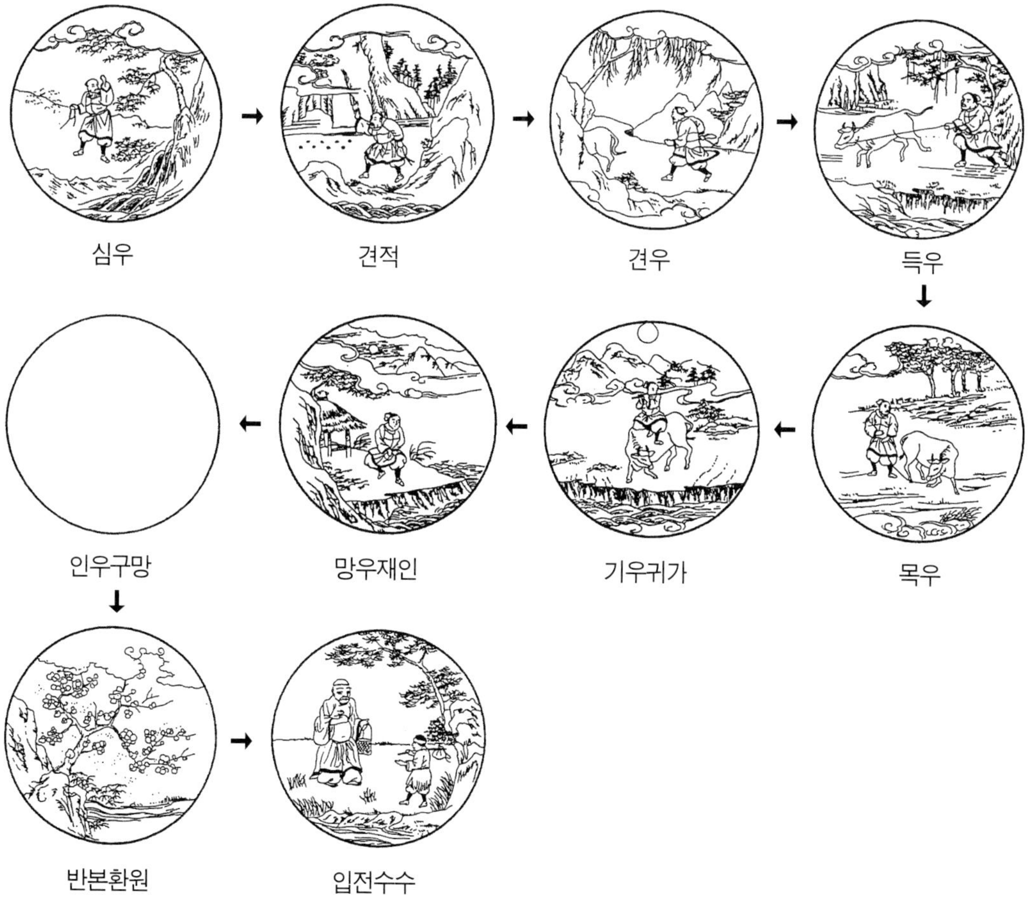

그림 4-80 십우도

■ 표 4-18 ■ 십우도의 정신분석학적 해석(김형태, 1998)

십우도	정신분석학
소를 찾는다(심우).	왜 고민하고 있는지를 알지 못한다. 취사선택하지 말고 마음을 있는 그대로 노출시켜야 한다.
소의 발사취를 보았다(견적).	무엇인가 좀 좋지 않다고 하는 것을 발견하기 시작한다.
소를 보았다(견우).	어떤 대상에게 미움의 감정이 있음을 발견한다.
소를 붙잡았다(득우).	이 적개심을 억압하지 않고 잡아서 조정한다.
소를 먹인다(목우).	긍정적인 자기를 기른다.
소를 타고 집으로 돌아온다(기우귀가).	적개심이 해결된다.
소는 없고 사람은 있다(망우재인).	나까지 없어져 우주와 내가 일치되어야 도의 단계에 이른다.
소도 사람도 없다(인우구망).	모두 없어져 완전한 공백[憮]이 된다.
본래로 돌아간다(반본환원).	깨달은 경지가 된다.
시가지로 들어간다(입전수수).	자기 자신의 문제는 완전히 해결되고, 남을 도우려 노력하는 단계로 발전한다.

이와 같이 불교는 인간의 심리적 문제를 자기에 대한 집착, 진정한 현실과의 괴리 등에 돌리고 있으며, 자기집착으로 인한 비현실적인 생각과 감정을 깨달아 극복하는 것이 심리적 문제를 해결하는 길이라고 보고 있다. 상담에서의 불교적 접근(이장호, 1996)은 인간의 객관적인 현실을 다루는 것이 아니라 주관적 현실, 즉 현상학적 현상을 다룬다. 그 핵심은 '깨달음'의 경지고 체험을 통한 체득의 경지라고 할 수 있다. 불교에서는 자기초월성에 대한 믿음과 자각을 문제해결의 선결조건으로 삼는다. 그리고 헛된 생각과 감정을 분명히 인식한 뒤에는 그것이 허구적이고 무상한 것임을 인식할 뿐, 그런 생각이나 감정을 전개해 나가거나 더 깊이 파고들지 않는다. 즉, 불교는 삶의 궁극적 가치를 다루며, 비교적 정신적으로 건강한 사람을 대상으로 한다.

2) 도교적 상담

도교에서 인간은 덕을 본성으로 지니고 있는 존재다. 따라서 누구든지 무위자연의 경지에서 도와 조화를 이룰 때 사물의 길, 흐름, 리듬에 역행하지 않게 된다. 그리고 이에 몸과 마음을 맡겨 함께 흐를 때 내재적 능력인 덕이 발현될 수 있다. 그 결과 인간만사를 힘들지 않으면서도 효율적으로 처리하는 기능을 발휘하게 된다(김형태, 1998).

그림 4-81 노자

그림 4-82 장자

3) 본성실현 상담

서양에서 개발된 상담이론이 우리 현실에 적용될 때 발생하는 문화적 격차를 극복하기 위해, 1960년대부터 이형득은 본성실현 상담을 발전시켰다. 본성실현 상담은 증상의 치료나 문제의 해결보다는 능력의 개발이나 본성의 실현에 강조점을 두어야 한다는 관점을 갖는다. 인간의 본성은 선하고 유능한데, 이의 실현을 궁극적인 목적으로 하는 기독교, 불교, 도교(유교는 예의범절과 의식을 지나치게 강조하여 인간의 자발성을 억제하는 경향이 있다는 이유로 이론적 배경에서 제외)의 관점에 기반을 두고 있다. 여기서는 김형태(1998)의 본성실현 상담에 대한 내용을 요약하여 제시하고자 한다.

본성실현 상담에서는 인간의 본성을 선하고 유능한 것으로 인정하고 있다.

그런데 인간이 선과 악을 판단하는 지식을 갖게 되면서 본성에 장애가 초래된 것이다. 즉, 선악을 알게 된 이후에 인간은 음과 양의 이원성을 배타적으로 보는, 이른바 상반적 이원론 또는 양극적 사고에 입각하여 사물을 판단하게 되었다. 그러나 건강한 삶은 음과 양의 균형과 조화적 경험을 필요로 한다(사랑, 밝음, 즐거움은 미움, 어둠, 고통에서 그 의미와 가치를 안다.). 양극적 사고에 따른 선악판단의 결과로 양의 측면은 긍정적인 것으로 취하려 하고, 음의 측면은 부정적인 것으로 멀리하려고 노력한다. 이러한 노력은 본성에 따른 느낌, 생각, 행동을 방해하여 인간으로 하여금 자유롭고 생산적인 삶을 사는 데 지장을 주게

■ 표 4-19 ■ 본성실현 상담론(김형태, 1998)

인간의 본성	① 선하다. ② 탐심과 집착, 불안과 고뇌에서 초탈할 수 있다. ③ 현실을 있는 그대로 정확히 지각하고 수용하는 지혜를 지니고 있다. ④ 만사를 능수능란하고 우아하게 처리하는 기능 또는 예능을 발휘할 수 있다. ⑤ 타인과 자연에 대한 개방성과 공평무사함으로써 그들과 친절-사랑의 관계를 발전시킬 수 있다. ⑥ 신 또는 우주정신과의 영적인 교류를 통하여 여러 가지 다양한 초인적 능력을 발휘할 수 있다.
본성의 장애	① 양극적 사고와 선악판단 ② 허구적 자아개념 ③ 불신과 소외 ④ 욕심과 집착 ⑤ 주저와 조급
본성실현	① 인지와 확신: 본성의 참된 성질, 만물의 존재양식, 삶의 원리 그리고 자아개념의 허구성에 관한 바른 인식을 가질 뿐 아니라, 이들 사실과 원리에 대하여 확고한 신념을 갖도록 한다. ② 허용적 태도: 안과 밖의 어떠한 자극에도 동요하지 않는 여유롭고 허용적인 태도를 지닐 수 있게 한다. ③ 직관적 반응: 어떠한 사태에 처해서도 자연스럽고 자발적인 동시에 즉각적이고 직접적으로 반응할 수 있는, 이른바 직관적 반응력을 개발하도록 한다. ④ 조화적 행동: 타인과 관계하거나 사물을 다룰 때 상대방의 리듬을 방해하지 않고 그것과 조화를 이루면서 행동할 수 있는 능력을 기르도록 한다.

된다.

이와 같은 선악 판단적 태도는 자녀 양육에 반영되어 자자손손 전수된 결과 마침내 인간의 성격적 경향성으로 자리를 굳히게 되었다. 그리고 이 선악판단의 경향성은 인간으로 하여금 허구적이고 부정적인 자아개념의 형성과 이에 대한 집착, 자기의 본성과 타인 및 자연에 대한 불신, 이들로부터의 소외, 허구적 자아유지 수단으로서 사물에 대한 이기적 욕심과 집착, 예상하는 불안에서 기인되는 주저와 조급 등과 같은 비효과적인 행동을 하게 한다.

본성실현 상담은 본성의 참된 성질, 만물의 존재양식, 삶의 원리, 개념의 허구성에 관한 바른 인식, 어떠한 자극에도 동요하지 않는 여유롭고 허용적인 태도, 직관적 반응력 개발, 타인 및 사물과 조화를 이루는 행동을 함양하는 것이다.

미술치료 모델에서 한국적 특성에 따른 미술치료 방법은 아직 연구되지 않고 있다. 만다라의 기원이 동양이기는 하나, 이 역시 서양의 미술치료에서 많이 발전되어 활용되고 있다. 서양의 연구를 중심으로 한국에서도 만다라에 의한 미술치료가 행해지고 있다. 그러나 자기 탐색이나 수양은 동양철학이나 종교에서 깊게 다루어져 왔기 때문에 우리의 생활과 쉽게 연결될 수 있다.

또한 한지가 한국인의 독특한 정서를 잘 반영한다는 의견도 제시되고 있다. 한지의 독특한 성질, 예를 들어 질김, 찢어져도 다시 붙일 수 있음, 촉감적임 등은 도화지, 켄트지와는 다르게 정서를 잘 자극하는 것으로 여겨지고 있다. 앞으로 한지에 대한 연구도 필요하다고 본다.

10. 통합적 접근

치료사는 다양한 문제를 호소하는 여러 유형의 치료대상자를 만나게 된다. 어떤 이론적 모델도 그 모델만으로는 치료대상자가 직면하고 있는 다양한 문제를 적절하게 설명하는 데 한계가 있기 때문에, 지금까지 살펴본 여러 심리치료 이론들이 적절하게 결합될 필요성이 있다.

그림 4-83 배 안의 물고기
다양한 관점으로 설명이 가능하다.

치료대상자는 자신의 신념이나 가정, 자신의 소망, 갈등, 정서를 다양한 심리학적 이론에 근거하여 객관적으로 평가받는 것도 필요하다. 그럼으로써 치료대상자는 자신의 정서를 솔직히 경험하며, 자신을 이해하고 자신의 가능성을 인식하며, 자신이 획득한 통찰을 실생활에 적용하고 새로운 적응방식을 배우는 데 더 많은 도움을 받을 수 있다. 치료대상자를 도와주기 위해서는 다양한 이론적 개념과 치료절차를 포함한 통합적 접근을 할 필요성이 있다. 치료대상자가 그린 그림을 단일한 심리학적 관점이나 이론으로 해석한다면 그 해석은 잘못될 가능성이 있다.

큰 물고기 배 안에 있는 작은 물고기는 정신분석적 관점에서 볼 때 잠재의식 속에 누군가를 삼켜버리거나, 아니면 무엇인가를 게걸스럽게 먹기를 갈망하는 것이라고 볼 수 있다. 인지적인 견해로는 아동이 최근에 본 것(예: 피노키오의 할아버지)이나 들은 것(예: 상어가 작은 물고기를 먹는 이야기)을 그린 것일 수도 있다. 또 다른 관점으로는 상징적인 의미나 원형 또는 딜레마의 표현으로 볼 수도 있다.

미술작품과 작품 형성과정은 어느 한 이론으로만 이해해서는 안 되며, 한 이론에 근거하여 치료대상자를 이끌어서도 안 된다. 어느 이론도 완벽하게 맞을 수 없고, 또 완전히 틀릴 수도 없기 때문이다. 여러 이론이 치료대상자를 이해하고 치료하는 데 유용하다.

통합적 접근을 하기 위해서는 다양한 이론을 평가할 능력을 갖추어야 한다. 한 이론만 알고 그 이론에서 유래된 몇몇 기법들을 치료대상자에게 기계적으로 적용하는 것은 문제가 크다. 그리고 중요한 사실은 치료대상자에게 치료기법을 맞추어야지, 치료기법에 치료대상자를 맞추어서는 안 된다는 것이다.

통합적으로 접근함이 필요하기는 하나, 이 또한 논쟁점이 없는 것은 아니다. 심리치료 이론에 따라 인간을 보는 관점이 달라지며 문제의 초점, 개입시기, 개입방법, 개입결과의 평가가 달라진다. 치료사가 일관된 이론적 틀을 가지고 있지 못하면, 치료단계에서 방향을 잡지 못해 혼돈을 겪을 수 있다. 치료 진행에서도 일관성을 잃고 중요한 결정사항을 놓칠 수 있다.

한편, 치료사는 자신이 가진 이론적 틀과는 관계없이 치료대상자를 다양한 체계 속에서 다양한 욕구를 가지고 있는 개인으로 이해해야 한다. 또한 효과적인 미술치료를 위해 치료사는 인간의 인지, 정서, 행동에 대한 전문적 지식을 잘 결합하여 사용해야 한다.

사고와 감정은 미술치료 과정에서 매우 중요한 요인이다. 그러나 치료대상자는 행동으로 자신을 표현해야만 한다. 치료대상자가 내면의 억압된 감정을 발산하고 통찰을 얻는 데 많은 시간이 필요하더라도 결국에는 행동의 변화가 나타나야만 한다. 치료대상자는 미술치료를 통해 재구성된 그들의 사고와 감정을 실제 생활에서 검증하고 적용해야 한다. 미술치료가 개인의 행동에까지 초점을 맞추고 있다면, 치료대상자는 자신의 사고와 감정의 변화를 자연스럽게 행동의 변화로 연결시킬 기회를 갖게 될 것이다.

11. 이론의 평가

미술치료에는 다양한 인간발달이론, 심리치료이론이 적용된다. 이론은 인간의 부적응 행동의 형성과정, 인간행동의 적응과 부적응 행동현상, 그리고 치료요인, 치료과정, 치료성과를 이해하는 데 필요하기 때문이다. 미술치료를 하는 데 있어 이론을 적용하기 위해서는 이론에 대한 평가가 의미가 있다.

1) 이론의 의미

이론은 현상을 설명해 주는 관점이나 견해, 원리로 검증이 가능한 개념과 명제들을 제공해 준다. 문제의 형성과 치료과정에 대해 축적된 증거는 이론의 검증과 수정을 가져올 수 있고 다시 검증되면서 수정되고 발전된다.

인간의 행동은 한 이론으로 설명하기에는 복잡하고 다양하다. 예를 들어, 어떤 대상의 어떤 행동의 원인에는 정신분석이론의 핵심감정 개념을 적용하고, 정신분석 기법의 꿈 분석이나 자유연상에 미술활동을 적용할 수 있다. 어린 시절 좋아했던 장소와 좋지 않았던 장소를 그려 보게 하고, 생각나는 경험이나 떠오르는 감정을 색깔로 표현하기를 할 수 있다. 그리고 이러한 미술활동과정이나 작품이 정신분석적으로 해석이 될 수 있는가를 통해 이 치료대상자의 문제행동 원인발견과 미술치료는 정신분석을 적용한 미술치료가 될 수 있다.

미술치료를 하는 데는 다양한 인간발달이론, 심리치료이론이 적용된다. 이론에 근거하여 인간의 적응 행동과 부적응 행동의 비교 및 형성과정, 인간행동의 적응과 부적응 행동의 유발현상, 그리고 치료요인, 치료과정, 치료목표, 치료평가, 치료성과를 이해할 수 있기 때문이다. 이론은 현재의 문제행동이 과거의 어떤 요인들에 의해 형성되었는가를 설명하고, 현재의 상태를 이해하게 하며, 미래의 행동을 예측할 수 있게 해 준다. 예를 들면, 문제행동을 기술하는 데 필요한 정보수집의 안내가 된다. 불안행동을 보이는 개인의 불안행동 원인을 찾는 데 도움이 되고, 어떤 심리치료이론에 근거하여 어떤 미술활동을 어떤 매체를 통해 미술치료를 하는 것이 유용할 것인가, 미술치료에 효과가 나타나지 않으면 무엇에 대해 어떤 의문을 제기해야 하는가에 대한 정보를 제공해 준다. 이론은 치료의 시작이면서 목표가 될 수 있다.

이론의 의미

- 현상을 설명해 주는 관점, 견해, 원리로 검증가능 한 개념과 명제들을 제공
- 인간행동 설명의 근거(과거 문제행동의 형성과정, 현재 인간행동의 적응과 부적응, 미래 행동의 예측)
- 치료요인, 치료목표, 치료과정, 치료성과에 필요
- 축적되는 지식에서 검증, 수정, 발전됨

2) 이론의 평가유형

인간의 행동은 다양하고 복잡하며, 이 행동을 미술치료하는 과정 역시 복잡할 수 밖에 없다. 미술치료에서 한 이론의 채택은 유익성과 더불어 손실도 있다. 이는 한 이론은 그 이론이 지닌 특정한 관점으로 현상을 보기 때문이다. 예를 들면, 과거의 경험을 중시하는 이론은 현재 개인이 지니고 있는 잠재성을 축소할 수 있다. 그럼에도 한 이론의 채택은 유익성이 손실보다 많기 때문에 한 이론을 선택하게 된다(정옥분, 2008). 따라서 미술치료사는 자신이 택한 이론의 한계에 대해 인식하여야 한다.

모든 이론의 가치와 유용성은 동일하지 않다. 미술치료사는 이론에 대해 평가할 수 있어야 한다. 이론의 평가 준거에는 포괄성, 일관성, 정확성, 관련성, 다산성, 단순성이 있다(Sidman, 1960). 포괄성(inclusiveness)은 그 이론이 얼마나 많은 현상을 설명할 수 있는가를 말한다. 이론이 설명할 수 있는 현상의 측면, 형태, 수를 의미한다. 정신분석은 다양한 형태의 수많은 사건을 다루고 있는 데 비해, 대상관계이론은 작은 현상을 다루고 있다. 일관성(consistency)은 새로운 현상을 설명하는 데 있어 이론의 기본가정을 변화시키지 않고 잘 설명할 수 있는가를 의미한다. Freud의 정신분석이론은 여러 다양한 상황에 그대로 적용될 수 있다. 인간의 심리적 행동, 사회적 행동뿐만 아니라 정치적 행동, 소비자 행동에도 적용된다.

정확성(accuracy)은 이론이 미래의 예측과 과거 사상의 설명을 어느 정도 정확할 수 있는가를 의미한다. 예를 들어, 애착이론은 어머니와 아동의 초기 관계가 이후의 대인관계를 예측할 수 있음을 보여 주고 있다. 관련성(relevance)은 이론과 그 이론 내에서 수집된 정보가 얼마나 관련되어 있는가를 의미한다. 예를 들어, 기질에 관한 내용이 이후의 발달에 잘 관련되는가를 볼 수 있다.

다산성(fruitfulness)은 미래 연구를 위한 개념형성과 방향에 도움이 되는가를 의미한다. Freud의 정신분석이론은 후에 인간의 행동을 설명하는 개념에 중요한 영향을 주었다. 다양한 방어기제, Jung, Erickson, Adler 등의 이론에 영향을 주었다. 단순성(simplicity)은 논증이 단순하며 간단함을 의미한다. 이론이 구체적이고 세밀하여 효율적으로 이용할 수 있는가이다. 반면에 복잡한 이론들은 구체적인 상황을 제외하고는 적용에 어려움이 있다(정옥분, 2008).

■ 표 4-20 ■ 이론의 평가

준거	내용
포괄성	다양한 현상들에 대한 설명의 정도
일관성	새로운 현상에 대해 기본가정의 변화 없이 설명이 가능
정확성	미래의 예측과 과거의 설명에 정확성의 정도
관련성	이론이 사실들을 반영하는 정도
다산성	새로운 개념의 형성과 미래 연구의 방향제시
단순성	논증의 단순함과 간단함

제5장

미술의 치료적 특성

1. 심 상
2. 승 화
3. 창조성

미술치료는 미술활동을 활용하여 심리치료를 하는 것이다. 이는 미술이 지니고 있는 치료적 속성을 심리치료에 활용한다는 것이다. 미술이 지니고 있는 치료적 속성을 심상, 승화, 창조성으로 나누어 살펴보겠다.

1. 심 상

미술은 심상의 표현이다. 그리고 심상은 우리가 언어로 인식하기 전에 우리의 경험을 통해 이미 형성된다. 심상의 치료적 속성, 심상의 활용, 능동적 심상, 능동적 심상화, 꿈, 미술의 차이점, 심상화의 치료성, 미술치료에서의 활용, 의미의 발견, 주의점으로 나누어 보고자 한다.

1) 심상의 치료적 속성

심리치료에서는 무의식 세계와 개인의 경험을 이해하는 것이 필요하다. 심상은 개인의 경험을 이해하게 해 준다. 그리고 심상을 구체적으로 볼 수 있게 해 주는 것이 바로 미술표현이다. 결국 미술은 심상의 표현이라는 속성이 미술을 심리치료에 활용할 수 있는 근거가 된다. 언어보다는 심상이 먼저 떠오르기 때문에, 심상을 통해 개인이 잘 모르는 정신세계가 일깨워질 수 있고 무의식을 의식으로 가져올 수 있는 것이다.

그림 5-1 아이의 심상

울고 짜증낸다. 자주 아프다. 아이에 대한 심상은 아이에 대한 자신의 인식을 반영한다.

2) 심상의 활용

미술활동에서는 가끔 통제하기 어려울 정도의 비이성적인 면과 그 이면에 숨겨져 있는 감정이 표현된다. 이것은 깊은 심리상태에서 나온 메시지다. 치료대상자가 자신이 표현한 심상을 거리를 두고 본다면, 의식과 무의식 사이에 대화가 이루어질 수 있다. 대화의 과정에서 모호한 정서는 구체적인 정서로 변화된다. 그리고 이 정서는 심상으로 다시 나타난다. 표현된 심상은 격렬한 정서를 감소시킨다. 그러면서 심상은 언어로 설명될 수 있고, 언어로 설명되면 의식적인 이해가 된다.

그림 5-2 나의 마음

자신이 예측하지 못했던 파괴, 죽음 같은 부정적인 충동이 표현되었다.

3) 능동적 심상

강한 충동을 동반하는 정신의 미지 영역을 이해하기 위해서는 그 부분으로 더 깊이 들어가야 한다. Jung은 이것을 능동적 심상이라고 명명하였다. 능동적 심상화는 내적 이미지의 흐름을 관찰하는 내성법이다. 능동적 심상은 다음과 같이 네 단계로 제시될 수 있다.

능동적 심상의 4단계

① 자아의 사고연쇄로부터 마음을 비운다.
② 마음을 비우고 떠오르는 이미지들에 주의를 집중한다.
③ 이미지로 본 것을 적는다. 아울러 들은 것을 그려내거나 조각하고, 들은 것에 따라 춤을 추거나 악보로 적어낸다. 내적 경험을 외적인 형태로 표현하는 시간이다.
④ 능동적 심상이 전하는 메시지를 이해한다.

-Von Franz(1982)

그림 5-3 밤바다와 나 a

마음을 비운다.

그림 5-4 밤바다와 나 b

떠오르는 이미지에 집중한다.

어떤 개인에게는 마음을 비우는 것이 어려운 일이지만, 그림을 그리면 더 쉽게 이루어질 수 있다. 마음을 비우는 것은 명상과 유사하지만, 이미지들을 떠올리고 대처해 나간다는 점에서 명상과 다르다. 능동적 심상에서는 계속 나타나는 이미지를 의식한다.

그림 5-5 밤바다와 나 c

이미지와 자신의 경험을 연결시킨다.

외적으로 표현하기 위해서는 내적인 이미지의 흐름을 관찰하는 능동적 심상이 이루어져야 한다. 능동적 심상이 전하는 이미지를 이해하기 위해서는 실제 생활에서 자신에게 일어났던 일들을 다시 한 번 기억해야만 한다. 이러한 면에서 능동적 심상은 상상이나 환상과 다르다.

4) 능동적 심상화, 꿈, 미술의 차이점

능동적 심상화와 꿈은 차이가 있다. 능동적 심상화는 심상이 일어나는 동안

그림 5-6 외로워

이미지의 흐름을 의식한다.

에 무엇이 진행되고 있는가를 의식상태로 볼 수 있다는 것이 꿈과 다르다. 이것은 무의식의 내용을 자발적으로 드러내는 것으로, 심리치료에서의 미술표현인 셈이다.

Jung은 미술활동을 통해 능동적 심상 과정에 있는 동안에는 이것을 미술이라고 부르지 말아야 한다고 했다. 이는 심미적 측면보다 더 깊은 심리적 이해와 치료에 강조를 두어야 함을 의미하는 것이다. 능동적 심상화의 목표는 이미지들의 의미를 알고 이해하여 그 결과를 받아들이는 것이다.

5) 심상화의 치료성

심상화를 통해 의식과 무의식이 서로 이야기하는 것을 문답이라고 한다. 문답은 처음에 자신과 시작한다. 그러고는 점차 자신의 내면에 있는 많은 사람들과 이루어진다. 그들이 나타나게 되면 서로 직면하게 된다. 또 그들과 관계를 맺음으로써 그들은 나에 대한 반대자에서 지원자로 바뀌게 된다.

그림 5-7 오후의 산책

나의 과거. 이 이미지를 통해 과거와의 대화가 이루어진다.

이 모든 과정이 개인의 성장, 발달 그리고 치료의 부분이다. 이러한 문답은 계속 진행되는 과정이며, 인생에서 해야 하는 과정이다. 문답은 직면을 의미하는데, 일대일 대면관계에서 가능하다. 이 대면관계는 확인이 확실하지 않지만 정서는 구체적으로 표현될 수 있다. 처음에는 심상으로 나타나고 그다음에는 언어화된다. 그러면서 점점 비합리적인 부분이 적어진다.

그림에서 나타나는 이 과정은 성장과 발달에 필요한 메시지 또는 아직 펼쳐지지 않은 메시지를 전달하는 과정이다. 이 과정은 복잡하게 엉켜져 있는 조각들을 풀어내는 과정이다. 복잡한 것이 용해되고 나면 이것들은 통합될 수 있다. 이것이 바로 치료과정이다. 이러한 치료과정을 거쳐 서로 상반되는 것들이 균형을 이루어 평화적으로 공존하게 된다. 문답을 통해 화해가 이루어지는 것이다.

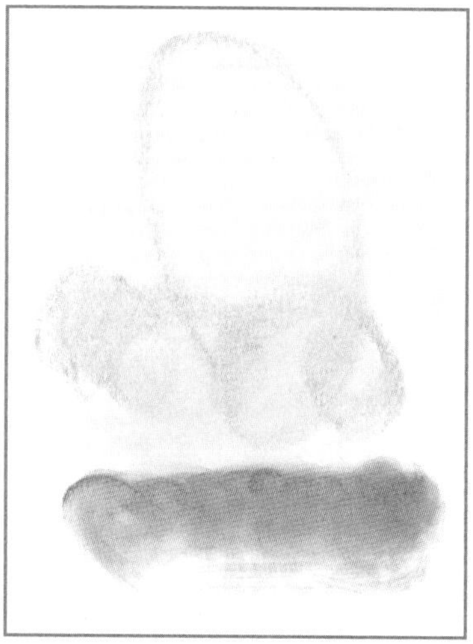

그림 5-8 막막함

꾸준한 자아와의 대화에서 문제를 해결하는 길이 열릴 수 있다.

6) 미술치료에서의 활용

미술활동을 지속적으로 하면 이 과정을 촉진시킬 수 있다. 능동적 심상화의 초기 그림은 무의식에서 일어난 것이다. 이 의미는 외적 이미지에서 자극을 받거나 외적 이미지로부터는 시작될 수 없다는 것이 아니다. 외부로부터 강한 정서반응이 유도될 때나 외적인 것에 의해 자극을 받을 때는 외적 자극으로부터 시작될 수도 있다. 이것은 외부의 자극이 내부에 있는 심상과 일치된다는 것을 의미한다.

그림 5-9 다시 갖고 싶은 꿈

매체와 미술표현이 내면의 심상과 일치를 이루었다.

그림 5-10 종이풀 작업

마음껏 즐긴다. 뭉쳐도 보고, 문질러도 보고, 밀어 보기도 한다. 외부의 자극이 내부세계를 자극할 수 있다.

앞의 활동은 무의식의 내용을 파악하는 데 도움이 될 수 있다. 이 형상은 깊은 정신세계에서 나오는 것으로 보인다.

종이, 풀을 가지고 자유로운 형상을 만드는 작업이 무의식적으로 이루어질 때, 외부자극은 내면의 자극제 역할을 할 수 있다. 이것은 마치 유아가 놀이를 하듯이 어떤 선입견이나 지시도 없고 조작도 가해지지 않은 놀이로서 행해지며, 매우 진지하게 활동을 할 때 가능하다. 색깔을 즐기고, 형상을 만들기에 몰두하고, 때때로 무엇이 일어나는가에 대해 즐거움을 느끼거나 불쾌하게 느끼기도 하고, 때로는 놀라기도 한다. 그러다가 점차로 나타난 것에 대한 의미를 알게 된다. 이는 무의식 형태의 감각이 명료해지는 단계에 이르는 것이다.

7) 의미의 발견

심상은 계속적으로 나타난다. 그러면서 의미가 발견된다. 의미 발견은 세 단계로 이루어진다.

의미 발견 단계

첫째, 나타난 대상을 단순히 바라보면서 무엇이 일어나고 있는지를 인식한다.
둘째, 더 많은 것을 보는 것으로, 외적인 형상과 관련하여 지각한다.
셋째, 전혀 새로운 사실을 본다. 눈으로 보는 것 이상이다.

심상이 형상화되고 언어화된 후에야 의미를 발견하게 된다. 어떤 개인은 심상을 보고 난 후에 이야기를 하는 경우도 있다. 이것도 의미가 있는 것이다. 이야기는 활기차고 흥미진진하며 오랫동안 계속될 수 있다. 이러한 활동은 어떤 문제로 인해 내적으로나 외적으로 전혀 움직이지 못할 때 유용한 활동이다. 이 활동의 첫 단계에서 가장 우선적으로 유의해야 할 지시사항은 다음과 같다.

지시사항

당신이 알고 있는 모든 것과 모든 전의식의 생각 그리고 전에 나타났던 모든 형태나 이미지들을 잊어버리세요. 단순히 놀아야 합니다.

이러한 과정이 자발적으로 일어나면, 그다음 단계에서는 나타난 것이 무엇인지를 자세히 볼 수 있게 된다. 나타난 것이 더 명료해지기를 원해야 한다. 그것이 자신에게 말하도록 하며, 동시에 말하는 것을 경청해야 한다. 이때 다음과 같은 유의해야 할 지시가 있다.

지시사항

이 형상이 당신에게 이야기하도록 하세요. 당신에게 무엇을 말합니까?

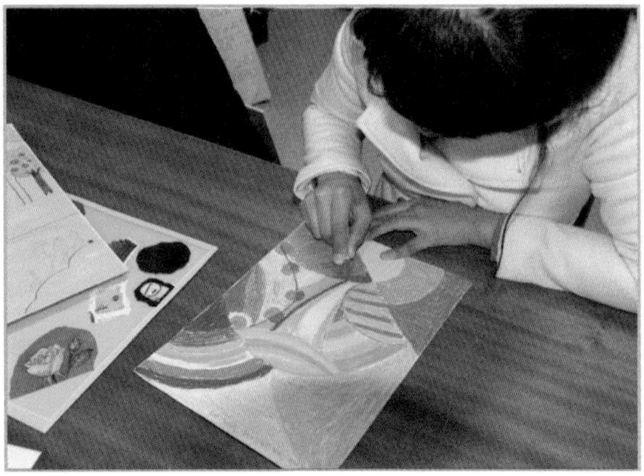

그림 5-11 열심히 작업하기

그림 5-12 자신의 그림 쳐다보기

그림 5-13 비행기와 배

목표를 찾아가는 비행기와 배처럼 전진하겠다 → 새로운 자아인식

그리고 충분한 시간이 주어져야 한다.

세 번째 단계는 더 깊은 상태에 들어가는 것이다. 과거에 알 수 없었던 의미에 대해 듣는 것이다. 메시지를 받으면서 새로운 나의 세계를 보게 된다. 그럼으로써 진실을 인식하게 된다. 이것이 가장 깊은 마음과 연결되는 방법이다.

심상화의 분석과 진단은 세 번째 단계인 진정한 감각으로 내면을 이해하고자 하는 과정에 비하면 단지 표면적인 방법이다. 무의식으로부터의 현시가 이해되기 위해서는 끊임없는 이러한 과정이 필요하다. 성장과 치료의 요인은 정신의 깊은 곳에서 무엇이 일어나는가에 대한 자기이해와 자기인식일 것이다.

8) 주의점

심상화를 진단해서 병명을 분류하는 것은 치료사에게는 도움이 될 수 있으나 치료대상자에게는 피해를 가져올 수도 있다. 물론 치료 목적을 위해 작품의 어느 부분들이 왜곡되어 있으며, 어떻게 표현되었는가를 관찰하고 진단용으로 사용할 필요가 있기는 하다. 그러나 치료사는 작품을 볼 때 Jung이 말한 '개인적 신화', 즉 그 개인을 특정짓는 그 개인의 역사가 나타내 주는 진정한 그 개인의 모습을 보아야 한다.

치료사가 해야 하는 것은 치료대상자의 무의식에서 무엇이 표출되었는가를 지적하는 것이다. 이것은 정신의 고유한 성질을 규정짓는 것이다. 치료의 힘은 치료대상자의 정신력에서 나온다. 치료사는 치료대상자의 정신력이 충분히 강한지, 어느 정도의 정신력을 가지고 있는지 그리고 정신력을 지니기 위하여 어떠한 도움이 필요한지를 알아야 한다.

그림 5-14 나 a

그림 5-15 나 b

유사하게 보이나 다른 내용을 담고 있다. 진정한 그 사람의 모습을 보아야 한다.

때로는 심상을 불러올 때 명상의 목표인 스스로가 텅 빈 상태에 있음이 발견되기도 한다. 꿈으로든 미술활동으로든, 무의식의 표현을 원할 때는 종종 마음을 비우는 순간을 경험할 필요가 있다. 그러나 능동적 심상과 명상은 차이가 있다.

■ 표 5-1 ■ 능동적 심상에 의한 미술치료와 명상의 차이점

능동적 심상에 의한 미술치료	심상으로 떠오르는 것에 초점을 두고 심상을 완전히 이해하는 것이다.
명 상	떠오르는 심상은 마음의 표명이기 때문에 무시한다. 명상의 목표는 마음에 나타나는 현상을 초월하는 것이다.

자아가 약하거나 결핍된 상태에서 내부의 혼란에 직면하는 것은 위험하다. 미술치료사는 치료대상자가 내면의 깊은 상태에 이르기 전에 치료대상자 내면의 혼란을 돌봐야 한다. 강한 자아만이 과거와의 대면에서 도움을 받을 수 있다. 따라서 첫 과업은 자아를 강화시키는 것이다.

2. 승 화

미술활동은 개인으로 하여금 사회적으로 수용되고 해롭지 않은 방법으로 분노, 적대감 등을 해소시킬 수 있는 승화의 기능을 가지고 있다. 이러한 미술의 특성이 심리치료의 요인이 될 수 있는 근거가 된다. 승화의 치료적 의미, 심리학적 이해, 기제, 미술치료적 의미, 치료과정에 대해 살펴보고자 한다.

1) 승화의 치료적 의미

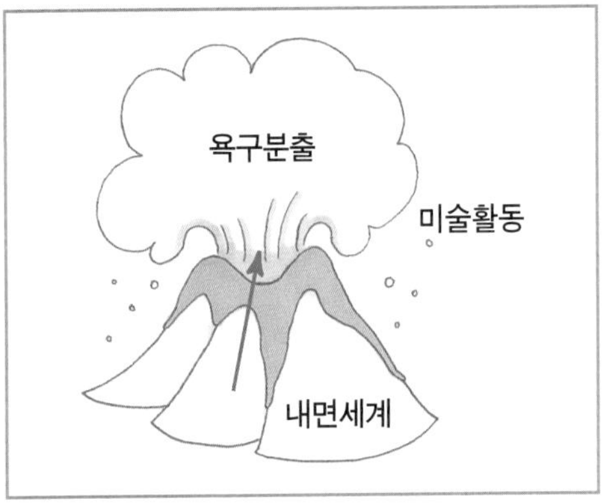

그림 5-16 욕구의 분출

심리치료는 분노, 적대감, 두려움 등 부적절한 행동의 원인이 되는 감정을 적절하게 해소하게 함으로써 심리적 성장을 가져오게 하는 것이다. 미술활동의 특성인 승화는 심리치료에 활용될 수 있는 근거가 된다.

미술치료에서의 승화는 정신분석이론의 영향을 받은 것이다. 인간은 자신의 본능적 욕구에 절대적으로 추종되지 않는다. 항상 자신의 원시적 감정에 의해서 움직여지는 것도 아니다. 인간의 생존은 현실에 대한 끊임없는 평가와 적응에 의지하지 않을 수 없다. 그럼에도 불구하고 욕구는 인간의 주요한 에너지원이며, 본능적 욕구의 만족은 인간의 근본적인 쾌락의 원천이다. 이러한 욕구가 언제 만족될 수 있고 언제 그 실현을 거부하지 않으면 안 되는가를 결정하는 억제 수단이 작용하지 않는다면 그 욕구는 위험한 것이 된다.

2) 승화의 심리학적 이해

Freud의 정신분석 이론에서는 원초아의 원시적 충동이 자아에 의해서 직접적인 본능의 만족이 아닌 바람직한 행동으로 변환되는 과정을 진술하는 데 승화란 용어를 사용하고 있다. 자아는 현실인지, 현실조작, 만족지연, 성격의 내적 통일 등과 같은 고도의 정신기능을 담당한다. 자아는 욕구의 위험성과 잠재적인 파괴력을 바람직한 방향으로 변환시키는 기능을 가지고 있다.

인간이 성숙함에 따라 자아의 통제력은 개인의 행동을 보다 잘 예측해 주며 사회체제를 유지하는 데 필요하다. 즉, 욕구 에너지를 그 본래의 목표나 목적에서 다른 목표나 목적으로 방향을 돌려놓는 과정이 필요하다. 이 과정은 자아에게 가치를 주며 사회적으로 인정되는 승화이다.

원시적 형태의 욕구가 승화를 통해서 변환되는 것이다. 승화는 원시적 욕구에만 적용되는 것이 아니다. 통제력이나 자율성이 점차 강해지는 발달의 과정에서도 원초아에서 자아로의 에너지 흐름이 일어나고 공격 에너지, 본능 에너지의 양상이 변하는, 즉 이드가 자아로 바뀌는 욕구 에너지가 중립화된다. 즉, 승화는 상징화, 욕구 에너지의 중립화, 동일시, 치환 등 많은 기제를 포함한다.

그림 5-17 군함

공격성이 발산된다.

그림 5-18 높이 솟은 빌딩

욕구 에너지의 승화

3) 승화의 기제

승화의 기제에서 미술치료와 직접 관련되는 치환에 대해 살펴보겠다.

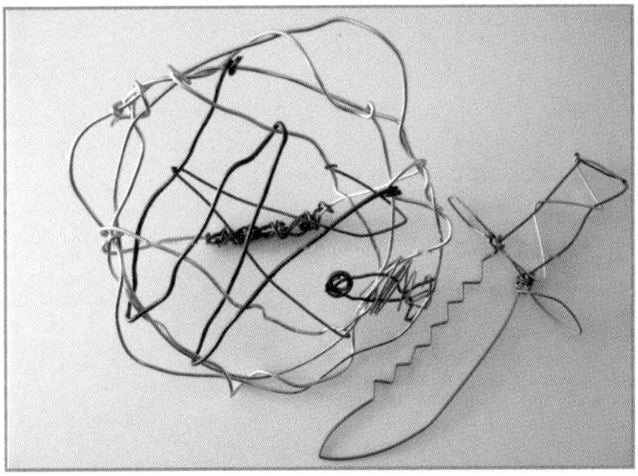

그림 5-19 칼과 방패

철사를 열심히 감고 풀고 하다가 칼과 방패를 만든다. 칼과 방패가 서로 싸우게 하면서 공격적 욕구를 방출한다.

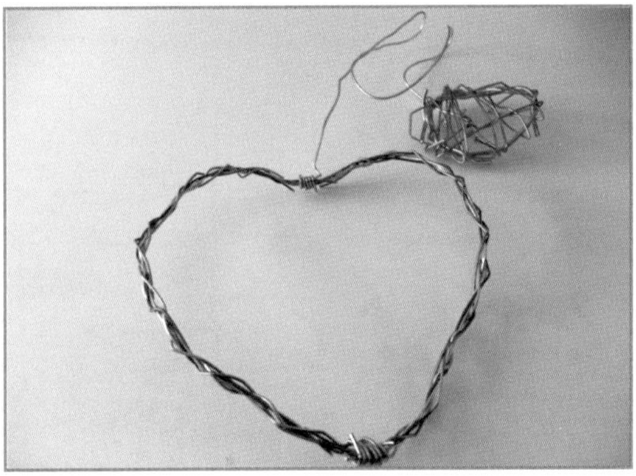

그림 5-20 하트

[그림 5-19]의 공격적 에너지 소모 후에 화해의 작품이 이루어졌다.

치환은 본능 에너지를 직접적으로 충족시키는 활동이 아닌 대안적인 활동을 하는 것을 의미한다. 이렇게 하는 것은 직접적인 에너지의 분출이 가능하지 않거나 금기되기 때문이다. 인간은 기본적인 성적 · 공격적 욕구를 직접 방출할 수 없다.

그렇지만 이러한 욕구를 전혀 방출할 수 없다면 견디기 힘든 욕구불만이 생기게 된다. 이때 치환을 통해서 직접 그 욕구를 만족시키지 않고 다른 방식으로 충족한다. 예로 분노를 표출할 때 상대방을 치는 대신에 샌드백을 두들김으로써 분노를 발산할 수 있다. 또한 미워하는 사람에게 공격적인 행동을 할 수 없는 사람들은 자신의 관심을 다른 사람에게 돌리거나 다른 활동을 하는 데 공격 에너지를 소모하기도 한다.

직접 표현하기 어려운 분노나 공포 같은 감정은 상징적 표현, 즉 상징화뿐만 아니라 중간접촉을 통해서도 표출되고 통찰될 수 있다. 공격적 아동을 다루는 데 있어 아동 자신이나 다른 사람에게 위험이 따르지 않는 범위 내에서 적의감을 표출하게 하는 것만으로는 승화라고 보기 어렵다. 대용적 만족만으로 승화를 논하는 것은 너무 단순하다. 이것은 단지 치환의 결과다. 승화는 사회적으로 수용될 수 있거나 유익한 활동이 나타나는 경우를 말한다.

자아통제가 불가능하면 충동적 쾌락의 달성은 강한 만족을 얻지만, 이 만족 후에 실망감이 항상 존재한다. 그리고 흥분이 일정한 역치에 달하면 불안이 발생한다. 이것은 자아통제를 못하는 데서 오는 정서적 불안 때문이다. 그러나 승화에 의한 만족은 보다 영구적이고 강렬하면서도 극단적이지 않다.

4) 승화의 미술치료적 의미

미술치료에서 승화는 창조적인 미술활동을 통해 심리적 성장을 가져올 때 일어난다. 승화가 효과적으로 이루어지기 위해, 치료사는 치료대상자의 흥미가 집중되어 있는 대상의 변화, 지향하는 목표의 변화 그리고 그 목적을 이루고자 하는 활동의 몰입 정도가 변화되기를 기다려야 한다. 또 승화가 이루어지기 위해서는 자아를 고양시키는 활동을 하게끔 해야 한다.

5) 치료과정

먼저 치료사는 미술매체를 사용하여 치료대상자의 무의식을 점진적으로 드러내고자 한다. 그런데 우리 사회에서는 미술작품이 다른 사람의 작품과 비교되고 대조되어 왔다. 미술활동의 실패에 대한 두려움이 어려서부터 마음속에 스며들어 있는 것이다.

미술치료에서는 먼저 이러한 두려움에서 벗어나도록 자아를 북돋아 주고 고양시켜 주어야 한다. 불안을 불러일으키지 않는 방법과 재료를 사용해야 한다. 매체를 제시하고 치료대상자로 하여금 선택하게 하는 것도 한 방법이다.

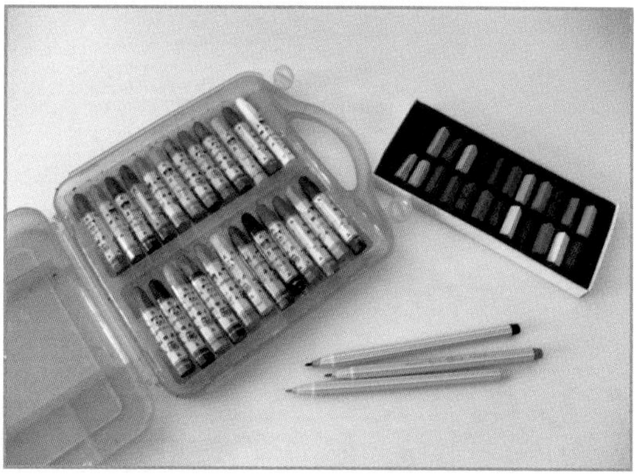

그림 5-21 선택하기

크레용, 연필, 파스텔 중에서 직접 선택할 수 있게 한다.

치료 초기에는 제한된 몇 가지 미술매체를 제시해 주는 것이 효과적이다. 그리고 이 세상에 똑같은 생활 경험을 하는 사람이 없음을 기억해야 한다. 따라서 한 치료대상자가 어떤 미술매체를 선택하여 사용한다고

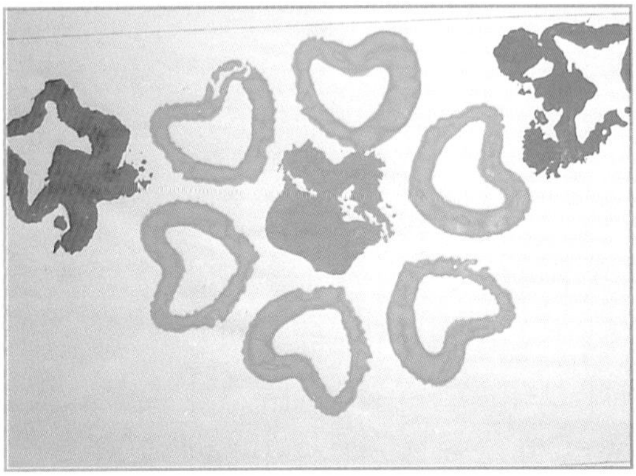

그림 5-22 찍기 a

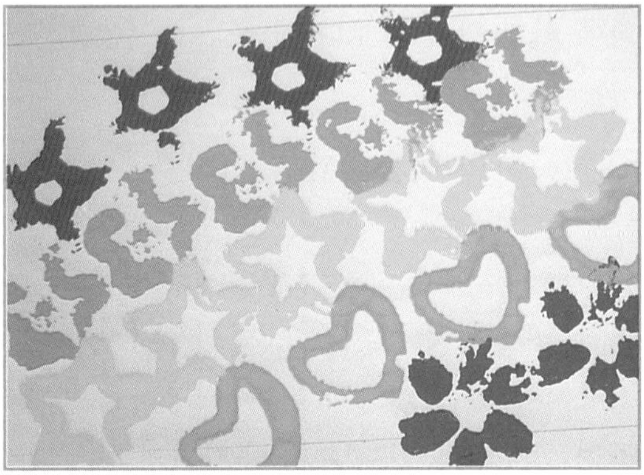

그림 5-23 찍기 b

단순한 찍기지만 사람마다 선택한 색깔, 찍는 위치, 찍는 횟수 등을 서로 다르게 표현한다.

그림 5-24 학교생활 표현하기

영희는 친구와 잘 지내며, 학교에서 적응도 잘 하는 아이였다. 어느 날 갑자기 학교 가기 전에 위통, 두통, 구토 등의 증상을 보였다. 결국에는 학교공포증에 걸리게 되었다. 치료가 한참 진행되고 나서 이 그림을 그렸다. 검은색으로 그린 것이 친구다. 그림을 그린 후 영희는 자신의 공포에 대해 이야기하였다. 공포를 그려 보자고 했더니 [그림 5-25]를 그렸다.

그림 5-25 냄새

학교에서 화장실을 갔다 왔는데 친구가 냄새난다고 저리 가라고 하였다고 한다. 치료사가 "너는 그 아이에게 어떻게 하고 싶으니?" 하고 묻자, "그 애를 없애 버리고 싶어요."라고 하였다. "어떻게?" 하고 물으니, 종이 한 장을 집어 동그라미를 그리고 수차례나 줄을 죽죽 그으며 분노를 표현하였다. 그런 후에 영희는 학교생활에 대해 이야기하였다. 계속 그림을 그리면서 자기의 감정을 치환시켜 나갔다.

하면, 그것은 그 사람이 지니고 있는 특징일 뿐 다른 사람의 특징이 될 수 없다. 미술치료에서 치료사는 치료대상자의 개별성을 충분히 인식하고 있어야 한다([그림 5-22], [그림 5-23] 참조).

치료사에 대한 신뢰와 치료관계에 안정감이 높아지면, 치료사는 치료대상자로 하여금 좀 더 내면화가 가능한 미술활동을 하도록 하여 무의식 속에 파묻힌 억압된 감정을 드러내도록 할 수 있다([그림 5-24] 참조). 그리고 욕구의 대안적인 표출이 되면서 감정이 해소되는 치환이 이루어진다([그림 5-25] 참조). 에너지의 양상이 바뀌어 탈본능화가 되는 욕구에너지의 중립화가 이루어지고 바람직한 행동으로 변환된다([그림 5-26] 참조). 동일시(제4장 방어기제 참조)가 포함될 수 있다.

그림 5-26 스크래치

지저분한 그림이 계속 그려졌다. 영희에게 자신이 그린 그림이 어떤 느낌을 주냐고 물었다. 기분이 좋지 않다고 하며, 검은색 크레파스로 박박 낙서를 하기 시작하였다. 치료사가 '검은색을 다 입히면 어떨겠니?' 하였다. 이에 영희는 검정을 다 입혔다. 자를 주고 한 번 긁어 볼 것을 권하였다. 예쁜 색과 그림이 나타나자 기뻐하였다.

3. 창조성

미술활동은 인간의 창조적 표현이다. 인간의 노력 이면에는 생존의 욕구가 깔려 있으며, 삶에 의미를 창조하도록 방향 지어져 있다. 이러한 의미창조는 심리치료의 핵심이다. 미술표현에서 삶에 의미를 부여하게 해 주는 창조성의 발견은 심리치료의 중요한 요인이다. 치료에서의 창조, 창조의 치료적 과정, 창조성을 위한 심리적 분위기, 물리적 분위기에 대해 살펴보겠다.

1) 치료에서의 창조

그림 5-27 절망

희망이 보이지 않는다.

미술에서 표현되는 심상은 눈으로 볼 수 있는 형태로 표현된다. 이 시각화된 심상이 대상과 매우 닮았다고 하더라도 이것은 대상을 그대로 복사한 것이 아니다. 눈과 마음으로 작품을 본다면 작품에는 치료대상자의 경험, 사고, 감정, 무의식이 형상화되어 있음을 알 수 있다.

심리치료를 필요로 하는 치료대상자의 대부분은 자신들의 삶에 의미를 부여하고 있지 못하다. 그들은 위축되어 있고 불행을 지니고 있다. 우울, 불평, 분노, 실망감도 지니고 있다. 미술치료에서 창조는 이처럼 인생에 의미를 느끼지 못하는 치료대상자에게 인생의 의미를 부여해 주는 것이다. 예술의 창조성과는 차이가 있다. 이제까지와는 다른 긍정적 관점을 보여 주는 것이다. 즉, 의미를 부여하기 위한 방

그림 5-28 희망

떠오르는 태양에서 희망이 보인다. 삶에 의미를 부여하게 된다.

그림 5-29 창조성(빨간색에서 활력을 본다.)

치료에서의 창조성은 반드시 예술적 승화가 포함되는 것은 아니다.

법으로 창조적 표현이 본질인 미술을 활용하는 것이다.

미술치료에서 창조는 삶에 의미를 부여하는 것이라는 말이 정확한 표현이다. 따라서 결과물이 중요한 것이 아니다. 미술활동 과정이 중시되고, 치료대상자의 자발적인 표현과 이제까지와 다른 시각의 긍정적 표현, 이해하기, 통찰하기가 중요하다. 이 과정에서 미술치료사의 전문가적 도움이 필요하다. 미술치료사는 미술매체를 통한 표현에서 치료대상자에게 창조의 의미를 고무시켜야 한다(제8장 (2) 창조적 표현을 촉진시키는 매체 참조). 창조적 의미에 대한 전문가적 개입은 치료대상자로 하여금 자신의 삶의 의미를 창조하는 데 도움이 된다.

2) 창조의 치료적 과정

미술치료에서 창조의 준거가 무엇인가에 대한 의문이 있다. 어떤 학자는 미술작품의 질이 창조의 정도를 나타낸다고 하기도 한다. 그러나 미술표현이 빈약한 치료대상자도 자신의 이미지를 반영하고 내면에 대한 명료함과 통찰을 갖게 되는 경우가 많다. 즉, 치료대상자의 창조에 반드시 예술적 승화가 포함되는 것은 아니다(Wadeson, 1980).

미술치료에서는 표현의 매체가 예술이므로 창조에 대해 주의를 기울일 필요

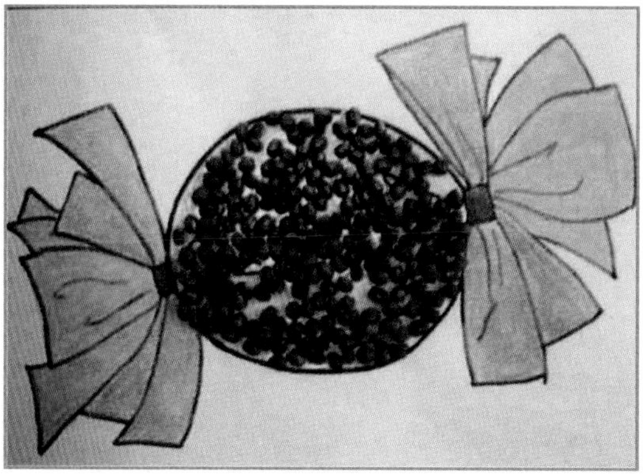

그림 5-30a 붙이기

그림 5-30b 만들기

그리기만 하는 치료대상자에게 붙이거나 만들기 재료를 주어 다른 표현욕구를 자극한다.

가 있다. 시각적으로 이미지들을 표현하는 것은 의식의 깊숙한 부분을 자극한다. 그리하여 일상적으로 가능한 것보다 더 풍부한 표현을 하게 한다. 물감을 마구 칠하는 행동은 심하게 억압되어 있는 치료대상자에게 활기를 불어넣어 줄 수도 있는 반면 겁에 질리게 할 수도 있음을 알아야 한다. 미술매체를 바꿔 주는 것은 타성에 빠져 있는 치료대상자의 표현을 촉진시켜 줄 수 있다. 이때 미술매체의 특성이 어떤 효과를 낼 수 있느냐를 고려하여 선택해야 한다.

치료대상자가 대담하고 풍요롭게 자신의 심상들을 표현할 수 있도록 내면에 잠재되어 있는 것을 끄집어 낼 수 있는 환경을 구성하는 것이 미술치료사가 해야 할 역할의 하나다. 특히, 창조성을 끌어내기 위해서는 무엇보다 치료대상자가 자유로움을 느껴야 한다.

치료대상자는 이제까지 자신을 제대로 표현하지 못했기 때문에 자유로움을 느낄 수 있는 심리적 · 물리적 환경이 필요하다. 창조성을 나타내기 위한 심리적 환경은 치료사가 제공해 주는 분위기며, 물리적 환경은 표현을 위한 재료, 공간, 시간 등이다.

3) 창조성을 위한 심리적 분위기

창조성을 위해 미술치료사가 제공해 주는 심리적 분위기는 치료대상자에 대한 치료사의 존중과 지지, 치료대상자가 느끼는 즐거움과 흥미다.

(1) 존중과 지지

치료사는 치료대상자가 자신의 스타일을 발견하는 것을 도와주어야 한다. 미술치료사는 치료대상자가 어떤 행동을 하건 무엇을 말하건 간에, 그것이 그들의 것이라는 사실을 존중하고 받아들여야 한다. 여기에서 치료대상자의 개성과 독창성, 자율성과 독립성 그리고 대담성이 자극되고 강화된다.

치료대상자에 대한 존중은 그들에게 미술매체의 선택, 주제의 선택, 미술작품의 구성, 미술작품의 설명 등에 있어 자유를 주는 것에서도 나타난다. 또한 치료사가 보이는 관심에서도 나타나며, 개별 또는 협동으로 활동하기, 활동의 속도와 방법, 매체와 주제의 탐색에서 자신의 특성과 스타일을 발견할 수 있도록 치료사가 도와주는 태도에서도 나타난다.

치료대상자에 대한 존중은 작품과정과 작품에 대한 그의 생각과 연상을 정확히 말하도록 격려하고 경청하는 것도 의미한다. 치료대상자의 작품을 소중하게 다루고 보관하고 전시하는 것도 치료대상자에 대한 존중의 한 표현이다. 결국 미술치료사의 치료대상자에 대한 존중은 치료대상자로 하여금 스스로 자신의 목표와 기준을 확립하고 자신의 성취를 평가하도록 도와주는 것을 말한다.

그림 5-31 작품에 몰두

작품활동에 몰두할 수 있도록 치료사는 곁에서 진지하게 경청한다.

(2) 즐거움과 흥미

치료사는 치료대상자의 개인적 탐색과 표현에 대해 관심을 가져야 한다. 이 관심은 민감하면서도 조심스러운 관찰, 진지한 경청, 부드러운 언어적 개입으로 표현될 수 있다. 치료대상자가 치료사의 도움, 지지, 평가에 대한 욕구를 표현한다면 치료사는 지지자, 촉진자로서 그에게 관심을 표현해야 한다. 그러면서 치료대상자의 창조작업과 성장에 진실로 가치를 부여하고 기쁨을 느껴야 한다.

그림 5-32 도와주세요

치료사의 도움은 즐거움과 흥미를 줄 수 있다.

4) 창조성을 위한 물리적 분위기

창조적 표현에서는 물리적 분위기도 중요한 역할을 한다. 물리적 분위기는 미술재료, 미술활동을 위한 공간과 시간, 치료대상자가 느끼는 안전 등이다.

(1) 미술재료

미술재료는 미술표현을 위한 미술매체다. 여기에는 그리고 칠하고 만들고 조립하는 것 등 많은 종류가 있다. 미술치료사는 미술매체의 특성을 알고 사용할 수 있어야 한다. 창조적인 표현을 위해 새로운 매체를 제공하거나 기존의 매체 또는 폐품을 다른 방법으로 활용하도록 유도할 수 있다. 이러한 매체의 활용이 기술을 요구하는 경우에는 미술매체에 대한 지도가 먼저 이루어져야 한다.

미술재료들은 치료대상자의 발달수준, 이전의 경험, 특별한 욕구와 흥미에 맞아야 한다. 재료가 다양할수록 독특한 취미와 선호, 자신이 좋아하는 표현의 형태를 찾아내어 표현하는 데 수월할 수 있다. 그러나 미술치료사가 치료대상자에게 너무 많은 미술재료를 제공하거나 어떻게 표현해야 하는가를 지시하는 것은 치료대상자의 심상을 무가치하게 만들거나 왜곡시킬 수 있음을 간과해서는 안 된다.

독특한 표현을 위해서는 비구조적인 재료가 유용하다. 더불어 이 재료로 표현을 하는 데 도움이 되는 도구나 바탕재료가 함께 제시된다면 성공적인 표현이 더 가능하다. 창조적인 표현과 더불어 치료대상자는 재료를 소중히 다루는 법도 배워야 한다.

치료사는 물감이나 진흙에 대해 거부감을 느끼는 치료대상자를 위해 다른 대안적인 표현방안을 제공하는 것도 필요하다. 재료에 대한 자세한 내용은 제8장 미술치료실과 미술매체에서 자세히 다루고자 한다.

그림 5-33 다른 방법으로 활용
신문지와 은박지로 옷을 만들었다.

(2) 공간

공간은 미술활동이 이루어지는 곳으로, 편안하게 미술활동을 할 수 있는 장소를 의미한다. 치료대상자는 때때로 자신의 표현이 거부될 것이라는 두려움을 느끼지 않고, 아무렇게나 어지럽히고 혼란스럽게 해도 좋을 장소를 필요로 한다. 공간이 더러워져도 정돈이 가능하다는 느낌은 미술활동에 안정감을 준다. 바닥에 앉아서 작업하는 것이 편한 경우도 있다.

그림 5-34 나는 할 수 있다.
넓은 공간은 편하고 자유롭게 미술활동을 하게 할 수 있다.

공간에는 미술활동을 위한 설비, 작품의 보관장소도 포함된다. 매체, 설비, 작품의 보관함이 정해져 있고 그 장소가 잘 정리되어 있다면 안정적인 활동이 이루어질 수 있다.

(3) 시간

미술치료에서 시간은 치료대상자가 흥미를 유지할 수 있고, 치료사가 창조적 과정에 개입할 수 있을 정도의 충분한 시간을 의미한다. 특히, 유아, 노인, 장애아동에게는 그들이 어느 정도의 시간을 이용할 수 있는지를 자세히 알려 주어야 한다. 끝내야 할 즈음에 미리 시간을 알려 줌으로써 도움을 줄 수도 있다.

(4) 안전

안전은 여러 표현, 즉 현실적인 것과 기괴한 것, 진보적인 것과 퇴행적인 것, 긍정적인 것과 부정적인 것들이 모두 수용되는 것을 의미한다. 제한도 치료대상자가 자신의 충동으로부터 자신을 보호하는 것을 도와주는 안전의 한 방법이 된다. 크레파스를 뭉개거나 부러뜨리거나, 파괴적인 주제를 그릴 수 있는 것도 안전에 속한다. 그러나 사람을 때리거나 물건을 파괴하는 행동의 경우는 제한하는 것이 안전이다.

제6장

미술활동의 치료적 요인

1. 미술의 생리적 의미
2. 미술활동 과정의 치료적 요인

미술치료는 미술치료사, 미술활동, 치료대상자 간의 만남에 의해 이루어지는 것이다. 이 장에서는 미술활동의 치료적 요인으로서 미술의 생리적 의미와 미술활동 과정의 치료적 요인에 대해 알아보고자 한다.

1. 미술의 생리적 의미

미술활동은 운동, 감각, 지각능력을 필요로 한다. 운동, 감각, 지각능력에는 뇌와 시지각, 손근육의 활동이 전제된다. 미술과 뇌의 활동, 시지각과 미술활동, 손근육과 미술활동으로 나누어 살펴보겠다.

1) 미술과 뇌의 활동

인간의 뇌에는 100억 개 이상의 뉴런으로 가득 찬 대뇌피질이 있는데, 각기 분업하여 제 기능을 담당하고 있다. 그중 후두엽은 시각자극의 수용과 시각적 기억의 저장 등의 기능을 한다. 측두엽은 청각과 언어와 관련된 기능을 하며,

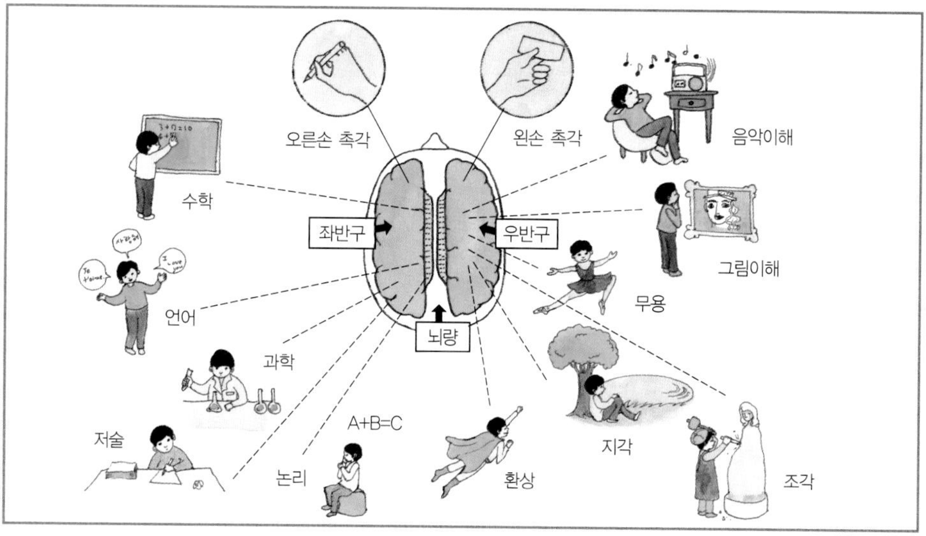

그림 6-1 뇌의 활동

그림 6-2 다르게 보임

보는 사람에 따라 다르게 느낀다. 가을을 느끼는 사람, 배고픔을 느끼는 사람이 있다.

두정엽은 체성감각과 피부, 운동감각, 촉지각을 담당한다. 특히, 전두엽은 다른 동물에는 없는 창조적 사고, 정서, 의지 등을 담당한다. 후두엽이나 두정엽은 현재와 직결되어 있고, 측두엽은 과거와 관계가 있다. 그리고 선두엽은 미래지향적이라 할 수 있다. 전두엽은 지적, 정서적, 의지적인 것을 통합하는 작용을 한다. 따라서 미술활동은 전두엽과 밀접한 관련을 맺고 있다.

미술활동에서 중요한 형체나 색채를 보는 것은 시각이 아니라 대뇌라고 할 수 있다. 즉, 어떤 대상이 아름답다거나 좋다는 판단은 감각 영역에서 이루어지는 것이 아니라 후두부의 연합령인 대뇌피질 부위에 먼저 전달된다. 그리고 과거의 기억, 경험 등과 연결되어 추리되고 판단된다. 이와 같이 미술활동에는 여러 과정이 개입되어 있다.

2) 시지각과 미술활동

시지각의 처음 시작은 눈의 활동과 관련되어 있다. 눈을 통해 사물의 크기나 거리, 공간, 색채 등을 지각하는 것이다.

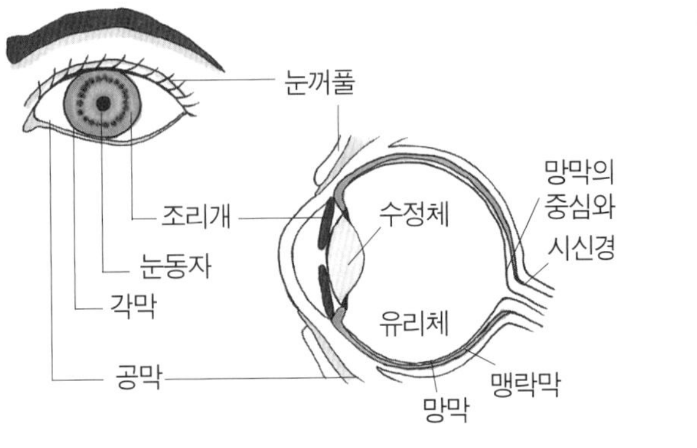

그림 6-3 눈의 구조

시지각은 시각을 통해 시자극을 인식하는 능력이다. 따라서 시지각은 감각적으로 지각하는 것 이상으로 두뇌에서 인식된다.

시지각은 유아나 아동기에 급격히 발달하게 되는데, 사람에 따라 시지각 발달지체 현상도 나타난다. 시각적 대상에 대한 지각의 왜곡과 혼동은 지적인 능력과는 무관하게 학습이나 미술활동에 어려움을 가져온다(여광응, 1990).

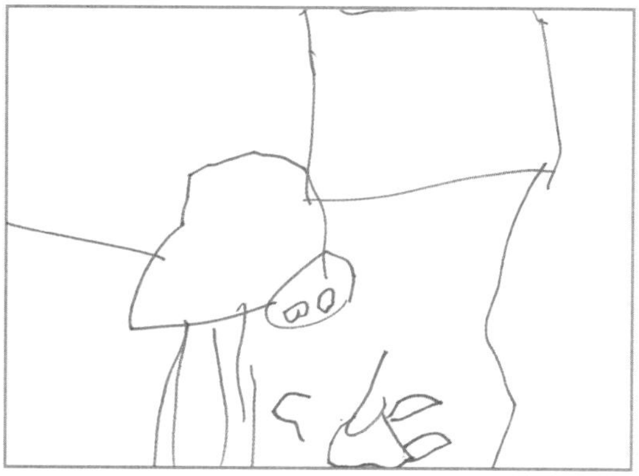

그림 6-4 시지각발달

충분히 발달하기 전에는 원, 네모, 세모 등의 도형 그리기에 어려움이 있다.

물론 미술치료가 시기능훈련, 시지각훈련을 일차적 목적으로 하는 것은 아니다. 무엇을 보고 느끼고 인지했는가 하는 것이 더 핵심이다. 미술치료가 강조하는 것은 표현되는 심상이므로 시각을 사용하지 않고도 사물을 표현할 수 있다고 한다. 그러나 시지각을 도외시하기는 어렵다.

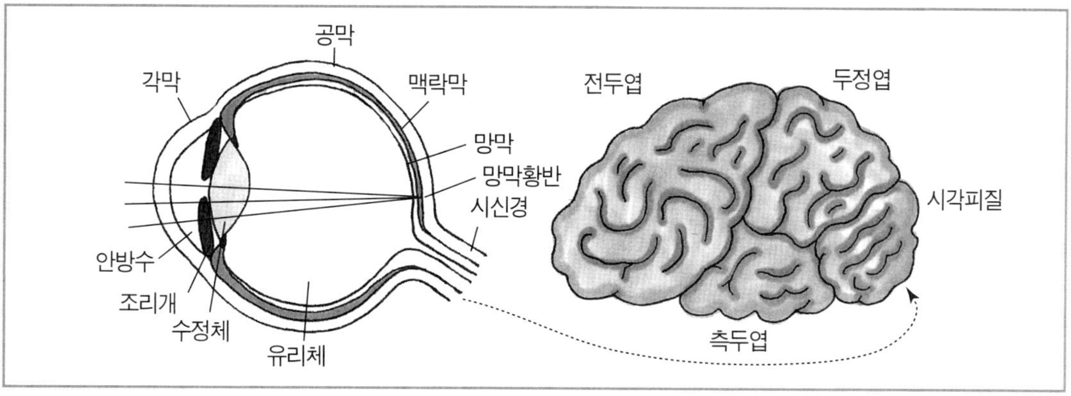

그림 6-5 시지각(시각과 뇌)

인간의 시지각 기능은 여러 요인들이 작용하는 복잡한 기능이다. Corn(1983)은 시기능을 삼차원적 모형으로 나타내었다. 이는 시각적 능력, 개체 특성, 환경적 요인이다.

■ 표 6-1 ■ 시기능의 삼차원적 모형

시각적 능력	원거리 및 근거리 시력, 중심 및 주변 시력, 시각계의 운동성, 두뇌기능, 빛과 색의 감수성
개체 특성	인지, 감각발달 통합, 지각, 심리적 · 신체적 구조
환경적 요인	색채(색상, 명도, 채도), 대비, 시간, 공간, 조명

형태의 지각도 시지각 현상이다. 사물을 어떤 형태로 인식하는 것은 뇌에서 일어나는데 발달단계에 따라 다른 특성이 나타난다. 유아나 아동들의 미술표현에 자주 나타나는 형태에는 단순한 원이 있다. 이 원이 지각에서는 태양이나 엄마의 얼굴이 되기도 한다. 이 표현은 사실적이 아니며 문자나 언어 대신에 스스로의 생각을 표현했다는 의미가 되는 것이다. 형태를 보는 데는 개인차가 크다.

초등학교 중기에 가면 사물의 관계, 주체와 객체의 관계, 시간과 공간의 인식이 표현된다. 이때를 의사실성과 객관적 표현이 구체화되는 단계라 한다. 그림에 있어서 사생화적인 특성이나 보는 방법이 향상되는 시기다. 한편으로는 형체나 색채에 대한 심리적인 항상성도 일어난다. 사춘기는 형태의 의미보다는 형태 그대로의 추상미에 흥미를 느끼는 시기다. 이 시기에는 형태, 리듬, 균형 등 형태의 아름다움에 대한 구체화 단계에 이른다.

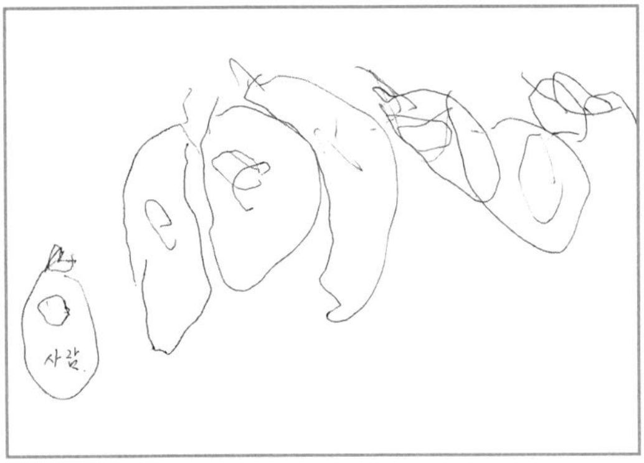

그림 6-6 우리 가족
모두 원으로 되어 있다.

색채의 지각도 먼저 시각에 의하여 이루어진다. 색의 지각은 생리적인 현상인 동시에 감각을 통하여 하나의 감정을 일으키는 심리적 현상이다. 색채는 개성, 환경, 조건 등에 따라 다른 감정을 갖게 한다. 이러한 심리적 작용은 본능적일 수도 있으나, 색채와 관련된 치료대상자의 경험에서 형성된 감정일 수도 있다. 이러한 측면에서 색채는 미술치료에서 심리진단으로 사용되기도 한다. 또한 형태와 색의 관계에서 개인들은 그것을 형태나 색으로 지각할 뿐만 아니라 색이나 형태에 대한 감정을 첨가한다. 여기에서 색과 형태에 대한 심상이 생긴다. 색지각에 관련된 내용은 제7장 색채의 심리치료적 의미에서 자세히 다루기로 하겠다.

3) 손근육과 미술활동

손은 물체를 잡는 기능에서부터 글쓰기, 그리기, 음식 먹기, 옷 입고 벗기 등에 이르기까지 작은 근육운동을 담당한다. 특히, 인간은 다른 동물들과는 비교할 수 없을 정도로 뛰어난 조작능력이 있는 손을 가지고 있다.

손과 관련된 인간의 촉각은 사물을 판별하는 데 있어 뛰어난 감각이다. 촉지각을 통해서 감정을 느끼고 질감에 대한 정보를 받아들인다. 촉지각은 무엇인가를 능동적으로 만져서 느끼고 있음을 인식하는 능동적 지각과 어떤 자극이 피부에 닿아 무엇인가를 느꼈을 때 일어나는 수동적 지각으로 구분된다. 이 양자를 명확하게 구분하기는 어려우나 미술활동에서는 능동적 촉지각이 더 직접적인 영향을 미친다고 할 수 있다(Wiener, Welsh, & Blash, 2010).

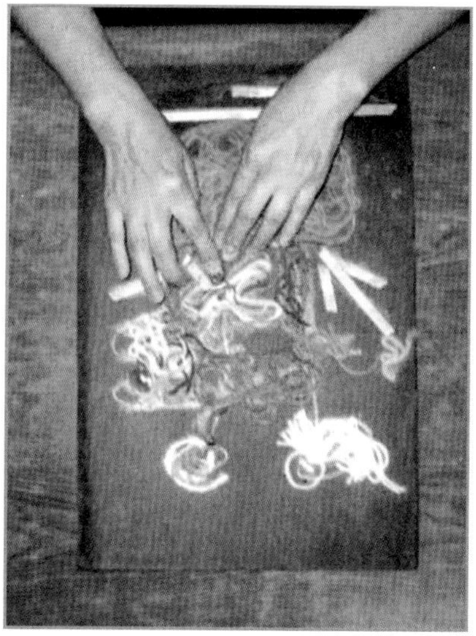

그림 6-7 손근육

미술활동은 손근육 활동을 필요로 한다.

2. 미술활동 과정의 치료적 요인

미술활동 과정의 치료적 요인은 작품을 구성하는 형상화 과정, 작품을 구성하는 과정에 수반되는 상징화 과정, 대화와 질문 과정, 작품을 구성하거나 만든 후의 대화를 통해 치료사와 치료대상자 사이에 이루어지는 만남과 관계 과정으로 나누어 볼 수 있다.

형상화 과정 ➡ 상징화 과정 ➡ 대화와 질문 과정 ➡ 만남과 관계 과정

1) 형상화 과정

작품을 구성하는 형상화 과정은 무에서 어떤 새로운 것을 생성하는 과정이다. 형상화 과정이 이루어지기 위해서는 먼저 매체와의 만남, 매체의 탐구 과정이 이루어져야 한다. 그런 다음에야 형상화가 이루어진다. 이 과정에 대해 살펴보자.

(1) 매체와의 만남

어떻게 매체와 만나는가 하는 것이다. 만남이 다음 과정에 영향을 주기 때문에 치료사의 역할이 중요하다. 이를 통해 유희적 본능, 감각자극 활성을 이루어야 한다.

매체에 대한 다양한 경험은 자율성과 주도적 자기선택의 기회를 제공한다. 매체를 제공할 때 치료사는 치료대상자가 재료를 충분히 탐색하고 익힐 시간과 기회를 주어야 한다. 그래야 치료대상자는 매체의 특성을 알게 되어 자신감을 갖고 표현할 수 있다.

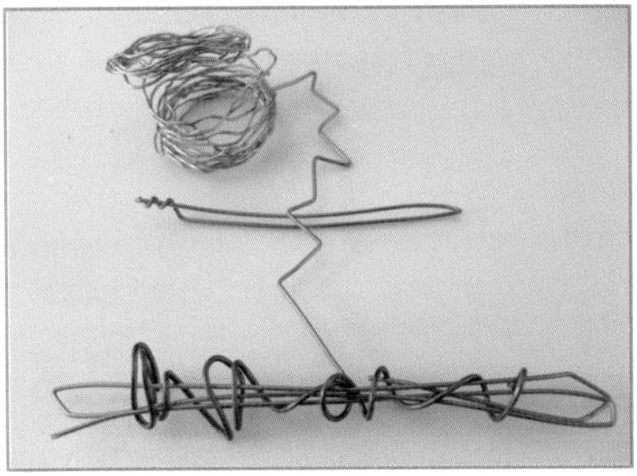

그림 6-8 매체의 탐구(철사)
이것저것 만들어 본다.

(2) 매체의 탐구

매체를 만나면 그에 대한 탐구가 이루어진다. 언어적인 자유연상같이 재료에 대한 자유로운 탐구를 한다. 미술치료사는 치료대상자가 편안하게 탐색할 수 있도록 충분한 안내를 해 주어야 한다.

매체는 정서적, 인지적으로 감정을 자극한다. 매체의 탐구 과정을 통하여 치료대상자는 자신의 생각과 감정을 발견한다.

이 탐구 과정에서 우연히 어떠한 순간에 창조의 욕구가 생길 수 있다.

(3) 형상화

이 과정은 작품의 아이디어를 만들어 내고 심상을 구체화하여 형상화하는 과정이다. 또한 심상을 계속 현실화하는 과정이다. 아이디어는 작품을 만들기 전이나 만드는 도중에 떠오를 수 있다. 아이디어가 나타날 때까지 색과 형태를 통해 계속 형상화의 실험을 한다.

그림 6-9 애벌레를 만들어야지

그림 6-10 어떻게 할까

나무에 매달린 애벌레가 만들어진다.

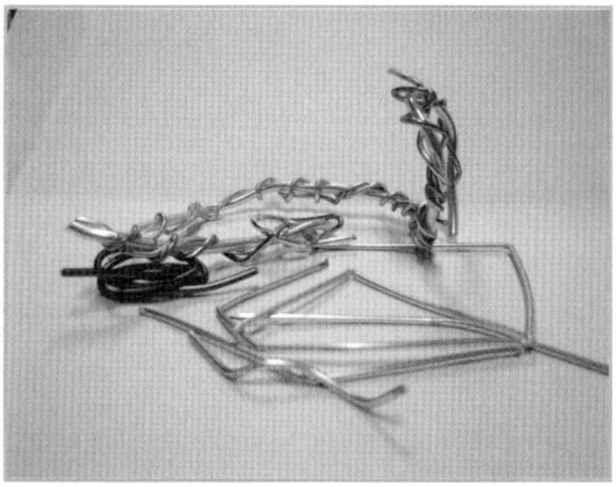

그림 6-11 떠올랐다

보호색이 있어야 한다.

그림 6-12 혼란 상태

신뢰기반 조성이 필요하다.

미술치료사는 치료대상자가 형상화하고자 하는 과정을 존중하고 수용해야 한다. 작품으로 만들어진 이미지는 만든 사람의 마음속에 있는 무엇인가를 상징하게 된다.

그러나 치료대상자가 표현능력이 부족하거나 애매모호하고 혼란된 상태에 계속 머물러 있을 수 있다. 이때 치료사는 침착하고 안정된 상태로 치료대상자를 대하면서 그 상황을 잘 다루어야 한다.

미술치료사가 작품을 수용하고 그것에 관심을 가지는 것만으로도 치료대상자에 대한 신뢰와 긍정적 관계를 이룰 수 있지만, 반대로 그가 눈치챌 정도로 작품에 거리를 두는 경우에는 그 관계를 이룰 수 없다. 치료대상자와 치료사 사이의 관계에서 중요한 것은 먼저 작품을 구성할 수 있는 신뢰기반, 보호된 공간의 분위기를 조성하는 것이다.

치료사가 다루어야 할 내용

치료대상자의 스트레스와 좌절 다루기
치료대상자가 자신의 표현을 발견하도록 격려하기
치료대상자가 작품에서 자신을 바라볼 시간 주기

그림 6-13 세상을 어둠으로 만드는 구름

자신의 표현을 이해한다.

치료대상자는 애매모호하고 혼란된 반응에서 자신이 방어하고 있음을 스스로 알게 되거나 작품에서 무의식을 알아챌 수 있다. 그리고 작품이 조화로운지, 내적 상상과 일치하는지에 대한 자기평가도 할 수 있다.

이제 치료대상자는 자신을 수동적으로 행동하는 자가 아닌 미술활동을 하는 자로 느끼게 된다. 치료대상자가 자신의 불안과 우울 자체를 작품의 주제로 선정하여 표현하는 것도 이에 해당한다. 치료대상자는 작품에서 자신의 감정과 심리적 모습을 볼 수 있고 대면할 수 있다.

형상화 과정은 미술재료와 미술활동을 통해 구체물을 만드는 과정이다. 치료대상자는 자신도 모르게 색과 형태를 조직하고 구성하여 작품을 만들 수 있다. 즉, 정서가 포함된 색과 형태를 구성으로 연결하여 자신을 형상화한다. 이미 마음속에 있던 감정이나 심신상태에 맞는 색과 형태가 작품으로 옮겨진 것이다.

그림 6-14 나의 문제

정서가 포함된 색과 형태로 자신을 형상화한다.

2) 상징화 과정

작품으로 만들어진 이미지는 만든 사람의 마음속에 있는 무언가의 상징이다. 심상이 작품으로 형상화된 것이다. 그리고 색을 통하여 명백하게 정서가 드러났고, 형태를 통하여 확실한 모습으로 구체화되었다. 그렇지만 다시 변화되고 계속 발전한다. 이 과정에서 정서, 부조화, 불쾌감, 고통 또는 이미 의식하고 있는 문제와 주제에 초점을 맞추게 된다. 작품을 만드는 것은 자기 자신을 정립하기 위한 것이며, 의사소통을 할 수 있는 어떤 것을 제작하는 것이다. 여기에서 작품 이면에 있는 갈등이나 원형을 암시하는 심상을 보게 된다.

그림 6-15 나의 문제

원형을 암시하는 심상

미술작품과의 의사소통은 계속 이루어진다. 치료대상자는 이미 형상화 과정에서

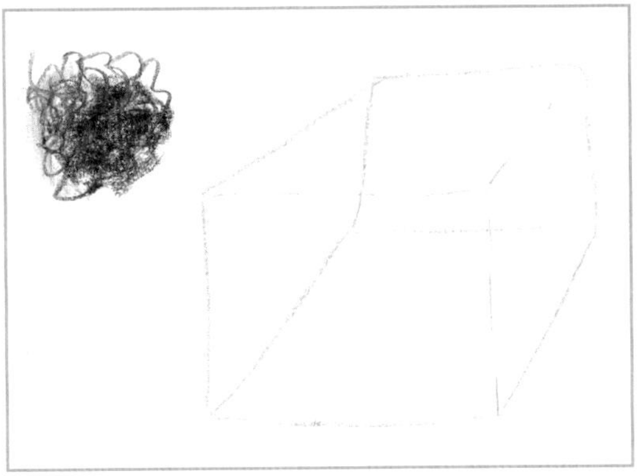

그림 6-16 능동적 대면

그림 6-17 잠재적인 것

의식하지 못하고 있으나, 논두렁의 경계가 너무 뚜렷하다.

작품의 이면과 작품 안에 표현된 정서, 갈등, 위기와 접했기 때문에 더 이상 정서를 위장하거나 그에 압도당하지 않는다. 또한 발견한 내적 심상과 의식적으로 만날 수 있고 능동적으로 대면할 수 있다.

치료대상자는 자신의 결정을 수정하거나 변화를 주는 것이 가능할 때 안정감을 갖게 된다. 미술치료사는 계획, 구성, 시행, 마무리에 이르기까지 활동의 기술적인 진행과정을 적절히 조정해 주어, 치료대상자가 만족할 만한 완성상태에 이를 수 있도록 해 주어야 한다. 이런 과정에서 치료대상자의 능력이 개발되고 성취감이 형성될 수 있다.

시각적 산물인 작품이 치료대상자를 나타내는 것이기는 하지만, 미술작품의 표현들이 쉽게 이해되는 것은 아니다. 작품을 볼 때는 잠재적인 것, 작품 형식, 작품 내용이 고려되어야 한다.

- **잠재적인 것**: 잠재적인 것은 시각적으로 명백하지 않은 것이다. 그러나 시각적으로 명백하게 보인다고 하여 모두 의식적인 것은 아니다. 예로써 치료대상자가 자신이 그렸다는 것을 깨닫지 못한다면 이는 전의식 수준이 될 것이다.

작품의 주제로부터 작품의 내용을 파악해 보는 것이 도움이 된다. 또는 발달적 단계나 성격 역동으로 접근하여 그 이유를 생각해 보는 것도 유용하다. 반복되어 나타나는 내용, 과장, 생략, 왜곡되는 부분은 치료대상자에게 의미가 있는 것으로 보아야 할 것이다.

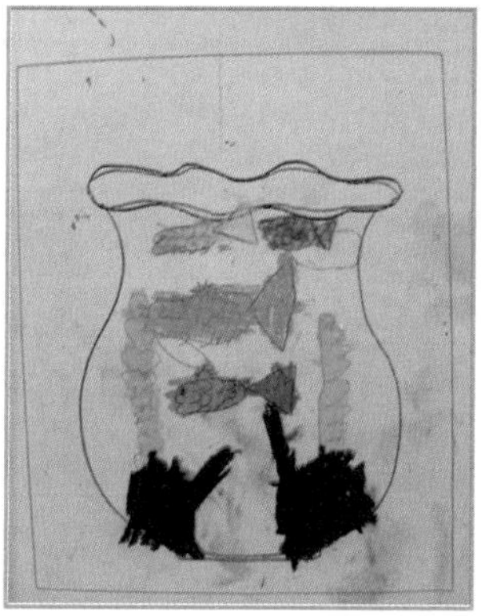

그림 6-18 반복적인 것

모든 그림에 폭탄을 쏘는 군함이 등장한다.

그림 6-19 작품의 형식

태양이 너무 강하다.

- **작품의 형식**: 치료사가 작품을 지나치게 강조하면 치료사의 관심이 치료대상자나 그의 창작 과정에서 벗어날 수 있는 위험성이 있다. 작품을 이해하기 위해서는 미술의 형식에 대한 기본적 접근법을 알아야 한다. 미술의 형식은 형태, 색, 주제 등으로, 미술치료사는 이들이 의미하는 중요한 메시지를 해석할 수 있어야 한다. 또한 미술매체는 모두 형식적인 특징이 있다. 연필로 그린 그림은 필압, 날카로움, 부드러움 등의 선의 특징을 보여 준다. 크레파스는 색을 통해 정서가 더 잘 반영될 수 있다. 치료사는 미술작품의 형식을 치료대상자의 발달단계, 성격 유형, 적응 정도, 상징적 의미, 심미적 준거와 관련시킬 수 있어야 한다. 여기에는 구도, 상대적 크기, 개인에 대한 상징적 의미, 작업순서, 수정방법, 표면적 표현과 방어 등이 포함된다.

그림 6-20 우리 아버지
꼬리를 내린 힘 없는 호랑이

- **작품의 내용**: 작품의 내용은 형성된 이미지 또는 투사된 시각적 심상이 무엇인지를 단순하게 확인하는 것 이상을 의미한다. 같은 주제라도 내용에 있어서는 차이가 있다. 흰 이빨을 드러내고 있는 호랑이와 쇠약해져 쉬고 있는 호랑이는 질적으로 다른 내용인 것이다.

미술치료사가 치료대상자의 작품 형식이나 내용에 부과된 것을 쉽게 이해하기는 어렵다. 미술치료사는 처음부터 끝까지 미술활동 과정을 잘 관찰해야 한다. 관찰을 하면 작품 이면에 있는 내용을 읽을 수 있다. 만드는 순서, 속도, 리듬, 작품과 관계된 언어적 · 비언어적 행동도 미술작품의 구성요소와 밀접한 관계가 있음을 파악하게 된다.

그 외에 고려할 점

미술작품을 제대로 이해하기 위해서는 작품 표현의 개별성, 치료사에 따른 표현의 차이, 치료사의 반응에 따른 차이를 고려해야 할 것이다.

① 작품 표현의 개별성

개인의 작품은 본질적으로 개인적이라는 것을 이해해야 한다. 어떠한 치료대상자의 작품도 다른 치료대상자의 작품과 같을 수 없다. 모든 치료대상자의 얼굴 표정, 성격이 다른 것만큼 서로 다른 작품을 만들어 낸다.

언뜻 보기에는 비슷해 보이는 작품일지라도 깊은 내면세계까지 파고들면 작품의 의미가 현저하게 달라지는 것을 종종 발견하게 된다.

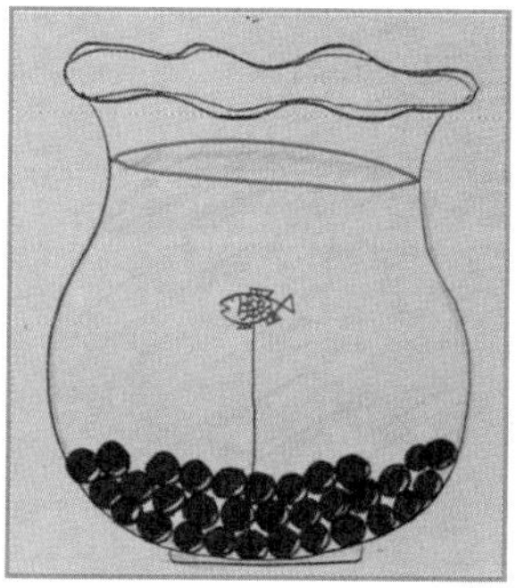

그림 6-21 어항 꾸미기 a

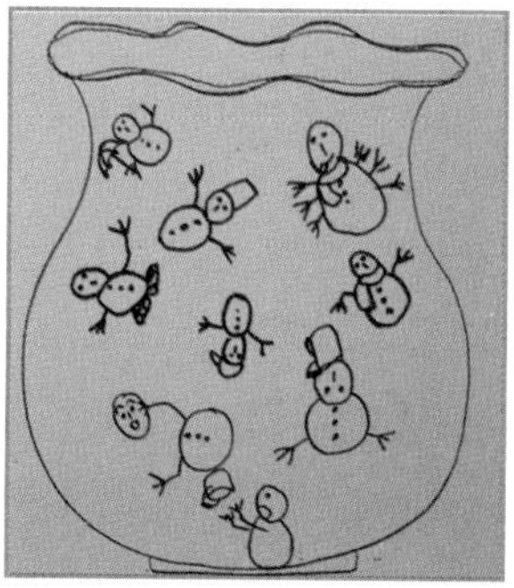

그림 6-22 어항 꾸미기 b

정해진 틀을 주고 표현하는 단순한 활동에도 차이가 있다.

어떤 치료대상자는 분노를 표현할 때 휘갈긴 선을 그리지만, 경직된 선을 그려서 분노를 표현하는 치료대상자도 있다.

그림 6-23 분노의 표현 a

낙서형으로 표현, 검정으로 표현

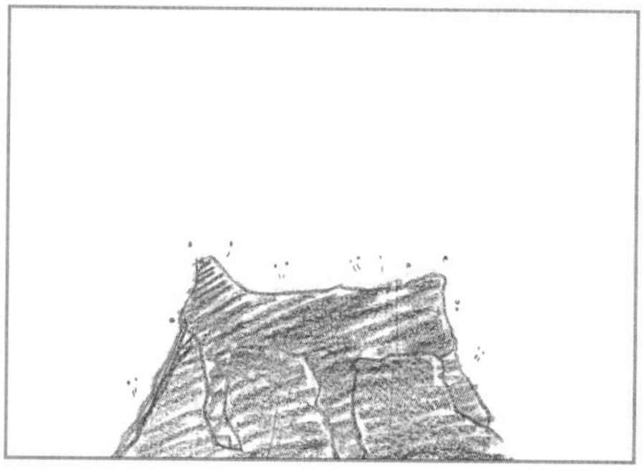

그림 6-24 분노의 표현 b

질서정연하게 표현, 빨강으로 표현

② 치료사에 따른 표현의 차이

개인의 미술작품을 이해하는 데 가장 큰 어려움 중의 하나는 똑같은 치료대상자라도 치료사가 누구냐에 따라 표현이 달라질 수 있다는 점이다. 치료사가 어떤 치료적 접근을 하느냐에 따라서도 치료대상자가 표출하는 내면세계의 정도가 다르다. 이렇게 표현 형태가 다르면 해석이 달라질 수 있다.

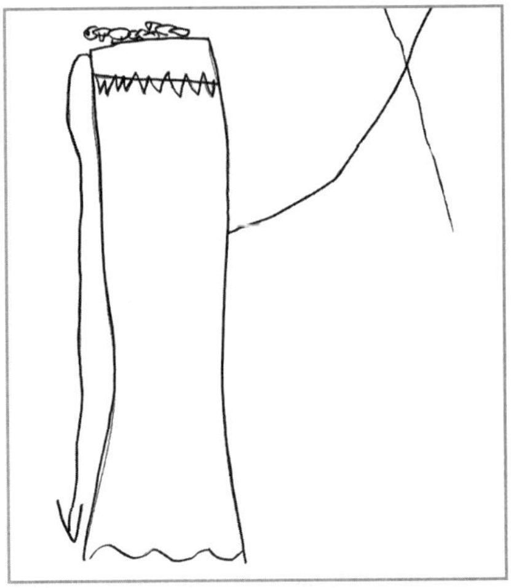

그림 6-25 치료사의 반응

어머니가 아버지로부터 심한 폭행을 당하는 것을 본 아동의 그림이다. 아버지를 높은 나무에서 떨어뜨리는 것으로 설명하였다. 치료사는 "아빠가 엄마를 다치게 해서 네 마음이 아프구나. 아빠가 그런 일을 했기 때문에 네가 아빠를 좋아하지 않아도 괜찮단다. 선생님은 네가 너의 생각을 이야기해 주어서 기쁘구나."라고 반응해 주었다.

치료대상자가 편안하게 자기표현을 할 수 있는 분위기와 환경을 조성해 주는 것이 선결과제다. 아동의 경우 청소년이나 성인보다 자기조절 능력이나 통제력이 부족하기 때문에 치료사의 영향을 더 많이 받는다.

③ 치료사의 반응에 따른 차이

치료사는 자신이 선호하는 치료적 접근방법을 가지고 미술치료에 임하게 된다. 그러나 미술활동 과정에서 치료대상자가 자신의 작품에 대해 강한 정서를 분명하게 드러낼 경우, 치료적 접근방법과는 별개로 치료사는 치료대상자에게 어떤 반응을 하게 된다.

치료대상자의 정서에 반응해 주는 것은 치료사가 치료대상자의 작품 내용을 수용하고 있다는 것을 알려 준다. 치료대상자에게 이 수용은 보상으로 생각된다. 그리하여 이 보상은 자신의 작품 과정과 작품에 대한 태도에 영향을 미치게 된다.

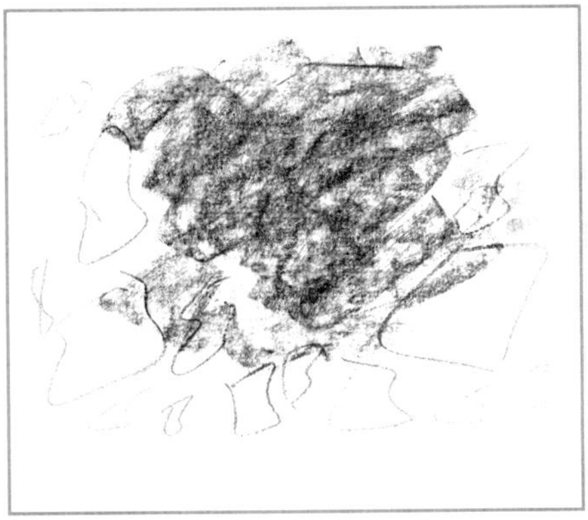

그림 6-26 사방으로 퍼져 가는 문제

한 문제가 계속 다른 문제를 야기하게 된다. 언어화를 통해 의미가 명백해진다.

작품에 묘사된 정서, 문제점, 갈등에 대한 완전

한 의식은 언어화를 통하여 이루어질 수 있다. 언어화함으로써 의미가 명확해지고, 특정한 경험이나 어떤 원인에 의한 것인가를 분명히 알게 된다.

3) 대화와 질문 과정

대화는 작품을 만든 치료대상자의 내적 · 외적 현실에 대한 이해와 동시에 치료적 관계로 연결될 수 있다. 작품은 치료사와 치료대상자 사이에 존재하는 제3자며, 근본적으로 둘 사이를 연결시켜 준다.

대화의 목적

- 작품의 이야기를 통해서 치료대상자가 자신의 욕구, 갈등, 사고, 정서, 경험, 시각 등을 외현화하도록 돕는다.
- 치료대상자가 경험한 인물, 사건, 환경에 대한 그의 생각, 감정, 느낌 등을 이해해서 치료대상자에게 최대한 이익이 되도록 한다.

작품의 의미를 잘 이해하기 위해서 치료사는 치료대상자가 미술활동을 하는 동안의 이야기를 잘 듣는 것이 중요하다. 대화를 통하여 상징과 자아의 대면이 실제로 의식화될 수 있다. 질문도 필요하다. 대화에서는 언급된 내용뿐

질문 내용

- 이것은 당신에게 무엇을 의미합니까?
- 당신에게 어떤 의미를 지닙니까?
- 이런 것에 대해 어떠한 느낌이 듭니까?
- 작품을 구성할 때 무엇에 가장 신경을 썼습니까?
- 어떤 것이 가장 강한 감정을 불러일으켰습니까?

그림 6-27 대화의 과정

미술활동 몰두 후에 대화가 이루어질 수 있다.

만 아니라 작품의 색과 형태를 관찰하고, 그 구성에 대해 치료대상자에게 질문하는 것이 작품 해석에 도움이 될 수 있다. 단순히 무엇을 표현했는지 묻어 봄으로써 치료사는 작품 자체에서 느끼는 시각적인 내용 이상의 것을 치료대상자로부터 들을 수도 있다.

(1) 대화의 과정

치료대상자도 작품 자체에서 스스로 자신의 무의식을 볼 수 있고 인식할 수 있다. 따라서 대화의 과정에서 치료대상자가 상처받았다는 느낌이 들 수 있는 질문이나 해석을 하면 안 된다. 치료과정 중에 이야기하고 싶어 하지 않는 치료대상자에게는 언어적 상호작용을 하지 않아도 무방하다. 미술활동이 치료대상자에게 적합하고 치료관계에서 치료대상자가 신뢰감, 안전감, 지지를 느끼면, 미술활동 과정 자체가 자연스럽게 언어적인 의사소통으로 이어질 수 있다. 이러한 대화의 과정은 미술활동에 몰두, 치료사와 스스로 이야기 나누기, 작품 내용의 공유로 이루어진다.

대화의 과정

- **미술활동에 몰두**: 미술활동을 하면서 치료대상자는 자연스럽게 긴장을 풀고 창조적이고 즐거운 활동으로 빨려 들어가게 된다.
- **치료사와 스스로 이야기 나누기**: 치료대상자는 자신이 치료받고 있다는 긴장감이 어느 정도 감소되면, 미술활동을 할 때나 그 후에 치료사와 자연스럽게 이야기를 나누게 된다.
- **작품 내용의 공유**: 치료대상자가 편안함을 느끼게 되면, 감추고 싶어 했던 어떤 정보를 치료사와 공유하게 된다.

(2) 대화 거부의 원인

치료대상자들이 자신이 만든 작품에 대해서 무언가를 이야기하는 것이 중요

■ 표 6-2 ■ 대화 거부의 원인

대상자 특성	수줍어함. 대화를 꺼림. 작품을 보여 주기 싫어함. 언어적 어려움. 말하는 능력의 문제
대상자 문제	학대나 폭력 같은 외상 경험. 가족과 관련된 이야기 금지 위협
문화적 배경	짧고 간결한 대화의 문화. 과묵문화
활동에 열중	미술활동을 방해함

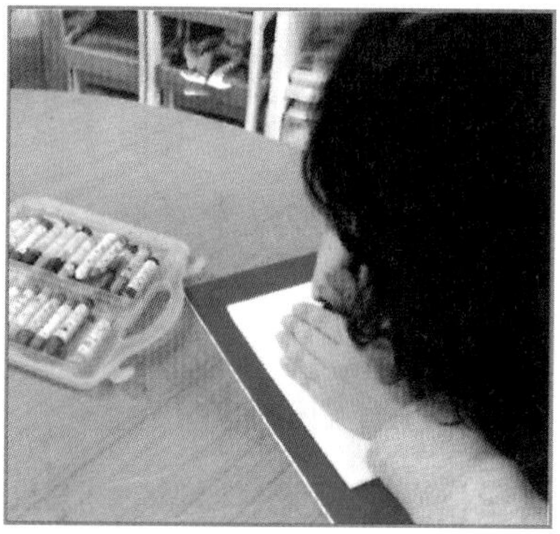

그림 6-28 수줍어하며 그림을 감춤

그림 6-29 학대받은 아동

개와 동생이 무섭다고 했다.

그림 6-30 작품에 몰두

말을 거는 것이 미술활동에 방해가 된다.

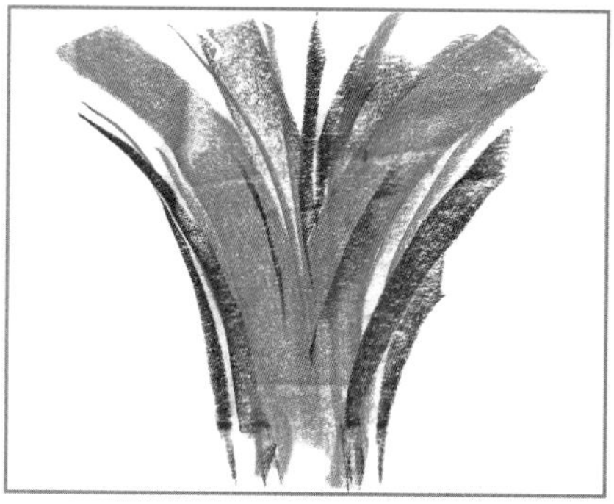

그림 6-31 미술활동을 빨리 끝냄

빨리 그리고 이야기하기를 즐긴다.

하기는 하지만 그렇다고 그들이 항상 이야기하는 것은 아니다. 때때로 치료대상자는 여러 가지 이유로 인해 자신이 만든 작품에 대해서 이야기하는 것을 거부하기도 한다.

그러나 미술활동을 재빨리 끝내는 치료대상자들은 자신이 미술작품에 들인 시간보다 작품에 대해서 더 많이 이야기하고 싶어 하기도 한다([그림 6-31] 참조).

(3) 대화를 위한 질문의 유형과 유의점

작품의 의미를 잘 이해하기 위해서는 질문이 필요하다. 그러나 여기에는 비효율적인 질문도 있을 수 있다.

① 효과적인 질문

• **눈에 띄는 것 언급**: 치료사가 작품에서 눈에 띄는 것들을 간단히 이야기해 주는 것이 효과적일 수 있다.

이러한 언급은 치료대상자 자신에게 중요한 것인데 못보고 지나친 부분에 대하여 부가적인 정보를 제공해 준다.

그림 6-32 눈에 띄는 것 언급

"나한테는 검은색 머리가 눈에 띄는구나." "나한테는 신발이 보이는구나."

• **상황의 질문**: 치료사는 그림에서 볼 수 있는 상황에 대해 질문할 수 있다.

그림 6-33 상황의 질문

"이 사람은 밖을 내다보면서 무슨 생각을 하고 있을까?"
"이 사람은 무엇을 보고 있니?"
"무슨 일을 하고 있을까?"
"이 사람은 지금 어떤 느낌을 갖고 있을까?"(상황에 따라 질문 내용이 달라진다.)

상황에 대한 질문은 치료사가 모른다는 태도를 암시하는 것이기 때문에 치료사와 치료대상자 간에 생산적인 대화를 이끌 수 있다. 실제로 치료사는 표현의 의미를 모를 수 있다. 또한 치료사가 작품에 대해서 열심히 알고 싶어 한다는 태도를 나타내는 것이므로 치료대상자는 자신의 시각에서 작품을 설명할 기회를 갖게 된다.

치료대상자의 감정을 표현하도록 하는 것이 치료적 관계의 목표 중 하나기 때문에, 작품에 등장하는 사람이나 동물들에 대해 물어 보는 것은 치료대상자가 작품을 통해 자신의 감정을 투사하거나 관련시킬 기회를 준다.

이러한 질문은 정서표현과 관계가 있을 뿐더러, 치료대상자가 작품에 대한 이야기를 만들어 내는 데 도움을 주기도 한다.

- **사물에 대한 질문**: 등장하는 것들이 사물(자동차, 집, 바위 등)일지라도 치료사는 그것들이 무엇을 생각하고 있는지를 물어 볼 수 있다. 이때 치료대상자는 치료사가 뭔가 문제가 있다고 생각하고 있음을 암시하는 것으로 받아들일 수 있다. 따라서 집이나 자동차, 바위가 감정을 갖고 있다고 생각하자고 미리 전제한 후에 질문을 하는 것이 좋다. 치료대상자가 그린 그림이 색깔, 모양, 선만으로 이루어진 것이라면, 치료사는 "이 모양(선, 색)은 무엇을 생각하고 있니?"라고 물어볼 수 있다.

그림 6-34 사물에 대한 질문

"제가 이 사람들, 동물, 집 등에 대해 질문해도 되겠습니까?"
"이 동물은 지금 어떤 느낌을 갖고 있습니까?"
"이 작품의 동물은 다른 사람이나 동물에 대해서 어떻게 생각하고 있습니까?
"만약 그들이 말할 수 있다면 서로에 대해서 무슨 말을 할 것 같나요?"

- **3인칭 질문 유형**: 때때로 간접화법으로 작품에 대해 이야기하는 것이 유용할 때도 있다. 3인칭 화법으로 이야기하는 것은 어느 정도 안정감과 거리감을 주어, 치료대상자가 편안하게 자신의 작품의 의미를 이야기할 수 있도록 해 준다.
  "이 작품의 제목은 무엇입니까?" "작품 안에서 어떤 일이 벌어지고 있습니까?" 이러한 질문들은 개방적인 의사소통을 하는 데 도움이 된다. 때때로 치료사는 치료대상자가 만든 작품의 특정 인물이 앞으로 어떤 행동을 할 것 같은지, 또는 어떤 일이 일어날 것 같은지에 대해서도 물어 볼 수 있다.

② 문제시되는 질문

때로는 치료사의 질문이 문제가 될 수 있다. 이는 어느 단계인가, 어떤 내용인가에 따라 다르게 된다. 치료적인 관계가 성립되려는 단계에서 주어지는 질문은 부적절할 수 있거나 대답할 수 없는 질문일 수 있다.

작품에 대해 효율적인 대화를 나누기 위해서는 치료대상자의 작품을 존중해야 한다. 그리고 모든 형태에 대해 의미를 부여하여 언급할 필요는 없다. 오히려 중요한 표현으로 의견을 좁히거나 치료대상자가 중요하게 여기는 것에 집중을 하는 것이 중요하다.

또한 치료대상자가 작품에 대해 말하기를 꺼려하며, 자신을 분명하게 방어하고 회피하는 것에 대해서는 주의를 기울여야 한다. 그렇지 않으면 작품에 대한

■ 표 6-3 ■ 문제시되는 질문

고통스러운 경험	가족 비밀 폭로의 두려움: 학대받은 치료대상자. 특히, 치료 초기단계
격려로 오인	지나친 대화 유도: 치료에서 미술활동 경험 부족, 질문을 관심의 표명이나 작품활동 격려로 오인
이유 묻기	특정한 요소를 왜 표현했는가 묻기: 어떤 치료대상자는 왜 표현했는지 설명하기 어려움

대화가 중단되거나 작품을 구성하는 기쁨이 사라질 수 있다. 공감적 대화란 작품의 표현을 그대로 인정하면서 조형요소들을 조심스럽게 심리적 요소로 번역하는 것이다. 작품을 심리화로 확대 해석하지 않고 참작한다는 것이다.

미술활동 과정 자체가 대화로 이어지기 위해서는 치료대상자의 작품을 개방적으로 바라보는 것도 중요하다. 작품이 어떤 과정을 거쳐서 만들어지는지, 치료대상자가 자신이 만든 작품에 어떻게 반응하는지를 살피는 것이 필요하다. 치료사는 치료대상자가 작품을 완성시키는 과정을 관찰하면서 작품에서 이상한 점, 강조된 점, 중요한 점이 무엇인가를 생각해야 한다. 그리고 치료대상자와 대화하면서 이러한 점과 연관지어 보아야 한다.

그림 6-35 나의 모습

중요하다고 여겨지는 것에 초점을 맞춘다.

그림 6-36 작품을 천천히 따라감

철사에 매달린 사람에 대한 이야기를 하지 않는다.

작품 만들기 과정의 태도 관찰

- 치료사의 지시를 기다리는가, 자발적으로 활동을 시작하는가?
- 치료대상자는 활동에 집중하는가, 그렇지 않은가?
- 치료대상자는 활동을 즐기는가, 위축되어 있는가?
- 치료대상자는 활동 과정에서 도움을 필요로 하는가? 필요하다면 어떤 도움이 필요한가?
- 치료대상자는 자신 있게 작품을 만드는가, 아니면 두려워하는가?
- 치료시간을 끝내는 데 어려움이 있는가?
- 만들던 작품을 멈추어야 할 때 어떻게 반응하는가?

작품에 대한 태도 관찰

- 완성된 작품에 대해 만족해하는가?
- 치료대상자는 작품에 대한 질문에 어떻게 반응하는가?
- 작품에 대해 이야기하거나 설명하는 것을 어려워하는가?
- 작품에 나타난 이미지와 자신을 연관시키는가, 그렇지 않는가?
- 자신이 만든 작품을 가지고 가기를 원하는가?
- 자신이 만든 작품을 치료사가 보관해 주기를 원하는가?

여기서 주의해야 할 점은 이상하고 두드러져 보이는 것이라도 특정한 연령이나 발달단계에서는 정상일 수 있다는 점이다. 6세 아동이 사람이나 사물을 크게 그린다면, 그 연령 또래의 아동이 어떤 중요한 것을 강조해서 그리는 경향을 반영한 것일 수 있다. 반면에 작품에는 별로 이상한 점이 없어도 치료사와 치료대상자 간의 대화에서 문제점을 발견할 수 있다.

그림 6-37 작품에 대한 태도

작품을 자랑스러워한다.

그림 6-38 대화의 필요성

6학년 아동이 갖고 싶은 것에 대한 콜라주를 만든 것으로 별로 문제가 없는 듯이 보인다. 그림에 대한 설명을 부탁하였다. 풀밭에 있는 양이 눈에 띄어 일반적인 내용을 두 개 정도 물어 본 다음에 수업이 끝난 후의 시간에 대해 질문했다. 풀밭의 양은 성적 가해 행동에 대한 내용을 담고 있었다.

4) 만남과 관계 과정

작품은 치료적 관계를 반영하는 것인 동시에 치료사가 치료대상자에게, 치료대상자가 치료사에게 주는 메시지다. 미술치료에서 치료사와 치료대상자 사이의 관계는 항상 함께 보고 함께 고려해 볼 수 있는 작품과 연결되어 있다는 것이다.

작품은 계속 변화되고 발전된다. 보완의 필요성으로 인해, 기분을 보완하기 위해, 기분을 변화시키기 위해 치료대상자는 색과 형태와 상징을 이용하여 더 보충한다. 이때 자기조절력이 영향을 준다. 자기조절

그림 6-39 구름 위의 해

자신의 우울한 기분을 보완하기 위해 해를 그렸다.

그림 6-40 창의성의 재활동

긍정적 관계 형성의 시도가 보인다. 비둘기는 평화의 상징이다.

력의 전제 조건은 안정되고 응집력 있는 자아다.

미술활동을 통하여 자신을 파괴할 정도의 증오나 분노, 자신을 무력화할 정도의 절망감이나 우울감에서 예기치 못한 기쁨, 희망, 성취감, 자아몰입, 활동 자체에 대한 만족감이 나올 수 있다. 그럼으로써 자신 안에 있는 창의성이 재활동하게 된다. 치료대상자는 작품을 만들면서 자기 형상화, 개성화, 자기치료를 하는 것이다.

이러한 새로운 의미의 발견은 치료대상자의 자신감에 영향을 주게 된다. 더구나 집단치료의 경우 작품을 집단원들에게 보여 주고, 치료사와 다른 집단원들과 함께 작품에 대해 대화를 하는 것은 작품에 대한 긍정적 반응을 일으킬 수 있다. 또 작품에 대한 좋은 감정을 더욱 강화시킬 수 있다.

치료대상자의 작품을 치료사 스스로는 어떻게 느끼는가를 치료사가 인식하는 것도 중요하다. 치료사가 어떤 주제의 작품을 불편해한다면, 이 느낌이 치료대상자에게 반영된다는 것을 알아야 한다. 또한 치료대상자에게는 아직 완전히 받아들여지지 않는 작품에 치료사가 깊이 감동하였을 때도 마찬가지다. 궁극적으로 치료사는 미술치료 과정에서 치료적 틀을 조성하는 것이다.

제7장

색채의 심리치료적 의미

1. 색채감각과 색채지각
2. 색에 대한 생리적 반응
3. 색에 대한 심리적 반응
4. 색의 선호도와 성격: Dewey Color System
5. 색채치료

색채는 인간의 감정과 정서에 커다란 영향을 미치기 때문에, 미술 영역은 물론 심리학 분야에서도 많이 논의되고 있다. 개인이 선택하는 색채는 그 개인의 특성, 경험, 학습, 순간적인 감정상태 등을 반영하기도 하고, 개인이 생활하고 있는 시대, 문화, 사회의 공통성을 나타내기도 한다.

색채가 인간에게 미치는 영향을 앎으로써 미술치료에서 색채를 치료적으로, 진단으로 활용할 수 있다. 색채는 색상뿐만 아니라 명도, 채도, 배색 등에 따라 다르게 보이고 그 심리적 효과도 다르다.

1. 색채감각과 색채지각

주위 환경에 있는 여러 색자극을 감각기관을 통해 받아들이는 것이 색채감각이다. 색채지각은 이러한 감각에 의미를 부여하는 것이다. 인간은 색의 이름을 알기 전에 이미 색을 지각할 수 있다. 출생 시부터 초록과 빨강을 구분할 수 있으며, 2개월이 되면 삼원색을 구별할 수 있다고 한다. 그러나 색채지각의 수준이 영아와 성인이 유사한지는 알 수 없다. 여기서는 색채감각, 색채의 차원, 색채지각에 대하여 살펴보겠다.

1) 색채감각

사물의 색은 어떻게 하여 느껴지게 되는가? 인간은 사물이 색채를 가지고 있다고 믿는다. 그러나 색채감각 자체는 물체의 속성이 아닌 시신경계에서 일어나는 현상이다.

시각의 감각기관은 눈이다. 눈은 망막에 상을 맺게 하는 렌즈, 감각세포들이 배열되어 있는 망막, 이들의 기능을 보조하는 조직들로 구성되어 있다. 망막의 감각세포들은 가시광선, 즉 빛에 대하여 민감하게 전기화학적 반응을 일으킨다.

색이 보이는 것은 빛이 있기 때문이다. 빛은 파장을 가지고 진동하며, 속도를

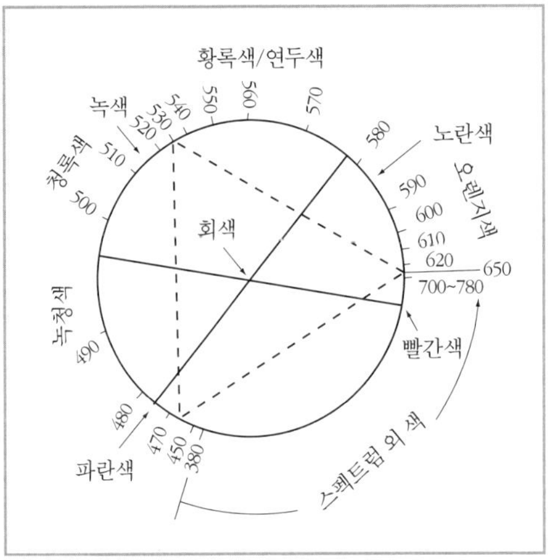

그림 7-1 색원

지니고 나아간다. 그러다가 사물의 밀도에 의해 반사나 굴절 또는 흡수나 투과되기도 하고 분리나 혼합되기도 한다. 이러한 빛의 성질로 색을 느끼게 된다.

빛에너지의 강도, 파장, 파장의 혼합비율 및 빛에너지의 공간적 분포에 의해서 색채의 기본 차원인 명도, 색상, 채도가 결정된다.

2) 색채의 차원

빛의 파장에 의해서 결정되는 색채감각이 색상이다. 인간은 이 색상을 통해 색을 구별한다. 그러나 백색광선의 분광 스펙트럼상에 나타나는 색상을 비교해 보면 가장 긴 파장의 색과 가장 짧은 파장의 색상이 유사하다. 가장 긴 파장은 노란 색조가 약간 가미된 빨간색으로 느껴지며, 가장 짧은 파장은 파란색에 빨간색이 섞인 색으로 느껴진다. 순수한 빨간색이나 자주색은 스펙트럼상에 나타나지 않는다. 빨간색이나 자주색은 짧은 파장이 적게 섞이면 빨간색으로, 많이 섞이면 자주색으로 나타난다. 그리하여 순수한 빨간색에서 자주색까지의 일련의 색상들을 스펙트럼 외 색이라고 한다.

채도는 색의 선명한 정도를 말하는 것으로 여러 파장들이 섞일수록, 보색관계에 있는 색이 섞일수록 낮아진다. 채도는 명도에 의해서 영향을 받는다.

그림 7-2 색의 스펙트럼

명도는 빛의 밝기를 말한다. 명도가 너무 높거나 낮으면 채도는 떨어진다. 명도는 빛의 강도가 강할수록 높아진다. 그러나 같은

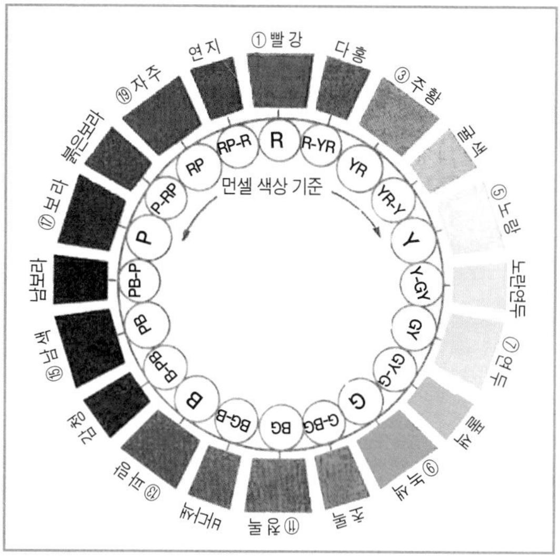

그림 7-3 색채의 차원(색상)

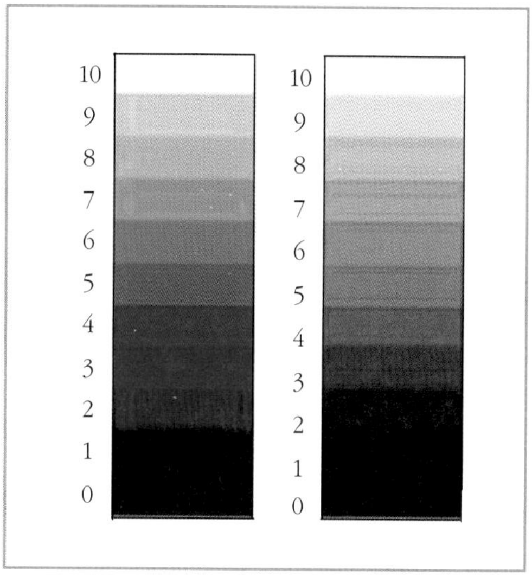

그림 7-4 색채의 차원(명도)

그림 7-5 색채의 차원(채도)

정도의 빛이라도 파장에 따라 명도가 달라진다. 노랑이나 초록과 같은 중간 파장의 색은 더 밝게 보이고, 파랑이나 빨강은 더 어둡게 보인다. 색의 대비에 따라서도 각 색은 서로 영향을 받아 본래의 색상, 명도, 채도 등이 달라져 보인다.

3) 색채지각

물체에서 나오는 빛의 물리적 특성이 동일하다고 하더라도 경험이나 주위 상황에 따라 색은 다르게 지각된다. 어떤 물체는 어떤 색을 지니고 있다는 지식, 개인의 경험과 기대에 따라 실제의 색이 다르게 지각된다. 색이 인간의 행동에 영향을 주는 것은 감각기관을 통한 색의 정보가 어떻게 해석되느냐에 달려 있다고 볼 수도 있다.

■ 표 7-1 ■ 색의 분류

물리적인 색	빛의 분광에너지 분포에 의한 색	빛의 색
화학적인 색	물체의 분광반사율 분포에 의한 색	물체의 색
생리적인 색	물리적인 색과 화학적인 색이 눈에 비치는 색	감각기관에 의한 색
심리적인 색	생리적 색의 지각 착시에 의한 색, 경험의 색	경험의 색

2. 색에 대한 생리적 반응

색은 인간에게 생리적으로 영향을 주고 있다. 모든 사물에 색이 없다면 어떻게 될까? 색은 저마다의 독특한 성질과 느낌을 지니고 있다. 그리고 개인마다 색채를 보고 받아들이는 감정도 일정하지 않다. 그리고 색은 생리적으로 다른 반응을 이끌어 낸다. 그러나 이 절의 내용은 객관적인 자료가 확보된 것이 아니며, 앞으로 미술치료 연구에서 체계적으로 다루어져야 할 내용이다.

1) 색의 생리적 반응

색에 대한 생리학적 연구는 색자극이 눈에서부터 대뇌에 이르기까지의 통로인 신경계통의 광화학적인 활동을 규명하는 것이다. 생리학적 연구는 색자극과 인체해부학 간의 관련, 색자극에 의한 생리학적 영향 등을 규명하였다. 생리학적 연구는 물리적인 색과의 연관성도 연구하는데, 이런 연구에는 생리-물리학적 방법이 적용된다.

인간의 내분비체계는 어떤 색에 특정한 반응을 하게 된다. 색을 보게 되면 먼저 색이 뇌에 입력된다. 뇌는 특정한 호르몬 반응을 하기 위해 내분비선으로부터 화학적 전형(신경전달물질)을 밖으로 내보낸다. 내분비선은 뇌가 인식한 그대로 색에 반응한다. 색이 인간에게 미치는 생리적 반응(권기덕, 1998; 김공주, 1985; 박승림, 강정수, 2003; http://my.dreamwiz.com)은 〈표 7-2〉와 같이 정리될 수 있다. 이 부분은 더 풍부하고 체계적인 과학적 · 임상적 연구가 필요하다고 본다.

■ 표 7-2 ■ 색의 생리적 반응

	색 명	생리적 반응
색채	빨강 ■	혈압상승, 맥박증가, 호흡증가, 혈류속도 증가, 식욕 왕성, 후각 및 미각의 예민, 자율신경계에 작용, 아드레날린 분비, 인간의 뇌를 흥분시키기
	주황 ■	식욕조절 중추자극, 식욕 왕성, 나른함 유발, 혈류속도 감소 • 파랑색과 결합 시 안정감, 고요함, 침착성의 감각발달
	노랑	뇌로의 전기화학적 전도를 신속하게 이룸, 두뇌처리에 복잡, 가장 먼저 구별되는 색채, 스트레스 증가 • 검정색과 결합 시 경계반응 증가
	분홍 ■	음식의 맛을 향기롭게 하기
	파랑 ■	맥박감소, 호흡 깊어짐, 발한감소, 체온저하, 땀의 발산 약화, 식욕감퇴, 비행 및 싸움반응 감소
	초록 ■	혈액 히스타민 수준 증가, 음식물 알레르기 감소, 비만세포 · 호염기성체 안정, 습진, 설사, 위장질환으로 인한 고통 감소, 시각의 정확도 향상, 식욕증진
	갈색 ■	정신적 고통 감소, 세로토닌 합성 촉진, 불안감 감소, 만성 피로감 약화, 트립토판 아미노산 산도(수면, 편두통, 면역성, 기분을 좌우) 증가
	흰색 □	미감을 즐겁게 하기
	검정 ■	식욕감퇴 • 흰색과 결합하여 식욕에 좋은 작용

이처럼 색에 따라 다른 생리적 반응이 일어난다. 원시시대, 고대국가에서서부터 이러한 색의 생리적 반응을 염두에 두고 약의 처방들이 이루어져 왔다. 기원전 1500년경 파피루스에는 주술사들이 변비에 빨간색을 사용했고, 고약은 염소의 지방과 꿀을 혼합하여 주홍색으로 만들었다. A.D. 1세기 아우렐리우스 코넬리우스 셀수스는 빨간색의 고약은 환자의 상처를 빨리 아물게 하며, 노란색은 수면을 유도하고 파란색은 체액의 흐름을 진정시킨다고 했다.

2) 색채와 식생활

색의 활용은 식욕과 관련하여 이루어지고 있다. 음식별로 떠올려지는 고유의 색이 있으며, 맛이 있는 음식의 색은 식욕을 불러일으키는 색으로 불리고, 맛이 없는 음식의 색은 식욕을 감퇴시키는 색으로 불린다. 그리고 이런 음식 고유의 색은 식당의 장식, 접시, 식탁보 등의 선택에도 영향을 준다.

● 녹색

그림 7-6 녹색 채소
음식을 돋보이게 한다.

신선한 채소나 과일을 연상시킨다. 음식의 색으로 밝은 녹색은 신선함 때문에 상큼한 맛을 느끼게 하지만, 짙은 녹색은 쓴맛을 느끼게 한다. 녹색을 적절히 이용하면 식욕억제와 동시에 편안하고 즐거운 다이어트 방법이 된다.

음식물과 결합된 녹색 채소는 음식을 돋보이게 하며, 식기에 담겼을 때 음식 자체를 매력적으로 보이게 한다. 이 때문에 녹색 식탁보가 자주 활용된다.

● 노란색

따뜻한 분위기와 즐거움을 주는 역할을 한다. 음식의 색으로는 신맛과 달콤한 맛을 동시에 느끼게 하여 식욕을 촉진시킨다. 시각적으로 음식의 맛을 향상시킨다. 노란색은 다이어트에서는 피해야 할 색이다.

그림 7-7 노란색 음식

● 빨간색

자극적이면서 사람을 흥분하게 만드는 역할을 한다. 음식의 색으로 사용될 경우 자극적인 요소와 강렬한 색상 때문에 식욕을 느끼게 한다. 그래서 평소보다 훨씬 많은 양의 음식을 먹도록 자극한다. 또한 맛있고 달콤함을 연상시키기 때문에 다이어트 시 피해야 할 색이다.

식욕을 돋우기 위해 빨강 식탁보, 빨강 벽지, 빨강 그릇이 활용된다. 레스토랑의 실내장식, 로고 등의 빨강도 식욕을 돋우는 역할을 한다.

그림 7-8 빨강 시계와 벽지

그림 7-9 빨강 그릇

● 주황색

달콤한 맛과 부드러운 맛을 동시에 느끼게 한다. 식욕을 촉진시키고 포만감을 느끼지 못하게 하므로 과식하게 만들 수 있다. 따라서 다이어트에서 피해야 할 색이다.

그림 7-10 주황색 음식

● 분홍색

음식 맛에서 향기를 느낄 수 있는 효과가 있다. 분홍 장식의 경우 주로 파티장에서 자주 쓰인다. 진달래 잎으로 만든 차와 전은 음식의 정취를 흠뻑 느끼게 한다. 달콤한 맛과 새콤한 맛을 강하게 느끼게 한다.

그림 7-11 진달래전

그림 7-12 케이크 위의 분홍색 장식

그림 7-13 라떼 아트

● 갈색

미감을 즐겁게 하는 색으로 갈색도 활용된다. 초콜릿, 커피, 석쇠에 구운 불고기, 케이크, 호두, 아몬드 등의 갈색 음식물은 사람으로 하여금 침을 분비시키고 배고픔을 느끼게 한다.

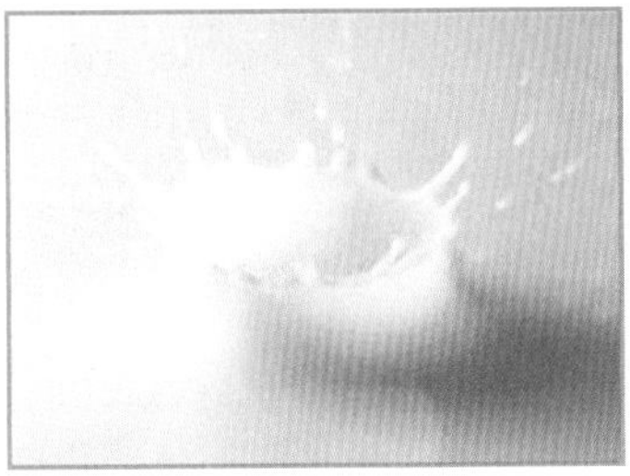

그림 7-14 흰 우유

○ 흰색

흰색은 깨끗하고 신선한 분위기를 가지고 있다. 대표적인 음식으로 쌀이 있다. 아이스크림, 우유, 요구르트, 감자, 생선살 등도 흰색이다. 흰색은 입맛을 다시게 하는 색으로 분류된다. 흰색을 배경으로 음식을 담으면 음식의 색을 깨끗하고 원색으로 반사시켜 식욕을 느끼게 만드는 역할을 한다. 이에 다이어트에서는 피해야 할 색이다.

이상의 색은 식욕을 가져다 주는 색으로 따뜻한 계열의 색이다. 그러나 색에도 식욕감퇴, 맛없음, 심지어 역겨움까지 줄 수 있는 색이 있다. 음식 자체의 색이 식욕을 감퇴시킬 수도 있고, 이런 색으로 된 음식포장이나 음식의 진열에서도 같은 현상이 일어날 수 있다.

● 파란색

시원하고 상큼하면서 감정을 가라앉히는 역할을 한다. 그러나 음식의 색으로는 상큼한 반면에 쓴맛을 느끼게 하며 식욕을 감퇴시킨다. 그뿐 아니라 음식이 맛이 없어 보이게 하는 작용을 한다. 주방용품 전부가 파란색이라면 음식의 맛에 부정적인 영향을 줄 수 있다.

● 보라색

신비롭고 독특한 느낌이 있다. 그러나 음식의 색으로는 포도나 블루베리같이 달콤함이 연상되는 것이 아니라, 쓴맛이나 음식이 상한 듯한 느낌을 준다. 담겨진 음식을 서서히 싫어지게 만들기 때문에 다이어트 색으로 적절하게 사용할 수 있다.

● 검은색

식욕감퇴의 색깔로 여겨진다. 고급스럽고 모던한 분위기를 연출하나, 음식의 색으로는 쓴맛과 부패한 느낌을 준다. 음식의 맛을 제대로 느낄 수가 없게 만들어 다이어트에 효과적인 색이다.

색 그 자체는 비록 식욕을 감퇴시키는 색일지라도 다른 색과 조화를 잘 이루면 반대의 효과를 얻을 수 있는 색도 있다. 예를 들어, 검은색이 음식의 배경으로 흰색과 결합하면 어느 정도 식욕에 좋은 작용을 한다.

3. 색에 대한 심리적 반응

다양한 색들이 우리의 마음에 영향을 준다. 색채를 지각하는 과정은 대뇌에서 이루어지는데, 대뇌에는 색채에 대한 이전의 경험들이 입력되어 있다. 따라서 객관적인 색이 단순히 입력된다기보다는 이전의 경험과 연합된 결과로서 색이 지각된다.

색에 대한 이미지의 영향요인과 색의 연상과 상징에 대해 살펴보기 전에, 감정에 큰 효과를 주는 색과 적은 효과를 주는 색에 대해 먼저 살펴보겠다. 색이 모든 감정을 불러일으키는 것은 아니기 때문이다.

■ 표 7-3 ■ 색이 표현하기 쉬운 감정과 어려운 감정(日本カラチ研九所, 1983)

단계	색 관련 감정	
1	색이 표현하기 어려운 감정	바르다(그르다), 희다(검다), 높다(낮다), 귀찮다(고맙다), 크다(작다), 길다(짧다), 둥글다(네모지다), 부드럽다(딱딱하다), 편리하다(불편하다), 가깝다(멀다)
2		뛰어나다(열등하나), 좋나(나쁘나), 남싱직(이싱직), 징확(부정확), 근사힌(빈약힌), 긴장된(이완된), 모순되다(일관되다), 어렵다(쉽다), 사랑스럽다(밉살스럽다)
3		기쁜(슬픈), 날카로운(둔한), 조화(부조화), 빠른(늦은), 단단한(무른), 온화한(엄격한), 유쾌한(불쾌한), 지배적(복종적), 믿음직한(믿음직스럽지 못한)
4		좋아하다(싫어하다), 즐거운(괴로운), 젊은(늙은), 매끈매끈한(거칠거칠한), 마른(습한), 아름다운(추한), 안정(불안정), 조용한(시끄러운), 단순한(복잡한), 자유로운(억매인)
5	색이 표현하기 쉬운 감정	가벼운(무거운), 새로운(낡은), 깊은(얕은), 강한(약한), 기분좋은(기분나쁜), 재빠른(느린), 넓은(좁은), 완전(불완전), 산뜻하게(칙칙하게), 밝은(어두운), 동적(정적), 번잡한(적막한), 깨끗한(더러운), 확실한(모호한), 청결한(불결한), 쾌활한(음침한)
6		따뜻한(차가운), 안전한(위험한), 활동적(비활동적), 순수한(불순한), 맑은(흐린)
7		세찬(온화한), 이지적(감정적), 화려한(순수한), 뜨거운(차가운), 소극적(적극적), 흥분한(침착한)

1) 색 이미지의 영향요인

색에 대한 이미지는 경험, 기억, 지식, 자연조건, 시대, 문화 등 여러 요인에 영향을 받는다. 또한 연령, 성별에 따라 다르며 개인의 성격, 생활환경, 직업에 따라서도 차이가 있다. 색의 이미지는 탄생, 죽음, 종교적 의례, 결혼식, 성년식, 개인생활 등의 여러 의식과 행사에 활용되고 있다. 색에 대한 이미지에 영향을 주는 요인을 자연의 색, 관습의 색, 개인 경험의 색으로 나누어 살펴보겠다.

(1) 자연의 색

자연에 널려 있는 색이 먼저 우리의 마음에 영향을 준다. 자연에서의 색채 경험에 의해 색에 대한 이미지가 생긴다. 여기서는 색에 따른 자연과 그 자연이 주는 심리적 의미를 예로 제시하였다.

① 초록 자연

초록의 자연을 생각해 보라고 했을 때 가장 많이 떠올리는 것은 초원, 숲, 잔디밭, 들판, 나무일 것이다. 나무, 초원은 생명, 희망, 성장과 더불어 휴식, 편안함을 느끼게 해 준다.

우리가 초록 자연에서 형성한 편안함, 희망의 색 이미지는 실제로 자연 속에 있지 않고 초록 자연을 떠올리는 것만으로도 심리에 영향을 미친다.

그림 7-15 초록 자연: 초목

평안함

그림 7-16 우리 가족, 새출발

초록 풀밭에서의 편안함이 느껴지며 엄마, 아빠가 생각난다. 동시에 새로운 일을 시작함이 연상된다.

② 노랑 자연

노랑 자연의 이미지는 초봄의 개나리, 빛나는 태양, 밤하늘의 밝은 달, 창백한 달, 노랑 병아리, 추수를 눈앞에 둔 들판, 노랑 나비, 빛나는 황금 등 다양하다.

그림 7-17 노랑 자연: 무르익은 가을밭

풍요로움

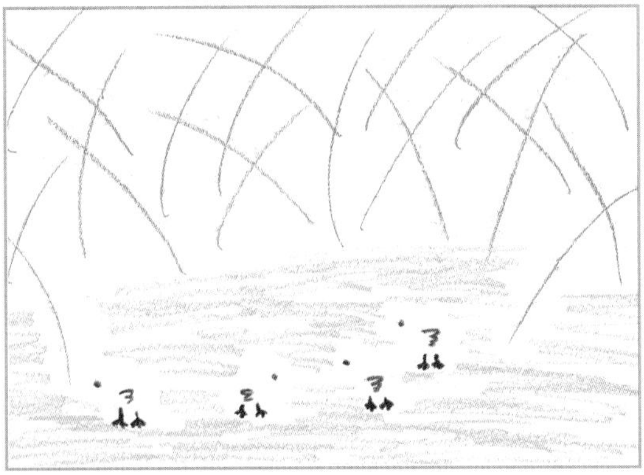

그림 7-18 개나리와 병아리(새로운 시작)

노랑 자연 하면 개나리가 떠오른다. 추운 겨울의 끝남과 새로운 따뜻함의 시작, 새학기의 시작이 연상된다. 노랑 병아리에서 새 생명의 출발과 희망도 느낀다.

③ 파랑 자연

파랑 자연 하면 파란색 하늘과 바다가 자주 떠오른다. 하늘과 바다는 멀고 깊음을 느끼게 한다. 밝고 투명한 가을하늘은 먼 곳에 대한 동경, 경이로움을 느끼게 한다. 깊고 푸른 바다는 끝없이 가고 싶음, 무의식, 심연을 나타내기도 한다.

그림 7-19 파랑 자연: 푸른 바다

가고 싶다.

그림 7-20 바다와 구름

깊은 바다와 넓은 하늘이 연상된다. 확 트임이 느껴진다. 혼자 자연에 심취됨도 느껴진다.

④ 빨강 자연

빨간색의 예쁜 꽃들, 불타는 태양, 피, 불 등을 떠오르게 하는 색이다. 이러한 자연은 예쁨, 따뜻함, 뜨거움, 활력, 위험 등을 느끼게 한다.

그림 7-21 장미

빨강 장미가 떠오른다. 장미에서 사랑을 본다.

⑤ 분홍 자연

봄의 진달래, 벚꽃이 떠오른다. 분홍색 꽃은 빨간색 꽃보다 더 부드럽고 연한 느낌을 준다.

그림 7-22 분홍 자연: 화사하고 부드러움

그림 7-23 언덕 위의 진달래

푸른 언덕 위에 예쁘게 핀 진달래가 떠오른다. 약해 보이지만 예쁘다. 봄이 느껴진다.

⑥ 갈색 자연

비옥한 땅, 단단한 나무기둥, 떨어지는 낙엽, 시든 잎과 줄기 등에서 땅의 무게, 비옥함, 생산력과 더불어 쇠잔함, 세월의 아픔과 정취를 느끼게 된다.

그림 7-24 갈색 자연: 비옥한 땅

그림 7-25 낙엽

낙엽이 떠오른다. 나무에 달린 잎은 예쁘지만, 떨어져 쌓인 낙엽에서는 버려야 함이 느껴진다.

⑦ 흰색 자연

흰눈, 하얀 구름, 흰 연기, 백로, 백조, 토끼풀 등이 떠오른다. 밝음, 깨끗함, 순수함이 느껴지며 공허, 외로움도 나타난다.

그림 7-26 흰색 자연: 흰눈

그림 7-27 구름

흰 구름이 떠오르고, 아무 생각 없이 흘러감이 느껴진다.

⑧ 검정 자연

밤, 어두움, 재 등이 검정 자연의 이미지로 떠오른다. 검정의 어둠은 신비나 암흑을 의미할 수 있다.

그림 7-28 달과 별

어둠 속에서 밝게 빛나는 달과 별이 떠오른다.

(2) 관습의 색

관습의 색은 그 시대와 사회의 생활감정이다. 이 색은 그 시대와 사회에서 생활하는 개인에게 강한 힘을 발휘한다. 여기서는 주로 의상의 색을 중심으로 예를 들고자 한다. 의상의 색은 신분을 나타내기도 하며, 특정한 직업을 표현하기도 한다.

그림 7-30 파랑 관습의 색

제복으로 사용되며 규율, 엄격 등을 의미한다.

그림 7-29 노랑 관습의 색

왕의 옷으로 사용되어 권위를 나타내었다.

그림 7-31 유엔기

파랑은 평화의 의미가 있다.

그림 7-32 빨강 관습의 색

빨강이 지니는 강한 감정이 마귀를 쫓는 부적으로 사용되었다.

그림 7-33 분홍 관습의 색

약혼식의 장식으로 자주 쓰인다.

그림 7-34 주황 관습의 색

주황은 불교국가에서 광명을 의미하는 색이다. 승려복과 사원에서 주황을 볼 수 있다.

그림 7-35 보라 관습의 색

고대에 보랏빛 염료가 비싸 이 색으로 물들인 비단은 귀하게 여겨졌다. 고대 로마시대에는 황실의 전용품이었다. 보라는 고귀한 색, 신비의 색으로 여겨진다.

그림 7-36 하얀 관습의 색

결혼식의 의상으로 사용된다.

그림 7-37 검정 관습의 색: 악마

어둠, 무서움, 공포, 저승, 악마의 상징으로 사용되기도 한다.

그림 7-38 검정 관습의 색: 교복

공식적인 옷으로 사용되기도 한다.

(3) 개인의 경험

개인이 색과 관련하여 어떤 경험을 했는가도 색의 이미지 형성에 영향을 주게 된다. 빨간색 핀의 선물은 빨강에 대한 좋은 이미지가 된다. 초록 자동차는 그것을 선물한 아빠와 연결된다.

그림 7-39 노랑: 즐거움

유치원 때 엄마가 사 준 노랑 비옷이다. 노랑은 즐거움을 느끼게 해 준다.

그림 7-40 파랑: 무서움

바다에 놀러갔다가 물에 빠졌다. 그 뒤로 파란색을 보면 그 바다가 떠오르고 무서움이 되살아난다.

그림 7-41 빨강: 아픔, 두려움

빨강 하면 열 그리고 다리미가 떠오른다. 어릴 때 다리미에 팔을 데었다. 한 번이 아니라 여러 번 데었다. 그래서 빨강 하면 아픔과 두려움이 떠오른다.

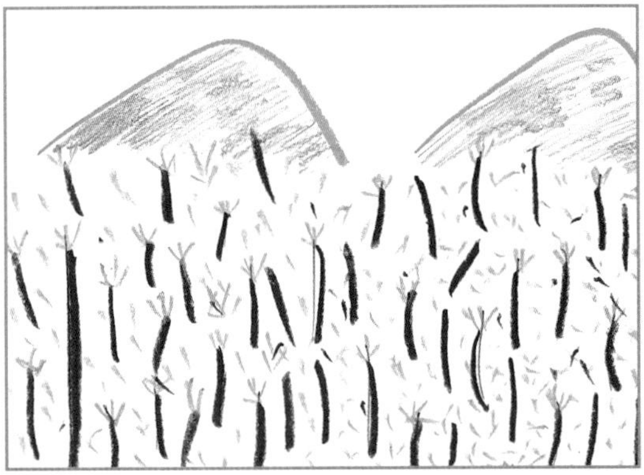

그림 7-42 갈색: 어머니

엄마와 함께 지나간 아름다운 갈대밭이다. 갈색은 어머니와 함께 한 즐거운 시간을 떠올리게 한다.

2) 색의 연상과 상징

자연의 색, 관습의 색, 경험의 색을 통해 색에 대한 여러 연상이 생기게 된다. 그리고 유사한 환경에서 생활하는 사람들은 색에 관한 공통의 연상을 지니게 된다. 공통된 연상이 형성되면 색에 대한 상징이 나타나게 된다.

색의 연상과 상징에 대해서는 여러 연구들이 있다. 여기서는 이제까지 나온 연구들을 종합하여 색의 연상과 상징에 대해 살펴보고자 한다.

■ 표 7-4 ■ 색의 연상과 상징

	색 명	색의 연상		색의 상징
		긍정적	부정적	
색채	빨간색	행복, 강인함, 역동성, 낙관주의, 생동력	폭발성, 죽음, 전쟁, 악마, 피, 고통, 공격성	사랑, 정열, 불, 헌신, 피, 범죄, 분노, 용기, 정지신호
	파란색	고요함, 안정성, 평안, 온건, 신뢰감	놀라움, 우울, 차가움, 침체, 황폐화	하느님, 영원성, 진실성, 용기, 영광, 공평, 평온, 내향성, 믿음, 잔혹, 차가움, 달, 절망, 수동성, 깊은 지혜

색채	노란색	희망, 기대, 기쁨, 행복, 맑음, 개나리, 병아리, 밝음, 봄, 귀여움, 활발	질투, 외로움, 연약함	태양, 영웅, 지성, 사랑, 관대, 불변, 부와 권력, 풍요, 위엄, 가을, 우울, 적의, 변덕, 무기력, 소망, 혁신, 배신
	녹색	위로, 치료, 평화, 시원함, 청순, 안전, 희망	이기심, 질투심, 게으름, 우울, 공포	새로운 생명, 즐거움, 신세대, 봄, 기쁨, 희망, 불멸성, 평화, 자유정신, 행운
	주황색	원기, 활력, 희열, 유쾌, 명랑, 가을, 태양, 오렌지, 노을, 사랑	천박, 사치, 경박함, 화려함, 요란함	힘, 인내, 따뜻함, 환기, 생명력, 약진, 거부당함, 버림받음, 혼돈
	분홍색	우아함, 기품, 사랑스러움, 부드러움, 청춘, 소녀, 귀여움, 달콤한 맛, 벚꽃	나약함, 유아적임, 유치함	열반의 꽃, 성스러움의 꽃, 천상의 색, 여성, 부활, 사랑, 행복, 달콤함
	보라색	포도, 제비꽃, 고귀, 신비, 부드러움, 신성함	불만, 질투, 광기, 공포	고귀함, 신성함, 신비, 균형에 대한 욕구, 치유력, 분노
	갈색	풍요로운 들판, 대지, 가을, 대변, 흙, 안정감	건조함, 쇠퇴, 외로움, 쓸쓸함, 불경기	항문기, 불굴의 정신, 안정감, 풍요로움
	흰색	구름, 토끼, 흰옷, 눈, 국화, 신부, 웨딩드레스, 의사, 병원, 간호사	뼈, 항복, 실패, 재, 냉기, 차가움, 단순함, 허무함	빛, 성스러움, 순수, 청결, 평화, 허무, 정숙, 결백, 공간, 자유, 신선함, 소박함, 숭고함, 희망
	검은색	밤, 눈동자, 석탄, 피아노, 석유, 흑장미, 머리카락	탄 것, 죽음, 그림자, 비구름, 연기, 상복	절망, 두려움, 고통, 슬픔, 불안, 우울, 공포, 악, 범죄, 부정, 죄, 침묵, 중압감, 후회, 의지, 냉담, 허무, 정숙, 고생, 강건

같은 색상이라도 색 성분에 따라 다른 연상을 하게 한다. 예를 들어, 번쩍거리는 색상이냐 그렇지 않느냐, 칙칙하냐 아니냐에 따라 정반대의 연상이 가능하다. 혼합색인 경우에는 색환표의 어느 색에 더 가까우냐에 따라 주는 정서가 다르다. 따라서 색으로 개인의 심리상태를 추론할 때는 신중을 기해야 한다.

3) 색의 심리적 의미

색에 대한 연상과 상징에서 색의 심리적 의미가 형성된다. 따라서 개인이 어떤 색을 선호하느냐에 따라 그 성격을 유추할 수 있다. 그러나 색이 지니는 심리적 의미는 색에 대한 이미지의 영향요인에서 언급하였듯이 개인 차이가 상당히 큼을 인식하여야 한다. 여기서는 일반적으로 이야기하는 색에 대한 심리적 의미에 대해 살펴보고자 한다. 이를 한 개인에게 적용할 때는 상당한 신중함이 요구된다.

(1) 녹색의 심리적 의미와 성격

녹색은 자연계의 색으로 불린다. 이는 동서양을 막론하고 유사한 심리적 의미를 지니고 있다. 풍요로움, 젊음, 신선함, 희망, 평화, 안전, 이상, 안락함 등의 의미를 지닌다.

인간에게 가장 친밀한 색으로 꼽히는 녹색은 안전, 진행, 구급 등의 표지로 쓰인다. 비상구, 안전지역 표시, 진행을 알리는 신호나 녹십자 등에 활용된다.

그림 7-43 녹색

활기차고 싱싱한 여름 거목이 떠오른다. 넓고 깊은 뿌리는 안정감을 느끼게 해 주고, 넓은 나뭇잎은 시원함과 안락함을 제공하며 여유와 휴식을 준다.

그림 7-44 가족 소풍

녹색에 대한 나의 이미지는 즐거움이다.

그림 7-45 표지(비상구, 진행, 안전)

녹색을 즐기는 사람은 자신을 분명하게 표현하지 않으면서 자제하고 겸손하며 사려 깊게 행동하는 특성을 지닌 사람으로 여겨지기도 한다. 또한 남아들이 좋아하는 색이다. 녹색을 좋아하는 아동은 충동에도 잘 견디며 자기 감정을 잘 조절할 수 있다고 한다. 그리고 행동적이고 자기만족적이며 신중하게 생각해서 행동하는 특징을 가지고 있다.

(2) 노란색의 심리적 의미와 성격

노랑은 밝고 부드럽고 따뜻하며 가볍고 아름답고 화려한 색이다. 생동감이 있고 활동력이 있다.

또한 노랑은 제우스신의 상징, 고대 태양신, 라마교의 만다라와도 관련이 있다. 동양철학의 측면에서 보면, 노랑을 선호하는 사람은 대체로 혁신적이고 독창력이 있고 지혜롭다. 이런 유형은 내성적이고 분석적이며, 세상에 대해서 깊고 심각하게 생각하며, 재능 있는 사람들에 해당된다.

아동들은 대부분 노란색을 좋아하고 선호하는 경향이 있다. 노란색을 좋아하는 아동은 걱정이 없고 행복하며 명랑하고 희망적이다. 결단력이 강하고 의지

그림 7-46 노랑: 생동감

활발하고 밝은 아동이 떠오른다.

그림 7-47 태양신

력이 강한 아동이 많으며, 인기가 있고, 다른 아이와 사이가 좋다는 특성을 가지고 있다. 반면에 의타심이 많아 유아의 상태에 머무르고 싶어 하는 욕구도 높다. 과잉보호 속에서 자란 아동이 많다.

노랑의 부정적인 표현은 칙칙한 노란색에 기인한다. 누런 피부병, 황달, 망상, 정신분열, 광기와 같은 질병이 이런 노란색과 관련된다.

그림 7-48 노랑 우비: 보호

귀엽다. 눈에 잘 띈다.

그림 7-49 답답, 복잡, 불안

노란색은 나에게 답답함을 준다. 왠지 모를 답답함이 감옥을 그리게 하였다. 신호등의 노란색도 불안감을 준다. 헷갈리고 막연한 느낌을 뇌로 표현하였다.

그림 7-50 파랑: 나의 마음

파란색 하늘을 보면 아무 생각 없이 편안하다.

(3) 파란색의 심리적 의미와 성격

파랑은 빨강과 함께 많은 사람들이 좋아하는 색이다. 파랑은 마음을 차분하고 편안하게 해 주는 특성이 있다. 평화, 행복, 희망을 추구하는 색으로 많이 활용되며, 일상생활로부터 도피시켜 준다. 피로하고 병들었을 때 파란색에 대한 욕구가 증가하기도 한다.

파란색은 자제와 적응을 상징하는 내향성의 색이다. 파란색을 좋아하는 사람은 신중하고 내성적이며 보수적인 신념을 가지고 있는 경우가 많다. 본능적, 자기중심적 욕망을 억제하고 순종하려는 심리와 상응한다. 노란색이 유아 심리의 반영이라면, 파란색은 성인 심리의 반영이라고 하겠다.

그림 7-51 경찰차

잘못하지 않았는데도 괜히 움추려들게 하고 무서움을 준다.

파랑은 노동의 색으로도 불리며, 활동적이고 근면한 사람에게 맞는 색으로 여겨진다. 작업복, 제복에 사용되는 파랑은 일상적이면서 제복이라는 성격에서 업무수행, 질서, 합리성, 규율의 의미가 될 수 있다. 이는 어느 직업에서 사용하고 있느냐에 따라 다른 의미를 줌을 보여 준다. 파란색의 규율, 업무수행 등의 이미지와 달리 블루진은 자유롭고 구속 없음을 의미하기도 한다.

부정적인 성격으로는 놀라움, 우울, 차가움, 심연, 휴식, 죽음의 공포, 상실, 비애 등의 의미를 지니고 있다. 파란색은 불안이나 공포심이 많을 때 잘 나타나기도 한다.

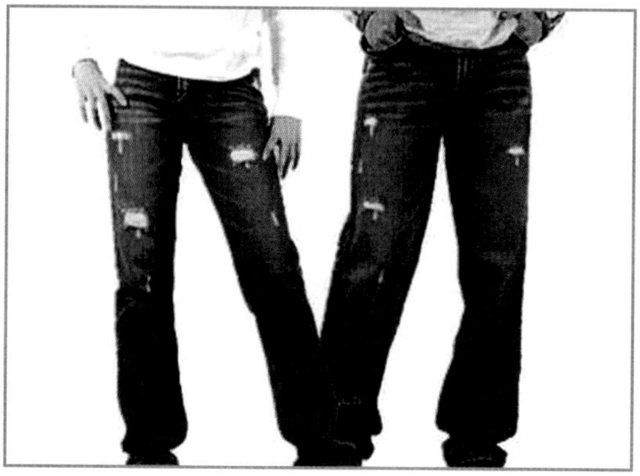

그림 7-52 블루진

자유롭고 구속이 없다.

그림 7-53 공포

어둠 속의 파랑은 공포를 더욱 자아낸다.

남자들의 색이라는 인상이 강하여 남성적인 강인함을 느끼게 해 주며 선명하고 뚜렷한 인상을 준다. 파란색을 좋아하는 아동 중에는 비교적 밝은 성격에 명령, 규범, 규칙을 잘 준수하고 주위에 잘 적응하는 아동이 많다. 또한 이지적이고 이상적이며 영원을 바라는 심정이 강하기도 하다. 명상에 잠기거나 냉정하고 내성적이어서 우울한 감정에 빠지는 경우도 있다.

(4) 빨간색의 심리적 의미와 성격

빨강은 자극적이며 따뜻하다. 빨간색을 좋아하는 사람은 정열적이다. 어떤 일에도 과감하게 도전하는 성취지향적인 성격을 지니고 있다.

빨강의 격렬한 특성은 공격성과 정복의지를 나타내는 색으로 여겨지기도 한다. 이 색을 선호하는 사람은 무서운 사람이나 금방 화를 내는 사람이라고 오해받기도 쉽다. 빨강은 활기 넘치는 투쟁이나 추진력을 나타낸다. 빨간색의 운동복은 선수들의 공격력을 높여 주는 역할도 한다.

만다라에서 빨간색의 의미는 긍정적이다. 건강하게 생존하며, 보다 위대한 내면의 지혜를 터득하게 되는 변화에 필요한 에너지로서의 의미를 지니고 있다. 반면, 부정적인 의미로는 파괴성을 가진 분노, 고통을 시사한다.

그림 7-54 빨강: 줄리엣의 의상

사랑을 위해 모든 것을 다 버리는 줄리엣의 용기와 정열을 표현

그림 7-55 빨강 운동복

기독교 문화권에서는 빨강을 공격의 색, 맹목적 정열의 색으로 보았기 때문에 이를 기피하고 금기시했던 시기가 있었다. 그러다가 상징화된 고통, 희생, 생명의 승화를 거쳐 기독교의 거룩한 상징의 색이 되었다.

그림 7-56 빨강: 너무 뜨겁다

(5) 주황색의 심리적 의미와 성격

태양에 가까운 주황색은 따뜻하고 명랑하며 생생한 활력을 가지고 있다. 빨강에 비해 목표지향적 운동과 형상을 더 나타낸다. 주황은 사회적인 색으로 불리는데, 이를 좋아하는 사람들은 사람들과도 금방 친해지며 이해심이 빠르다고 한다.

성격이 소극적이고 내성적인 아동이 이 색을 많이 사용하면 원기왕성한 생동의 충동을 느끼고 적응력이 생겨난다고 한다. 그러나 지나치게 많이 사용하면 이기적이고 경박하다. 애정 결핍을 의미하기도 한다. 자신의 강한 감정을 표현하기를 주저하는 소심한 아동이 내적인 불안의 출구로 이 색을 사용하는 경우가 많다.

그림 7-57 주황: 활동성

(6) 분홍색의 심리적 의미와 성격

빨강보다 연하고 부드럽고 섬세하다는 데서 온순하고 부드러운 마음을, 감정에 있어서는 섬세함, 애정을 의미한다. 분홍 피부에서 젊음의 의미를 갖게 된다.

그림 7-58 분홍
젊음의 상징

그림 7-59 사랑
빨강처럼 애정을 의미한다.

그림 7-60 나는 공주예요
특별한 대우를 받고 싶다.

분홍색은 넓은 도량과 많은 이해심과 관련된다고 한다. 파스텔풍의 분홍을 좋아하는 사람은 부드러우며 인품이 좋다. 짙은 분홍을 좋아하는 사람은 빨간색을 좋아하는 사람과 마찬가지로 열정적이고 강렬한 성품을 가지고 있다.

분홍을 좋아하는 사람은 평론적인 요소를 갖추고 있다고 한다. 또한 마음속에 빨강을 좋아하면서도 신중을 기하는 방편으로 빨강을 선택할 용기가 없는 것일 수도 있다. 격무에 시달리고 숨쉴 여유가 없는 사람들도 분홍의 우아함을 동경한다고 한다.

분홍은 의타심과 특별한 대우를 받고 싶어 함을 나타내기도 한다. 세밀하고 상처받기 쉬우며, 이러한 아픈 마음의 표현인 경우도 있다.

(7) 갈색의 심리적 의미와 성격

갈색은 빨간색과 녹색이 혼합된 색상이다. 심리적으로는 충동과 억제의 중간적인 입장에 있는 색상으로 볼 수 있다. 이는 오렌지색과 파란색을 혼합하여 만들 수도 있다.

자연과의 밀접한 관계에서 비옥, 양식을 의미한다. 대지의 청빈함, 단순함,

그림 7-61 갈색: 밀레의 저녁종

그림 7-62 시골 할아버지

중후함, 인자함, 성실함을 느끼게 한다.

그림 7-63 죽음

저항력을 표현하기도 한다. 또한 갈색의 땅은 농촌을 떠오르게도 하며, 농촌의 중심인 할아버지가 떠오르기도 한다.

불모의 대지에서 검소, 가난을 나타내기도 하고 갈색 포대에서 경멸과 무시를 받는 느낌도 나온다. 생명이 흙으로 돌아간다는 데서 죽음을 의미하기도 한다.

(8) 보라색의 심리적 의미와 성격

보라는 파랑과 빨강의 조합으로서 외적으로 반대되는 색의 혼합이다. 따라서 따뜻함과 차가움, 충동과 억제의 양면성을 지니고 있다. 또한 고귀함의 상징으로 여겨지기도 하고, 장엄과 신비를 자아내기도 한다. 고대 중국에서는 태평성대의 상징이나 형이상학적 세계의 사상적 표현으로 사용되기도 하였다. 신기한 것, 기이한 것을 좋아하는 사람들이 선호하는 색이기도 하다.

그림 7-64 보라: 마술사

신기한 마술을 보여 주는 마술사가 생각난다.

우아하게 보이는 색이고 예술가들과 문학적인 취향의 사람들이 좋아하며 여성을 더욱 여성스럽게 보여 주기도 한다. 이 색을 좋아하는 사람은 섬세하고 뛰어난 취향을 가지고 있으며 허영심이 있는 반면, 재능이 뛰어나고 모든 예술과 고상한 일을 즐겨 하는 사람들이다.

그림 7-65 우울, 외로움

균형을 잡는 중재의 색으로서 완화의 색으로 보이기도 한다. 통일의 색이 되기도 하며 사랑과 지혜, 열정과 이성의 균형이 되기도 한다. 동일시, 공감, 참여의 일체감을 표현하기도 한다. 반면에 통일성이 없는 분열의 색으로 보일 수도 있는데, 여기서 병적, 힘의 소실, 비애를 느낄 수 있다.

(9) 흰색의 심리적 의미와 성격

흰색이 긍정적 의미를 지니는 것은 밝음과 빛의 관점에서다. 빛, 하늘, 숭고함, 희망, 성스러움 그리고 순수함을 나타내고, 순결, 결백, 순수를 나타낸다. 반면에 비어 있음, 공허의 느낌을 주기도 한다. 모든 것을 덮어 버린 흰눈은 그 안에 모든 것을 내포하기도 하지만 다 지워버리는 깨끗함, 고행, 절제, 차가움을 주기도 한다. 굴절된 빛을 다시 모으는 마지막의 흰색은 죽음의 색이기도 하다.

그림 7-66 흰색: 슬픔(소복)

흰색을 좋아하는 사람은 기품이 있고, 이상을 품고 노력하는 타입이며, 선망의 대상이 되고 싶어 한다고 한다. 또한 잘 어울리고 활기에 차 있으며 건강한 인상을 준다. 하지만 보수적이고 완벽함을 추구하는 유형으로 도피하고 싶은 심리상태를 나타내기도 한다. 내성적이고 폐쇄적인 성향을 가지고 있고 고집이 강한 경우에도 사용된다고 한다.

흰색을 좋아하는 아동은 자기의 모습을 남에게 보이고 싶어 할 때 흰색을 사용하며, 유아기를 벗어난 아동이 많이 사용한다고 한다. 또한 두려움과 무기력도 흰색으로 표출되기도 하고, 거짓말을 잘 하는 아동은 다른 색 위에 흰색을 덮어 칠하는 경우도 있다.

(10) 검은색의 심리적 의미와 성격

검정은 색 파장을 반사하지 않는 색이다. 따라서 무겁고 장엄한 느낌을 준다. 장엄하고 진지한 예식에 검은색이 사용된다. 우울한 느낌을 주고 모든 색을 흡

그림 7-67 밤의 늑대

검은색은 나에게 무서움을 의미한다. 밤에 나타나는 늑대를 그렸다.

그림 7-68 공식행사
권위와 위엄

수하며, 억압과 지배의 느낌도 준다. 어둠에 관한 대표적인 색으로 암울하고, 미지에 대한 공포를 나타내기도 한다. 밤의 어두움, 슬픔, 죽음에 대한 색이다. 자신을 숨기는 색으로 사용되기도 한다. 무의식을 대변한다고도 한다.

검정을 좋아하는 사람은 신비적인 인상 또는 고귀함이나 위엄을 내보이고 싶어 한다. 권위 있는 이미지, 강한 이미지를 갖고 있다. 외형상으로는 복종이나 순응을 하지만, 내면으로는 자기 스스로를 억제하고 자기만의 세계에 혼자 있으려는 경향을 나타낼 수 있다. 진정한 본성을 숨기려고 하거나 신비스럽게 보이기를 소망하기도 한다.

자유로운 감정의 흐름이 결여되어 있고, 공포나 불안을 느끼고 있는 아동들이 선호하기도 한다. 공격적이고 사치스러운 경우에도 검정을 사용한다. 아동이 그림을 그린 뒤에 검은 테두리를 치는 것은 정서적인 결핍으로 고립된 자기 자신에 대해 인정받고 사랑받고 싶은 심정의 표현일 수도 있다. 위축된 아동의 경우에도 자주 나타난다고 한다. 외적으로는 온순하고 적응된 행동을 보이지만, 내면적으로는 자신을 과도하게 통제하는 경향을 나타내는 경우도 있다.

아동화에 의한 아동의 심리

색채연구가들은 무의식 세계가 색채를 통해 표현될 수 있다고 하였다. 그들은 그림에 사용되는 색에 의해 아동의 심리상태를 파악할 수 있고, 그 색의 변화에서 감정의 변화를 느낄 수 있다고 하였다.

색과 개인의 심리상태가 관계 있다 하더라도 그림 몇 장만으로 평가하는 것은 너무 위험하다. 그러기에 많은 연구가 끊임없이 진행되고 있는 것이다. 색의 심리적 의미와 성격에 대한 연구 간에도 많은 차이가 있음도 고려해야 한다. 색과 치료대상자의 심리를 지나치게 관련시켜 해석해서도 안 된다.

■ 표 7-5 ■ 색채 사용에 의한 심리분석(Alschuler & Hattwick, 1969)

색채사용 심리분석	아동의 심리
따뜻한 색을 좋아하는 아동	감정표현이 활발하고 자유롭다. 애정을 받고 자랐고 의지하고자 한다. 다른 아동과 잘 어울린다. 자기중심적인 태도가 있다. 협동적이며 잘 적응한다.
차가운 색을 좋아하는 아동	순응적이며 자제하는 경향이 있다. 의지가 강하다. 계획을 세워서 행동하며, 비판적이고 자기주장이 강하다. 솔직히 털어놓지 않는 편이다. 이기적인 편이다. 의지하려 하지 않는다.
빨간색을 좋아하는 아동	사회적 규범을 크게 마음에 두지 않는 자유로운 성격이다. 협동적이며 교우관계가 원만하다. 행복한 상태, 격한 심리상태를 나타낸다.
파란색을 좋아하는 아동	불안이나 공포를 나타낸다. 순응적이다. 파랑이 노랑 위에 칠해진 경우는 더 컸으면 하는 욕망을 드러내며, 반대로 노랑이 파랑 위에 칠해진 경우는 아직도 어린아이이고 싶은 욕구를 나타낸다.
노란색을 좋아하는 아동	의존적이다. 다른 아이들과 관계가 좋으며 인기가 많다. 유아적 행복감에 차 있다.
검은색을 좋아하는 아동	감정의 억제, 공포, 불안을 반영하는 경우가 많다. 순종, 온순, 적응을 나타낸다. 과도한 자기통제를 한다.
주황색을 좋아하는 아동	환경에 잘 순응하고 즐겁고 명랑하다. 소심하기도 하다. 상상과 공상을 즐기고 실제 생활에서 도피하는 경향이 있다.
갈색을 좋아하는 아동	너무 이른 대소변 훈련이나 과도하게 강요된 청결 습관을 나타낸다.
보라색을 좋아하는 아동	보라색을 즐겨 쓰는 아동은 소수에 불과했다.
녹색을 좋아하는 아동	자제력이 있고 주의 깊으며 자기만족적이다. 엄격한 가정교육을 나타낸다.

4. 색의 선호도와 성격: Dewey Color System

색은 다양한 정서를 내포하고 있다. 그러므로 모든 색을 다 수용하고 이해하는 것이 심리적 균형이라고 볼 수 있다. Dewey(2004)는 색의 선호도는 변할 수 없는 개인의 한 부분이며, 그 선호도에 따라 개인의 성격 유형을 분류할 수 있다고 하였다. 그리고 개인의 선호색은 사회화와 더불어 억압될 수 있다고 하였다.

1) 색 선호도의 의미

색 선호도는 색에 좋은 색, 나쁜 색이 있다는 것이 아니라 타고난 기질과 같은 것이다. 색 선호도는 내가 누구인지, 어떻게 의사결정을 하는지, 이 세계에 어떻게 접근하는지를 알려 주는 경향성이다. 색 선호도 찾기는 마음에 드는 색을 선택하게 하여, 한 개인의 에너지 유형, 욕구, 희망과 공포, 현재의 생활과 본래 자신 간의 조화를 알아보는 것이다. 또한 자신의 적성이나 조심해야 할 것도 색 선호도에 따라 차이가 있다고 본다.

색 선호도 진단은 한 개인을 변화시키려는 것이 아니라, 자신에게 맞거나 균형잡힌 생활을 할 수 있도록 생활 스타일을 변화시키는 데 도움을 주고자 하는 것이다. MBTI의 성격 유형과 유사하게 색의 선호도를 파악하여, 나를 정확히 알고 나를 긍정적으로 이끌어 나가는 데 활용하자는 것이다. 더불어 다른 사람의 타고난 특성을 이해하여 함께 잘 지내는 데도 활용하고자 하는 것이다.

2) 방법

Dewey 컬러 시스템은 4개 목록으로 분류된 색의 각 목록에서 선호색을 선택하여 자신을 알아보는 것이다.

■ 표 7-6 ■ 색의 목록

차 원	색		
1차 목록	■(노랑)	■(파랑)	■(빨강)
2차 목록	■(초록)	■(보라)	■(주황)
3차 목록	■(검정)	□(흰색)	■(갈색)
4차 목록	■(teal) ■(분홍)	■(금색) ■(주홍)	■(lime green) ■(남색)

검사 지시사항 및 절차

각 목록에서 색을 선택하여 색 선호도를 진단하는 방법 및 절차는 다음과 같다.

지시

① 1차 목록에서 가장 좋아하는 색과 가장 덜 좋아하는 색을 선택하세요.
② 2차 목록에서 가장 좋아하는 색과 가장 덜 좋아하는 색을 선택하세요.
③ 1차 목록과 2차 목록에서 선택한 색의 조합을 만드세요.
④ 3차 목록에서 가장 좋아하는 색과 가장 덜 좋아하는 색을 선택하세요.
⑤ 1차와 2차 목록의 선호색에 3차 목록에서 선택한 색의 조합을 만드세요.
⑥ 4차 목록에서 가장 좋아하는 색과 가장 덜 좋아하는 색을 선택하세요.
⑦ 1차 목록에서 가장 좋아하는 색과 2차 목록에서 가장 좋아하는 색을 비교하세요.
⑧ 각 목록에서 가장 덜 좋아하는 색을 중심으로 살펴보세요.

절차

① 1차 목록에서 가장 좋아하는 색과 2차 목록에서 가장 좋아하는 색에서 9개 유형의 성격 특성이 나온다.
② 3차 목록의 선호색을 조합하여 더 세분화된 성격 특성이 나온다.
③ 4차 목록의 선호색을 첨가하여 다양한 개인의 특성을 발견한다.
④ 1차 목록과 2차 목록의 가장 좋아하는 색 중 어느 색을 더 좋아하느냐를 첨가한다.
⑤ 가장 덜 좋아하는 색을 첨가하여 더욱 세분화된 성격 특성을 파악한다.

여기에서는 간단하게 1단계의 1차 목록, 2차 목록, 3차 목록의 가장 좋아하는 색의 조합을 중심으로 살펴보겠다.

■ 노랑, 초록: 자신과 주위 사람들에게 편안하고 안전한 환경을 조성한다.

다른 사람의 이야기에 귀를 잘 기울이고 그들의 견해를 살핀다. 다른 사람을 잘 돌봐 주나 과보호적으로 될 수 있다.

➡ 다른 사람에게 스스로 책임질 기회를 주라.

■■ 노랑, 초록, 검정: 자신을 꾸준히 검토한다. 결정을 하고 나면 누구도 그 목표를 막을 수 없다. 집중력이 있고 능력이 있다. 예민한 인식을 가시고 있으며, 자신이 무엇을 하고 있는지를 잘 알고 있다.

다른 사람이 듣기를 원하지 않을 때도 진실을 이야기한다. 다른 사람들은 사실에 직면할 만큼 강하지 않음을 받아들여야 한다.

➡ 다른 사람과 신뢰관계를 형성하는 데 집중하라. 그러면 당신이 주는 충고에 안정감을 느낄 것이다.

■□ 노랑, 초록, 흰색: 환경을 개선하고자 한다. 자신의 삶의 상황과 지원체계를 잘 구성한다. 융통성이 있고 민감하며 사려가 깊다. 더 나은 선택을 찾으려 하고, 견해를 바꾸고 목표를 수정한다. 주위 사람을 위해 열심히 행동한다.

➡ 사실에 기초하여 계획을 수행하는 것이 좋다. 자신도 도움이 필요함을 다른 사람에게 이야기하라.

■■ 노랑, 초록, 갈색: 다양한 사람과 여러 상황을 경험하고자 한다. 다른 사람이 무엇을 필요로 하는지 알고 있고, 다른 사람을 위한 양육환경을 쉽게 구성한다.

➡ 너무 희생자가 되지 말라. 다른 사람에게도 무엇을 해야 하는지를 이야기해 주라.

■ 노랑, 보라: 매 순간 가치를 찾고 성장에서 즐거움을 갖는다. 호기심이 많고 탐색적인 본성이 직감력을 높여 준다. 다른 사람의 이야기를 적극적으로 듣는다. 편견 없이 듣고 가능성을 이해한다. 다른 사람이 긍정적인 변화를 주도하는 것을 도와준다. 상당한 의사소통가다.

➡ 가능성을 보기 전 실제를 알기 위해 타고난 재능을 활용하라.

■■ 노랑, 보라, 검정: 정신적 가치를 찾고 삶의 의미를 이해하려고 한다. 가능성을 실현시키고자 한다. 강한 직관력으로 다른 사람의 성장에 필요한 것을 이해하는 능력이 있다. 다른 사람을 고무시키는 능력이 있다. 사람을 평가할 때 소유나 지위보다 내적 자질과 잠재력으로 평가한다.

→ 인격적 성장의 강함이 외형적 성장을 방해할 수 있다.

■□ 노랑, 보라, 흰색: 내가 누구며 무엇이 인생인지를 찾고자 한다. 정신적인 것을 선택함으로써 균형을 잡고자 노력한다. 느끼는 것을 알고자 한다.

→ 깊은 사고로 자신의 능력을 잃지 않도록 하라. 자신의 능력을 믿으라.

■■ 노랑, 보라, 갈색: 정신적인 치유자다. 긍정적이며 지지자다. 다른 사람을 움직여 생활방법을 변화하게 한다.

→ 스스로 할 수 있는 환경을 선택하라.

■ 노랑, 주황: 체계적 접근을 통해 과제, 관계, 생활을 이해한다. 자신의 능력과 자원을 즐겁게 검토한다. 다른 사람들은 당신을 공식적이고 엄격한 사람으로 여길 수 있다.

→ 우리는 우리라고 여기는 사람이 아닐 수 있음을 기억하라.

■■ 노랑, 주황, 검정: 다양한 경험을 통합하여 미래를 위해 사용할 수 있다. 그러나 획득한 정보로 계획을 진전시키는 데 천천히 한다. 마음이 무엇인가에 닿았을 때, 어떤 것도 이를 멈출 수 없다. 발명가적 소양이 있으며 재미있는 사람이다. 지루한 상황을 파티로 바꾸는 것을 즐긴다.

→ 사람들이 처음 당신을 보았을 때는 당신의 따뜻함을 알아채지 못한다.

■□ 노랑, 주황, 흰색: 자아인식을 얻기 위해 정보를 찾으며 최근의 정보를 빨리 습득한다. 주변에 자신을 잘 적응시킨다. 사물을 분석하는 능력이 있다. 에너지가 있고 활기차다. 호기심 있는 성격은 주위 사람들에게 관심을 갖

는다.

→ 활용할 수 있는 자원을 잘 지켜라. 정보가 너무 많이 쌓여 있을 때 명확히 생각하기가 어렵다.

■■ 노랑, 주황, 갈색: 다른 사람의 욕구를 이해하고 무엇을 도와줄 수 있는지를 안다. 높은 에너지 수준과 강렬한 생활 스타일은 지루한 순간을 각성시킨다.

→ 자신이 하는 일에 너무 빠지지 마라. 객관성을 잃으면 창의성을 잃을 수 있다.

■■ 파랑, 초록: 다른 사람을 돌보고 지지하는 데서 즐거움을 찾는다. 다른 사람이 어떻게 느끼는가를 알고자 한다. 끊임없는 호기심은 다른 사람으로 하여금 자신이 생각하고 있는 것을 이야기하게 한다.

→ 너무 편안하게 해 주면 상대는 스스로의 개인적 성장을 소홀히 하게 된다.

■■■ 파랑, 초록, 검정: 자신의 정서를 알고 원하는 것을 분명히 표현한다. 다른 사람의 관심에 귀 기울일 때 무엇이 그들에게 최선인지를 안다. 그들의 희망과 공포도 직감한다. 그들이 원하는 것을 알도록 도와주며, 그들을 강하게 해 준다. 주위 사람들에게 성실하고 애정을 갖고 있다.

→ 당신에 대해 다른 사람들이 이야기하는 것에 귀 기울이라.

■■□ 파랑, 초록, 흰색: 객관적인 견해는 다른 사람에게 균형 잡힌 생활을 이해시키는 데 도움을 준다. 곧고 편견 없는 진술로 다른 사람이 쉽게 당신에게 귀 기울이게 된다. 어려운 상황에서도 냉정함을 갖는다. 거리감을 둘 수 있으나 관심을 유지한다. 당황하면 자신과 자신에게 의지하는 사람에게 거리감을 둔다. 이로 인해 다른 사람들이 거리감을 느끼며, 당신이 그들을 신뢰한다는 것에 의문을 갖게 한다.

→ 당신이 누구고 어떻게 느끼는가를 다른 사람이 알도록 하지 않으면 그들은 거리감을 느낄 것이다.

■■■ 파랑, 초록, 갈색: 다른 사람에게 귀 기울이고 제안하는 능력으로 다른 사람들이 스스로 원하는 것을 잘 알게 해 준다. 다른 사람의 욕구에 대한 분명한 이해는 자신과의 관계와 자신의 환경에 실제적 접근을 하게 해 준다. 모든 사람에게 이익이 되는 세계를 창조하는 꿈의 실현가다. 극단을 피하며 상황을 개선하기 위해 사실을 사용한다.

→ 친절과 헌신이 다른 사람의 기대 이상으로 행해지면 당신의 행위에 감사를 느끼지 못하게 할 수 있다.

■■ 파랑, 보라: 존재를 생각하고 미래에 산다. 새로운 생각이나 구조를 개발하는 데 즐거움을 갖는다. 신념이 강할 때 할 수 있다.

→ 머릿속에 너무 많은 그림은 생활을 어렵게 할 수 있다.

■■■ 파랑, 보라, 검정: 사람들이 무엇을 왜 하는가 생각한다. 다른 사람의 동기를 생각함으로써 더 좋은 세상을 창조하고자 한다. 낭만적 사고는 세상을 멋있게 만든다. 머릿속에 사물을 분명하게 그리는 능력이 실수 없이 일을 수행하는 데 도움이 된다.

→ 현실적이 돼라. 모든 과정은 꾸준히 이루어지는 것임을 인식하라.

■■□ 파랑, 보라, 흰색: 사람과 상황이 요구하는 것을 꾸준히 생각한다. 생각하는 동안 다른 사람들은 수동적이거나 조용한 것으로 여길 수 있다. 증거를 모았을 때 더 좋게 하기 위해 일을 추진한다. 문제해결에 열정을 쏟는다.

→ 꾸준히 하라. 자율성을 요구하라. 원하는 것을 알지 못할 때 집중이 어렵다. 외적인 압력은 창의적이고 집중적인 능력을 파괴할 수 있다.

■■■ 파랑, 보라, 갈색: 가능성을 가정하고 새로운 방법을 열성적으로 탐색한다. 사물이 잘될 것이라는 예리한 인식과 신념이 일을 완전하게 하는 데 도움이 된다. 더 좋은 세상을 창조하기 위해 꾸준히 앞으로 나아간다.

→ 실제적인 해결을 찾는 데 열정을 사용하라. 장기목표에 집중하고 자율을 많이 주는 환경을 찾으라.

■■ 파랑, 주황: 흥미로운 생활을 원하며 이를 창조할 수 있다. 다양한 대화 주제와 다양한 친구를 가지고 있다. 세상이 자신을 필요로 하기를 원하며, 자신이 할 수 없는 것에 몰두하여 좌절감을 느낄 수 있다.

➡ 세상은 완전하지 않음을 인식해라. 주변환경의 향상에 힘씀이 가장 효율적임을 발견하라.

■■■ 파랑, 주황, 검정: 사고가 항상 새로운 것을 구축하는 것이다. 무엇이 가치 있는가를 알기 위해 꾸준히 과거를 탐색한다. 그리고 사람들에게 무슨 행동이 필요하고 무슨 행동을 피해야 하는가를 말해 준다. 적절한 질문의 명수다. 이는 긍정적인 목표달성에 도움이 된다. 배움을 즐기기 때문에 바쁜 환경을 좋아한다. 타고난 지도자다. 사람과 자원을 잘 엮으며, 주어진 과제를 잘 완성한다. 타고난 관리적 소질을 가지고 있다.

➡ 꼼꼼함이 일을 느리게 하도록 하지 말라. 미래의 계획을 우선순위에 두라.

■■□ 파랑, 주황, 흰색: 다른 사람을 보거나 일이 어떻게 진행되는가를 분석하면서 배운다. 객관적으로 다른 사람의 공헌을 판단한다. 다른 사람의 입장을 검토함으로써 그들의 동기를 이해한다. 세밀하게 상황을 파악하는 능력은 다른 사람이 볼 수 없는 것을 보게 해 준다.

계획을 주도하고 새로운 것을 소개하며, 잘 되지 않을 때 새로운 해결책을 제시한다. 목표를 설정하고 분석하는 과정은 가정보다 작업활동에서 더 잘 작동한다. 변화를 주도하고 자신이 창안한 것을 평가할 수 있다. 끊임없는 제안이 병원, 회사, 공장, 자원관리, 고용, 채용에 잘 맞는다. 다른 사람에게 사실을 이해할 시간을 주면, 당신이 과제를 수행하는 데 도움을 받을 수 있다.

➡ 피곤하거나 집중을 못할 때 과제를 성공적으로 완성하는 능력을 잃을 수 있다. 천천히 하라.

■■■ 파랑, 주황, 갈색: 사랑받았고, 애정적이며 잘 준다. 말하는 사람이 아닌 행동하는 사람이다. 희망을 창조하는 능력이 있다. 실제로 행할 때 최선을 다하여 신뢰감을 준다. 당황하거나 압박하에서는 일을 그르칠 수 있다.

➡ 쉬어라. 그러면 내적인 힘이 다시 돌아온다.

■■ 빨강, 초록: 실제적이고 양육적이며, 다른 사람들에게 더 가치 있는 것을 달성하도록 가르친다. 역동적인 성격으로 다른 사람이 무엇이 문제인지를 정확히 안다. 다른 사람을 돕는 것이 자신의 자아존중감을 높여 준다.

→ 매우 양육적이지만 권위적이고 대장 같다. 이것 아니면 저것의 성향이 강하다. 당황하거나 압력하에서 화난 행동으로 친구를 놀라게 할 수 있다.

■■■ 빨강, 초록, 검정: 다른 사람이 필요로 하는 것에 집중함으로써 다른 상황에서 다른 사람의 정확한 가치와 잠재력을 이해한다. 다른 사람이 모를 때조차도 그들에게 무엇이 필요한지를 안다. 다른 사람을 편안하게 느끼게 한다.

문제를 해결하는 데 공정성을 갖는 것이 더 많은 존경과 지지를 얻는다. 관대한 성향이 자신에게 안정감을 주고 편안함을 느끼게 한다. 스스로 자신을 통제한다고 느낀다. 자신의 미래에 대해 희망이 없으면, 자신의 인생과 자신을 공개적으로 비평한다.

→ 압력하에서는 작은 일에 집중하여 전체를 못 볼 수 있다.

■■□ 빨강, 초록, 흰색: 객관적이고 실제적인 전망은 재난을 성공으로 바꿀 수 있다. 어떤 견해, 자원, 접근이 필요한지 아는 힘을 가지고 있다. 자신을 믿는 사람들에게 새로운 기회를 줄 수 있다.

실제적 사고를 잘 활용한다. 목표를 달성하기 위해 정보와 재능을 조화시킨다. 꾸준히 능력을 개발하고, 돈을 잘 사용하는 방법에 투자한다. 변화의 가치를 인정한다면 좋을 것이다. 새로운 경험이 자신감을 준다.

→ 새로운 선택에 몰두할 때 다른 사람은 그들이 당신을 도와줄 수 있음을 당신이 잊었다고 느낀다. 이를 염두에 두고, 다른 유형의 사람과 환경에 접하도록 하라.

■■■ 빨강, 초록, 갈색: 다른 사람이 자신의 한계와 능력을 받아들이도록 도와준다. 그들에게 현실감을 준다. 다른 사람들의 삶이 당신 자신을 알게 하고 꿈을 실현하는 데 도움이 된다.

→ 당신이 원하는 것을 알았을 때 그것을 행하라. 과잉의 책임감이 정열을 파괴하고 화가 나

게 할 수 있다. 너무 힘이 빠지면 게을러진다. 이때 휴식이 필요하다. 그러면 다시 열정이 돌아온다.

■■ 빨강, 보라: 상황의 실제적인 면과 정서적인 면을 통합하는 것을 즐긴다. 무엇인가 발생하면 사건을 분석하고 비합리적인 것을 없앤다. 사람을 모아 잘 되게 만든다. 충고를 줄 때 최선을 다한다.

→ 호기심이 해야 할 일을 방해할 수 있다. 상황이나 사람을 정확히 아는 것이 필요하다.

■■■ 빨강, 보라, 검정: 다른 사람의 정서에 주목함으로써 자신과 다른 사람을 더 잘 이해할 수 있다. 공감력이 다른 사람으로 하여금 자신을 중요하게 느끼게 한다. 다른 사람이 자신의 삶을 잘 이끌도록 도와준다. 다른 사람에게 귀 기울임의 중요성을 안다.

→ 다른 사람의 견해가 당신을 스스로 무능력하게 느끼게 할 수 있다. 당신의 계획에 대한 자율성과 시간을 요구하라.

■■□ 빨강, 보라, 흰색: 모든 것을 가장 단순한 형태로 만들 수 있다. 미래를 보기 위해 과거를 비판한다. 예지력이 있다. 통찰력으로 새로운 기회를 창조한다. 상황과 사람에 너무 가까이 하지 않는 한 거의 틀리지 않는다.

→ 비판력이 미래를 한계 짓고, 사고, 기회, 열정을 파괴할 수 있다. 너무 많은 분석이 혼란을 가져올 수 있다.

■■■ 빨강, 보라, 갈색: 어디를 가든지 주위에 관심을 갖는다. 새로운 사람과 상황이 자신을 자극한다.

→ 실제적인 결정을 하라. 큰 계획과 욕구가 판단을 흐리게 하고 실제로 필요한 것을 행하는 데 방해가 될 수 있다.

■■ 빨강, 주황: 개성을 중시한다. 자신의 길을 가고 자신의 마음을 이야기한다. 가까운 사람들과 친밀한 교제를 좋아한다. 소도시, 친구 간의 소그룹을

더 좋아한다. 행동지향적인 성격으로 민감한 부분이 숨겨진다.

→ 상처받기 쉬운 면을 개방하라.

■■■ 빨강, 주황, 검정: 내적 자아를 발견하고자 함은 과거를 살피게 한다. 과거의 평가는 미래에 무엇이 가치 있는가를 이해하는 데 도움을 준다. 자신의 일을 돌볼 필요가 있다. 성실성과 수행력이 성공의 열쇠가 될 수 있다. 예민한 눈은 무엇이 일어나고 있는가를 볼 수 있게 해 준다. 완벽주의자다. 동료의 욕구를 위해 자신의 욕구를 희생한다.

→ 감상을 피하고 과거에 너무 집중하지 마라. 정서를 계속 검토함으로써 객관적이기 어려울 수 있다.

■■□ 빨강, 주황, 흰색: 우선 순위를 정하고 받을 수 있는 이익을 최대화한다. 가까이 있는 문제에 집중한다. 성공은 세세한 부분에 있음을 인정한다. 그러면서 다른 관계에도 깊은 관심을 갖고 있다. 다른 사람으로 하여금 자신의 삶을 더 들여다보도록 동기화시킨다. 열렬한 애정가다.

→ 사물에 대한 너무 많은 분석은 산만함을 가져온다. 자신에게 집중하라. 이는 미래를 더 잘 관리할 수 있도록 해 준다.

■■■ 빨강, 주황, 갈색: 매우 객관적이다. 어떤 욕구가 행해졌는가를 정확히 알고 있다. 누구에게 도움을 청할지도 안다. 해결에 도움이 되는 것을 꾸준히 찾는다. 사물을 잘 조화시키는 능력을 가지고 있다.

다른 사람들에게 그들의 삶을 증진시키도록 격려한다. 다른 사람의 해석보다는 실제로 일어나는 것에 더 관심이 있다.

→ 미래의 가능성을 차근히 생각하라.

5. 색채치료

색은 다른 생리적 반응을 유도하고 심리적인 의미를 가진다. 이런 이유로 색채는 치료적 특성을 갖는다. 이 절에서는 색채치료의 기본원리, 역사에 대해 살펴보고자 한다. 이 부분의 내용도 색의 생리적 반응, 심리적 의미와 마찬가지로 객관적인 자료가 확보된 것이 아니다. 앞으로 과학적 · 체계적으로 더 연구되어야 할 분야다.

1) 색채치료의 기본원리

색채를 사용하여 치료를 할 수 있는 데는 다음과 같은 몇 가지 기본원리(박승림, 강정수, 2003)가 있다.

색채치료의 기본원리

① 지구상의 모든 물체는 생물이든 무생물이든 각자 고유의 진동주파수가 있다.
② 살아 있는 모든 세포, 조직, 기관, 신체 부위는 건강할 때 고유의 진동주파수를 지닌다.
③ 질병은 스트레스 자극으로 인한 진동주파수의 변화다.
④ 모든 질병에는 고유한 진동주파수가 있다.
⑤ 감정이 호르몬과 같은 화학적 반응에 영향을 주면 주파수의 변형이 일어난다.
⑥ 음식, 물리치료, 주사, 내복약, 운동, 색채, 전기치료장치 등에 치료주파수를 응용하면, 변형된 기능이 항상성 패턴으로 돌아가는 데 도움이 된다.

2) 색채치료의 역사

고대 문명에서 태양과 빛에 대한 숭배 사상은 색채 사용에 영향을 주었다. 그리고 원시시대부터 질병치료에 색채가 사용되었다. 색채치료의 역사를 현대 이전과 현대로 나누어 살펴보겠다.

(1) 현대 이전의 색채치료

원시시대나 고대국가에서 질병치료에 색채가 사용되었음은 여러 기록을 통해 알 수 있다. 고대에서는 병을 악령의 사악한 저주나 자연으로부터의 불가사의한 것으로 보았다. 그리하여 주술사나 무당들이 탄생, 질병, 죽음 등의 의식에 색채를 사용하였다.

고대 문명의 만병통치약은 대부분 색과 관련되어 있다. 페르시아에서는 빛의 방사에 근거를 둔 일종의 색채치료가 시행되었다. 인도의 카이로나 탄타 지방에서는 색이 있는 보석을 치료에 사용하였다. 호박은 치통, 두통에, 자수정은 통풍에, 석류석은 피부발진에, 루비는 복통에 효과가 있다고 보았다. 그리하여 보석류들은 장신구 외에 신체를 보호하는 부적으로 사용되었다. 보석치료(유순옥, 2003)를 중심으로 이를 정리해 보면 다음과 같다.

■ 표 7-7 ■ 보석과 치료

보석	치료능력
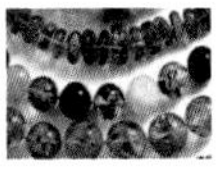 호박	학질, 목 아픔 치료 류머티즘, 두통, 치통, 곱사병 예방 코피가 날 때 호박 한 조각을 코 속에 넣으면 코피가 멈춤 가루로 만든 호박으로 유산 방지, 종기나 궤양 치료
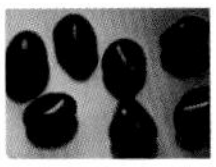 혈옥수 (blood stone)	출혈로 인한 사망 방지 종기, 여드름 및 살갗의 상처 제거
 산호	불임증 치료, 소화불량 치료

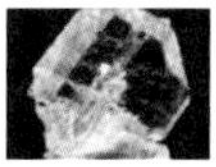	석영	갈아서 물에 섞으면 독사에 물린 것 치료
	사파이어	정신착란, 종기 치료, 전염병 퇴치
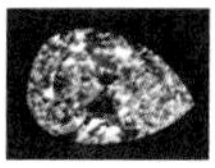	다이아몬드	정신과 육체 강건, 물이나 술에 넣어 만병통치약으로 사용
	자수정	통증치료, 베개 밑에 두면 즐거운 꿈을 꿈
	수정	내분비선의 부기, 안질, 심장병 및 위장통 치료 꿀에 섞어 복용하면 엄마의 젖이 많이 나온다고 생각
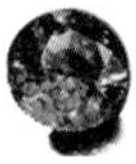	가넷	열과 수종 방지
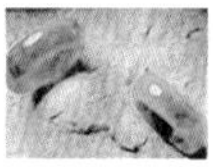	비취	분만 도움, 수종증 치료, 갈증 해소, 심계항진 완화

중세에는 신비주의자, 연금술사들이 전면으로 등장하면서 태양은 심장, 달은 두뇌, 토성은 지라, 수성은 폐, 금성은 신장, 목성은 간, 화성은 쓸개를 통제한다고 믿었다. 그리고 색에 대한 자료가 풍부해지면서 불로장생의 영약, 붉은 돌, 황금 음료 등은 영원한 생명을 제공하고, 질병에서의 해방을 가져다 줄 것이라고 믿었다.

Newton이 가시광선을 발견하면서 과학적인 색채론이 등장하였다. Babbit은 색채 치료법을 연구한 의사다. 『빛과 색의 원리』라는 책에서 빨간색은 혈액순환계, 황색은 변비, 기관지계통, 신경계통, 파란색은 혈을 가라앉히는 것, 보라색은 신경안정, 주황색은 이뇨, 대뇌흥분, 강장제와 관계됨을 발표하였다.

(2) 현대의 색채치료

현대의 색채치료인 일광목욕법, 기 · 색채호흡법, 한의학의 색채치료, 광선치료에 대해서 살펴보겠다. 현대의 색채치료는 다음의 세 과정에 맞추어 색채를 선정한다(김은경, 1996).

- 색채의 영향을 받는 것으로 알려진 질병의 증상이나 징조
- 색채에 의해 발생된다고 알려졌거나 그렇게 되기를 바라는 특정한 생리학적 효과
- 색채에 영향을 받는 것으로 알려진 사람의 신체 부위와 기관

① 일광목욕법

햇빛의 속성을 이용하는 것이다. 자외선은 구루병을 예방하고 살균작용을 한다. 또한 내분비계 활동을 증가시키고, 신체의 생리적 면역반응을 촉진시킨다. 중추신경과 근육조직의 건강상태도 향상시킨다.

그림 7-69 일광욕

② 기 · 색채호흡법

차크라는 신체의 7개 기관이다. 각 차크라는 중요한 색광선의 진동을 흡수한 다음 몸 전체에 배당한다. 색채의 진동은 이와 관련된 신체, 기관, 선의 균형과 강화에 사용된다.

에너지가 어떤 특정한 부분에서 막혀 있다면, 그 부분에 에너지가 축적되어 뒤틀림이 일어나고 우리 몸의 다른 부분에 영향을 준다. 따라서 그 부분에 해당되는 색채에 정신을 집중하고 명상을 하면, 차크라 색의 활기가 그 신체부위에 부여되어 활성화된다. 7개 차크라의 색, 위치, 기능 및 특성(권기덕, 1998; 박승림, 강정수, 2003)은 〈표 7-8〉과 같다.

그림 7-70 차크라 위치

■ 표 7-8 ■ 차크라와 색채치료

색 채	차크라	신체기관	기 능	특성
보라색	이마 차크라	대뇌피질 중앙신경계	상부두뇌 활성화	영적 감성과 의식 신성한 지혜, 이해
남색	미간 차크라	뇌하수체 왼쪽 눈, 코, 귀	하부두뇌, 중앙신경계 활성화, 스트레스 해소, 정서적 안정	자아인식, 직관 통찰력, 상상력, 집중력
청색	목(갑상선) 차크라	갑상선 부갑상선, 허파, 입, 목	맥박 완화, 긴 호흡 불안감 해소, 의사소통	수용과 헌신 지식과 지혜 명백한 의사소통 창조적 언어와 예술적 표현
녹색	가슴 차크라	심장, 흉선, 순환계, 팔, 손	혈액활성화, 신체 재건 순환계를 도움, 뼈 성장	무조건적 사랑, 용서, 평화, 열정, 관대, 조화, 이해
노란색	신경총 차크라	췌장, 간, 담낭/쓸개, 위장, 신경계, 근육	교감신경계, 소화작용 신진대사	의지, 논리, 권위, 에너지, 자기통제, 온정, 광채, 웃음, 융통성
주황색	생식기 차크라	생식선, 비장, 전립선	출산과 생식 음식물의 흡수와 소화 생명력과 성	관능, 욕구, 쾌락, 열정, 가족중심적, 생명력, 새로운 사고 흡수
빨간색	회음 차크라	회음부	육체적인 힘의 활성화 생존과 자기보호	성공, 안정, 육체, 현실적, 본능적, 활동적, 감각적

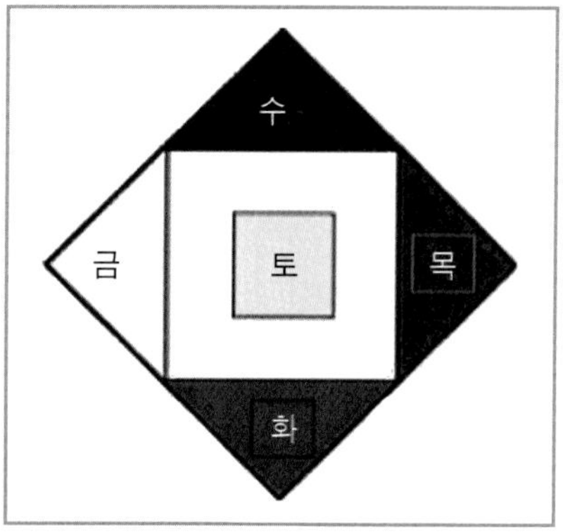

그림 7-71 오방색

③ 한의학에서의 색채치료

한의학에서는 외부 환경과 인간의 내부 장기를 오색과 관련하여 생리, 병리, 진단에 응용하여 왔다. 아직 색의 정의나 치료가 규명되지 않았으나, 한의학에서의 색에 대한 인식과 색채 연구를 살펴보겠다.

한의학에서의 색은 음양오행설의 오색에 의한다. 이는 동양의 세계관인 오행설에서 유래된 색이다. 우주의 생성과 함께 색은 방위를 갖게 된다.

오방색의 속성과 개념은 〈표 7-9〉와 같이 정리할 수 있다.

■ 표 7-9 ■ 오방색의 속성과 개념

색 상	계 절	안 면	기 관	방 위	오 행	작 용
파랑	봄	눈	간	동쪽	나무 목	생장, 생명체, 생기
빨강	여름	혀	심	남쪽	불 화	정열적, 도발적
흰색	가을	코	폐	서쪽	쇠 금	청렴, 수렴
검정	겨울	귀	신	북쪽	물 수	한랭, 하향운동, 권위, 새로운 시작의 준비
노랑		입술	비	중앙	흙 토	기운의 연행과정에서 모순과 대립, 조화, 생화, 덕

음양오행설에서는 다섯 가지 순수한 기본색을 정색이라고 하는데 채도가 높은, 산뜻한 색을 의미한다. 정색은 양에, 악귀와 질병은 음에 해당된다. 악귀와 질병을 쫓는 데 양의 색을 사용하였다. 음의 색은 동, 서, 남, 북, 중앙 사이에 놓이는 색으로 다섯 가지 간색이다. 밝은 파랑, 연지, 밝은 주황, 보라, 풀색을 의미한다.

사람마다 안색이 다른 것은 체질이 모두 다르기 때문이다. 같은 사람이라도 감정의 변화나 건강상태의 차이에 따라 안색이 바뀐다. 눈 주위에 청색이 돈다거나 색깔의 변화가 있으면 간의 이상을, 혀의 색깔이 붉은색을 띤다거나 백태, 혓바늘 등이 돋으면 일단은 심장의 이상을 의심해 보고 연관성을 지어 가는 형식으로 진단해 나간다.

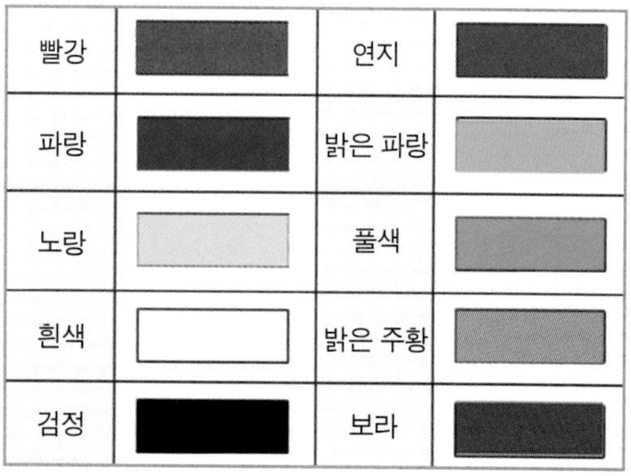

그림 7-72 오방색과 오간색

해당하는 부위의 색깔이 옅거나 윤기가 있으면 질병이 아직 표면에 있는 것이다. 반대로 색깔이 짙거나 탁하게 나타날 때는 질병이 깊숙이 들어가 있는 것이다. 해당하는 부위가 적색을 띨 때는 풍사(風邪)의

침입, 청색이나 흑색을 띨 때는 질병이 있는 것이다. 백색을 띨 때는 해당 장부에 찬 기운이 있어 마비 증세가 일어날 수 있다. 황색을 띨 때는 염증이 있음을, 또 적색을 띠면서 통증이 있을 때는 해당 부위에 나쁜 피가 있음을 짐작해 볼 수 있다.

④ 광선치료

우리 주위가 색으로 구성되어 있는 것은 물체들이 필요한 색광을 흡수함으로써 에너지를 얻고 있음을 나타낸다. 광선은 성장, 혈압, 체온, 수면 패턴, 근육활동, 면역체계 등에 관여하고 있다.

광선치료는 병의 종류에 따라 빛의 파장을 달리하여 몸의 적절한 위치에 빛을 쏘는 치료다. 광선치료의 원리는 광선의 색이 자율신경계와 분비계의 균형에 관계가 있다는 것이다. 몸상태의 변화에 따라 필요로 하는 색이 바뀌므로, 질병의 종류에 따라 효과가 있는 색광선을 발사하는 것이다. 증상에 따라 광선을 쏘이는 부위(박승림, 강정수, 2003; www.linl.co.kr/community)에 대한 내용을 정리하면 〈표 7-10〉과 같다.

■ 표 7-10 ■ 신체의 유발점과 이에 맞는 치료색

신체기관	증상에 따른 치료색	색채광선을 쏘이는 부위
두뇌	두뇌의 안정→남색, 파란색, 보라색 두피, 발의 신경, 혈액을 누그러뜨림	머리 부분 적합한 색채가 있는 방에 잠시 동안 노출시킴
뇌척수계통	노란색, 보라색	머리의 오른쪽
두개골 근육부위	빨간색	머리 왼쪽
폐와 호흡기	노란색, 보라색	두 번째 갈비뼈 선상의 흉골 가운데 부분
심장	진정효과 → 보라색, 파란색 혈액과 신경자극 → 주황색 근육계통의 손상치료 → 빨간색(쇼크 발생 시 제외)	흉부, 심장

순환기계통	진정효과 → 진녹색 활성화 → 녹색/자극하려면 밝은 빨간색 혈압이 상승되지 않으면 녹색 대신 파란색 사용	몸 전체
내분비계통	모든 분비기관을 안정 → 녹색 분비기관의 활성화 → 노란색 다음에 파란색	뇌하수체 부위
배와 허리 부분	위액, 혈액, 신경, 연동운동, 위장계통의 자극 → 빨간색, 주황색, 노란색 설사, 염증 치료 → 파란색, 보라색, 남색 신경성 장애 → 파란색/상복부 강장효과 → 녹색/복부 상복부 신경 자극 → 노란색 복부근육 이완 → 파란색	허리 아래, 서혜부, 복부, 양발
신장, 비뇨기	노란색	허리 아래, 서혜부, 엉덩이, 양발

제8장

미술치료실과 미술매체

1. 미술치료실
2. 치료대상자 특성과 미술매체
3. 매체의 종류와 활용

미술치료는 다양한 여러 상황에서 여러 가지 목적을 위해 미술활동을 치료적으로 활용하는 것을 말한다. 이는 아동, 청소년, 성인 모두를 대상으로 건강한 심리발달, 적응과 심리치료, 정신건강뿐만 아니라 위기치료와 같은 특정 목적을 위해서도 활용되고 있다. 장애아동의 교육과 치료에도 활용되며, 노인들을 대상으로 한 재활치료나 그들의 삶을 정리하는 데도 미술치료가 도입되고 있다.

다양한 대상과 다양한 행동에 미술치료가 적용되고 있기 때문에 미술치료실의 구성도 목적과 대상에 따라 달라져야 한다. 그러나 그렇더라도 미술치료실에 공통적으로 적용되는 일반적인 치료실 구성과 매체는 갖추어야 한다. 이 장에서는 미술치료실, 치료대상자 특성과 미술매체, 매체의 종류와 활용에 대해 살펴보겠다.

1. 미술치료실

미술치료를 하기 전에 먼저 준비되어야 하는 것이 미술치료실이다. 미술활동을 위한 미술치료실은 적당히 넓은 공간, 충분한 채광, 다양한 미술도구 등을 갖추면 된다. 조용하고 비밀을 유지할 수 있다면 바람직하겠지만, 많은 미술치료사들은 그렇지 않은 환경도 치료대상자에 따라서 유용할 수 있다고 한다. 움직임이 어려운 신체장애인의 경우는 대상자의 집을 방문해서 실시할 수 있다. 치료대상자가 편안하다고 느끼면 작은 방에서도 가능하다.

미술치료실의 구성요소는 공간구성, 미술활동의 준비와 정돈, 시간구성으로 나누어 살펴보겠다.

그림 8-1 가정방문을 통한 미술치료

■ 표 8-1 ■ 미술치료실의 구성요소

공간구성	치료실 위치 분위기 비품 및 가구(정리장, 자료 보관장, 싱크대 등) 치료실 벽과 바닥 공간의 크기(개인치료: 3~4평, 집단치료: 7~8평) 대기실
미술활동의 준비와 정돈	준비(작업복, 재료 선택) 정돈(작업도구 정돈) 치료실 규율 지키기
시간구성	치료대상자에 따라 달라지나 대체로 주 1회 40분~1시간

1) 공간구성

미술치료실의 공간구성은 치료실의 위치에서부터 치료실의 내부시설, 비품, 가구, 실내디자인에 이르기까지 치료의 효과에 영향을 주는 여러 측면을 일컫는다.

(1) 위치

위치는 어디에 미술치료실을 두느냐에 관한 것이다. 미술치료실은 대부분 독자적 건물이라기보다는 병원, 대형건물, 학교 등의 내부에 위치해 있다. 내부에 위치하는 경우에는 외부에서의 접근이 용이해야 한다. 또한 치료대상자의 출입, 활동에서 사생활이 보장될 수 있는 위치여야 한다. 이는 일상생활에서 안전감을 경험하지 못한 치료대상자에게 무엇보다 필요한 것이다. 치료실 위치가 많은 사람들에게 노출되는 것은 안전감을 해칠 수 있다.

(2) 분위기

미술치료실의 분위기는 치료대상자가 편안함을 느끼고 표현의 욕구가 일어날 수 있는 공간이 되도록 하여야 한다. 실제 치료 장면에서 치료대상자가 지속적으로 표현의 욕구를 갖는 것이 아니기 때문에, 좋은 환경이 제공됨으로써 표현이 촉진될 수 있다. 좋은 조명, 적당한 온도도 분위기 형성에 중요하다.

(3) 비품과 가구

치료실의 위치가 정해지면 치료실에 필요한 비품과 가구 및 장비들을 고려해야 한다. 미술매체와 미술도구를 위한 정리장과 자료보관함이 미술치료실의 벽을 따라 비치되어 있으면 좋다. 그리고 치료대상자에게 미술매체의 선택 권한을 주기 위해서 치료대상자가 정리장에 자유롭게 접근할 수 있어야 한다. 자유로운 접근은 자율성과 창조성을 치료대상자에게 제공할 수 있다. 또한 치료대상자를 믿는다는 의미도 전달된다.

그림 8-2 벽을 따라 잘 정돈된 정리함

비품, 가구들은 단순하면서도 조화를 이루어야 한다. 비품에는 우선 치료사와 치료대상자를 위한 테이블과 의자가 있다. 테이블과 의자의 위치도 고려 대상이 된다. 치료사와 치료대상자가 테이블을 앞에 두고 정면으로 보게 되는 경우에는 치료사가 권위적 인물로 보일 수 있다. 효과적인 좌석 배치는 치료사와 치료대상자가 나란히 앉는 것이다. 그리고 치료대상자가 의자 뒤로 다니기가 편하다고 느낄 때, 미술활동을 자유로이 할 수 있을 것이다.

미술활동을 위해 싱크대가 설치되어 있으면 여러 모로 유용하다. 수도시설이 없는 치료실에서는 깨끗한 물을 담은 플라스틱 물통을 사용함으로써 이 문제를 처리할 수 있다. 이때 물통에는 안전한 뚜껑이 있어야 한다. 그리고 물의 사용에 치료대상자가 부족함을 느끼지 않도록 신경써야 한다.

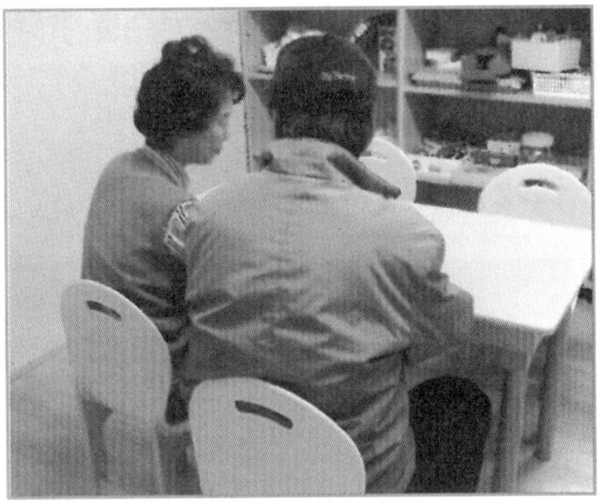

그림 8-3 좌석 배치(나란히 앉아 있다)

그림 8-4 미술치료실에 설치된 싱크대

(4) 벽과 바닥

미술치료실의 바닥은 미끄럽지 않고 청소가 쉬운 재료로 되어 있는 것이 좋다. 일반적으로 부드러운 모노륨이나 비닐장판이 좋다. 딱딱한 타일은 사고를 일으킬 수 있고 싸늘한 느낌을 주기 때문에 피하는 것이 좋다. 벽도 청소가 가능한 자재가 좋고, 색상은 마음을 밝게 해 주는 밝은 색이 좋다.

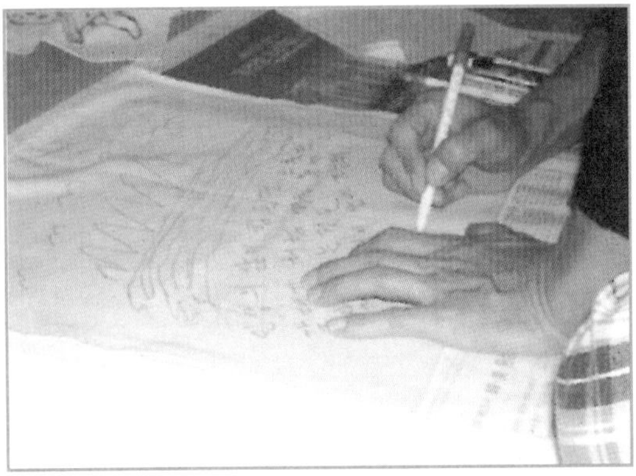

그림 8-5 바닥에서 작품활동하기

(5) 미술치료실의 크기

개인치료에 필요한 공간 크기는 일반적으로 11~14㎡(3~4평) 정도, 집단치료의 경우에는 23~28㎡(7~8평) 정도가 추천된다. 너무 커다란 치료실은 치료대상자가 위축감을 느낄 수 있고, 불안하거나 산만한 치료대상자나 유아는 이곳저곳 돌아다닐 수 있다. 반대로 너무 작은 치료실은 치료대상자에게 답답함과 작업활동에 제약을 줄 수 있다.

그림 8-6 의자에 앉아 작품활동하기

그림 8-7 서서 작품활동하기

치료대상자는 바닥에 앉아 작품활동하기를 원할 수도 있고, 서서 하기를 원할 수도 있다. 또한 이젤 사용하기, 의자에 앉아서 작품활동하기, 서서 작품활동하기, 바닥에서 작품활동하기 등은 각각의 활동에서 각각 다른 효과를 낸다. 그러므로 이런 활동들이 모두 가능한 치료실이 좋다.

미술치료실의 크기에서 치료사가 고려해야 할 또 다른 점은 작품을 설명할 때 치료대상자와 작품 사이의 거리조절이다. 미술작품을 벽에 걸거나 이젤에 놓거나 바닥에 놓고 설명할 수 있다. 치료 목적에 따라 작품과 치료대상자의 거리를 적절하게 변화시키는 것이 치료의 효과를 높일 수 있다. 이러한 거리조절이 가능하도록 치료실을 꾸미는 것이 중요하다.

(6) 대기실

미술치료실뿐만 아니라 대기실에 대한 배려도 있어야 한다. 대기실은 환영하는 분위기여야 한다. 편안하게 앉아 있을 수 있는 테이블과 의자, 특별한 치료적 가치를 지니지 않은 책을 구비해 둘 수 있다.

그림 8-8 대기실

공간구성의 내용은 다음과 같이 정리될 수 있다.

■ 표 8-2 ■ 공간구성의 내용

공간구성	심리적 안정감(편안함) 주기 자연조명, 통풍(커튼/가리개 필요) 정리장, 선반, 서랍 재료를 보고 선택할 수 있는 개방형 선반 벽과 바닥의 색채나 재질(편안하고 밝은 톤의 색) 작업대의 안전성(모서리는 둥글게 처리) 작품 전시 및 벽면 활용 작업을 위한 벽 구성

2) 미술활동의 준비와 정돈

그림 8-9 작업 정돈

미술활동의 준비작업과 정리작업은 치료실에서 다루어져야 할 내용 중의 하나다. 치료실에서의 활동은 일반 환경에서의 생활을 연습하는 장소이기도 하다. 치료실에 들어서서 작업복을 착용하고 필요한 도구들을 찾기 위해 스스로 움직이기, 재료들을 선택하기, 미술활동을 끝낸 뒤에 작업하던 것을 제자리에 놓기, 도구를 잘 정돈하기, 스스로 손씻기 등의 행동은 치료대상자가 자신의 일을 스스로 하는 습관 형성과 책임감 형성에 도움이 되는 행동이다. 준비작업과 정리작업에 대해서는 치료 초기에 이야기되고, 잘 지켜지도록 노력하는 것이 필요하다.

치료대상자에 따라 규칙에 융통성이 필요하거나 반복이 필요하거나 긴 시간이 걸릴 수 있다. 미술치료사는 이러한 사소해 보이는 규칙이 잘 지켜지는지를 살핌으로써, 치료대상자가 자신의 방법이나 방식을 만들어 갈 수 있도록 도와주어야 한다.

3) 시간구성

미술치료의 시간구성은 치료대상, 치료목표, 치료방법에 따라서 다양하게 결정된다. 치료의 기간과 빈도, 긴 시간을 요구하는 매체의 사용, 특정 활동, 치료 종료 등이 이 시간구성에 포함된다.

치료시간에 제한을 두어야 할 개인이나 집단이 있을 수 있고, 반대의 경우도 있을 수 있다. 재활치료나 정신병원에서는 치료대상자의 특성이나 당시의 상황에 따라 시간이 조절될 수밖에 없다. 또 모든 가족 구성원이 참가하는 경우 시간이 더 필요할 수 있다.

치료사는 치료의 목표에 맞추어 시간구성에 융통성을 발휘할 수 있어야 한다. 대체로 주 1회, 1회기에 40분~1시간 정도의 미술치료가 이루어진다.

2. 치료대상자 특성과 미술매체

미술매체는 심상을 시각적으로 이미지화하는 중요한 도구다. 미술매체를 선택하고 매체를 다루고 창작하는 과정이 치료대상자의 내적인 욕구를 불러일으키며, 감정의 매개체가 되어 의사소통할 수 있는 수단이 된다. 미술치료사가 미술매체에 대해 잘 알고 능숙하게 다룰 수 있다면 치료에서 중요한 장점으로 작용할 것이다.

일반적으로 치료대상자는 치료사가 자신보다 매체에 대해 더 잘 알고 잘 다룰 수 있다고 생각한다. 이러한 생각은 치료사가 매체의 구체적인 활용방법을 가르쳐 주지 않더라도, 치료 상황에서 치료대상자가 안심하고 미술활동에 임하도록 해 준다. 미술매체의 심리 촉진과 통제, 매체 선택의 일반적 사항에 대해 살펴보겠다.

1) 미술매체의 심리 촉진과 통제

치료대상자는 매체에 따라 다른 반응을 보일 수 있다. 매체의 특성이 치료대상자에게 이지적, 정서적으로 다른 심리적 표현을 불러일으킬 수 있어 치료대상자의 심리를 변화시킬 수 있기 때문이다.

미술매체는 치료대상자의 심리를 촉진하거나 통제하는 데 중요한 역할을 한다. 치료사는 치료대상자 개인의 특성에 따라 적절한 매체를 제공해야 한다. 일반적으로 물기가 있는 습식매체는 심리를 촉진시키는 경향이 있고, 반대로 건조매체는 심리를 통제하는 경향이 있다.

치료대상자의 성격 특성과 문제에 따라 미술치료사는 매체의 심리촉진과 심리통제에 대한 특성을 잘 활용해야 한다. 위축되어 자신의 감정과 상태를 표현하는 데 어려움이 있는 치료대상자에게는 자발성을 촉진하기 위해 단순하고 비정형적인 진흙, 물감 등의 매체들이 유용하다.

자기통제가 어려운 산만한 치료대상자의 경우에는 연필, 색연필 등과 같은 매체가 행동을 통제하여 불균형적인 감정과 행동을 조절하는 데 도움을 줄 수 있다. 주의력이 결핍되고 산만하며 과잉행동을 보이는 치료대상자에게는 통제를 목적으로 통제성이 강한 연필이나 사인펜이 유용하다. 칸을 나눈 종이에 색칠하기가 좋은 결과를 보인 예도 있다. 감각통합에 어려움이 있는 장애 아동들의 경우에는 물기가 있는 매체를 직접 다루는 데 두려움이나 공포를 느낄 수 있다. 그러므로 매체의 조작 시 기술지도가 필요하다.

그림 8-10 통제를 기준으로 한 매체의 특성(Landgarten, 1987)

퇴행, 이완, 즐거운 감정, 혐오스런 감정을 자극하는 데 핑거페인팅이나 점토가 활용되기도 한다. 물감, 핑거페인팅, 물기가 많은 점토처럼 퇴행을 촉진시킬 수 있는 재료는 경직된 성격의 치료대상자에게 유용하다. 그러나 충동적이고 자아경계가 불분명한 치료대상자에게는 충동적 성향을 더욱 심화시킬 수 있다. 공격적 에너지 발산이나 행동억제를 위해서는 나무에 못을 박는 작업이 사용되기도 한다.

그림 8-11 강박아동이 그린 그림

이런 아동에게 통제성이 높은 매체는 피하는 것이 좋다. 그러나 갑작스러운 매체의 변화는 불안을 유도할 수 있으므로 주의한다.

치료사는 치료대상자의 욕구에 민감하게 반응하여 미술매체를 제시해야 한다. 너무 많은 미술매체의 제시는 치료대상자에 따라서 질리게 할 수도 있다. 쉽게 찢어지는 신문지, 잘 부러지는 연필이나 분필도 좌절을 유발시킬 수 있으니 피해야 한다.

치료대상자의 성격과 반대 성향의 재료가 제공될 수도 있다. 이렇게 하는 것의 이점은 개인의 내면세계에 억압된 외면과 반대되는 부분이 외면과 통합될 수 있는 기회를 제공할 수 있다는 점이다.

고려해야 할 예외적인 경우

- **위축이 심하고 자발적인 자기표현이 어려운 경우의 물감이나 지점토 활동:** 자발성을 촉진시키지 않는다. 자유로운 표상활동 매체를 다루는 것이 어려워 위축된 심리를 더 가중시킬 수 있다.
- **분노와 좌절감 표출을 위해 물감이나 진흙 등을 마구 칠하고 휘젓기:** 오히려 두려움과 공포를 주어 치료에 대한 거부감을 갖게 할 수 있다.
- **산만행동, 과잉행동에 통제매체의 사용:** 통제를 심하게 느끼면 심리적 불안감을 갖게 되어 그 증상이 더욱 심화될 수 있다.

미술치료사는 매체 특성에 대해 고정관념을 갖기보다, 치료대상자의 심리와 발달 상태에 알맞은 매체의 유형을 빨리 파악하는 것이 필요하다. 또한 미술치료사는 매체의 지식과 효과적인 사용방법을 치료대상자에게 전달할 줄도 알아야 한다.

2) 매체 선택의 일반적 사항

그림 8-12 다양한 매체로서의 끈 활용

한 가지 미술매체로만 표현하는 것은 치료대상자의 표현을 인위적으로 막아버리는 것이 될 수 있다. 표현의 종류와 범위를 확대하기 위해서는 다양한 미술매체의 활용이 필요하다. 이러한 다양한 미술매체의 활용은 치료대상자의 마음속에 있는 것을 거리낌 없이 말하도록 촉진하는 것과 같다. 매체를 어떻게 다양하게 제공하는가에 있어서는 미술치료사의 창조성과 감수성이 요구된다.

미술치료에서 요구되는 미술매체의 일반적인 특성은 다음과 같다.

그림 8-13 다양한 정서표현 가능

색종이는 색깔, 모양, 조작에서 다양한 형태로 정서표현이 가능하다.

(1) 폭넓은 정서표현이 가능한 매체

단순하고 비구조적인 미술매체일수록 심리적 투사를 더 많이 하게 하는 경향이 있다. 틀에 짜여 있거나 정형화된 매체, 이미 마련된 형식적인 매체들은 치료대상자의 자유로운 활동을 제한한다. 이러한 활동은 규칙이 요구되거나 단순히 지시사항을 따라야 하기 때문에, 어느 정도의 개인적 선택이 있더라도 심상은 억제된다고 볼 수 있다. 치료대상자의 심리적 투사를 용이하게 할 필요가 있다면, 단순하고 비구조적인 매체가 도움이 될 것이다.

(2) 창조적 표현을 촉진시키는 매체

미술치료는 삶에 의미를 느끼지 못하는 치료대상자에게 그 의미를 불어넣는 것이다. 자신의 힘으로 무엇인가를 형성해 냄은 자신의 가치를 느끼게 해 주며 삶의 의미를 느끼게 해 준다. 따라서 치료대상자에게 할 수 있다는 느낌과 무엇인가 이루었다는 성취감을 줄 수 있는 미술매체가 유용하다.

약간의 설명으로도 부담 없이 사용될 수 있는 매체가 효과적이고 성공적인 작업을 할 수 있게 한다. 매체를 다루거나 사용하는 방법을 배우는 데 너무 오랜 시간이 걸리거나 많은 에너지를 소비해야 한다면 치료의 본질에 어긋날 수 있다.

그러나 장애 아동의 경우 여러 가지 매체나 도구들의 사용법을 익히는 것이 인지적 · 발달적 치료에 도움이 된다면 다른 관점에서 고려해 볼 필요가 있다. 이 경우 제한된 시간 내에 치료대상자가 수용할 수 있는 범위에서 이루어져야 한다.

그림 8-14 노끈 펴 만들기

노끈이 풀어지면서 새로운 독특한 표현이 이루어진다.

그림 8-15 공작새

유아도 쉽게 이해하며, 오리기와 붙이기에서 약간의 도움으로 성공적인 작업을 할 수 있다.

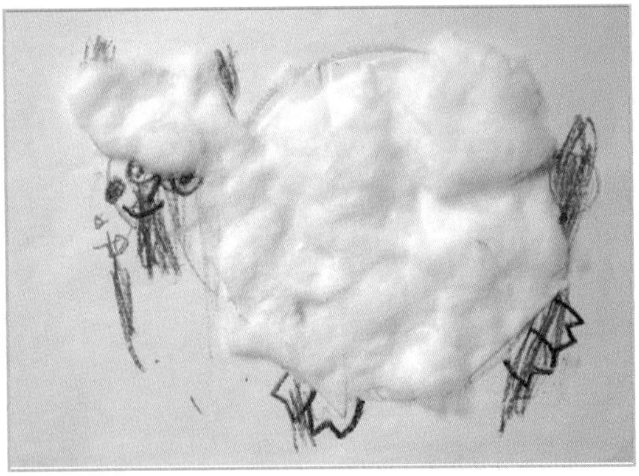

그림 8-16 대상자 특성

따뜻한 촉감이 필요한 치료대상자에게 솜털 붙이기 활동을 하였다.

(3) 치료대상자 특성에 맞는 매체

치료대상자의 연령, 성격 특성, 문제에 맞는 매체를 통해서 치료대상자는 쉽게 미술활동을 할 수 있다. 미술매체들을 치료대상자가 잘 다룰 수 있어야 하며, 다루는 과정에서 즐거움을 느껴야 한다. 선택한 매체에 대한 기대와 도전으로 자신을 마음껏 표현할 수 있을 때 치료의 효과는 더 증대될 수 있다.

(4) 다양하게 표현하는 것이 가능한 매체

같은 매체라도 치료대상자에 따라 정서적 · 지적 반응이 다를 수 있다. 치료대상자의 지각능력, 운동능력, 심리상태에 따라 다양한 표현이 가능한 매체는 치료대상자에게 작업에 대한 관심과 기대를 갖게 한다.

그림 8-17 같은 매체 다르게 활용: 그리기

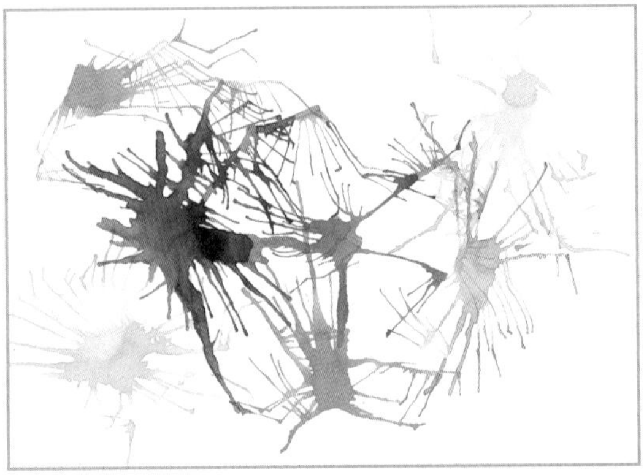

그림 8-18 같은 매체 다르게 활용: 불기

(5) 정돈과 보관이 용이한 매체

깨끗하게 정돈할 수 있고, 손상없이 보관할 수 있는 매체들은 치료대상자나 치료사 각자에게 존중의 의미를 전달해 줄 수 있다.

(6) 치료사가 잘 다룰 수 있는 매체

치료사는 치료대상자에게 제공되는 모든 매체나 도구의 사용법에 대해서 충분히 알고 있어야 한다. 그래야만 치료대상자의 발달수준이나 매체의 난이도에 따라 필요한 순간에 적절한 도움을 줄 수 있다.

(7) 실용적인 매체

대부분의 치료적 상황은 치료 시간, 공간, 예산 등에서 제한적일 경우가 많다. 이러한 비용을 고려한 매체가 편리하게 사용될 수 있다.

그림 8-19 같은 매체 다르게 활용: 풀과 섞기

그림 8-20 우드락에 그린 그림

치료사가 매체의 특성과 작업과정을 충분히 잘 알고 대상자에 대한 치료 효과, 대상자의 매체 활용 능력을 평가하여 적절히 활용해야 한다.

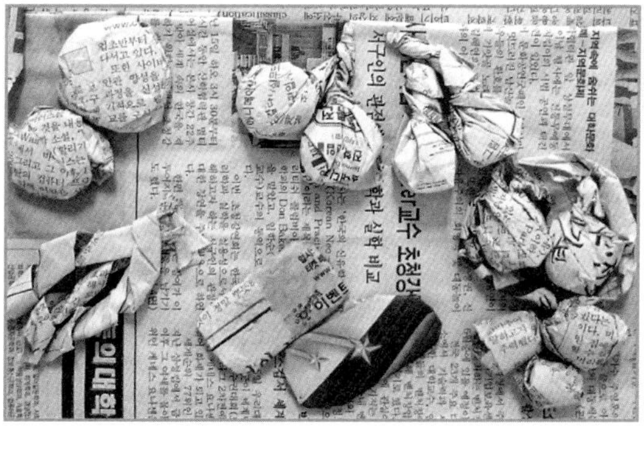

그림 8-21 신문지 활용: 실용성

3. 매체의 종류와 활용

그림 8-22 사포에 그리기
세밀한 표현을 할 수 없다.

미술매체는 각기 다른 유용성을 지니고 있다. 매체의 특성에 따라 표출 방향에 차이가 생기며, 문제해결 방향이 다르게 되기도 한다. 또한 매체의 사용 순서는 성취감 형성에 영향을 미칠 수 있다. 미술치료사는 미술매체의 실제적인 면뿐만 아니라 그 자체의 상징적인 면도 보아야 한다.

또한 모든 미술매체는 다루는 데 있어 나름대로의 특성을 지니고 있기 때문에 미술치료사가 미술매체의 표현 한계, 다루는 법, 매체로 작품을 만드는 기본기술을 익혔을 때 더 적절하게 치료대상자의 심리를 다룰 수 있다.

미술치료사가 모든 매체에 대하여 전문가가 될 필요는 없다. 그러나 각 매체가 갖고 있는 활용범위나 역량을 치료사가 잘 알고 있으면, 치료대상자의 표현활동을 촉진시키고 문제해결을 위한 적절한 매체 선택에 도움을 줄 수 있다.

매체 활용의 유의점(예)

- **크레파스, 파스텔의 화지로 같은 종이만을 제시**
  종이 종류에 따라 크레파스나 파스텔만의 고유 특성이 다르게 나타남
- **종이, 철사, 헝겊 자르기에 같은 가위 사용**
  섬세하고 작은 부위: 끝이 날카롭고 작은 가위가 필요
  얇은 종이: 가위보다 칼이 더 유용
  매체의 효율성 떨어짐

■ 표 8-3 ■ 매체의 종류

매체의 분류		종 류
화지		한지, 습자지, 색종이, 도화지, 골판지, 하드보드지, 셀로판지, 신문지, 화장지, 선물포장지, 컴퓨터 용지, 모조지
2차원 매체	건조매체	연필, 색연필, 목탄, 콩테, 크레용, 크레파스, 분필, 사인펜
	습식매체	수채화물감, 아크릴 물감, 유화물감, 먹물
3차원 매체	습식매체	점토, 찰흙, 풀물감, 마스크 재료
	건조매체	선재(지끈, 모루, 빵끈, 노끈, 철사)
도구		붓, 풀 종류, 접착제, 테이프, 지우개, 가위류, 이젤

여기서는 일상생활에서 손쉽게 접근할 수 있는 매체를 중심으로 각 매체들이 가지고 있는 특성과 적용대상에 대하여 간단하게 살펴보고자 한다. 편의상 화지, 2차원 매체, 3차원 매체, 도구로 나누고, 2차원 매체, 3차원 매체는 다시 건조매체와 습식매체로 나누어 살펴보고자 한다.

1) 화지

화지는 종이류로 2차원 매체를 위해서는 평면작업을 위한 화지가 필요하다. 화지는 3차원 매체로도 사용이 가능하다. 종이는 질감, 크기, 색깔이 다양하여 그 자체만으로도 훌륭한 매체로서 사용이 가능하다. 따라서 미술치료사, 치료 대상자, 치료 목적에 따라 얼마든지 다양하게 활용될 수 있다.

종이의 종류는 한지, 습자지, 색종이, 도화지, 골판지, 하드보드지, 셀로판지, 신문지, 화장지, 선물포장지, 컴퓨터 용지, 모조지 등 다양하므로 연령과 활동의 종류에 따라 선택하고 크기, 색, 두께가 사용하는 데 불편이 없어야 한다. 찢기 활동에서 반듯하게 찢어야 할 경우에는 종이 결에도 신경을 써야 한다.

① 도화지/켄트지

그림을 그릴 때 주로 사용되는 종이다. 도화지는 부드럽고 얇아서 힘을 주어 그리면 찢어질 수 있다. 켄트지는 도화지보다 두껍고 폭신한 느낌이 있다. 크레파스, 파스텔의 색을 도화지보다 잘 흡수한다.

이는 전지에서부터 다양한 크기로 잘라 사용할 수 있어, 대상에 따라 적절한 크기의 선택이 필요하다. 일반적으로 B4(전지 8절)나 B3(전지 4절)가 많이 사용된다.

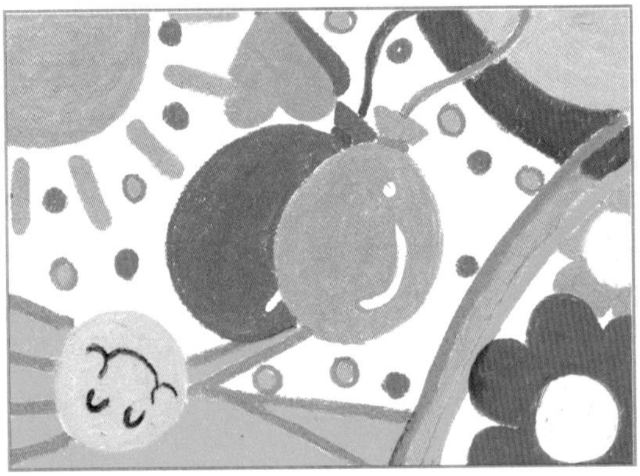

그림 8-23 도화지에 크레파스로 그리기

크레파스를 힘 주어 사용하면 크레파스가 뭉치거나 종이가 찢어진다.

그림 8-24 켄트지와 크레파스

켄트지와 도화지는 흡수력에서 차이가 있다.

그림 8-25 도화지와 크레파스

② OHP 필름지/투명지

직접 그려 볼 수도 있고 밑그림을 그대로 복사할 수도 있다. 매체에 따라 수정이 가능하며, 그림이 그려지지 않는 매체도 있다. 대상에 따라 활용할 수 있다.

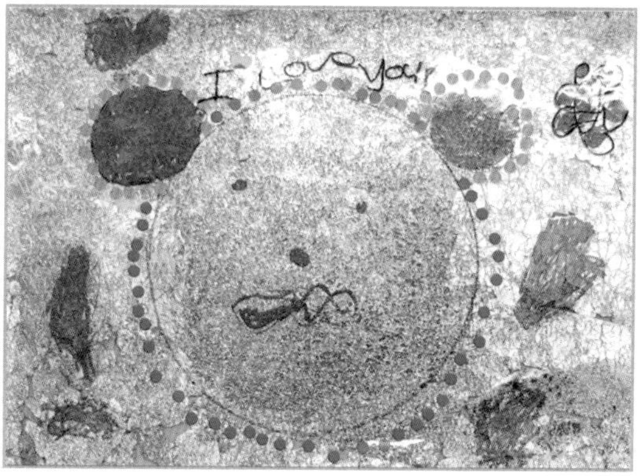

그림 8-26 투명지 활용하기

미술활동에 대한 흥미와 집중력을 키우기 위해 활용하였다.

③ 색지

다양한 색상이 있어 감정을 촉진시킨다. 어린 아동들은 색지의 색에서 실제 사물을 연상하는 경향이 있으므로 색지 선택 시 이 점을 고려해야 한다.

그림 8-27 검정 색지에 대한 반응: 밤

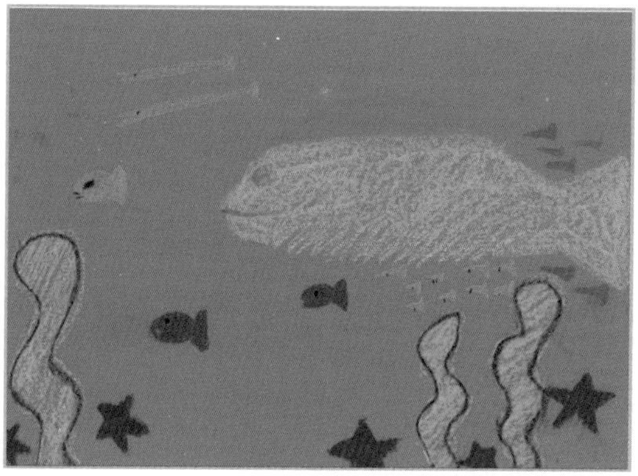

그림 8-28 파란 색지에 대한 반응: 바다

아동은 색지를 자연의 배경색으로 생각하여 표현하기도 한다.

④ 한지

보통 조선종이라고도 한다. 닥나무 껍질을 원료로 하였다. 통기성이 좋고, 촉감이 부드러우며 먹과 물감의 흡수가 뛰어나고 질기다. 반면에 탄력이 적어 정확하고 섬세한 손동작이 요구되므로, 이러한 기능을 촉진시키거나 심리적 안정을 위해서 좋은 매체로 활용될 수 있다. 그러나 이러한 특성이 손근육이 잘 발달

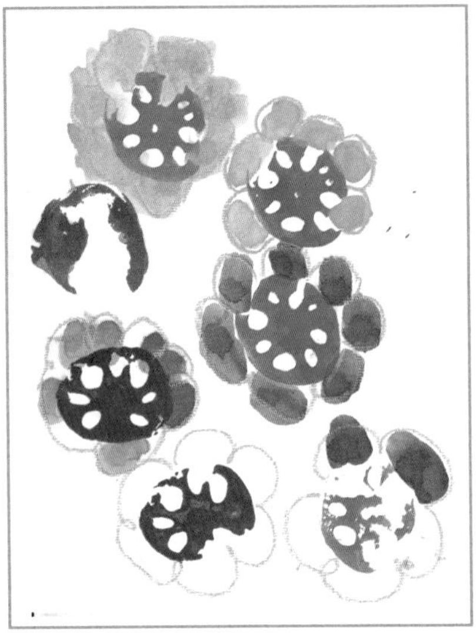

그림 8-29 한지의 활용

한지에 찍기를 하였다. 흡수가 잘 되고 잘 찢어지지 않는다.

되지 않은 유아나 장애인에게는 스트레스로 작용될 수 있다.

⑤ 마분지/두꺼운 판지

화지나 입체공작 등에 유용하게 사용될 수 있다. 묽은 밀가루풀에 한두 시간 담가 두면 흐물흐물해지면서 부드러워져 다양한 형태로 조형이 가능하다. 습식매체의 화지로도 활용할 수 있다.

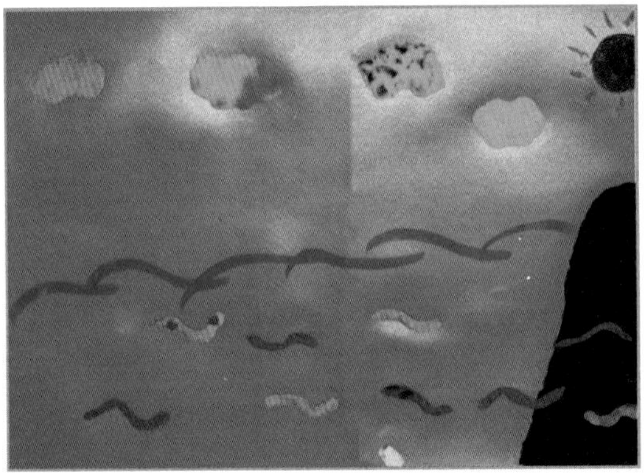

그림 8-30 마분지와 습식매체

마분지의 두께는 습식매체의 화지로도 적절하다.

그림 8-31 골판지

입체매체로도 가능하다.

⑥ 골판지

물결 모양으로 골을 만든 골심지(중심지라고도 한다)에 라이너지라고 하는 면이 반듯하고 빳빳한 판지를 한 면 또는 양 면에 접착제로 붙여서 만든 것이다. 완충도를 높이기 위하여 이중으로 만든 것도 있다.

다양한 색상과 크기의 골판지가 시중에 나와 있다. 탄력성이 좋아 여러 가지 조형작업에 많이 사용된다. 또한 단단한 골을 이용하여 줄긋기에 활용할 수 있다.

⑦ 각종 포장지/벽지

각종 선물용 포장지나 벽지 등을 그대로 사용할 수 있다. 색종이 크기로 적당히 잘라서 사용하면 새로운 질감을 얻을 수 있다. 재질은 종이와 비닐류 등이 있다. 벽지는 인테리어 가게 등에서 샘플 책자를 얻어 사용하는 방법이 있는데 이로써 의외의 효과를 낼 수 있다.

2) 2차원 건조매체

연필, 색연필, 목탄, 콩테, 크레용, 크레파스, 분필, 사인펜 등이 2차원 건조매체다. 처음 미술매체를 시작하는 사람이나 통제력이 필요한 사람에게 유용하다. 또한 실제적인 상황에서 매체를 가지고 치료대상자의 집을 방문해야 할 때, 청결을 요하거나 물을 사용해서는 안 되는 방에서 치료활동을 할 때, 치료시간이 너무 짧을 때, 정돈의 시간이 부족할 때 유용하다.

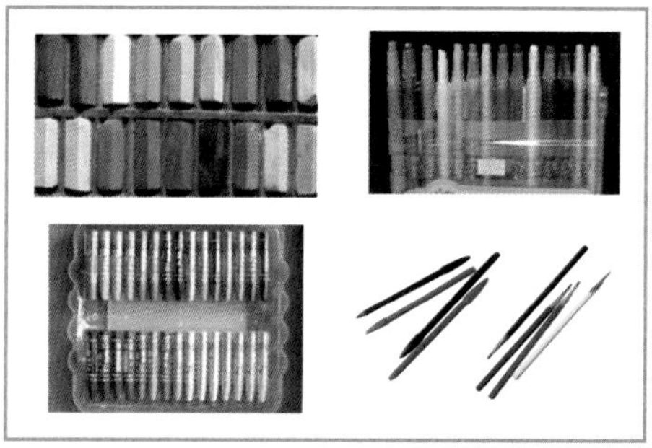

건조매체

① 연필

접근이 용이한 친숙한 재료다. 다루기 쉽고 용도가 다양하다. 섬세한 재료로 세밀하고 정교한 묘사와 대담성과 활기를 표현하는 데 모두 이용된다. 부드럽고 섬세한 특성과 뚜렷하고 날카로운 효과를 모두 낼 수 있다.

연필은 흑연을 굳힌 심의 경도와 농도에 따라 H, F, B 등의 기호로 구분되는데, 각각 Hard, Firm, Black의 머리글자다. 높은 숫자의 H심일수록 딱딱하고 흐리게 그려진다. H는 심이 단단하고 색이 흐려 그림을 그리기에는 적당하지 않다. 높은 숫자의 B심일수록 부드럽고 진하게 그려진다. 연필은 가장 통제성이 강한 매체 중의 하나다. 어린 아동에게는 처음부터 연필을 제공하기보다는 색분필, 색연필, 크레파스를 경험한 후에 제공하는 것이 바람직하다.

그림 8-32 연필: 강한 표현

어떤 대상자는 강하게 표현한다.

그림 8-33 연필: 섬세하고 약한 표현

어떤 대상자는 섬세하고 약하게 표현한다.

② 색연필

심이 여러 색깔로 된 연필로서 정확하고 섬세한 선들까지도 그릴 수 있다. 또한 깔끔하고 빠르게 작업할 수 있다. 색연필은 하드 색연필, 소프트 색연필, 수채 색연필이 있다. 하드 색연필은 육각으로 심이 가늘고 단단해 잘 부서지지 않는다. 섬세한 표현이나 선을 강조할 때 쓰이며 방수성이 있다. 소프트 색연필은 심이 두껍고 부드러우며 빛과 물에 강하다.

수채 색연필은 건조한 상태 그대로 쓸 수 있고, 젖은 수채화 붓이나 스펀지 혹은 물기 있는 손가락을 사용하여 수채화 효과를 낼 수도 있다. 그러나 수채화 물감처럼 농도가 진하지는 못하다. 종이를 먼저 적시면 색연필에 의해 남겨진 자국들이 천천히 퍼지면서 넓고 부드러운 선의 효과를 낼 수 있다. 그러나 물기가 있는 바탕 위에 건조한 색상을 첨가하려면 일단 종이 자체가 완전하게 말라야 한다. 수채 색연필은 자연스러운 주제들을 표현하는 데 적합하다.

수채 색연필을 제외한 모든 색연필이 물에 강하지만 크레용과 같은 효과를 낼 수 있는 아주 부드러운 색연필은 드물다. 색연필은 크레파스보다 덜 번지며 더 섬세한 표현을 할 수 있다.

그림 8-34 색연필

잘 번지지 않으며 세밀한 표현이 가능하다.

그림 8-35 크레파스

손에 잘 묻으며 세밀한 표현이 힘들다.

③ 파스텔

빛깔이 있는 가루원료를 미량의 점착제와 흰 점토 또는 고무용액으로 걸쭉하게 굳혀 막대모양으로 만든 화구다. 굳기에 따라 여러 종류가 있고, 입자가 부드럽고 불투명하며, 점착제가 들어 있어 덧칠할 수 있는 특색이 있다.

사용하기에 무난하고 변색하거나 퇴색하지 않는다. 어떤 매체보다도 부드러운 느낌의 색감을 나타낼 수 있는 장점이 있다. 그림을 잘 못 그려도 분위기 있는 그림이 될 수 있다.

그림 8-36 멋있어요(파스텔)

잘 그리지 못해도 분위기 있는 그림이 될 수 있다.

그림 8-37 크레파스와의 비교

더 부드럽고 때로 더 강한 정서표현이 가능하다. 그러나 선명하지는 않다.

그림 8-38 연필, 색연필, 파스텔, 사인펜의 비교

그러나 파스텔을 사용하면 쉽게 더러워질 수 있다. 또한 아무리 덧칠을 해도 원하는 진한 색이 나오지 않아 좌절감을 줄 수도 있고, 선명한 색채를 원하는 치료대상자에게는 심리적 불편함을 줄 수도 있다.

손에 가루가 묻는 것을 참기 어려워하는 아동들의 경우에는 계속 손을 씻고 싶어 하기 때문에 도리어 작업에 방해가 될 수 있다. 그리고 파스텔로는 세밀한 표현이 어렵다.

④ 색분필

소석고제와 탄산칼륨제로 나누어져 있다. 파스텔과 비슷한 효과를 낼 수 있으나 입자가 더 굵고 퍼짐이 더 약하다. 색분필을 사용할 때 가루가 떨어져 나오지 않도록 종이에 설탕물(물 1컵+설탕 1숟가락)을 바르거나 물에 적셔서 사용할 수 있다.

⑤ 크레파스

왁스나 야자나무 기름을 사용해 파스텔과 혼합한 것으로 오일 파스텔, 오일 크레용이라고도 부른다. 크레용보다 약간 부드러우며, 잘 칠해지는 크레용과 풍부한 색채의 파스텔의 장점을 보완하여 만든 것으로 크레용과 파스텔의 합성어다.

그림 8-39 크레파스: 방향과 힘에 따라 다른 느낌

그림 8-40 크레파스 다양하게 사용하기

불에 녹여 사용하기

다루기 쉽고 사용이 간단하며 다른 보조도구가 필요하지 않다. 오랫동안 사용 가능하며 강한 색채, 다양한 질감과 색의 구별이 가능하기 때문에 많이 사용되고 있는 매체다.

크레파스는 처음 시작하는 치료대상자에게도 부담 없이 자유로운 표현이 가능하다. 그러나 한 번 칠하고 나면 고치기가 어렵고, 강한 필압으로 채색을 할 때 가루가 많이 나온다는 단점이 있다. 또 손이나 옷에 묻으면 물로 잘 지워지지 않는다. 크레파스는 그리는 활동 외에 다른 표현도 가능하다.

그림 8-41 사인펜

연함, 강함의 조절이 잘 안 되나 세밀화는 가능하다.

⑥ 사인펜

사용하기 쉽고 색이 선명하다. 세밀한 표현과 강한 효과를 내는 것이 가능하지만 색의 확장은 어렵다. 수성과 유성의 두 종류가 있다. 유성은 물로 지워지지 않고 냄새가 나기 때문에 어린 유아는 수성을 사용하는 것이 좋다. 플라스틱이나 매끄러운 표면에 그림이나 글씨를 쓸 때는 유성을 사용하도록 한다.

3) 2차원 습식매체

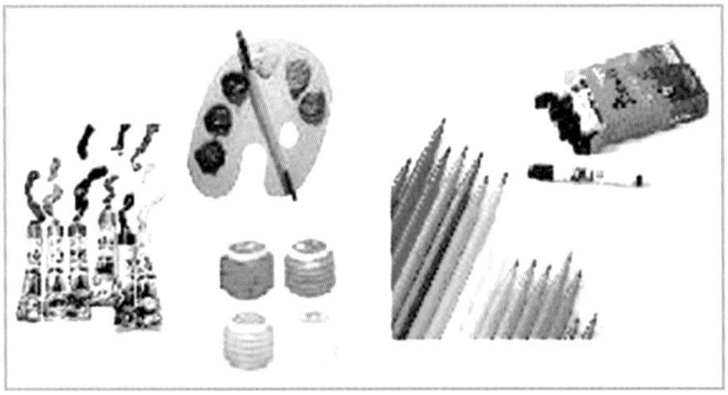
2차원 습식매체와 도구

2차원 습식매체는 유동성이므로 건조매체보다 다루기 어렵다. 그러나 이로써 건조매체와 다른 효과를 낼 수 있다. 수채화 물감, 아크릴 물감, 유화 물감, 먹물 등이 있다.

① 수채화 물감

유동적이며 실수를 바로잡을 수 없다. 물의 양과 화지의 경사에 따라 흘러내림이 다르며 통제가 어려운 매체다. 이 부분이 조금 위협적이기는 하지만 그러한 특성의 활용이 필요한 치료대상자도 있다.

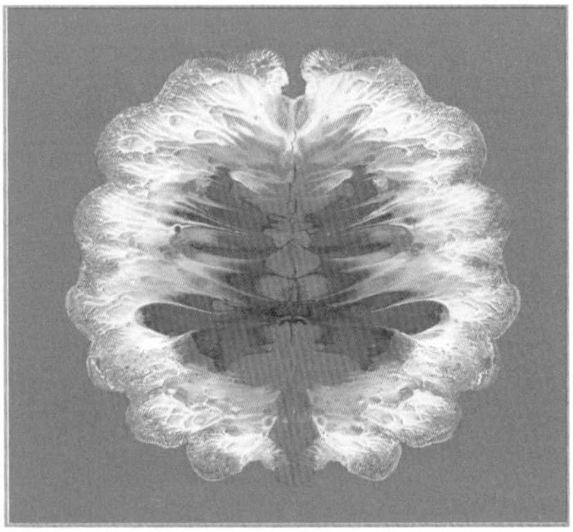
그림 8-42 색종이의 데칼코마니
색종이는 종이가 부드러워 잘 번진다.

물을 많이 써서 엷게 색칠하면 셀로판지를 겹쳐 놓은 것 같은 경쾌하고 신선한 느낌을 준다. 반대로 물을 적게 사용하면 밑색이 거의 들여다보이지 않아 무겁고 힘찬 느낌을 준다. 수채화 물감을 사용할 때는 붓, 팔레트, 물통 등이 필요하다.

수채화 물감은 불기, 찍기, 데칼코마니 등의 활동에 활용하기도 한다. 이때 화지에 따라 효과가 달라진다.

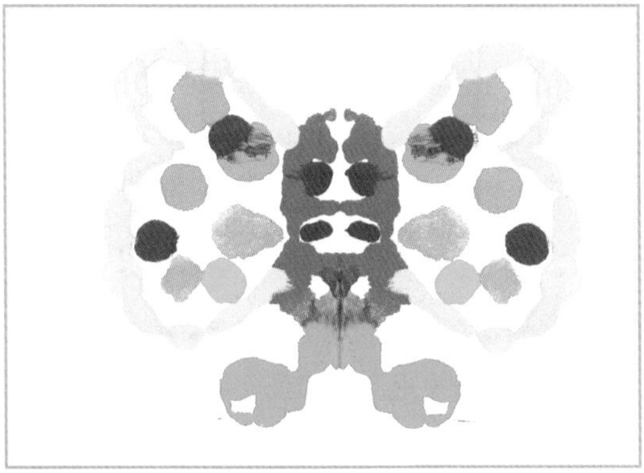

그림 8-43 켄트지의 데칼코마니

켄트지는 물감이 잘 스며들고 잘 마른다.

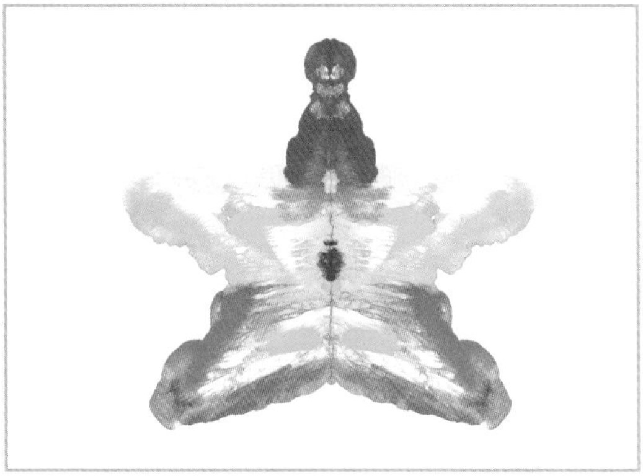

그림 8-44 도화지의 데칼코마니

도화지는 잘 번지나 물감이 잘 마르지 않는다.

② 아크릴 물감

합성 아크릴수지로 만든 물감으로 부착력이 강하다. 바탕 재료에 약간의 흡수성만 있으면 채색할 수 있다. 건조가 빨라 벽화, 공예 등에도 유용하게 쓰이나 비싸다는 단점이 있다. 수채화 물감보다 빨리 마르므로 단기간에 제작할 수 있지만, 마르면 완전히 고착되므로 수정하기 어려워 숙련된 솜씨가 요구된다.

아크릴 물감은 유연성이 풍부하여 갈라질 염려가 없으므로 유화물감처럼 두껍게 칠할 수도 있다. 그러나 건조 후에는 물감의 부피가 줄어들어 터치의 가장자리가 둔화되는 경향이 있다. 이 때문에 종이나 천에 바탕을 칠할 때는 면이 수축될 위험이 있어 화면의 앞뒤 양쪽 면에 모두 칠하는 것이 좋다. 이렇게 하면 수축이 골고루 생겨서 한쪽으로 휘어지는 것을 방지할 수 있다. 마른 다음에는 물에 녹지 않으므로 필요한 양만큼 자주 덜어서 사용해야 한다.

그림 8-45 아크릴 그림

③ 유화물감

기법에서 특별한 기술이 필요하므로 미술치료사가 잘 다룰 수 있어야 한다. 값이 비싸기는 하나 색상이 선명하고 덧칠이 효과적인 장점이 있다. 선을 자유롭게 긋거나 정밀한 명암을 표현할 수 있고, 물감을 되게 개서 두껍게 바를 수도 있다. 마르는 데 시간이 오래 걸려 즉각적인 그림의 효과를 보기에는 어려움이 있다. 이러한 특성이 필요한 치료대상자가 있을 수 있으므로 사용해 볼 만하다. 특별한 경우가 아니면 실제 치료실에서의 활용은 드물다.

④ 먹물

먹의 농담을 이용하여 작업하게 된다. 무채색의 범위에서만 작업해야 하므로 단순함과 지루함을 느낄 수도 있다. 그러나 무채색의 매체는 적극적인 감정표현에 방어적인 치료대상자에게 도움을 줄 수 있다. 즉, 덜 위협적인 방법으로 무의식을 표현하게 할 수 있다. 진한 먹색은 힘 있는 표현, 물을 많이 섞은 연한 먹색은 은근한 표현이 된다. 먹물은 옷에 묻으면 잘 지워지지 않는다. 따라서 특별히 부주의하거나 자신의 몸이 더러워지는 것에 예민한 반응을 보이는 치료대상자에게는 부적절하다.

그림 8-46 먹물 불기

불기, 흘리기, 그리기가 모두 가능하다. 치료대상자와 문제에 따라 다르게 활용할 수 있다.

그림 8-47 먹물로 그리기

4) 3차원 습식매체

공간에 입체적인 표현을 하는 매체다. 지점토, 찰흙, 풀물감, 마스크 재료 등이다. 뭉치거나 두드리거나 깎아 내서 작업을 하는 입체매체들은 미움, 증오, 분노, 공격성과 같은 강한 감정들을 다루는 데 적합하다.

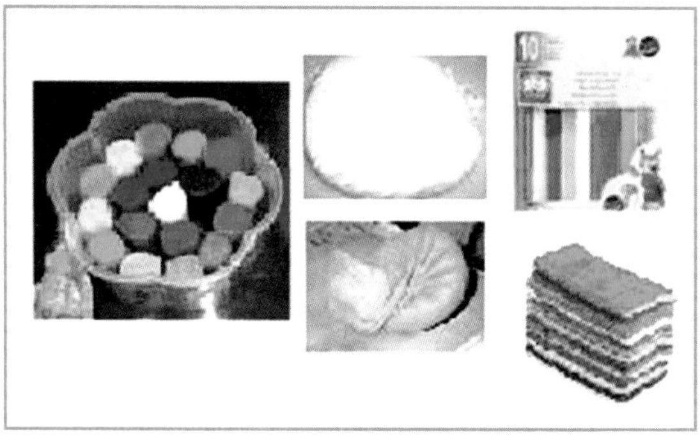

3차원 습식매체

① 점토

사용하기 쉽고 만지는 대로 반응이 나타나므로 부담 없이 편하게 사용할 수 있는 매체다. 대 · 소근육을 발달시켜 주는 유용한 매체로 에너지 발산에도 유용하다. 쉽게 복원되므로 긴장을 해소시켜 주고 이완의 효과도 있다. 유아시기의 원초적 감정을 표출할 수 있는 훌륭한 재료가 되며 퇴행의 효과가 나타난다. 공간을 점유하는 작품은 대상의 분리를 다루는 데도 유용하다. 그러나 점토를 더럽고 기분 나쁘게 느끼는 아동도 가끔 있다.

그림 8-48 하트

같은 매체라도 다른 정서표현이 가능하다.

재료가 같아도 치료대상자마다 다른 기분을 느낄 수 있다. 어떤 치료대상자에게는 점토가 공격성 발산에 아주 훌륭한 재료가 될 수 있다. 그러나 어떤 치료대상자는 같은 점토를 이용하여 하트 모양을 만들며 사랑의 이미지를 재구성할 수도 있다.

② 풀물감

풀물감은 풀과 수채화 물감으로 만들 수 있다. 부드럽고 촉촉하며 색깔이 있

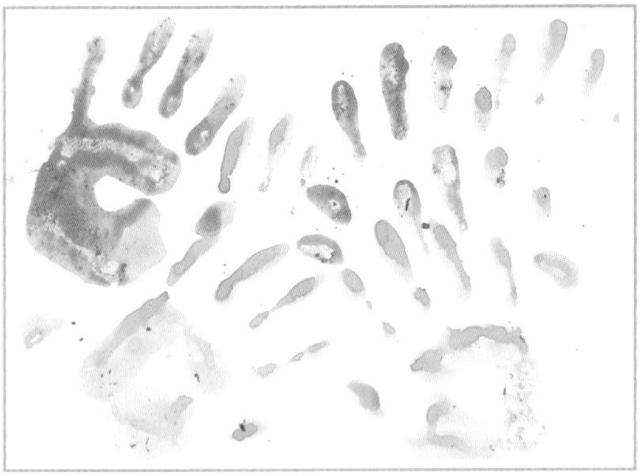

그림 8-49 풀물감

심리적 이완을 유도할 수 있다.

을 뿐만 아니라 자유롭고 유연한 재료여서 위축된 치료대상자에게 해방감을 줄 수 있다. 그러나 산만한 대상자는 감정조절이 잘 안 될 수도 있다. 자폐아동은 접촉 자체를 꺼릴 수도 있다. 아동에 따라 손에 묻거나 옷에 묻는 것을 두려워하기도 한다.

③ 마스크 재료

석고 마스크, 붕대 마스크, 종이백 마스크, 형태가 만들어진 빈 마스크 등이 있다. 마스크는 점토나 풍선 위에 딱딱한 종이나 종이죽을 붙여 만들 수 있다. 이는 자아인식 기법에서 많이 활용된다.

5) 3차원 건조매체

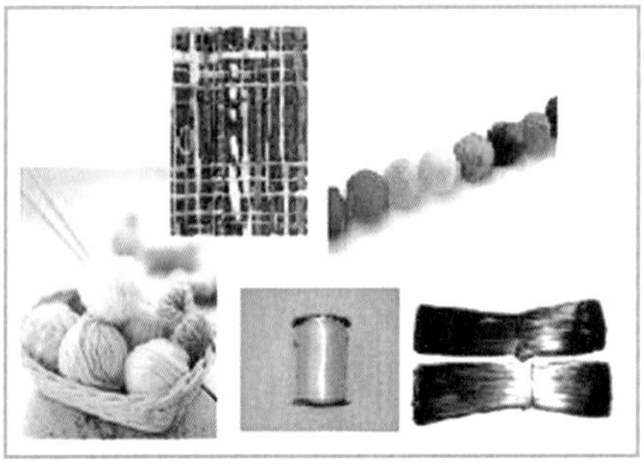

3차원 건조매체

여기서는 선재에 대해 살펴보겠다. 선재는 선을 나타낼 수 있는 재료로 다양한 자기표출과 감정표현이 가능하다. 이는 구부리거나 묶거나 붙이면서 나타내는 재료다. 꼬인 끈이 풀어지는 재료는 신비감과 동기유발에 좋은 재료로 쓰이기도 한다. 지끈, 모루, 빵끈, 노끈, 철사 등이 있다.

① 지끈

종이를 한 방향으로 비틀어 꼬아 놓은 것이다. 반대 방향으로 비틀면 종이가 풀리고, 그 종이를 풀어 보면 주름지와 흡사하다. 비틀고 꼬는 활동이 손운동에 도움이 될 수 있다.

② 모루

겉으로 보기에는 잔털이 무성하기 때문에 부드러워 보이지만, 그 부드러운 털 속에는 아주 가는 철사 두 줄이 꼬여 있다. 철사의 끝부분이 날카로워 위험할 수 있다. 이 모루 끝의 날카로운 철사 부분을 안으로 말아 넣어 자르면, 얇은 철사의 유연함과 부드러운 잔털로 인해 유아들도 사용할 수 있다.

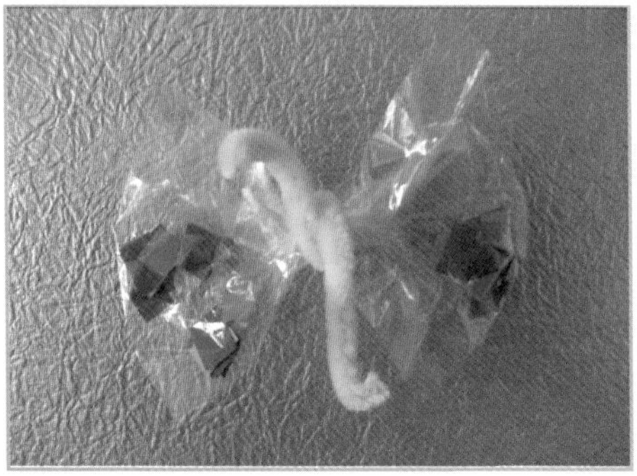

그림 8-50 모루 나비

유아도 즐길 수 있다.

③ 빵끈

우리 주위에서 흔히 볼 수 있는 끈으로 익숙한 매체다. 가운데 철사 한 줄이 있으나 모루보다 약간 굵은 철사로 크게 위험하지 않다. 빵끈을 종이 같은 단면에 붙일 때는 일반 풀로는 붙지 않기 때문에 본드를 사용해야 한다. 본드는 유아들이 사용하기 힘들 수 있으므로 도움이 필요하다.

④ 노끈

노끈은 가위나 칼을 사용하지 않으면 잘 끊어지지 않는다. 하지만 세로로는 큰 힘을 가하지 않고도 손으로 쉽게 찢을 수 있다. 비닐 노끈은 잘게 찢을 수 있어 그것으로 여러 모형을 만들 수 있다.

그림 8-51 지끈, 모루, 빵끈, 노끈(평면)

단면에 끈으로 꾸미기. 지끈, 모루, 빵끈, 노끈의 특성이 각기 다르다.

그림 8-52 지끈, 모루, 빵끈, 노끈(입체)

⑤ 색철사

철사는 두께가 두꺼울수록 가위로 자르기가 힘들다. 그러나 잘 구부러지고 여러 색상이 있어 감정표현에 유용한 재료가 된다.

⑥ 선재 외의 매체

주위에 있는 일상용품과 폐품들도 훌륭한 재료가 될 수 있다. 나무토막, 헝겊, 휴지, 잡지, 비닐, 스티로폼, 아연, 알루미늄, 동, 함석, 볼트 등의 금속류, 모래, 조약돌, 나뭇가지, 나뭇잎, 솔방울, 곡류 등의 자연물도 좋은 미술매체다. 수집된 자료들을 종류, 형태, 기능 등으로 분류하여 각각 박스에 넣어 치료대상자에게 제시할 수 있다.

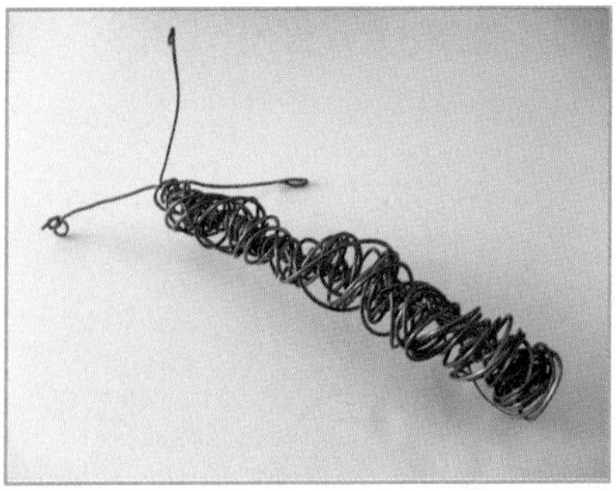

그림 8-53 철사(공격성의 표출)

그림 8-54 헝겊 활용

그림 8-55 붓의 종류

6) 도구

도구로는 붓, 붙이는 재료, 지우개, 가위, 이젤 등을 들 수 있다.

① 붓

수채화, 아크릴, 유화, 먹물 활동에 붓이 필요하다. 활동의 종류에 따라 다른 붓이 요구되므로, 물감의 종류에 따라 알맞은 붓을 마련해 두어야 한다.

수채화 물감을 칠하기에 좋은 붓은 털이 부드럽고 자루가 긴 붓이다. 25cm 정도 길이의 손잡이가 나무로 되어 있는 것이 주로 사용된다. 물감을 묻혔을 때 물을 머금은 채로 탄력이 강해야 좋은 붓이다. 끝을 뾰족하게 모아서 물을 묻혀도 갈라지지 않고 탄력이 있어야 하며 잘 닳지 않아야 한다.

사용한 붓을 젖은 채로 통 속에 오랫동안 담아 두면 털이 구부러져 펴지지 않으므로 물기를 적당히 제거한 후에 걸어 말리는 것이 좋다. 걸어 말릴 장소가 마땅하지 않다면 뉘어서 말리고 털이 위로 가게 세워서 보관하도록 한다.

유화에 쓰이는 붓은 빳빳하고 힘이 있어 덩어리 물감을 칠하기에 알맞게 만들어졌다. 사용 후에는 기름으로 물감을 씻어 낸 다음 비눗물로 잘 빨아서 보관한다. 먹물을 위한 붓은 사용 즉시 깨끗하게 세척하지 않으면 딱딱하게 굳는다. 털이 부러지고 탄력을 잃기 때문에 다음에 사용하는 데 어려움이 있다.

길고 큰 붓은 대상자에 따라 흥미를 주기도 하고, 다루는 데 어려움을 주기도 한다. 어린 아동은 세세한 운동 협응력이 부족하여 붓으로 그림을 그리거나 색칠하는 경우 좌절감을 느낄 수 있다. 붓의 대체용으로 막대가 달린 스펀지를 사용할 수 있다. 이외에 롤러, 플라스틱 솔, 나이프도 사용될 수 있다.

② 붙이는 재료

붙이는 재료로는 풀과 접착제를 들 수 있다.

• 풀 종류

풀 종류는 다양하다. 딱풀은 스스로 짤 수 있는 힘이 조절되지 않을 때는 적당하지 않다. 녹말풀, 밀가루풀, 도배용 풀은 그릇에 담아 필요한 만큼 덜어서 사용하는 것이 좋다. 이때 면봉, 붓, 나무막대를 사용할 수 있다.

그림 8-56 재료에 따른 풀, 접착제 사용

헝겊, 가루, 색종이에 따라 풀, 접착제를 다르게 사용한다.

• 접착제

접착제의 종류도 다양하다. 초산 비닐수지

그림 8-57 셀로판지 붙이기

목공본드가 좋다.

에멀전 접착제는 공작용 수성접착제로 목재, 종이, 직물 등에 적합하다. 마르면 물에 녹지 않는다. 합성고무 접착제는 접착력은 강하나 독성이 있어 유아나 아동들이 사용할 경우 주의가 필요하다. 고무, 가죽, 피혁, 금속, 도기, 석재, 경질 플라스틱, 목재, 직물 등의 접착에 적합하다

강력접착제는 스티로폼, 아스타일, 종이, 건축 재료 등의 접착에 사용한다. 그러나 냄새가 강하고 독성이 있어 어린 아동들은 사용에 주의해야 한다. 순간접착제는 금속, 플라스틱, 고무, 나무 등의 재료를 신속하게 고정시키는 데 적합하다. 물체와 신체가 접착되면 잘 떨어지지 않으므로 절대적인 주의가 필요하다.

그림 8-58 테이프: 풍선과 색지의 연결에 사용

• 테이프

투명과 불투명 테이프, 양면 테이프가 있다. 본드처럼 마를 때까지 내용물을 고정시키고 있어야 할 필요가 없다. 그러나 잘 떨어지는 단점이 있다. 테이프는 냄새에 민감한 치료대상자들의 경우에 유용하다.

③ 지우개

지우개의 제시는 수정할 수 있음을 의미하기 때문에 치료대상자에게 작품이 잘못되면 지우고 다시 그릴 수 있다는 편안함을 준다. 또한 지우개의 잦은 사용이 대상자의 성격, 방어, 저항을 의미하는 경우도 있다. 부드럽게 지워지는 미술용 지우개를 사용하도록 한다. 특히, 4B 연필을 사용할 때 딱딱한 일반 플라스틱 지우개를 사용하면 지저분하게 지워져 그림을 그리는 대상자의 기분을 상하게 할 수 있다.

그림 8-59 지우개 사용

지우개가 있음은 수정이 가능하다는 것이므로 편안함을 준다.

④ 가위류

종이 두께에 따라서 또는 헝겊, 철사류, 금속류 등 재료에 따라서 용도에 맞는 가위 종류가 필요하다. 또한 대상자의 연령과 발달수준에 맞아야 한다.

공격 성향이 강하거나 부주의한 대상자의 치료에서는 가위 사용에 신중해야 한다. 끝이 뭉뚝한 가위 사용이 필요한 경우도 있다.

끝이 날카롭고 좁은 면적도 잘 오려지는 가위는 행동통제가 가능한 성인이나 소근육이 잘 발달된 아동들이 사용할 수 있다. 뾰족한 모양과 둥근 모양이 있는 핑킹가위도 적절하게 사용하면 도움이 된다.

그림 8-60 가위 사용과 손 찢기의 차이

가위로 오리기와 손으로 찢기는 느낌과 활용이 다르다.

그림 8-61 두꺼운 종이 오리기

그림 8-62 가방

소근육 발달을 위해 핑킹가위를 사용하여 가방을 만들었다.

⑤ 스테이플러

종이를 모아서 겹쳐 누를 때 사용하는 것으로 일반적으로 호치키스라고도 불린다. 두께에 따라 다양한 크기를 선택하여 사용할 수 있다.

⑥ 이젤

실내용과 실외용 이젤이 있다. 실내용은 나무와 알루미늄 재질이 있다. 알루미늄으로 된 것은 가벼워서 이동이 편리하다. 그러나 나무에 비해 가격이 비싸다. 실외용은 접이식으로 되어 있어 이동이 편리하다. 치료사와 치료대상자가 작품을 거리를 두고 바라보는 데도 유용하게 활용된다.

치료사는 대상자의 욕구에 민감하게 반응하여 미술매체를 제시해야 한다. 너무 많은 미술매체의 제시는 치료대상자에 따라서 질릴 수 있다.

치료대상자의 성격과 반대 성향의 매체를 제공하는 것은 내면에 억압된 부분이 드러날 수 있는 기회를 제공할 수 있다. 치료대상자의 내면과 미술매체의 특성을 잘 이해하면 타성에 빠져 있는 치료대상자의 표현을 촉진시킬 수 있다. 예상하지 못한 생활 속의 재료도 훌륭한 미술매체가 될 수 있다.

그림 8-63 락스로 그리기

매체의 활용이 활동에 대한 호기심과 흥미를 가져올 수 있다. 락스를 칠한 부분은 처음에는 변화가 없다가 잠시 후 색이 변하므로 흥미를 끌 수 있다.

제9장

미술치료의 시작

1. 방 문
2. 면 담
3. 심리검사의 활용
4. 미술진단검사
5. 미술치료 사례개념화

미술치료 과정에 대해 살펴보고자 한다. 과정은 방문에서 시작하여 면담, 심리검사, 치료계획의 수립, 치료 진행, 종결 등의 순서를 거치게 된다. 이 장에서는 방문, 면담, 심리검사의 활용, 미술진단검사, 사례개념화에 대해 살펴보겠다.

1. 방 문

미술치료사와 치료대상자가 처음 만나는 것으로 이 시간에 받는 인상이 앞으로 미술치료를 계속 받을 것인가의 결정에 중요한 요인이 된다.

1) 첫 방문

미술치료를 받기 위해 찾아오는 치료대상자는 치료사가 자신을 알아주고 도와주기를 바라는 마음에서 치료실을 방문한다. 그러므로 미술치료사는 형식적이고 의도적인 질문보다 치료대상자의 문제와 연관되는 내용을 질문하거나 언급하는 것이 필요하다. 이러한 배려는 치료대상자에게 자신이 중심이 되고 있다는 느낌을 주기 때문이다. 적절한 질문은 치료사에 대한 신뢰를 갖게 할 뿐만 아니라 구체적이고 정확한 문제를 찾는 데 도움이 된다.

다른 사람들이 치료대상자에 대해 어떻게 생각하고 있는가의 질문은, 주변 사람들이 치료대상자와 그의 문제에 대해서 갖고 있는 인식에 대하여 좀 더 객관적인 정보를 얻는 데 도움이 되기도 한다. 이때 치료비용, 치료기간, 치료방법 등에 대한 간단한 언급도 이루어진다.

■ **표 9-1** ■ **방문 이유**

• 대인관계	• 의사소통	• 언어문제	• 산만행동
• 충동행동	• 퇴행행동	• 공격행동	• 불안행동
• 위축행동	• 도벽	• 거짓말	• 분리불안
• 등교 거부	• 학습부진	• 자폐 경향	• 자신감 결여
• 야뇨증	• 우울		

2) 전화통화

미술치료사와 치료대상자의 첫 만남은 치료대상자의 직접적인 방문으로 이루어지는 경우도 있지만, 대부분은 전화접촉으로 먼저 이루어진다. 전화는 직접적인 만남이 아니므로, 직접 대면을 통한 첫 만남에서의 대화와는 좀 다를 수 있다.

■ 표 9-2 ■ 전화를 통한 정보수집 내용

• 치료대상자의 이름	• 현재의 문제	• 연락처
• 면담 시 방법과 절차	• 대략적인 치료기간	
• 방문 날짜와 시간	• 치료비용	

그림 9-1 전화접촉

전화를 통해 수집할 정보에 대해서는 의견이 다양하다. 일반적으로 방문하고자 하는 치료대상자의 이름, 현재의 문제, 치료비용, 대략적인 치료기간, 면담 시의 방법과 절차, 방문 날짜와 시간, 연락처 등에 대해 간단히 언급하는 것이 좋다. 이 시간은 치료의 시간이 아니라 첫 면담을 하기 위한 약속의 시간으로 보아야 하기 때문이다.

2. 면 담

전화접수 후나 첫 방문 후에 치료대상자는 치료실을 방문하게 되고 면담이 이루어진다. 면담은 치료대상자를 평가하고 관찰할 수 있는 유일한 기회로, 얻어야 할 정보가 많다. 미술치료사는 면담 동안의 정보에 기초하여 미술치료를 계획하고 진행하게 되기 때문이다.

미술치료실이 혼잡하거나 자극하는 물건이 많을 때, 치료대상자의 주의가 분산되기 쉽다. 또한 치료 환경의 일부로서 치료사도 치료대상자에게 영향을 미칠 수 있는 옷차림, 액세서리 등을 점검해야 한다.

1) 면담에서 얻어야 할 정보

면담에서는 치료대상자뿐만 아니라 가족과 주변 환경에 대한 구체적인 자료수집이 필요하다. 면담 후에는 빠뜨린 정보를 다시 수집하는 것이 어렵기 때문에 필요로 하는 내용을 미리 목록화하여 정보를 수집하는 것이 좋다.

면담에서 얻어야 할 정보 중에서 가정에서 해 올 수 있는 정보는 미리 작성하여 가져오게 할 수도 있다. 이렇게 하면 면담시간을 줄일 수 있는 이점이 있다. 그러나 이러한 정보는 면담을 대신할 수 없고 단지 보조정보로만 활용될 수 있다. 이러한 경우 주로 질문지법이 많이 활용된다.

■ **표 9-3** ■ **면담에서 얻어야 할 정보**

• 현재 문제	• 성장과정	• 발달력	• 가족관계
• 학교 내 관계	• 사회적 관계	• 사회문화적 요소	• 행동 관찰
• 흥미나 취미	• 건강문제	• 앞으로의 계획	

(1) 현재 문제

왜 치료실에 오게 되었는지를 알아본다. 언제, 어디서, 어떻게, 누구와 함께 있을 때 얼마나 지속적으로 문제가 일어나는가 그리고 그때 느끼는 정서는 어떠한가에 대해 이야기를 나눈다.

자신의 문제를 어떻게 지각하고 있는지도 알아본다. 그리고 부정적인 감

그림 9-2 내가 생각하는 문제

정에 대해 이야기하고 문제를 줄일 수 있는 방법을 생각해 보자는 제안은, 치료대상자로 하여금 치료에서 자신이 적극적인 역할을 한다는 느낌을 갖게 해 줄 수 있다.

(2) 발달력과 건강문제

치료대상자의 적응에 관련하여 발달력과 건강문제에 관한 정보를 얻는다. 선천적인 장애가 있었는지, 어느 시기에 발병되었는지도 평가한다. 출생 전의 어머니 임신상태, 출생 시의 문제, 유아기의 건강상태 등은 치료대상자의 선천적 장애 유무를 찾아낼 수 있는 중요한 정보다. 치료대상자가 아동인 경우에는 주로 어머니로부터 정보를 얻게 된다.

■ 표 9-4 ■ 발달력

성 명: _______ 생년월일: _______
작 성 자: _______ 검 사 일: _______

1. 출생 전 산모 상태
   - 약물복용: 무( ) 유(종류: , 정도:)
   - 흡연 및 음주: 무( ) 유(종류: , 정도:)
   - 치료받은 질환: 무( ) 유(임신 개월, 질환 종류:)
   - 임신 시 가족 간의 갈등: 없음( ) 있음(누구: 언제:)
   - 임신 시 특이사항(언제: 종류: 기타:)

2. 출산상태
   - 임신기간: 정상( ) 조산( ) 난산(내용:)
     ① 자연분만( ) ② 제왕절개( )
   - 출산 시 특이사항(언제: 종류: 기타:)

3. 아동의 출생 후 특이사항
   - 질병: ① 무( ) ② 유(언제: , 치료 상황:)
   - 특이사항(언제: 종류:)

4. 신체발육 상태 ① 빠름( ) ② 보통( ) ③ 느림( )
   - 특이사항(언제: 종류:)

- 특이사항(언제: 종류:)

5. 언어발달 상태 ① 빠름( ) ② 보통( ) ③ 느림( )
   - 특이사항(언제: 종류:)
   - 특이사항(언제: 종류:)

6. 인지발달 상태 ① 빠름( ) ② 보통( ) ③ 느림( )
   - 특이사항(언제: 종류:)
   - 특이사항(언제: 종류:)

7. 사회성발달 상대 ① 빠름( ) ②보통( ) ③ 느림( )
   - 특이사항(언제: 종류:)
   - 특이사항(언제: 종류:)

8. 정서발달 상태 ① 빠름( ) ② 보통( ) ③ 느림( )
   - 특이사항(언제: 종류:)
   - 특이사항(언제: 종류:)

이러한 정보는 발달상태가 정상이었는가를 알아보는 데 중요한 정보가 된다. 첫 이상을 느낀 시기와 발견행동에 대해 정확히 확인하는 것이 좋다. 여기에는 어린 시절에 있었던 중대한 사건, 병력, 빈도, 자주 아팠던 가벼운 질환, 사소한 상처가 포함된다.

치료대상자가 학대나 방임과 관련된 증상을 보일 경우에 대해서 특별한 주의를 기울여야 한다. 아동에게 너무 자주 상처가 있었거나 계속적인 탈골은 신체적인 학대로 간주된다. 또 적절한 발달과제를 수행하지 못하는 아동의 경우 방임 가능성에 대해서도 평가해야 한다. 가족 내에 유사한 또는 다른 증상의 병에 걸린 형제자매나 부모가 있다면 이런 문제는 치료대상자의 증상과 관련하여 논의되어야 한다.

(3) 양육환경 및 가족관계

치료대상자 가족의 분위기와 양육환경에 관련된 정보를 얻는다. 가정 내부에 대한 내용이므로 조심스럽게 질문을 해야 한다. 또한 치료사는 한 가지 질문에

그림 9-3 우리 가족을 동물로 표현해 보기
양육환경을 알 수 있다.

서 여러 답변이 나올 수 있도록 이야기를 끌어나가는 것이 필요하다.

부모의 원가족 내력, 부부관계, 형제관계, 가족의 기능 수준, 나아가 가족이 가지고 있는 문제들을 파악한다. 부모의 사회적 지위, 교육 정도, 정신적 건강내력 등도 파악한다. 치료사가 부모의 배경을 안다면 현재 가족의 문제를 더 잘 이해하게 된다.

(4) 의학적 진단 및 결과

의학적 진단 결과에 대해 질문을 한다. 이때 간단한 의학 용어와 검사들에 대한 지식이 필요하다. 치료대상자가 문제로 인해 방문한 기관이 있었는지, 현재 다른 기관에 다니고 있는지에 대해 질문한다. 이러한 질문들은 부모의 양육 태도, 교육 정도, 치료대상자의 문제인식, 교육 정도 등에 대해 알 수 있을 뿐 아니라 치료대상자의 심리검사 분석에도 영향을 미친다.

■ 표 9-5 ■ 의학적 진단 및 결과

	성　명: ________ 생년월일: ________
	작 성 자: ________ 검 사 일: ________
검사 종류 (　　　　)	결과 (정상, 이상)
검사 종류 (　　　　)	결과 (정상, 이상)
검사 결과에 따른 조치사항:	
검사기관 (　　　　)	

(5) 사회적 관계

교우관계 및 사회관계에 대한 정보는 현존하는 문제를 평가하는 척도가 된다. 치료대상자의 교우관계와 사회관계는 그의 성격 특성과 문제행동을 암시한다. 친한 친구가 없거나 함께 어울리는 사람이 없음은 문제가 될 수 있는 부분이다. 치료사는 친한 사람과의 관계, 함께 하는 활동에 대해 다양한 방법으로 알아본다. 그리고 치료대상자의 사회적 조직망을 평가할 수도 있다. 이때 투사검사, 질문, 질문지도 활용할 수 있다.

그림 9-4 또래관계(친구 찾기)

같은 또래는 없고 어른과 물건만 있다.

■ **표 9-6** ■ **부적응 행동 질문지(유아용)**

성　　명: ________ 생년월일: ________

작 성 자: ________ 검 사 일: ________

1. 자기 의견을 잘 표현하지 못한다.
2. 다른 사람과 말할 때 마주 쳐다보지 못한다.
3. 다른 사람과 이야기할 때 '예' '아니요' 라고만 대답한다.
4. 학용품(크레파스, 놀잇감)이 없어도 같이 쓰자는 말을 못한다.
5. 친구들에게 자기 감정이나 의사를 나타내지 못한다.
6. 낯선 사람 앞에서는 말을 못한다.
7. 공연히 얼굴을 붉히거나 심하게 수줍음을 탄다.
8. 남이 조금만 뭐라고 해도 당황하거나 쩔쩔 맨다.
9. 어른이 조금이라도 꾸중을 하면 울기부터 한다.
10. 지명을 받았을 때 재촉을 받고서야 마지못해 일어난다.
11. 선생님의 질문을 알면서도 더듬거리거나 말을 하지 않는다.

－이정환, 박은혜(1995)

■ 표 9-7 ■ 사회/정서발달 질문지(유아용)

성 명: ________ 생년월일: ________
작 성 자: ________ 검 사 일: ________

1. 자신의 감정을 말로 표현할 수 있다.
2. 새로운 환경이나 교구에 흥미를 보인다.
3. 성격이 명랑하다.
4. 감정이 쉽게 바뀌는 편이다.
5. 혼자서 노는 편이다.
6. 친하게 지내는 친구가 있다.
7. 놀이에서 주로 지도자 역할을 한다.
8. 이미 진행되고 있는 놀이에 자연스럽게 끼어든다.
9. 문제 상황이 생겼을 때 혼자서 해결한다.
10. 문제 상황이 생겼을 때 말로 해결한다.
11. 다양한 놀이에 참여한다.
12. 친구들의 활동을 방해하지 않는다.
13. 가만히 있는 친구를 공연히 툭툭 치거나 밀친다.
14. 물건을 다른 사람에게 던진다.
15. 다른 사람을 발로 차거나 때린다.
16. 친구를 꼬집거나 깨문다.
17. 다른 아이가 하는 일을 건드려서 망쳐 놓는다.
18. 친구가 가지고 놀고 있는 장난감을 빼앗는다.

-이정환, 박은혜(1995)

(6) 사회문화적 요인

치료대상자는 가족의 분위기뿐만 아니라 사회적 · 경제적 · 문화적 배경에도 영향을 받는다. 치료대상자에게 영향을 끼치는 사회문화적 배경에 대한 이해는 치료대상자에 대한 이해뿐 아니라 문제해결을 위한 전략과 방법에도 중요하다. 치료대상자가 속한 가정과 사회의 문화적 준거에 충돌하지 않는 치료적인 개입을 하기 위해 사회문화적 요인을 아는 것이 필요하다.

(7) 행동 관찰

행동 관찰은 면담 중에 치료대상자를 관찰하는 것이다. 치료대상자의 신체적 특성, 외모, 의복, 예의, 의사소통 양식, 인지적 능력, 언어적 기술, 자발성, 정서, 치료에 대한 태도, 흥미, 호기심 수준, 자신감, 검사에 임하는 태도, 특별한 습관, 특이행동 등 치료실에 들어와서 하는 모든 행동을 포함한다. 때때로 행동 관찰은 심리검사를 통해 보충될 수 있다.

행동 관찰의 결과는 심리검사의 결과분석에 중요한 자료로 활용된다. 또한 행동 관찰은 면담에서 제공된 정보의 신뢰성을 확인하는 자료로도 이용될 수 있다.

■ 표 9-8 ■ 면담 시의 행동 관찰

성 명: _______ 생년월일: _______
작 성 자: _______ 검 사 일: _______

입실 시 태도:	위축( )	보통( )	산만( )	불안( )
얼굴 표정:	밝음( )	보통( )	어두움( )	무표정( )
착석:	잘됨( )	보통( )	안 됨( )	
면담태도:	수동적( )	보통( )	적극적( )	
정서:	양호( )	무감각( )	위축( )	
신체발달:	양호( )	보통( )	불량( )	
지적 발달:	양호( )	보통( )	불량( )	
의사소통:	양호( )	보통( )	불량( )	
기타:				

2) 면담에서 치료사의 태도

면담에서 가장 중요한 것은 치료대상자와 의미 있는 관계를 설정하는 것과 정보수집이다. 모든 치료대상자에게 통용되는 관계 형성의 틀은 없다. 일반적인 치료사의 태도에 대한 전문적 교육과 훈련을 거친 후, 이를 바탕으로 치료사 자신의 창의적이고 직감적인 상호작용의 틀이 나와야 한다.

치료사와 면담하는 동안 치료대상자는 정서적으로 편안해야 한다. 전문적인 치료사가 갖추어야 할 태도는 치료사의 비지시적 · 허용적 · 수용적 태도다. 이에 대해서는 앞에서 다룬 심리치료에 근거한 미술치료의 내용을 참고하기 바란다. 모든 면담이 끝나면 치료사는 거기서 얻은 모든 자료를 검토하여 치료목표를 세운다.

3. 심리검사의 활용

치료대상자가 보이는 문제의 상태와 원인 그리고 현재의 심리상태를 빠른 시간 안에 발견하기 위해 심리검사가 실시된다. 심리검사는 개인의 다양한 심리적 속성을 객관적이고 표준화된 방법으로 측정하여 진단, 분류, 치료, 예후 등의 유용한 정보를 얻기 위해 실시하는 것이다.

심리검사는 치료대상자의 문제와 관련된 내용 이외에도 치료대상자의 능력, 특성, 장점, 약점을 파악할 수 있다. 치료의 목표설정, 치료계획 등에 도움을 받기 위해 심리검사를 활용한다. 여기서는 검사 선택 시 고려사항, 심리검사의 유형과 장단점, 심리검사의 종류에 대해 살펴보겠다.

1) 검사 선택 시 고려사항

치료사는 면담의 내용을 바탕으로 심리검사를 선정해야 한다. 이때 고려해야 할 일반적인 기준으로는 치료대상자의 문제와 관련된 검사, 표준화 검사, 검사의 실용성이 있다.

(1) 치료대상자의 문제와 관련

선택한 심리검사가 치료대상자의 문제를 이해하기 위한 정보를 제공할 수 있는지 고려해야 한다. 치료대상자를 고려하지 않고 먼저 심리검사를 실시할 경우에는 불필요한 자료를 과다하게 얻게 되거나, 치료대상자의 문제에 꼭 필요한 자료는 얻지 못할 수 있다.

(2) 표준화 검사

표준화 검사를 사용해야 한다. 표준화 검사는 규준집단, 검사의 타당도, 신뢰도가 검증된 검사를 말한다.

① 규준집단

치료대상자가 검사 제작 시의 규준집단(연령, 성별, 사회경제적 지위, 지적 수준 등)에 포함되어 있는 검사를 사용해야 한다.

② 검사의 타당도

타당도는 측정하고자 하는 영역을 정확하게 측정하고 있는가의 내용타당도, 동일한 개념을 측정하는 다른 검사와의 상관관계를 알려 주는 공인타당도, 어떤 이론과 가정에 기초하여 검사를 구성하였는지를 알아보는 구인타당도가 있다. 표준화 검사는 이러한 타당도가 검증된 검사다.

③ 검사의 신뢰도

신뢰도는 시간의 변화에도 얼마나 일관성이 있는가를 의미한다. 표준화 검사는 신뢰도가 검증된 검사다.

(3) 검사의 실용성

검사 실시와 채점의 간편성, 검사의 경제성 등을 고려해야 한다. 가능하면 시행과 채점이 간편하고 시행시간이 적절하며 검사비용도 큰 부담이 되지 않는 검사를 선정해야 한다.

2) 심리검사의 유형과 장단점

인간의 심리는 다양하고 복잡하다. 그러면서 상호 관련되어 있기 때문에 완벽한 하나의 검사를 개발한다는 것은 상당히 어렵다. 심리검사의 유형과 장단점에 대해 살펴보겠다.

(1) 심리검사의 유형

심리검사는 투사검사(주관적 검사)와 질문지검사(객관적 검사)로 크게 나눌 수 있다. 이 두 방법은 나름대로의 특성을 가지고 있다. 효율적인 심리검사를 실시하기 위해서는 각 심리검사의 특성을 이해해야 한다.

① 투사검사

투사검사는 애매한 또는 구조화되지 않은 자극을 주고 이것이 무엇으로 보이는가를 물어서 개인의 정신 내면의 상태, 성격의 특성을 밝히는 검사다. 치료대상자로부터 다양한 반응을 얻기 위해 검사의 지시사항은 간단하게 한다.

② 질문지검사

질문지검사는 객관적 검사로서 구조화된 검사다. 평가하고자 하는 내용이 일정하게 제시되며, 치료대상자는 일정한 형식에 따라 반응하게 된다. 객관적 검사는 개인의 독특성보다는 상대적으로 비교하려는 목적을 지닌 규준에 기초한 검사라고 할 수 있다.

(2) 심리검사의 장점과 단점

투사검사와 질문지검사는 특성이 다른 만큼 각기 다른 장점과 단점을 지니고 있다. 치료사가 그 장점과 단점을 정확히 파악하고 있으면 유용하게 활용할 수 있다.

① 투사검사의 장점과 단점

■ 표 9-9 ■ 투사검사(주관적 검사)의 장점과 단점

장 점	단 점
• 반응의 독특성 • 방어의 어려움 • 반응의 풍부함 • 무의식적 반응	• 검사의 신뢰도 문제 • 해석의 객관성 문제 • 상황의 영향

- 투사검사의 장점인 반응의 독특성은 검사 반응이 개인에 따라 다르게 나타남을 의미한다([그림 9-5]).
- 방어의 어려움은 투사검사의 내용이 불분명하고, 모호한 자극에 반응하는 것이므로 적절한 방어를 하기 어렵다는 것이다.

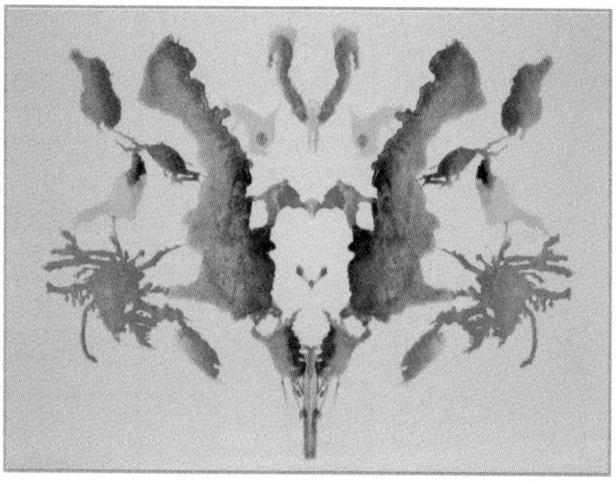

그림 9-5 무엇으로 보이는가(로르샤흐 검사)

치료대상자에 따라 다른 반응이 나온다.

- 반응의 풍부함은 검사 자극이 모호하고 검사의 지시방법이 제한되어 있지 않기 때문에 개인의 반응이 다양하게 표현됨을 의미한다([그림 9-6], [그림 9-7]).
- 무의식적 반응은 투사검사의 모호한 자극이 평소에 의식되지 않던 사고나 감정을 자극할 수 있음을 의미한다([그림 9-8]).
- 투사검사의 단점은 우선 투사검사가 모호한 자극에 대한 반응이므로 검사자 간의 신뢰도와 재검사 신뢰도가 낮다는 점이다.

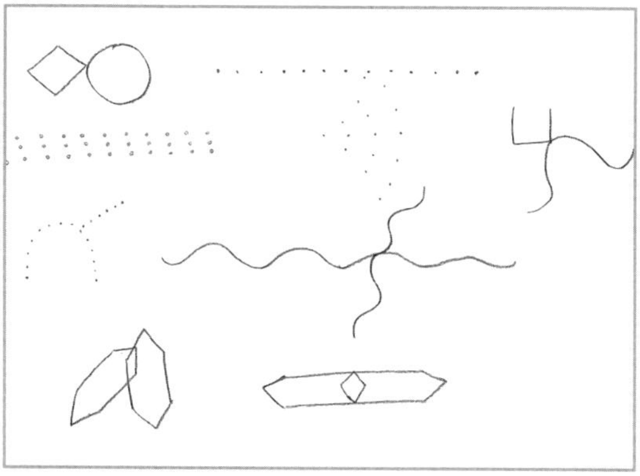

그림 9-6 보고 그리기(BGT) a

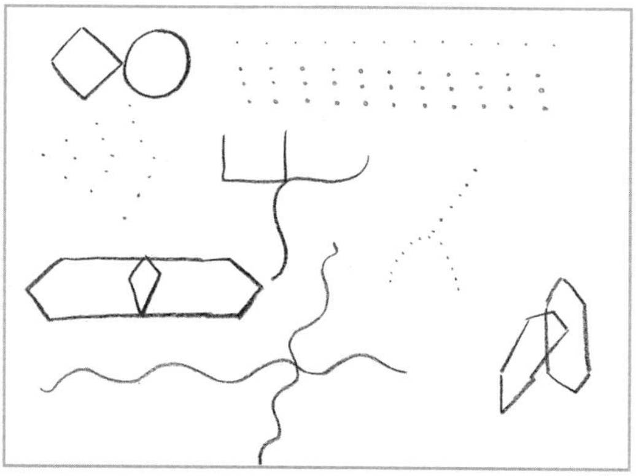

그림 9-7 보고 그리기(BGT) b

대학생이 같은 시간에 그린 것으로 차이가 있다. 검사 내용이 불분명하므로 자신을 드러내기가 수월하다. 계획 세움, 소심함, 대담함 등의 차이가 보인다.

그림 9-8 나가고 싶어(동굴화)

평소에 의식되지 않던 사고나 감정이 나타났다.

그림 9-9 우리 가족(KFD)

사전 정보에 따라, 치료사에 따라 다른 해석이 가능하다.

- 해석의 객관성이라는 측면에서 투사검사의 단점은 투사검사가 비록 임상적인 증거를 근거로 하고 있으나 객관성을 확보하기 어렵다는 점이다. 또 치료사에 따라 다른 해석이 가능하다([그림 9-9]).
- 치료대상자의 반응이 상황의 영향을 받는다는 것도 투사검사의 단점이다. 치료사의 태도, 검사 시 치료대상자의 상태, 치료사에 대한 치료대상자의 선입견 등이 검사 반응에 강한 영향을 미친다([그림 9-10], [그림 9-11]).

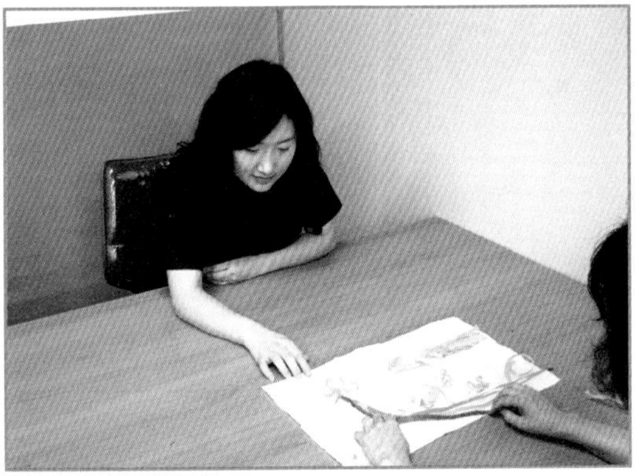

그림 9-10 상황요인 a

그림 9-11 상황요인 b

치료사의 옷 색깔(예: 어두운 색, 밝은 색)이 치료대상자의 반응에 영향을 줄 수 있다.

치료사는 치료대상자에게 미칠 수 있는 이와 같은 여러 요인들을 고려하여 검사 실시 후에 자기 점검을 해 보는 것이 필요하다.

치료사 자신에 대한 질문

- 검사를 시작하기 전에 치료대상자와 친밀감을 형성했는가?
- 치료대상자는 검사를 위해 준비되어 있었는가?
- 치료대상자의 주의가 산만하지 않도록 검사환경을 조성했는가?
- 치료대상자에게 충분한 격려와 지지를 보였는가?
- 단정한 옷차림, 적절한 목소리로 치료대상자를 대하였는가?
- 치료대상자가 편안해하였는가?
- 치료사는 검사도구를 자신 있게 다루었는가?
- 치료대상자는 모든 지시사항을 잘 따랐는가?
- 치료사는 심리검사 절차를 적절하게 설명했는가?
- 치료대상자에게 맞는 심리검사였는가?

② 질문지검사의 장점과 단점

■ 표 9-10 ■ 질문지검사(객관적 검사)의 장점과 단점

장 점	단 점
• 검사 실시의 간편성 • 검사의 신뢰도 및 타당도 • 객관성	• 사회적 바람직성 • 반응 경향성 • 문항 내용의 제한

- 질문지검사의 장점인 검사 실시의 간편성은 검사 시행, 채점, 해석이 간편하다는 점이다([그림 9-12]).
- 이미 검사의 제작과정에서 신뢰도와 타당도를 충분히 검증하여 표준화 또는 개발된 검사이기 때문에 질문지검사는 검사의 신뢰도와 타당도가 높다.
- 질문지검사는 객관성이 있다. 구조화된 질문에 대하여 객관적으로 반응하

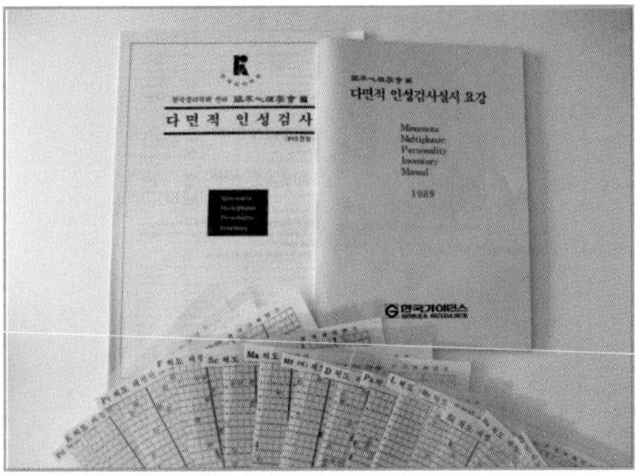

그림 9-12 채점의 간편함(MMPI)

치료대상자의 반응에 반응판을 대면 즉석에서 채점이 가능하다.

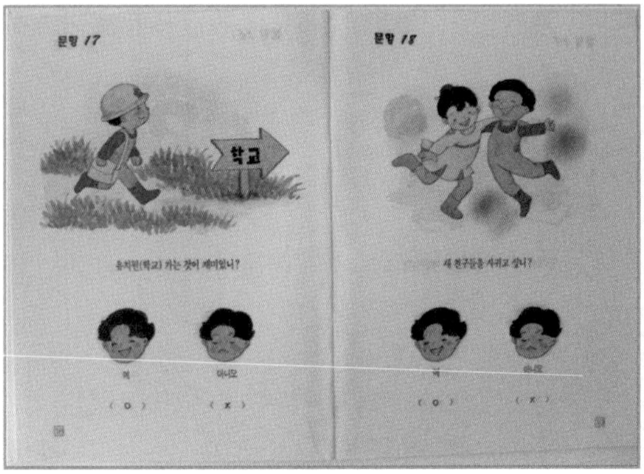

그림 9-13 객관성(유아사회성검사의 답지)

선택만 하면 된다.

는 것이므로, 검사자 변인이나 검사상황 변인에 영향을 적게 받으며 채점이 객관적으로 이루어질 수 있다([그림 9-13]).

- 질문지검사의 단점인 사회적 바람직성은 문항 내용이 표면적으로 드러나므로, 치료대상자가 사회적으로 바람직하다고 여기는 방향으로 답할 가능성이 있다는 점이다.
- 반응 경향성은 일정한 흐름에 따라 응답하고자 하는 개인의 특성이다. 질문지검사에서는 치료대상자가 일관되게 긍정적으로 응답하거나 부정적으로 응답할 수 있는 가능성이 있다.
- 문항 내용의 제한이란 질문지검사에서는 정해진 질문 이외의 응답은 받을 수 없다는 점을 뜻한다. 따라서 개인의 특성과 상황 간의 상호작용을 밝히기가 어렵다. 심층심리, 감정, 신념 등은 문항으로 다루기 어렵기도 하다.

당신이 허리가 보통정도로 아팠다면 보기에서처럼 웬만큼 있다 란에 "×" 표를 하면 됩니다

문항	전혀 없다	약간 있다	웬만큼 있다	꽤 심하다	아주 심하다
1. 머리가 아프다			×		
2. 신경이 예민하고 마음의 안정이 안된다.			×		
3. 쓸데없는 생각이 머리에서 떠나지 않는다.			×		
4. 어지럽거나 현기증이 난다			×		
5. 성욕이 감퇴되었다			×		
6. 다른 사람들이 못마땅하게 보인다			×		
7. 누가 내 생각을 조정하는 것 같다			×		
8. 다른 사람들이 나를 비난하는 것 같다		×			
9. 기억력이 좋지 않다			×		
10. 조심성이 없어서 걱정이다			×		
11. 사소한 일에도 짜증이 난다			×		
12. 가슴이나 심장이 아프다			×		
13. 넓은 장소나 거리에 나가면 두렵다		×			
14. 기운이 없고 침체된 기분이다			×		
15. 죽고 싶은 생각이 든다.			×		
16. 다른 사람은 듣지 못하는 헛소리가 들린다		×			

그림 9-14 반응 경향성(간이정신진단검사)

그렇다, 보통이다 또는 그렇지 않다로 일관되게 반응할 수 있다.

어떤 심리검사도 완벽하지 않고 각기 장점과 단점을 지니고 있다. 치료사는 이러한 점을 인식하여 검사 선택, 실시, 해석 과정에서 고려하여야 한다. 투사검사와 질문지검사를 동시에 사용함으로써 각 검사가 지니고 있는 단점을 상호 보완할 수 있다.

3) 심리검사의 종류

심리검사를 실시할 때는 치료대상자에 대한 검사 목적을 세우고 그에 적합한 검사를 선택해야 한다. 그러기 위해서는 각 검사의 특징과 검사로 얻을 수 있는 정보가 무엇인지를 잘 알고 있어야 한다.

일반적으로 심리검사는 지각검사, 성격검사, 발달검사, 문제행동, 적응행동, 언어검사, 지능검사, 특정장애검사 등으로 나누어 볼 수 있다.

■ **표 9-11** ■ **심리검사의 종류**

평가영역	심리검사
지각검사	시지각발달검사(DTVP), 벤더도형검사(BGT), 지각-운동발달진단검사(PMDT), 시각-운동통합검사(VMI)
성격검사	벤더도형검사(BGT), 장면구성검사, 간이정신진단검사, 다면적 인성검사(MMPI), MBTI, 주제통각검사(CAT, TAT), 유아성격검사, 인물화검사(DAP), 집/나무/사람검사(HTP)
발달검사	덴버 발달선별검사(DDST), 교육진단검사(PEP)
문제행동	아동-청소년 행동평가척도(K-CBCL)
적응행동	사회성숙도검사(SMS)
언어검사	언어이해 · 인지력검사, 그림어휘력검사, 문장이해력검사, 장애아 표준어휘력검사
지능검사	카우프만 아동용 개별지능검사(K-ABC), 웩슬러 지능검사, 그림지능검사(PTI), 유아지능검사
특정장애검사	아동기 자폐증 평정척도(CARS), 충동성검사, 기질검사, 이화-자폐아동 행동발달 평가도구(E-CLAC)

여기서는 현장에서 많이 사용되는 검사를 중심으로 그 내용에 대해 살펴보고자 한다.

① 시지각발달검사(Developmental Test of Visual Perception: DTVP)

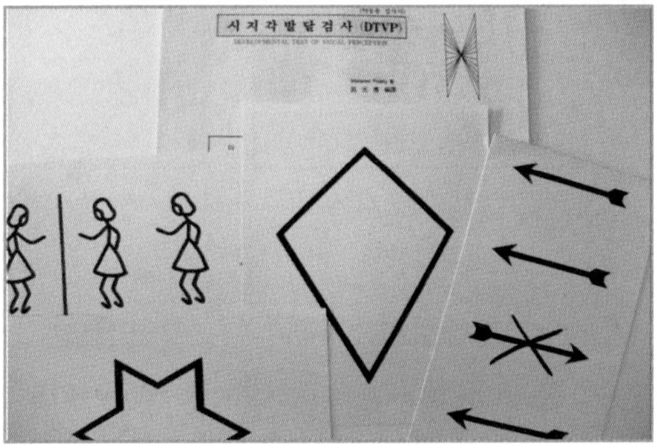

그림 9-15 시지각발달검사

그림 9-16 시지각발달검사 평가 내용

4~9세의 아동을 대상으로 시지각발달의 장애를 진단한다. 시지각장애와 문자학습 및 학교적응 간의 관계, 시지각장애와 뇌손상 및 기타 장애 간의 관련성을 탐색한다. 뇌일혈이나 뇌손상을 당한 성인 환자에게도 시지각능력을 평가하는 도구로 활용된다.

Marianne Frostig의 1966년판을 1989년 여광응이 편역하였다. 이는 비언어성 검사로 문화의 영향을 크게 받지 않는다.

② 벤더도형검사(Bender Gestalt Test: BGT)

BGT는 형태심리학과 역동심리학의 이론을 근거로 개인의 심리적 과정을 분석하고자 하는 것이다. BGT는 Wertheimer(1923)가 지각의 형태심리학적 법칙을 설명하기 위해 고안한 도안을 지각과 운동기능을 검사하는 데 활용한 것이다. 왜곡된 지각은 여러 형태의 비정상적 또는 정신병적 징후일 수 있다.

지각성립은 단순히 지각 자체의 형태성뿐만 아니라 지각하는 개인의 경험, 정신적 태도, 욕구와도 관계가 있다. 따라서 BGT는 투사적 성격검사로도 활용된다.

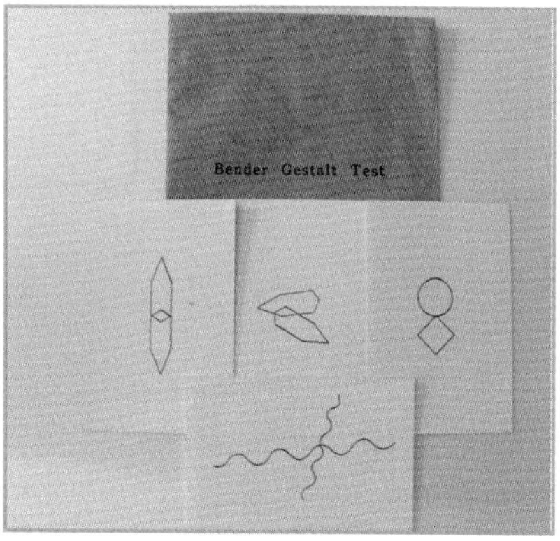

그림 9-17 벤더도형검사

지각과 운동기능 검사로 활용된다.

BGT 활용의 예

지각은 개인의 욕구와 깊은 관계를 가지며, 개인의 가치관이나 인성 특성과도 깊은 관계가 있다. 따라서 동일 자극에 대한 각 개인의 지각 내용을 분석하고 지각과정의 유형을 밝힘으로써 개인의 인성을 규명할 수 있다.

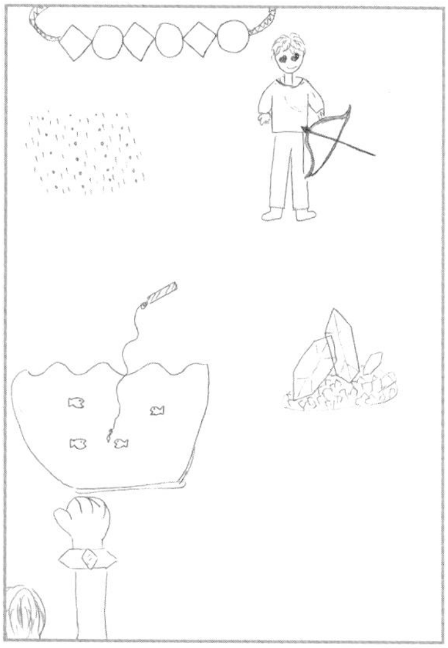

그림 9-18 인성검사의 예

도안의 변형에서 보석과 잡는 것(낚시, 화살)을 연상하였다.

③ 장면구성검사(Sceno-Test: SCT)

신경증과 행동장애가 있는 아동들의 무의식적 문제와 갈등들을 알아보기 위한 검사다. 독일의 정신과의사인 Gerdhild von Staabs에 의해 제작되었다. 인형들과 여러 재료 및 도구들을 가지고 장면을 만들게 하는 성격검사다. 장면구성검사는 3~11세 정도의 아동들을 대상

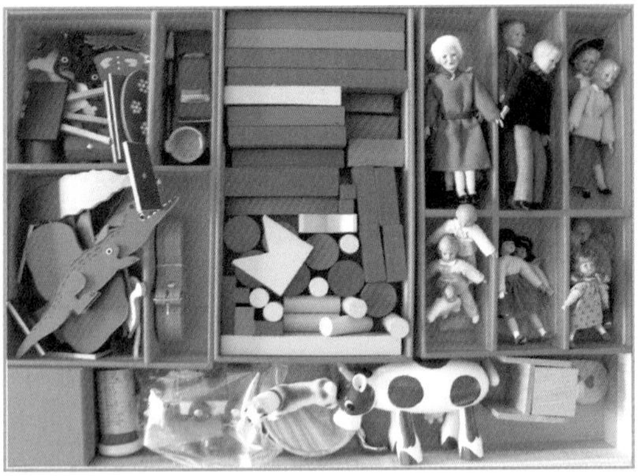

그림 9-19 장면구성검사

그림 9-20 장면구성의 예
위축되고 자신 없는 자신이 나타난다.

■ 표 9-12 ■ 장면구성검사 평가 내용

- 아동의 행동 관찰: 일반적인 성격구조
  검사자에 대한 반응, 검사 자체에 대한 반응, 손재주, 장면구성 과정에서 재료 다루기, 주의력, 템포, 운동성, 재능, 흥미, 적성, 장면 구성하는 방식, 검사 상황에 대한 반응
- 장면의 관찰: 현재 문제
  꾸민 장면, 장면과 등장인물들에 대한 이야기

으로 하며, 상황 이해의 가능성이 있기 때문에 치료 목적으로도 사용된다.

다양한 표준화된 재료 중 마음대로 인물이나 재료를 선택하여 장면을 꾸밈으로써 자신의 외적 · 내적 상황과 문제들을 직접 보여 주게 된다. 꾸미는 과정이 놀이의 성격을 가지고 있다.

④ 간이정신진단검사(Symptom Checklist-90-R: SCL-90-R)

Derogatis와 그의 동료들에 의해 개발된 자기보고식 검사다. 일상생활에서 의사소통을 제대로 할 수 있는 사람이면 누구나 할 수 있도록 검사문항이 쉽다.

이 검사는 학교, 상담소, 정신과에서 활용되고 있다. 치료대상자의 일반적인 증상을 포괄하고 있다는 특징이 있다.

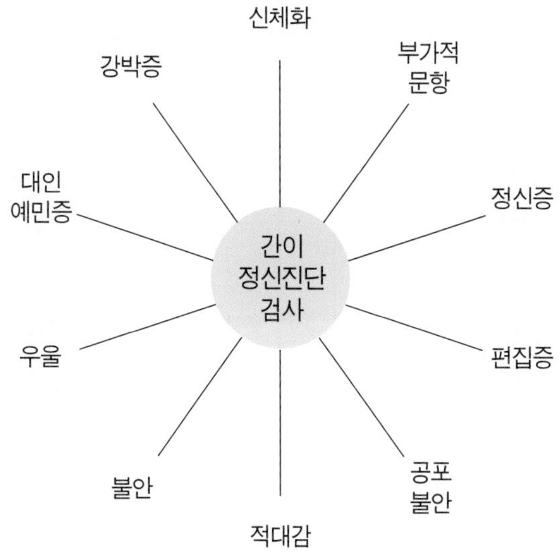

그림 9-21 간이정신진단검사

⑤ **다면적 인성검사**(Minnesota Multiphasic Personality Inventory: MMPI)

MMPI는 세계적으로 가장 널리 쓰이고 가장 많이 연구되어 있는 객관적 성격검사다. MMPI는 Stark Hathaway와 Jovian McKinley에 의하여 만들어졌다. MMPI의 일차적인 목적은 정신과적 진단분류를 위한 측정이다.

우리나라에서는 1963년 정범모, 이정균, 진위교에 의해 실시된 이래 재표준화되었다. 상담 및 임상 장면 등 각 분야에서 활발하게 사용되고 있다.

정상인에게도 활용된다. 병리적 분류의 개념이 정상인의 행동과 비교될 수 있기 때문이다. MMPI는 개인 인성의 비정상성 혹은 징후의 평가, 비정상적이고 불건전한 방향으로 진전될 가능성을 미리 찾아내어 예방 및 지도책을 도모하기 위한 검사로 활용된다.

그림 9-22 MMPI의 측정 행동

⑥ MBTI(Myers-Briggs Type Indicator)

Jung의 성격유형 이론을 근거로 Katharine C. Briggs와 Isabel Briggs Myers가 1941년 이후 계속적으로 연구 개발한 성격유형검사다. 외향성-내향성(주의집중과 에너지의 방향), 감각-직관(정보수집과 인식방법), 사고-감정(판단과 의사결정 과정), 판단-인식(행동이해와 생활양식)에서 개인이 선호하는 유형을 찾아 각자의 성격 특성을 보다 깊이 이해한다.

자기보고식 검사다. 각자의 선호성이 어떻게 작용하고 어떤 결과로 나타나는가를 예측하여 실생활에 도움을 주고자 한다.

⑦ 아동용 회화통각검사(Children Apperception Test: Korean CAT)

Bellak(1993)이 아동이 주요한 인물이나 충동에 대응해 나가는 방식을 이해하기 위해 제작한 투사검사다. CAT는 한국 아동에게 적용 가능하도록 1976년 이화여자대학교 인간발달연구소에서 개정한 것이다.

이 검사는 그림도판 9개와 보충도판 9개로 구성되어 있으며, 아동들의 내면세계를 각각의 검사도판에 투사시키는 것이 가능하도록 되어 있다. 아동들이 지니고 있는 욕구체계, 갈등, 상황처리 같은 성격 특성들을 진단할 수 있다.

그림 9-23 CAT

3~10세의 그림을 이해하고 언어로 표현할 수 있는 아동이면 검사가 가능하다. CAT에서는 대인관계, 사회적 상호작용, 동일시 같은 구체적인 문제들을 반영하는 반응들이 나타난다.

■ 표 9-13 ■ CAT의 특성

• 동물을 자극으로 사용	➡	• 거부감 방어의 최소화
• 동물의 등장	➡	• 문화적 영향의 감소
• 동물의 생활 장면이 아닌 인간의 생활 장면	➡	• 아동의 성격진단

그러나 CAT의 반응들이 현재의 행동 경향을 반영하는 것인지, 아니면 잠재 성향, 즉 환상이나 충동을 반영하는 것인지는 평가하기 어렵다. CAT의 평가 내용과 기록은 〈표 9-14〉와 같다.

한편, 14세 이상의 연령에서는 CAT보다는 TAT를 사용한다.

그림 9-24 TAT

■ 표 9-14 ■ CAT의 평가 내용과 기록

<table>
<tr><th colspan="5">도판 1</th></tr>
<tr><td rowspan="2">1. 진술</td><td>① 자발적 진술</td><td colspan="3" rowspan="2"></td></tr>
<tr><td>② 질문 후의 진술</td></tr>
<tr><td colspan="2" rowspan="2">2. 주제</td><td>① 기술적 수준</td><td>② 해석적 수준</td><td>③ 진단적 수준</td></tr>
<tr><td></td><td></td><td></td></tr>
<tr><td colspan="2">3. 주인공의 동일시</td><td colspan="3"></td></tr>
<tr><td rowspan="4">4. 주인공의 욕구</td><td>① 주인공의 행동적 욕구</td><td colspan="3"></td></tr>
<tr><td>② 도입된 대상과 내포된 욕구</td><td colspan="3"></td></tr>
<tr><td>③ 간과된 대상과 내포된 욕구</td><td colspan="3"></td></tr>
<tr><td>④ 세부 강조와 내포된 욕구</td><td colspan="3"></td></tr>
<tr><td rowspan="3">5. 주위 인물에 대한 지각</td><td>① 부모에 대한 지각</td><td colspan="3"></td></tr>
<tr><td>② 동년배에 대한 지각</td><td colspan="3"></td></tr>
<tr><td>③ 어린 대상에 대한 지각</td><td colspan="3"></td></tr>
<tr><td colspan="2">6. 주요한 갈등</td><td colspan="3"></td></tr>
<tr><td colspan="2">7. 불안의 성질</td><td colspan="3"></td></tr>
<tr><td colspan="2">8. 주된 방어기제</td><td colspan="3"></td></tr>
<tr><td colspan="2">9. 초자아의 적절성</td><td colspan="3"></td></tr>
<tr><td colspan="2">10. 자아의 강조</td><td colspan="3"></td></tr>
<tr><td colspan="2">11. 임상적 특징</td><td colspan="3"></td></tr>
</table>

출처: 한국가이던스

⑧ 한국판 덴버발달선별검사(Korean Denver Developmental Screening Test: KDDST)

KDDST는 출생부터 6세(정확히 생후 2주부터 6세 4개월까지)까지의 발달진단 검사다. 발육지연이 있거나 발육지연이 의심되는 아동들을 발견하기 위한 검사다.

뚜렷한 증세는 없으나 발달장애가 있을 가능성이 있는 아동을 선별하거나, 주관적으로 의심이 가는 아동을 객관적으로 확인할 수 있다. 선별검사이므로 적응능력이나 지능을 정확히 진단하는 검사가 아니다.

■ 표 9-15 ■ KDDST의 검사 내용과 도구

- 검사 내용
  개인 · 사회성, 미세운동 · 적응성, 언어, 전체운동
- 검사도구
  - 검사요강
  - 기록용지: 104개의 검사 항목으로 구성되어 있고 연령에 따라 개인 · 사회성, 미세운동 · 적응성, 언어, 전체운동의 영역으로 배열되어 있다.
  - 검사용구: 빨간색 털실뭉치(직경 약 10cm), 손잡이가 가느다란 딸랑이 장난감, $2.5cm^2$의 나무토막 8개(빨간색, 파란색, 노란색, 녹색), 테니스공, 입구 직경 1.5cm의 작은 유리병, 작은 종, 연필

⑨ 교육진단검사(Psycho Educational Profile: PEP)

발달지체, 자폐증, 정신병리 아동을 평가하기 위한 발달적 접근 검사다. 정상, 비정상의 판단보다는 아동의 기능별 현재 수준을 측정하고, 현재의 발달수준에 가장 알맞은 개인용 교육 프로그램을 구성하는 데 그 목적이 있다.

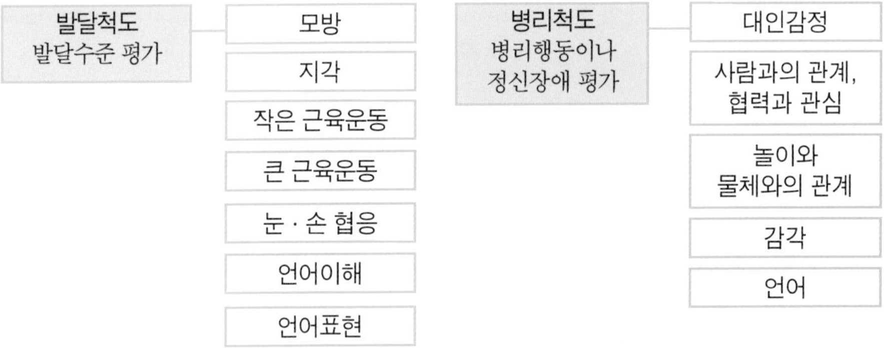

그림 9-25 PEP의 척도 내용

그림 9-26 PEP 검사도구

그림 9-27 CBCL

생활연령은 2~12세인데 정신연령이 2~7세인 아동을 대상으로 하며, 언어이해를 필요로 하는 과제는 최소한으로 되어 있다. 다른 검사에서 무시해 버리기 쉬운 반응(짝트기)도 기록하여 개별화교육 프로그램 구성에 이용할 수 있다.

검사의 문항이 학습적인 과제들로 구성되어 있어서 조기 특수교육을 오래 받은 아동은 표현언어, 눈-손의 협응, 작은 근육운동 등이 인위적으로 높게 평가될 수도 있다. 이 검사는 병리척도의 병리성 채점 기준이 모호하여 검사자의 주관적인 판단이 개입될 수 있다.

⑩ 아동 · 청소년 행동평가척도 (Child Behavior Check List: CBCL)

한국판은 Achenbach의 아동 · 청소년 행동평가척도를 기초로 하여 만든 검사다. 이는 4~17세가 검사대상이며, 단일 문제

행동 증후군 척도다.

이 척도는 아동의 적응적인 측면을 부모가 객관적으로 평가할 수 있도록 사회능력 척도도 갖추고 있다. 한국판 사회능력 척도는 사회활동척도를 제외한 사회성 척도, 학업수행 척도의 2개 척도와 총 사회능력 점수의 3개로 구성되어 있다.

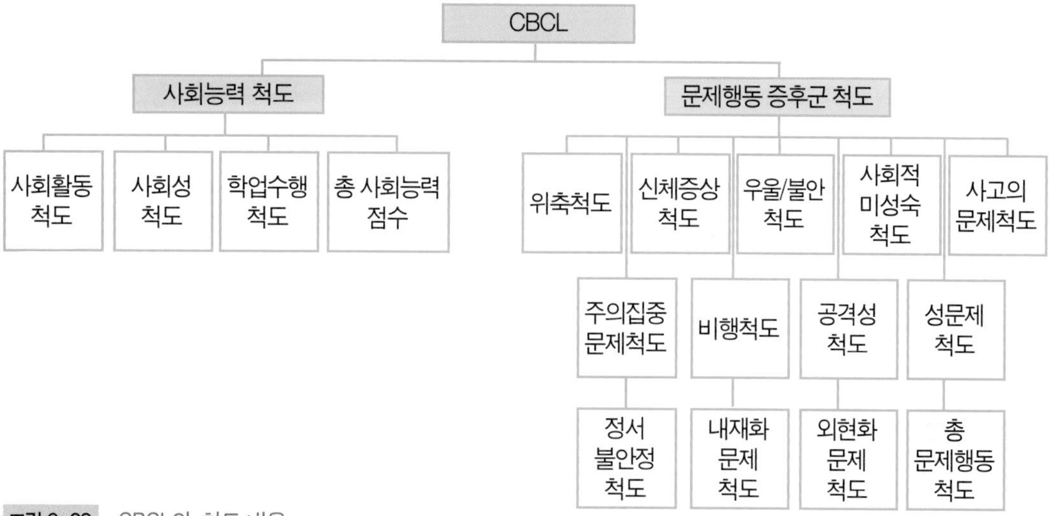

그림 9-28 CBCL의 척도 내용

⑪ 행동목록법

행동목록법은 오랫동안 널리 사용되어 온 검사 중의 하나다. 이는 관찰하고자 하는 행동을 자세히 분류하고, 그것을 기초로 하여 그 행동이 나타났을 때

■ 표 9-16 ■ 공격행동 목록표

행동 유형	구체적인 예를 기록한다.
신체적 공격	
언어적 공격	
소지품에 대한 공격	
물건을 막 다룸	

체크를 하거나 빈도를 기록하는 방법이다. 특히, 아동의 부적응행동이라고 할 수 있는 공격성, 과잉행동, 의존성, 위축, 고립 등의 행동을 지도하기 위한 기초 자료를 수집하는 데 유용하다.

⑫ 카프만 아동용 개별지능검사(Kaufman Assessment Battery for Children: K-ABC)

미국의 Kaufman 부부가 2세 6개월에서 12세 5개월까지 아동의 지능과 습득도를 파악하기 위해 만든 종합지능검사다. 아동의 순수한 문제해결 능력, 좌뇌 능력이라고 볼 수 있는 순차적 지능, 우뇌능력이라고 볼 수 있는 동시적 지능을 측정한다. 독특한 인지처리 학습 프로파일에 대한 특징을 알아낼 수 있다. 또한 문제해결과 관련된 광범위한 활동에 있어 아동의 잠재적 문제해결 능력을 이해하는 데도 도움이 될 수 있다.

그림 9-29 K-ABC의 측정 내용

⑬ 웩슬러 지능검사(Korean-Wechsler Adult Intelligence Scale: K-WAIS)

Wechsler는 지능을 개체가 합목적적으로 행동하고 합리적으로 사고하며 효율적으로 환경을 처리해 가는 종합적 · 총체적 능력으로 정의하였다. 지능은 단순한 능력이나 요소의 총합이 아니다. 요소들의 의미 있는 조합방법에 의한 결

그림 9-30 웩슬러 지능검사의 내용

과로서 성격적 · 기질적 요인을 포함한다.

아동용은 KEDI-WISC로 한국교육개발원에서 우리나라 실정에 맞게 표준화하였다.

그림 9-31 KEDI-WISC

4. 미술진단검사

미술치료에서 활용하는 미술진단검사에 대해 살펴보고자 한다. 이는 앞서 일반 심리검사처럼 충분한 타당도와 신뢰도가 검증되지는 않았다. 그러나 부가적이면서도 심층적으로 중요한 자료를 얻기 위해 투사법의 일종으로 사용되고 있으며, 검사 결과가 유용하게 활용되고 있다. 특히, 인물화에 의한 지능검사나 성격검사, 집-나무-사람 검사(HTP), 가족화(KFD) 등이 가장 많이 활용되고 있다.

이 외에도 미술에 의한 심리진단 기법에 대하여 계속 연구가 이루어지고 있다. 또한 협동화, 콜라주, 풍경구성법, 난화, 별-파도 검사, Silver 그림검사 등에 의해 치료대상자의 심리상태를 진단하려는 노력도 이루어지고 있다. 여기서는 현장에서 잘 사용되는 미술진단검사에 대해 살펴보겠다.

그림 9-32 자유화

떨어지는 돌, 앞의 나무를 중심으로 보아야 할 것 같다.

① 자유화에 의한 심리진단

제재나 방법을 치료대상자가 스스로 결정하여 그리게 하는 것이다. 주제, 색채 사용, 선과 형태, 공간 이용, 내용 등을 분석한다. 이와 같은 분석방법은 아직 신뢰도나 타당도에서 동의를 얻지 못한 부분이 있음을 유의해야 한다.

■ 표 9-17 ■ 자유화의 분석지표

주제에 따른 표상능력, 세부적 묘사, 화면구성, 다양한 형체 묘사

② 상상화 그리기

한 장의 종이에는 주제를 주지 않고 상상화를 그리게 하고, 다른 한 장에는 사람, 길, 집 등의 내용이 있는 상상화를 그리게 한다. 후자는 과제를 제시한 것이다. 형태, 색채, 구도, 동적 요소, 내용 등이 분석기준이 된다.

③ 과제화법

인물, 가족, 친구, 집, 나무, 산, 동물, 길 등의 과제를 미리 주고 그리게 한다. 이를 통해 이상행동에 대한 내면의 욕구와 그 욕구를 저지하는 압력을 잘 알 수 있다. 인물화, 길, 나무, 집 등을 그리기, 동적 가족화, 풍경구성법 등이 여기에 속한다.

나무 그리기법

● 준비물

백지(210×197mm A4 용지), 연필(4B/HB), 지우개 등

● 검사 지시사항 및 절차

“열매가 달린 나무를 한 그루 그리세요.”

나무는 치료대상자의 심리상태를 잘 반영한다고 할 수 있다. 나무 그림을 그리게 하여 진단할 때에는 나무그림 검사기준을 참조하여야 한다. 대체로 나무의 줄기, 가지, 뿌리, 열매, 잎, 전체 인상 등을 기준으로 분석한다.

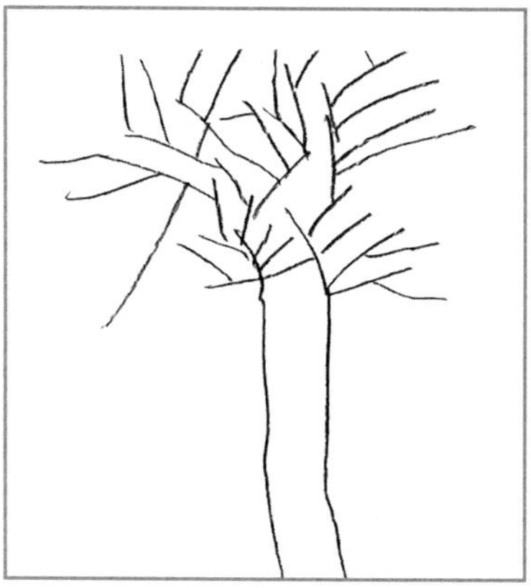

그림 9-33 나무 그림

감나무라고 한다. 낮병동 환자의 그림으로 잎이나 열매가 없다. 제멋대로 가지가 뻗어 나가고 있다.

집-나무-사람 검사(House-Tree-Person: HTP)

- 준비물

백지(번호 매긴 A4 용지 4장-남녀의 어느 쪽을 먼저 그렸는지 알기 위해서)

연필(4B/HB), 지우개

- 검사 지시사항 및 절차

"지금부터 그림을 그려 봅시다. 이것은 그림을 잘 그리고 못 그리는 것을 조사하는 것이 아니니까 즐거운 마음으로 그리십시오. 자기가 생각한 대로 그리면 좋습니다. 한 장의 종이에 하나씩 모두 4장의 그림을 그리십시오."

(1번 종이를 제시하며) "이 종이에 집을 그리십시오."

(2번 종이를 제시하며) "이번에는 나무를 한 그루 그려 보십시오."

(3번 종이를 제시하며)

"이번에는 사람을 한 명 그려 보십시오. 전신을 그리는 것입니다."

이때 남자인가, 여자인가를 물어서 기입한다.

(4번 종이를 제시하며)

"이번에는 남자(혹은 여자: 먼저 그린 인물과 반대되는 성)를 한 사람 그려 보십시오. 전신을 그리는 것입니다."

● 검사 후 그림에 대한 질문사항

HTP 검사 후의 질문은 치료대상자가 표현하고 있는 독특한 의미와 문제를 아는 데 중요한 역할을 한다. 질문은 일정한 형식이 없고 검사자의 필요에 따라서 행하는 것이 좋다. 일반적으로 사용되는 질문에는 다음의 사항이 있다.

HTP의 집과 관련된 질문

① 이 집은 시가지에 있는 집입니까, 교외에 있는 집입니까?
② 이 집 근처에 다른 집이 있습니까?
③ 이 그림의 날씨는 어떠합니까?
④ 이 집은 당신에게서 멀리 있는 집입니까, 가까이 있는 집입니까?
⑤ 이 집에 살고 있는 가족은 몇 사람입니까? 어떤 사람들입니까?
⑥ 가정의 분위기는 어떠합니까? 따뜻한 가정입니까, 애정이 없는 가정입니까?
⑦ 이 집을 보면 무엇이 생각납니까?
⑧ 이 집을 보면 누구의 일이 생각납니까?
⑨ 당신은 어떤 집에 살고 싶습니까?
⑩ 당신은 이 집의 어느 방에 살고 싶습니까?
⑪ 당신은 누구와 이 집에 살고 싶습니까?
⑫ 당신의 집은 이 집보다 큽니까, 작습니까?
⑬ 이 집을 그릴 때 누구의 집을 생각하고 그렸습니까?
⑭ 이것은 당신의 집을 그린 것입니까?
⑮ (특수한 집인 경우) 왜 이 집을 그렸습니까?
⑯ (그림에서 이해하기 곤란한 부분에 대하여) 이것은 무엇입니까? 왜 그렸습니까?
⑰ 이 그림에 첨가해서 그리고 싶은 것이 있습니까?
⑱ 당신이 그리려고 했던 대로 잘 그려졌습니까? 어떤 부분이 그리기 어려웠고, 마음에 들지 않습니까?

HTP의 나무와 관련된 질문

① 이 나무는 어떤 나무입니까? (상록수인가 낙엽수인가를 질문한다.)
② 이 나무는 어디에 있는 나무입니까?
③ 혼자 있는 나무입니까? 숲속에 있는 나무입니까?
④ 이 그림에서 날씨는 어떠합니까?
⑤ 바람이 불고 있습니까?
⑥ 해가 떠 있습니까?
⑦ 이 나무는 몇 년쯤 된 나무입니까?
⑧ 이 나무는 살아 있습니까, 죽었습니까? 만약 죽었다면 언제쯤 어떻게 죽었습니까?
⑨ 이 나무는 강한 나무입니까, 약한 나무입니까?
⑩ 이 나무는 남자와 여자 중 어느 쪽을 닮았다고 봅니까?
⑪ 이 나무는 당신에게 누구를 생각나게 합니까?
⑫ 이 나무는 당신에게 어떤 사람을 느끼게 합니까?
⑬ 이 나무는 당신으로부터 멀리 있는 나무입니까, 가까이 있는 나무입니까?
⑭ 이 나무에 필요한 것은 무엇입니까?
⑮ 이 나무는 당신보다 큽니까, 작습니까?
⑯ (상흔 등이 있으면) 이것은 무엇입니까? 어떻게 해서 생겼습니까?
⑰ (특수한 나무인 경우) 왜 이 나무를 그렸습니까?
⑱ (그림에서 이해하기 곤란한 부분에 대하여) 이것은 무엇입니까? 왜 그렸습니까?
⑲ 이 그림에 더 첨가해서 그리고 싶은 것이 있습니까?
⑳ 당신이 그리고자 한 만큼 잘 그려졌습니까? 어떤 부분이 그리기 어려웠고, 마음에 들지 않습니까?

HTP의 인물과 관련된 질문(남녀 각각)

① 이 사람은 몇 살쯤 되었습니까?
② 결혼했습니까? 결혼했다면 가족은 몇 명이며, 어떤 사람들입니까?
③ 이 사람의 직업은 무엇입니까?
④ 이 사람은 지금 무엇을 하고 있습니까?
⑤ 지금 이 사람은 무엇을 생각하며, 어떻게 느끼고 있습니까?

⑥ 이 사람은 건강한 편입니까, 약한 편입니까?
⑦ 이 사람은 친구들이 많습니까? 어떤 친구들이 있습니까?
⑧ 이 사람은 어떤 성격의 사람입니까? 장점과 단점은 무엇입니까?
⑨ 이 사람은 행복합니까, 불행합니까?
⑩ 이 사람에게 필요한 것은 무엇입니까?
⑪ 당신은 이 사람이 좋습니까, 싫습니까?
⑫ 당신은 이러한 사람이 되고 싶습니까?
⑬ 당신은 이 사람과 친구가 되고 싶습니까?
⑭ 이 사람을 그리고 있을 때 당신은 누구를 생각하고 있었습니까?
⑮ 이 사람은 당신을 닮았습니까?
⑯ (특수한 인물인 경우) 왜 이 사람을 그렸습니까?
⑰ (그림에서 이해하기 곤란한 부분에 대하여) 이것은 무엇입니까? 왜 그렸습니까?
⑱ 이 그림에 더 첨가해서 그리고 싶은 것이 있습니까?
⑲ 당신이 그리고자 한 만큼 잘 그려졌습니까? 어떤 부분이 그리기 어려웠고, 마음에 들지 않습니까?

그림 9-34 HTP

모든 치료대상자에게 이와 같은 질문을 하는 것은 실제적으로 곤란한 경우가 있다. 그러나 이러한 질문은 해석의 단서와 정확성을 기하기 위해서 필요한 것이다.

HTP를 한 장에 모두 그리는 통합법도 사용되며, 운동성을 가미한 K-HTP도 사용된다. K-HTP는 각각의 HTP에서 나타나지 않는 역동성과 치료대상자의 더 깊은 내면을 반영해 준다. 한국판 표준화는 아직 개발되지 않았으며, 일본과 미국의 자료를 활용하여 분석하고 있다.

인물화 검사(Draw A Person: DAP)

● 준비물

백지 2장(210×197mm A4 용지), 연필(4B/HB), 지우개

● 검사 지시사항 및 절차

"사람을 그려 보세요. 전신상을 그려 보세요."

(그림이 완성되면 다른 종이를 제시하며)

"먼저 그림과 반대되는 성을 그려 보세요."

그려진 인물에 대해 생각이 어떠한지를 질문한다.

그림 9-35 DAP

남자를 먼저 그렸다. 자신도 남자다. 종이 위에 균형 있게 그려져 있지 않다. 전신을 그리라고 했으나 얼굴만 그렸다. 눈, 코, 입 모두 주목할 필요가 있다.

인물화 분석은 HTP나 가족화의 기초가 되므로 깊이 이해할 필요가 있다. 자신의 성과 반대되는 성을 먼저 그리면, 성에 혼란이 있거나 이성의 부모에 대한 의존이나 집착이 있다고 본다. 신체 부위의 왜곡, 과장, 생략 등에 따라 다른 해석을 하게 된다.

■ **표 9-18** ■ **DAP의 해석지표**

인물의 그려진 순서, 인물의 차이점, 크기, 위치, 동작, 왜곡, 생략, 선의 특징 등

동적 가족화(Kinetic-Family-Drawing: KFD)

● 준비물

백지(210×197mm A4 용지), 연필(4B/HB), 지우개 등

● 검사 지시사항 및 절차

"당신을 포함해서 가족 모두가 무엇인가를 하고 있는 그림을 그려 보세요. 만화나 막대기 같은 사람이 아니고 완전한 사람을 그려 주십시오. 어떠한 행위를 하고 있는 그림을 그려야 합니다." "당신 자신도 그리는 것을 잊어서는 안 됩니다."

치료대상자가 "가족 전원이 무엇인가 하나의 일을 하고 있는 것입니까 아니면 개인이 각각 다른 일을 하고 있는 것을 그리는 것입니까?"라고 물어볼 수 있다. 이때 치료사는 "완전히 자유입니다."라고 대답하면 된다.

● 그림 완성 후

인물상을 그린 순서, 대상, 연령, 무엇을 하고 있는가(행위 종류), 가족 중 생략된 사람이 있는가, 가족 외 첨가된 사람이 있는가를 확인한다.

이것은 상세하지 않은 그림을 다시 확인하기 위한 절차고 정확한 자료를 얻기 위한 것이다. 이 절차는 가족인지가 애매할 경우 통찰을 촉진하여 치료 효과를 수반하기도 한다.

■ 표 9-19 ■ KFD의 해석지표

인물의 행위, 그림양식(구분, 포위, 가장자리, 인물상선, 인물하선 등), 그림의 역동성(크기, 거리, 방향, 생략 등), 상징(신문, 책, 칼, 비 등), 역동성(위치, 거리, 방향, 표정, 생략, 왜곡 등)

그림 9-36 KFD

엄마가 중심이다. 자신은 밑에 지워져 있다. 형은 아버지 옆에 있으며 이목구비가 없다.

학교생활화(Kinetic-School-Drawing: KSD)

● 준비물

백지(210×197mm A4 용지), 연필(4B/HB), 지우개

● 검사 지시사항 및 절차

학교의 친구와 선생님을 포함해서 그림을 그리게 하여 치료대상자의 학교생활을 분석한다. 학급집단 내의 사회적 위치, 역할, 적응상태를 파악할 수 있다.

그림 9-37 학교생활화

6~10세 아동의 경우에는 놀고 싶은 친구, 친구와 하고 싶은 것 등을 그리게 한다. 직장의 직장화는 직장생활 상담에도 이용한다. 진단기준은 동적가족화에 준하는데, 일반적으로 인물상의 행위, 양식, 상징, 역동성, 인물상의 특성의 5개 영역이다.

풍경구성법(Landscape-Montage-Technique: LMT)

● 준비물

도화지(4면에 테두리 그림), 사인펜, 색연필, 크레파스 등

● 검사 지시사항 및 절차

풍경구성법(LMT)은 도화지에 '강, 산, 밭, 길, 집, 나무, 사람, 꽃, 동물, 돌, 그 외에 그리고 싶은 것'을 순서대로 그리게 한다. 하나의 풍경이 되게 채색하도록 한 다음 그것으로 계절, 시간, 기후, 강의 흐르는 방향, 사람과 집, 밭 등의 관계에 대해서 이야기한다.

지시사항

① "지금부터 풍경을 그릴 거예요. 잘 그리는 것을 보려는 것이 아니니까 자신이 원하는 대로 그려 주세요. 단 내가 불러 주는 순서에 따라서 그려 주세요."
② "먼저 강을 그려 주십시오."
③ "강을 그렸습니다. 다음은 산입니다. 산을 그려 주십시오."
④ "이번에는 밭입니다. 밭을 그려 주세요. 논이라도 상관없습니다."
⑤ "자, 다음은 길입니다. 길을 그려 주세요."
⑥ "길 다음은 집입니다. 집을 그려 주세요." 또는 "집이 있으면 좋겠네요."
⑦ "나무가 있어도 괜찮을까요?"
⑧ "이번에는 사람입니다. 사람을 그려 주세요."
⑨ "다음은 꽃입니다. 꽃을 그리세요."
⑩ "꽃 다음은 동물입니다. 어떤 동물이라도 상관없습니다. 동물을 그려 주십시오."
⑪ "다음은 돌입니다. 돌을 그려주세요."
⑫ "정해진 건 그게 전부입니다. 마지막으로 무엇인가 부족한 것이나 더 그리고 싶은 것을 그려 주세요."
⑬ "풍경을 완성시켜 주세요."
⑭ 풍경화가 완성된 후 12색 내지 24색 크레파스나 색연필을 제시하고 "자, 이제 색칠해 주세요."

그림 9-38 풍경구성법

처음 지시한 풍경화를 염두에 둔 치료대상자는 산이나 암벽 등의 공간을 어느 정도 위쪽에 남겨 두고 강을 그리는 경우가 많다. 그러나 뒤에 무엇을 그릴 것인가를 전혀 상관하지 않고 강을 종이 윗부분에 그려 버린 치료대상자는 산이라는 말을 듣는 순간 당황한다. 그렇지만 곧 여러 형태로 산을 처리한다. 또는 새로운 종이를 원할 수도 있다.

더 첨가해서 그리고 싶은 부분에서 가

장 많이 첨가되는 것이 다리다. 다리는 길의 단계에서 강을 건널 수 있도록 먼저 그려 놓은 경우가 많다. 태양, 달, 구름, 물고기도 많이 그려진다. 이러한 것들은 치료대상자의 내적 상황을 아는 데 상당한 도움이 된다.

풍경구성법에서 가장 변화를 보이는 부분이 색칠하기다. 색칠이 마지막 단계에 실시되기 때문에 변화가 색에서 현저하게 나타난다. 색칠이 끝난 다음 치료사는 치료대상자가 그린 그림을 보고 서너 가지 질문을 한다.

● 색칠 후의 질문

• 어느 계절입니까?
• 몇 시경입니까?
• 기후는 어떠한가요?
• 이 사람은 어떤 사람입니까? 연령은? 성별은?

협동화법

가족이나 친구들이 소집단을 이루어 한 장의 종이에 협동해서 그림을 그리는 방법이다.

● 준비물

종이(대상에 따라 적절한 크기), 사인펜, 색연필, 크레파스 등

● 검사 지시사항 및 절차

주제를 주는 방법과 주지 않는 방법, 이야기를 하면서 하는 방법과 이야기를 하지 않고 하는 방법이 있다.

그림 9-39 협동화

"원하는 크레용을 각자 하나씩 선택하십시요. 시작하세요."

협동화는 집단에서의 태도, 집단체계의 진단과 치료에 유용하다. 자발성의 정도, 경험의 표출, 협동성, 그리는 위치와 내용, 그린 순서, 주의력 등을 관찰하여 분석한다. 정해진 제재를 주는 경우와 주지 않는 경우로 나누어 실시할 수 있다.

협동화의 관찰지표

① 누가 처음 시작했으며, 처음 시작하게 된 과정은?
② 다른 구성원들은 어떤 순서로 어떻게 과제에 참여했는가?
③ 누구의 제안이 채택되고, 누구의 제안이 무시되는가?
④ 각 구성원들의 개입 정도는?
⑤ 누가 다른 사람의 그림 위에 다시 그리는가? (보완인가, 지움인가?)
⑥ 어떤 형태의 접촉이 이루어지는가?
⑦ 누가 독자적으로 행동했는가?
⑧ 협력의 정도는 어떠한가? 협동적, 개별적 혹은 비협동적인가?
⑨ 각 구성원들이 그린 위치는?
⑩ 각 구성원의 공간 사용은 어떠한가?
⑪ 작업활동에 변화가 있었다면 무엇이 변화를 촉진시켰는가?
⑫ 정서적 반응이 있었는가?

난화법

- 준비물

도화지, 사인펜, 색연필, 크레파스 등

- 검사 지시사항 및 절차

① 치료대상자와 치료사가 책상에 나란히 앉아서 각각 종이 한 장씩 갖는다.
② 종이에 난화, 즉 직선, 곡선, 지그재그, 원, 난선 등을 그려 상대방에게 준다.
③ 각자 상대방의 난화를 활용해서 그리고 싶은 것을 그려 완성한다.
④ 그림을 완성한 후 그림의 내용, 그릴 때의 느낌 등에 대해 이야기를 나누면서 질문도 한다.

서로 간의 상호작용과 주제를 같이 나누는 것이 중요하다. 이 기법은 심리진단 외에도 심리치료나 언어치료에 응용될 수 있다. 난화를 주고받으며 완성하고 대화를 나누는 과정에는 놀이요소가 가미되어 있다.

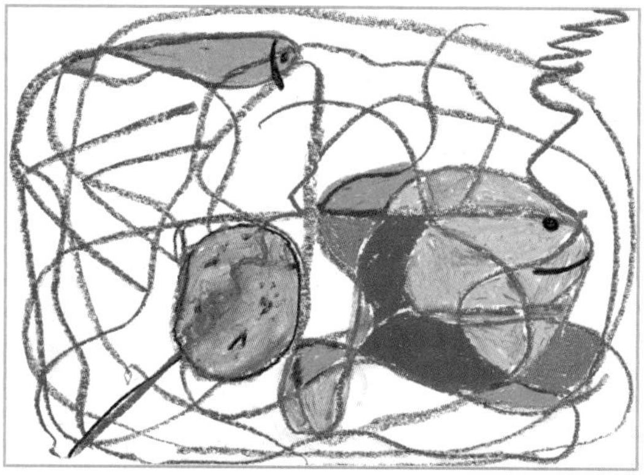

그림 9-40 난화법

빗속의 사람(Person in the Rain: PITR)

1923년 Fayd에 의해 개발된 이래 Wintch, Rey, Taylor, Lezak에 의해 꾸준히 타당도가 검증되어 오고 있다. 임상에서 스트레스 측정으로 활용되고 있는 기법이다(Lack, 1996).

- 준비물

도화지, 사인펜, 색연필, 크레파스 등

- 검사 지시사항 및 절차

"빗속의 사람을 그리세요."

사람 그리기를 기본으로 한다. 비가 내리는 장면을 첨가한 것으로 빗속에 그려진 사람은 자화상과 같은 역할을 한다. 비는 어떠한 외부적 곤경이나 스트레스 환경을 상징한다. 우산, 우비, 장화 등이 외부의 자극이나 스트레스에 어떻게 대처하는지, 환경을 통제할 수 있는 충분한 심적 역량이 있는지를 알려 준다고 본다. 불쾌한 상황이나 불안한 상황에서 어떤 종류의 방어기제를 사용하는지를 파악할 수 있다.

그림 9-41 빗속의 사람

아주 굵고 강한 비와 많은 비를 포함한 듯한 구름이 있다. 우산은 자신을 보호해 줄 만큼 크지 않고, 우산을 잡은 손 또한 부적절하게 그려져 있다.

이외에도 바테그 검사(Wartegg Test), 별과 파도 검사(Star & Wave Test) 등이 있다. 미술진단이 다른 심리검사와 다른 점은 미술진단검사는 바로 치료자료로서 활용이 가능하다는 것이다. 치료대상자의 그림은 마음의 투영이라는 점에서 서로 이야기하는 데 활용할 수 있기 때문이다. 따라서 미술진단기법들은 심리검사로 활용되기도 하지만 치료과정에서 치료기법으로 활용되기도 한다.

Test Battery

심리검사를 실시할 때는 치료대상자에 대한 검사 목적을 세우고 그에 적합한 검사를 선택해야 한다. 그러기 위해서는 각 검사의 특징과 검사 결과로 얻을 수 있는 정보가 무엇인지를 잘 이해하고 있어야 한다.

단일 검사로는 제한된 능력이나 특성밖에 판단할 수 없으며, 다면적인 정보를 얻는 데 한계가 있다. 또한 어떠한 검사도 장점과 단점을 가지고 있다. 그러한 장단점을 보완할 수 있는 형태로 심리검사 배터리를 짜는 것이 이상적이다.

그러나 과다하게 배터리를 짜는 것은 주의할 필요가 있다. 심리검사가 치료대상자에게 부담을 줄 염려도 있기 때문이다. 따라서 충분한 정보를 얻어 낼 수 있는 최소한의 배터리를 구성하도록 유의할 필요가 있다. 이는 일반적으로 투사검사, 질문지검사, 그림검사로 구성된다.

치료사는 검사의 특성이나 문항 등을 잘 알고 있어야 한다. 어느 시점에서 격려나 지지가 필요한지를 판단할 수 있어야 한다. 유아, 장애, 언어소통에 문제가 있는 대상자에게 여러 검사를 수행할 필요가 있을 때는 쉬운 검사부터 실시해야 한다.

면접 결과에 대한 기록

치료사는 면접 결과를 요약하여 기록해야 한다. 면접 결과는 치료대상자가 제시한 치료목표와 치료사가 판단한 치료문제를 비교하여 합의된 치료목표를 설정하는 데 필요하다. 이 면접 결과를 중심으로 치료계획을 세우게 된다. 면접

결과의 기록에 포함되어야 할 구체적인 내용은 다음과 같다.

■ **면접 결과 기록**

성명 (성별)		생년월일	(　세)
의뢰 사유			
성장배경 가족관계			
행동 관찰			
심리검사 결과	1. 2. 3.		
종합평가			
치료목표			

5. 미술치료 사례개념화

미술치료적 개입이 효율적으로 이루어지기 위해서는 미술치료 사례개념화의 능력이 필요하다. 미술치료 사례개념화는 심리치료의 사례개념화에 미술활동과 미술작품의 평가가 첨가된다.

1) 사례개념화의 의미

사례개념화는 치료대상자와 관련된 정보를 근거로 문제의 원인, 촉발계기 및 유지요인에 대한 핵심 가설(Eells, 2007)이다. 미술치료사의 이론적 관점은 치료대상자로부터 정보를 수집하고 미술활동 과정과 작품을 종합하여 치료계획을 세우는 데 기본적 방향을 결정하게 한다. 이 장 2~4절의 치료대상자에 관한 정보를 미술치료사가 자신의 이론적 배경과 임상경험을 토대로 치료대상자 문제의 성격과 원인에 대해 일련의 가설을 세우고, 치료대상자의 강점을 파악하여 자신이 설정한 가설에 근거하여 치료방향과 목표, 전략, 기법, 목표달성을 위한 세부계획을 수립하는 것이다. 그리고 치료종결 시의 치료평가와 향후 치료대상자에 대한 치료사의 제언을 포함한다.

사례개념화의 예를 들면 대인불안 원인이 어린 시절의 경험과 관련된다는 가설이 설정되면 정신분석이론으로 접근하며, 정식분석 기법을 활용한다. 크레파

미술치료 사례개념화

- 면담에서의 정보: 치료대상자의 현재문제
  : 치료대상자의 발달력과 건강
  : 치료대상자의 양육환경 및 가족관계
  : 치료대상자의 의학적 진단 및 결과
  : 치료대상자의 사회적 관계
  : 치료대상자의 사회문화적 요인
  : 면담에서의 치료대상자 행동관찰
- 미술활동과 작품: 미술활동의 평가와 이해
- 심리검사의 활용: 배터리 검사의 구성(질문지검사, 투사검사, 그림진단검사)

→ 미술치료사의 이론적 배경, 임상경험을 근거로 문제성격과 원인에 대한 가설수립
→ 치료대상자의 강점 파악
→ 미술치료의 목표, 전략, 기법, 미술매체 및 미술활동의 계획
→ 종결 시 미술치료의 평가, 치료대상자에 대한 제언

스로 어린 시절의 집 평면도를 그리고 좋아했던 장소, 불쾌했던 장소를 표현하는 미술활동을 계획할 수 있다. 역기능적 신념과 사고가 문제행동을 설명한다면, 인지이론적 접근으로 문제를 이해하고 치료방향을 정하는 것이다. 장독의 그림에 아동에 대한 생각을 깊이, 크기, 색으로 표현하여 비합리적 사고와 행동을 이해하는 활동(곽경화, 정현희, 2010)을 계획할 수 있다.

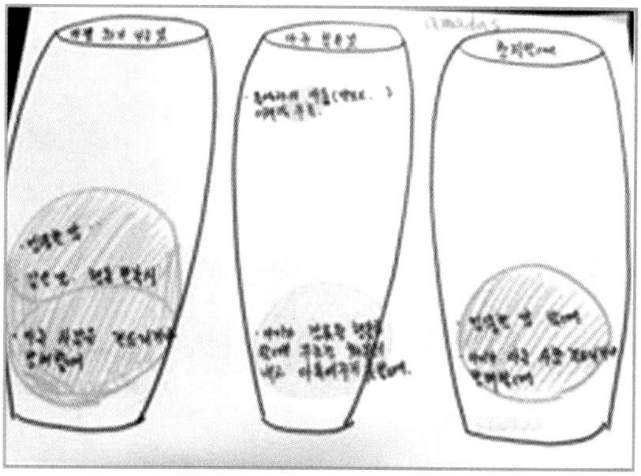

그림 9-42 나의 생각

자녀에 대한 화, 짜증, 창피함이 표현되었다. 장애를 지닌 자녀에 대한 비합리적 사고를 파악하여 합리적 사고 전환을 할 수 있다.

미술치료 사례개념화는 치료대상자에 대한 정보를 타당한 이론적 근거하에 정리하여 효율적으로 치료대상자의 강점을 반영하여 치료적 목표를 세우고 달성해 나가는 기본틀이 된다. 이 틀은 단정적인 것이 아니라 잠재적인 것으로 미술치료의 진행과정에서 추가적인 정보와 미술치료사의 판단에 의해 수정이 가능하다. 사례개념화의 목적이 치료대상자의 문제해결과 성장을 돕는 것이지, 미술치료사의 가설을 검증하는 것이 아니기 때문이다. 사례개념화는 미술치료사로 하여금 이론의 정립을 요구한다. 또한 실제 사례에 이 이론을 적용해 보면서 그 이론의 유용성과 제한점을 검토해 보게 된다. 따라서 사례개념화 능력은 치료경력이 증가됨에 따라 향상되는 전문적 능력이다.

2) 미술치료 사례개념화의 특성

사례개념화는 초기면담과 심리검사를 필요로 한다. 미술치료사는 초기면담과 심리검사에 치료대상자의 미술활동과정과 작품을 포함시켜야 한다(2~4절 참조). 미술활동과정과 작품이 지닌 심상, 무의식표현 등의 활용이 치료대상자의 문제, 욕구, 강점 등에 반영되어야 하며, 이것의 반영이 미술치료 사례개념화 장점의 일부가 된다.

미술활동과정과 작품은 언어로는 접근하기 어려운 치료대상자의 무의식적

그림 9-43 언어정보와 차이
"엄마와 친해요."라고 했으나, 엄마와 멀게 그렸다.

정보에 대한 접근을 용이하게 한다. 또한 미술치료사는 치료대상자의 욕구, 인지적 · 정서적 · 행동적 특성뿐만 아니라 자기인식, 자아개념, 대인관계 양상 등을 시각적 이미지를 통해 파악하게 되어, 이를 치료 계획에 반영할 수 있게 된다. 미술치료사는 미술활동의 상징적 요소를 파악할 수 있는 능력이 요구되며, 이 능력은 미술치료가 잘 진행될 수 있는 효율적인 사례개념화를 제공할 수 있다. 예를 들어, 미술치료사는 치료대상자에 대한 기본 정보를 수집한다. 그리고 미술치료사와 치료대상자가 미술활동을 통해 만난 장면에서의 정보는 치료대상자의 언어적 보고와는 차이가 있는 경우가 있고, 이 차이를 조절할 수 있게 된다.

미술치료사는 치료대상자의 미술활동에서 다른 심리치료사가 발견하지 못했거나 충분히 탐색하기 어려운 정서표현, 양가감정, 욕구갈등, 방어기제 등에 대해 치료대상자를 이해할 수 있다. 미술치료사는 치료대상자가 내면의 표현과 자신의 문제를 탐색하고 해결하는 데 적절한 매체의 안내를 할 수 있어야 한다.

미술치료 사례개념화의 특성

- 시각적 정보의 활용
  - 모호한 욕구, 사고, 정서 이해
  - 치료대상자 스스로 문제를 명료화하거나 구체화 가능성
- 미술활동과정에서의 비의도적 표현 가능
  - 언어접근이 어려운 비의도적 정보의 수집 가능
  - 드러나지 않은 문제 파악 가능

3) 미술치료 사례개념화의 요소

사례개념화를 효율적으로 하기 위해서는 치료대상자의 다양한 정보가 잘 조직되어야 한다. 조직의 목록이 사례개념화의 요소라고 할 수 있다. 2~4절의 내용과 같은 치료대상자의 정보가 치료대상자의 주호소 문제와 현재 증상, 치료실 방문의 계기, 문제발생 상황 및 문제의 지속, 치료대상자의 발달력(문제와 관련된 성장배경) 및 가족력, 치료대상자의 심리적 특성 및 물리적 · 심리적 환경, 치료대상자의 강점과 약점 등으로 재정리된다. 그럼으로써 치료대상자 문제의 성격과 원인에 대한 이론적 배경에 의한 가설을 수립할 수 있게 되고, 이론적 배경에 근거하여 치료방향과 목표, 전력, 기법을 계획할 수 있다. 이윤주(2013)는 사례개념 요소로 8유목의 27개 요소를 제안하였고, 미술치료사가 사례개념화를 할 때 도움이 될 수 있다.

■ 표 9-20 ■ 사례개념화 요소

유목	요소 및 내용	
현재문제 및 증상	내방계기	상담에 오게 된 이유, 사건, 문제
	주 호소	주 호소 문제와 증상
	기타증상	신체, 행동, 심리 및 문제의 현재 특징 등
	핵심문제 및 핵심정서	문제의 핵심역동, 핵심문제와 관련된 핵심감정
	객관적 정보	심리검사 결과 및 진단, 성적, 학년 등
역사적 배경	대상자 발달역사	제 관련 성장환경, 가족 역사, 문제 관련 기타 이력
	문제기원과 역사	문제 시작 시점, 원인사건과 당시 상황, 문제지속 역사
개인적 요인	자아개념	정체성, 자기상, 자존감, 자아효능감, 자아개념 등
	통찰내용과 수준	문제와 자신, 자신의 인적 환경과 물리적 환경에 대한 통찰 정도와 내용 등
	인지스타일	비합리적 신념, 부적응 도식 등
	정서스타일	정서순환의 싸이클, 표현정서의 폭과 적절성, 호소문제에 대한 정서(분노, 공포, 두려움 등)
	신체 · 생리 · 행동 특성	섭식패턴, 성적 기능, 수면패턴
	원함(wants)	상담과 상담자에게 바라는 것, 상담 및 변화에 대한 동기 및 의지, 원하는 해결방향 및 해결양상 등

외적 (상황적) 요인	문제지속의 상황요인	문제를 지속, 촉발, 강화시키는 요인, 근거 등
대인관계 특성	대인관계 양상 및 문제	가족, 친구, 타인(상담자 포함), 관계지속성, 패턴, 특성에 대한 가치중립적인 기술
자원 및 취약성	상담효과의 긍정적 상황과 강점	외모, 호감도, 상담약속 준수, 성공경험, 지지경험, 지지적 대인관계망, 스트레스에 대한 인내력, 스트레스 대처 능력, 의사소통 능력, 정서표현 능력 등
	대처전략	대상자가 문제 및 해결에 갖는 대처전략, 대처계획
	상담진전의 부정적 상황과 약점	고민, 이슈, 문제, 증상, 대인관계나 문제해결 기술 결핍, 향상의 장애요소 등
종합이해	이론적 배경	상담자의 이론적 배경에 근거한 문제 전체, 문제원인과 과정 등에 대한 종합적 설명과 평가
목표 및 계획	최종 혹은 장기 목표	1, 2, 3으로 표시
	과정 혹은 단기 목표	장기목표에 관련하여 1-1, 1-2, 2-1, 2-2 등으로 표시
		상담목표를 위한 탐색방향, 초기계획, 상담유형, 면담의 빈도와 기간, 투약, 집단상담 등 병행방법 포함
	상담전략	전략은 a, b, c 등으로 표시
	목표달성의 예상장애요소	상담자가 예상하는 장애요소들

사례개념화의 요소는 치료대상자의 다양하고 모순된 정보들을 조직하는 데 도움을 준다. 치료대상자의 문제와 치료대상자의 내적 · 외적 요인, 성장과정, 효율적인 치료목표와 계획, 미술치료과정, 미술치료 성과를 평가하는데 중요하다.

제10장

미술치료계획

1. 치료계획 단계
2. 치료과정
3. 미술치료사의 역량 평가

치료목표는 면담과 심리검사를 통해 정하게 된다. 치료목표가 정해지면 치료계획을 세우게 된다. 치료목표에는 세 가지 유형이 있다(Jongsma, Person, & Mclnnis, 2002). 치료대상자와 치료사가 동의한 목표, 치료대상자에게는 중요하지 않지만 치료대상자가 원하는 목표 그리고 치료사에게는 중요하나 치료대상자에게는 중요하지 않은 목표다. 치료에 대한 분명한 목표가 있어야 하며, 치료대상자가 치료의 초점이 될 수 있도록 하는 것이 중요하다.

치료대상자의 치료동의가 이루어지면 치료사는 비밀보장, 윤리적 문제 등을 다시 확인하고 치료준비를 한다. 치료 횟수와 시간이 결정되어야 하고 전체 치료기간이 정해져야 한다. 치료의 진전을 보아 가며 재협상한다. 치료시간 엄수가 중요하다는 것을 설명하고 강조해야 한다. 요금에 대한 것과 지불계획, 치료 취소와 종결, 치료에 포함되지 않는 것 등에 관하여 설명해 주어야 한다.

1. 치료계획 단계

치료계획 단계는 치료문제의 선정, 치료목표의 구성, 목표의 체계, 목표의 설정으로 나누어 살펴보겠다.

1) 치료문제의 선정

치료대상자가 면담과정과 심리검사를 통해 나타낸 문제가 많다고 해도, 치료사는 그중 가장 중요하고 긴박한 문제를 찾아내야 한다. 그 밖의 다른 문제는 중요하고 긴박한 문제가 해결된 뒤로 미루어야 한다.

치료문제의 선정에 치료대상자의 의견을 포함시키는 것이 중요하다. 치료대상자 스스로 변해야 되겠다는 동기가 치료에 큰 영향을 미친다. 치료목표를 설정하기 위해서는 다음과 같은 질문을 할 수 있다.

치료목표 설정을 위한 질문

어느 부분이 변화되기를 원하는가?
어떻게 변화되기를 원하는가?
어느 부분이 변하면 더 행복해질 수 있다고 보는가?
어떻게 변화하면 자신이 더 좋아지리라고 보는가?

그림 10-1 치료문제의 선정
우울행동 감소시키기

치료에서 정해진 목표를 치료사가 계속 고수하는 것은 위험하다. 치료목표는 치료 과정 동안 점검되고 수정되어야 한다.

2) 치료목표의 구성

치료목표는 광범위하게 구성하되 분명하고 구체적으로 정해야 한다. 그리고 치료목표를 달성했을 때, 그 달성이 객관적으로 평가될 수 있는 것이 좋다.

치료목표는 치료가 종료되었을 때 평가하는 것뿐만 아니라 치료의 중간과정에서 치료가 제대로 잘 진행되고 있는가를 점검하는 모니터링 과정에도 사용된다. 목표는 초기면접과 심리검사, 그 외의 추가적인 평가를 통해서 구체적으로 구성된다.

3) 목표의 체계

치료목표는 상위목표와 하위목표로 체계적으로 분류하면 좀 더 분명한 치료 과정을 만들 수 있다.

그림 10-2 상위목표와 하위목표

공격행동을 감소시키는 데 있어서 하위목표로 감정이입 향상시키기, 충동성 감소시키기, 자아존중감 증가시키기와 같은 공격행동의 감소와 관련된 하위목표를 가지면 좋다.

4) 목표의 설정

치료목표는 세 가지 범주로 분류될 수 있다. 첫째, 현재 문제를 해결하게 하는 것이다. 이는 가장 당면한 문제로 치료과정에서 잘 측정될 수 있고 관찰될 수 있는 목표다. 둘째, 심리적인 적응을 돕는 것이다. 전반적인 심리적응이 목표로 시간이 오래 걸릴 수 있다. 측정이 불가능하지는 않으나 쉬운 것도 아니다. 셋째, 행복한 삶을 느끼도록 해 주는 것이다. 이 목표는 달성한다기보다는 그렇게 될 수 있는 기반을 형성해 준다고 보아야 할 것이다.

그림 10-3 안정된 마음 갖기

나의 어느 부분이 변화되기를 원하는가를 표현한 것이다. 붕붕 떠다니는 나를 묶어 주는 무엇인가가 필요하다.

구체적이고 분명한 목표가 제시되면 치료사는 그 목표를 이루기 위한 치료과정으로 들어가게 된다. 치료사는 치료목표를 잘 인식하고 치료과정을 계획하게 된다.

2. 치료과정

목표가 구성되면 목표를 달성하기 위한 구체적 치료과정으로 미술치료 프로그램을 계획하게 된다. 치료사마다 자신의 이론적 배경과 임상 경험에 따라 선호하는 프로그램 내용과 진행전략이 다를 수 있다. 진행 내용과 전략은 경우에 따라 수정이 가능하고 새로 고안해 낼 수 있도록 융통성이 있어야 한다.

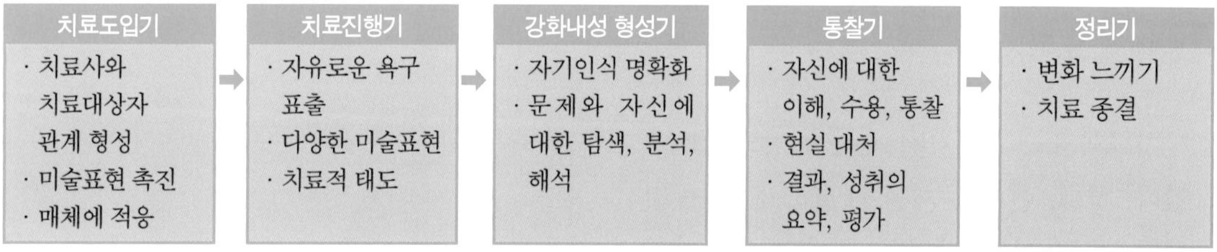

1) 치료도입기

치료사와 치료대상자의 관계 형성, 미술표현과 매체에 대한 적응이 필요하다. 치료사와 치료대상자가 서로를 소개하고 탐색하는 시기다. 무엇보다 중요한 것은 치료적 동맹이다.

미술치료에 동의하였다고 하더라도 미술표현에 익숙하지 않은 치료대상자는 도입단계에서 저항하는 경우가 많다. 치료대상자의 미술표현을 촉진하여 자신을 표현할 수 있도록 도와주는 것이 필요하다. 미술표현을 촉진시키는 방법을 보면 다음과 같다.

① 출발그림(starter sheet)

출발그림은 그림을 그릴 때의 저항이나 공포, 수줍음 등을 줄여서 그림그리기를 자극하고 촉진하는 데 사용한다. 종이에 치료사가 직접 잡지에서 필요하다고 여겨지는 얼굴 또는 사물의 일부를 오려 붙여 주거나 그려진 종이를 제시하여 그림을 완성하게 하는 방법이다.

그림 10-4 그릴 힘이 생겨요(출발그림)

색종이를 접어 붙여 주었다. 그 주위에 재미있게 그림을 그려 나갔다.

② 난화

그림그리기를 어려워하는 치료대상자에게 난화를 촉진활동으로 사용할 수 있다. 난화에서 치료대상자가 이미지를 발견하고 그것을 그리도록 도와준다.

③ 매체의 제시방법

미술매체는 치료대상자가 자유로이 선택하도록 하는 것이 좋다. 이 선택이 촉진으로 작용하는 경우가 많다. 그러나 때로는 미술매체의 제시가 도움이 될 때도 있다.

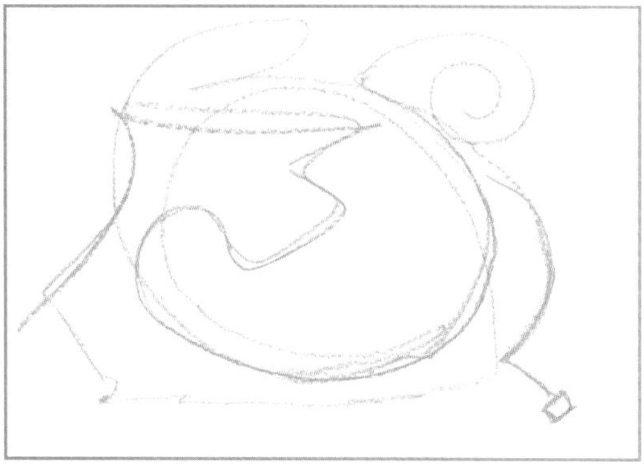

그림 10-5 난화

어머니에 대한 반항과 공격성 때문에 어머니가 치료를 의뢰한 영호는 초기에 자기표현을 하려고 하지 않았다. 난화에서 형태 찾기를 하자 즐거워하며 치료에 몰입하게 되었다.

그림 10-6 다양한 활용 제시

파스텔의 다양한 활용방법을 보여 준다.

④ 꿈의 활용

치료사가 치료대상자에게 "우리들은 매일 밤 꿈을 꿉니다. 자고 나면 생각나지 않는 경우도 있지만, 우리들은 매일 밤 꿈을 꿉니다. 떠오르는 꿈을 표현해

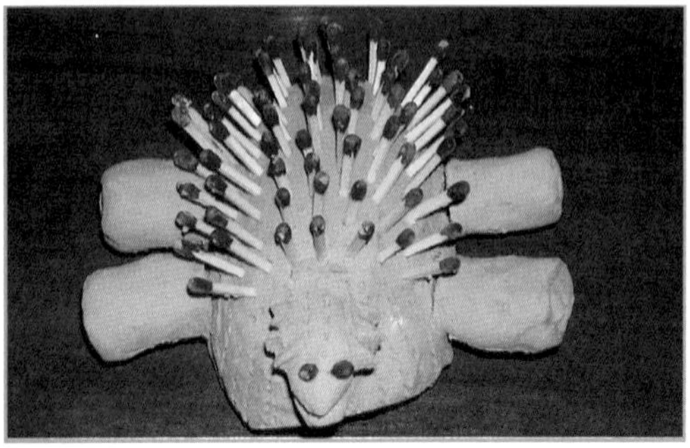

그림 10-7 꿈 표현하기

꿈에 계속 괴물이 쫓아온다고 이야기하였다. 특히, 괴물의 눈이 자신을 쏘아보고 있다고 했다.

보세요."라고 이야기한다.

⑤ 색칠하기

여러 개의 원이 그려진 도화지를 제공해 주고 칠하고 싶은 색을 칠하게 한다. 칠하는 과정에서 미술활동에 대한 에너지가 나올 수 있다.

⑥ 색종이 접기

활동을 주저하는 치료대상자에게 색종이를 접어서 종이 위에 올려 주어 표현의 욕구를 자극할 수 있다.

색종이는 손과 눈의 협응을 이용하는 간단한 재료로 시간과 공간에 구애됨이 없이 사용될 수 있다. 쉬운 색종이 접기는 부담 없이 치료사를 보며 따라할 수

그림 10-8 색칠하기

단순한 색칠하기를 넘는 표현이 나타나고 있다.

그림 10-9 곰이 나예요

있다. 자기표현, 다른 사람과의 정서적 공유의 기능을 함으로써 미술치료 과정에 도움이 된다.

⑦ 스프레이 색물총 쏘기

억제할 수 없는 분노는 해소되어야 한다. 해소 후에 치료활동이 이루어질 수 있다. 모조지 전지가 붙여진 벽을 향해 색물총을 발사할 수 있다.

그림 10-10 스프레이 색물총 쏘기

적대감을 표출하는 것은 감정의 해소와 잉여 에너지를 일시적으로 해소시켜 준다. 게다가 상대방을 괴롭히지 않고도 강한 공격적 감정을 표현할 수 있도록 해 준다.

⑧ 마이크 활용

자신의 작품에 대해 자유롭게 말하지 못하는 아동들이 있다. 마이크를 사용하면 도움이 된다. 자신의 작품에 대한 설명을 하도록 함으로써 미술활동에 더 적극적으로 참여하도록 이끈다. 또한 마이크를 잡고 이야기함으로써 아동은 자신을 TV에 나오는 사람처럼 생각하게 된다. 이러한 생각은 주목을 받고 싶은 소망을 충족시켜 준다. 자신의 작품을 설명하는 데 아주 힘들어 하고 짤막하게만 대답하는 아동들이, 마이크를 사용하자 보통 때보다 자세히 그림을 묘사하는 경우가 있다.

그림 10-11 마이크 활용(모의 상황)

마이크 활용은 작품활동과 작품의 설명을 더 적극적으로 이끈다.

⑨ 글로 적기(나의 마음)

어떤 치료대상자에게는 쓰는 것이 그리는 것보다 더 쉬울 수도 있다. '글로 적어도 좋습니다.' 라고 하여 글로 표현할 기회를 준다.

⑩ 만일 내가 ~라면

자기 자신에게 초점을 맞추는 데 도움이 된다. 내가 만일 돌이라면 어디에 있는 돌일까, 무슨 생각을 할까, 무엇을 기다릴까 등은 스스로에 대해 생각해 보게 한다.

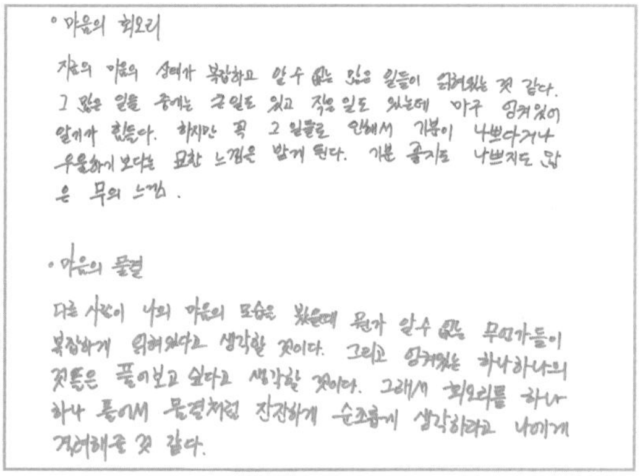

• 마음의 회오리

지금의 마음의 상태가 복잡하고 알 수 없는 많은 일들이 얽혀있는 것 같다. 그 많은 일들 중에는 큰 일도 있고 작은 일도 있는데 마구 엉켜있어 알기가 힘들다. 하지만 꼭 그 일들로 인해서 기분이 나쁘다거나 우울하기 보다는 묘한 느낌을 받게 된다. 기분 좋지도 나쁘지도 않은 무의 느낌.

• 마음의 물결

다른 사람이 나의 마음의 모습을 봤을때 뭔가 알 수 없는 무언가들이 복잡하게 얽혀있다고 생각할 것이다. 그리고 엉켜있는 하나하나의 것들은 풀어보고 싶다고 생각할 것이다. 그래서 회오리를 하나하나 풀어서 물결처럼 잔잔하게 순조롭게 생각하라고 나에게 격려해줄 것 같다.

그림 10-12 나의 마음(글로 적기)

그림 10-13 나(만일 내가 ~라면)

단단하고 강한 돌, 쉽게 흔들리지 않는 돌이고 싶다(찰흙 활용).

그림 10-14 OHP 활용

집중을 유도할 수 있다. 그 연상을 중심으로 이야기를 나누거나 다른 미술활동으로 이끌 수 있다.

⑪ 촛불의 활용

촛불을 바라보게 하여 생각에 몰두하게 끔 할 수 있다. 치료실에 햇빛을 차단하여 촛불의 밝기가 은은하도록 한다.

또는 OHP를 활용하여 모호한 자극을 주고 연상을 하게 할 수도 있다.

⑫ 음악의 활용

분위기를 고조시킬 수 있다. 유의점은 지시말과 효과음악의 조화가 이루어져야 한다는 점이다. 잘못 사용하면 음악의 메시지에 마음이 빠질 수 있다.

⑬ **카메라, 복사기, 캠코더 등**

기록은 미술표현 촉진에 유용하게 활용될 수 있다. 즉각적인 복사물은 작업을 촉진하고 그 중요성을 인식시켜 준다. 또한 치료사나 치료대상자에게 기록을 남기는 한 방법도 된다. 치료대상자가 간직하고 싶어 하거나 중요한 타인에게 선물로 주고 싶어 하는 작품이 있을 때 활용할 수 있다.

2) 치료진행기

치료목표가 정해지면 치료를 진행하게 된다. 치료진행기의 유의점과 이 시기에 행해질 수 있는 미술치료 기법, 미술표현 방법, 미술활동 거부의 극복, 회기에 대한 치료기록에 대해 살펴보고자 한다.

(1) 유의점

치료대상자의 다양한 욕구가 자유로이 표출되는 시기다. 치료대상자의 다양한 심리표현을 위해 치료사의 창조성과 감수성 및 통찰의 풍부함이 요청된다. 치료사의 창조성과 감수성은 치료의 순간에 최선의 것이라고 생각되는 것을 이용하는 것이다.

치료사는 서두르지 않으면서 깊은 해석을 피해야 한다. 그리고 공간, 매체, 치료대상자에게 내재된 가능성에 대해 개방적이어야 한다.

치료사는 치료대상자의 경험을 재구성해 주는 역할을 한다. 치료사가 가지고 있는 이론적 틀은 경험의 재구성을 위한 틀이다. 치료사가 이론적 틀을 가지고 있지 못할 때 문제해결을 위한 사고가 불분명해지고, 치료대상자는 자신에 대해 이해를 하지 못하게 된다. 치료사의 일관된 방법

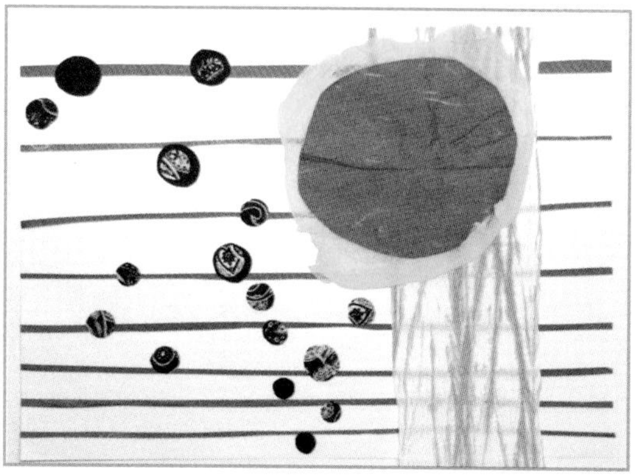

그림 10-15 적절한 매체 제시

자신의 문제를 적절히 감추고, 드러내며, 자신의 성향을 표현하고, 벗어날 수 있는 매체 제시가 필요하다.

이 치료과정을 잘 이끌어 나가도록 할 수 있다.

진행기에 치료사가 지녀야 할 태도로는 수용, 반영, 공감, 침묵, 명료화, 질문이 있다. 여기서는 공감에서의 유의점, 침묵, 명료화, 질문에 대해 설명하고자 한다. 제2장 심리치료에 근거한 미술치료의 치료사는 어떤 사람인가를 함께 참조하기 바란다.

① 공감적 이해의 유의점

■ 표 10-1 ■ 공감적 이해의 유의점(Alterhoff, 1994)

- 치료대상자의 감정에 집중한다.
- 공감적 이해를 전달할 때는 가능한 한 구체적이고 시각적이며 간단하고 정확해야 한다.
- 공감적 이해를 전달할 때는 그것이 단지 가정이나 치료대상자의 감정에 가까운 것일 뿐이라는 사실을 염두에 두어야 한다.
- 치료사는 현재 경험하는 것, 즉 지금-여기의 치료대상자의 감정을 전달하여야 한다.

② 침묵

치료사의 침묵은 치료대상자가 생각을 정리하여 자신을 표현하는 데 필요한 시간을 기꺼이 허락해 줌을 의미한다. 기다려 준다는 것은 치료대상자가 중심이라는 치료사의 태도를 전달하는 것이기도 하다. 이는 치료대상자가 더 깊은 수준의 사고와 감정으로 들어가도록 동기화하는 데 사용될 수 있는 기법이다(Gumaer, 1984).

그림 10-16 침묵의 필요

회오리처럼 느껴진다. 진지하게 보인다. 새로운 시도를 할 때까지 기다렸다. 침묵 후 전혀 다른 표현이 나타났다.

치료과정에서는 다양한 이유로 침묵이 나타날 수 있다. 치료대상자가 표현에 몰두해 있을 때, 치료사와 치료대상자 모두 침묵할 수 있다. 또한 치료대상자가 말할 것이 불확실할 때, 비난받는 것을 두려워할 때 또는 표현한 것이 거부될 것을 두려워할 때 침묵할 수 있다.

미술치료사가 치료대상자의 태도를 예민하게 관찰해 보면 침묵의 목적을 알 수 있는 단서를 찾을 수 있다. 그 침묵이 치료대상자가 깊은 생각이나 미술작업에 몰두하고 있거나 자기탐색을 하고 있으며, 새로운 통찰이나 인식을 하려는 시도 또는 새로운 방향으로의 변화를 의미하고 있을 때는 생산적이다.

③ 명료화

명료화는 치료대상자의 문제를 거울에 비춰 보듯이 분명하게 하는 것이다. 치료대상자의 입장에서 문제를 경청하면서도 객관적인 입장을 유지하는 것이 명료화의 전제다. 명료화는 치료대상자의 문제와 갈등을 분명하게 하는 것뿐만 아니라, 그와 관련된 내부 사실도 분명히 하게 한다.

명료화는 치료대상자가 표현한 것을 치료사의 통찰력으로 새로운 관점과 시각으로 보게 해 줌으로써, 치료대상자로 하여금 자신의 내면을 이해하도록 돕는 데도 활용된다. 명료화에는 치료대상자가 표현한 것뿐만 아니라 치료사가 듣는 것도 포함된다.

미술치료에서는 치료대상자가 표현한 것을 말로 표현해 주게 된다. 즉, 미술치료사가 듣거나 보았던 의미 있는 자료들을 다시 정리하여 새로운 말로 해 준다. 그리고 혼란스러운 상황을 단순화하여 치료대상자에게 말로 표현해 준다.

그림 10-17 나

자신만을 그렸더니 외로워 보여 여자아이를 그렸다고 했다. "차이가 좀 크지?" 하고 치료사가 이야기했다.

④ 질문

미술표현에 대한 치료사의 왜곡을 없애고, 치료대상자의 입장을 이해하기 위해서 필요한 정보를 얻는 데 효과적인 방법이다. 질문은 호기심으로 갑작스럽게 해서는 안 된다. 그 단계에서 일어난 것과 관련된 것으로, 자연스럽게 치료

그림 10-18 질문

그림이 전혀 이해되지 않았다. "누가 누워 있네." 치료사가 이야기했다. "이것은 돈인가?"

대상자와 이야기하면서 시도되어야 한다.

'왜'라는 질문은 치료대상자에게 부정적인 영향과 방어적인 태도를 불러일으킬 수 있다. 치료사가 반복해서 묻는다면 치료대상자는 부분적으로만 사실을 말하거나, 긴장상태에서는 거짓말을 할 수도 있다. 개방식 질문을 하는 것이 좋다.

질문과 관련하여 치료사는 어렵거나 심각한 질문으로 치료대상자를 압도하지 말아야 한다. 치료사가 질문에서 얻은 반응 외에도, 치료사는 질문에 대한 치료대상자의 얼굴표정, 신체언어, 비언어적 반응을 관찰해야 한다.

(2) 미술치료 기법

치료진행기에 치료대상자의 다양한 욕구가 자유로이 표출되도록 하는 데 활용될 수 있는 미술치료 기법에 대해 살펴보고자 한다. 이는 치료대상자에 따라 다양하게 적용될 수 있다.

그림 10-19 자신 없어요(테두리법)

그리는 데 주저함을 보여 테두리를 그어 주었다. 유사한 사인펜으로 구석에 나무를 그렸다.

테두리법

테두리법은 치료대상자에게 도화지를 제시할 때 거기에 테두리를 그어서 건네주는 방법이다. 이는 미술활동을 자극하고 공포를 줄여 줄 수 있어 자아가 허약한 치료대상자에게 많이 사용되고 있다. 테두리를 그릴 때에는 자를 사용하지 않는다. 또 도화지에 원을 그려 주고 원 안에 그림을 그리거나 채색하게 하여 과잉행동, 주의산만 등을 통제할 수 있다. 심리적 지지도 해 줄 수 있다.

난화 상호이야기 만들기법

난화 상호이야기 만들기법은 난화법과 이야기법을 종합하여 응용한 것이다. 난화에서 이끌어 낸 심상의 형성이 중요하다. 치료사와 치료대상자가 심상을 보고, 서로 교환하며 이야기를 만들어 나가는 것이다. 최근에는 표현이 부족한 치료대상자에게 난화와 콜라주를 합친 기법도 사용하고 있다.

- 준비물

  연필, 크레파스(좋아하는 색 한 가지 선택), 볼펜, 사인펜

  용지 크기는 치료대상자의 상태에 따라서 다양하게 사용한다.

- 검사 지시사항 및 절차

  ▶두 장의 그림을 가지고 실시하는 법

  ① 대상자와 치료사가 각자 다른 종이에 그린 그림이 무엇인지를 이야기한다.

  ② 치료사가 두 장의 그림으로 이야기를 꾸며 나간다(치료대상자는 듣는다.).

  ③ 이번에는 치료대상자가 두 장의 그림으로 이야기를 꾸며 나간다.

  ④ 다시 치료사 혹은 치료대상자가 이야기를 꾸며 나가는 과정을 반복한다.

  ▶종이를 4등분하여 실시하는 법

  ① 먼저 치료사가 종이에 테두리를 그려 준다. 이는 치료대상자에게 그림을 그리기 쉽고 거부감을 없게 해 준다. 분열증, 정신질환자, 소심한 사람, 의사표시를 안 하는 치료대상자에게 유용하다.

  ② 치료대상자 혹은 치료사가 네 칸 중 어느 한 곳에 난화를 그리고, 치료사 혹은 치료대상자가 이미지화해서 그림을 그린다.

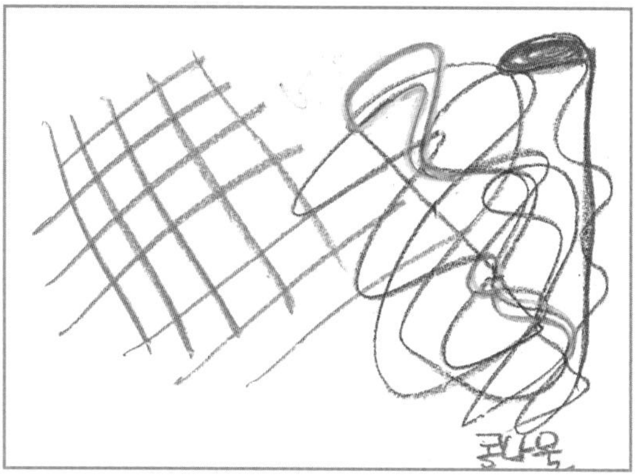

그림 10-20 난화 상호이야기

토끼와 콩나물을 찾아냈다.
아동: "토끼가 콩나물을 뽑았어요."
치료사: "토끼가 콩나물에게 물을 주었어요."

③ ②를 반복하여 화면의 네 곳을 모두 채워 네 개의 그림을 완성한다.
④ 그린 순서에 관계없이 서로 이야기를 꾸며 나간다. 순서를 바꾸어 가며 반복해서 꾸며 나간다.

콜라주 기법

그림 10-21 이 세상에 필요한 것과 필요하지 않은 것

최근에 많이 사용되는 미술치료 기법이다. 거부의 감소, 분노의 노출, 희망의 표현 등 다양하게 활용할 수 있다. 표현이 쉽고 그리기보다 감정 전달에서 더 정확할 수 있다. 그러나 선택할 수 있는 사진 매체가 많아야 한다. 자기 감정 나타내기, 가족이나 친구에게 말하고 싶은 것, 선물로 주고받고 싶은 것, 타인에 대한 느낌 표현하기로 문제의 소재 및 대처방법 등을 쉽게 표현할 수 있다.

콜라주 활동에는 선택성과 회피성이 있다. 평범한 도형을 마음대로 잘라내고 싫으면 자르지 않으며 자른 것을 붙이지 않을 수도 있다. 또한 분산성과 통일성도 있다. 즉, 분산적인 표현과 정리를 한다는 통일성이 있다. 잡지 등에서 잘라내는 분산성과 자른 것을 도화지에 붙이는 통일성을 치료과정과 연계할 수 있다.

콜라주 작품을 해석할 때는 다음과 같은 점에 유의해서 치료대상자의 심리를 파악한다.

① 계열적 이해: 한 장의 작품만을 보고 무리한 해석을 하지 않는다. 계속적으로 작품을 만드는 경우에 그 흐름을 보면서 치료대상자의 심리적 반응을 파악한다.
② 통합성: 작품의 전체적인 조화를 보면서 느낌을 살핀다. 단순한 인상이 아닌 통합의 정도를 관찰한다. 분리, 조잡함, 빈곤성, 기계적 표현, 고정적인 요소가 얼마나 있느냐를 알아본다.

③ 공간표상: 모래상자 놀이에서 사용하는 공간도식과 그림의 구도에서 해석하는 공간기준을 활용한다. 이때 치료사의 임상 경험이 매우 중요하다.

④ 주제: 작품을 처음 보았을 때 제목을 붙일 수 있는 작품인가 또는 주제를 가지고 작성한 작품인가를 본다. 작품 속에 자기상이라고 생각되는 그림이 있는 경우가 많지만, 작품 전체가 자기상이라고 할 수도 있다.

⑤ 상징적 해석: 붙인 그림의 의미를 생각하는 것이다. 연상이나 생각을 토의하는 것도 바람직한 방법이다.

⑥ 기타: 그림을 자르는 방법, 붙이는 방법, 색채 등을 통해서 치료대상자를 이해할 수 있다.

가족체계 진단법을 활용한 협동화

● 준비물

도화지(12×18인치), 사인펜이나 색연필, 크레파스 등

● 검사 지시사항 및 절차

▶ 지시 1: "크레용을 각자 하나씩 선택하십시요. 크레용을 하나 집었으면 그림을 그리세요. 이 순간부터 말을 해서는 안 됩니다."

▶ 지시 2: "그림이 완성될 때까지 과제에 대한 토의는 없습니다."

▶ 지시 3: 그림이 완성되면 그림의 제목을 토의를 통해 정하도록 한다.

협동화가 끝나면 치료대상자들과 토의를 한다. 이 토의는 치료대상자들의 반응에 의해 이루어지고 비형식적이다. 일반적인 질문은 특별히 누구를 지칭하지 않고 "자, 어떠했어요?"라고 한다. 치료사는 치료대상자들이 모두 반응하도록 한다. 여기서 질문 내용은 정해져 있지 않지만 치료대상자들이 토의에 참가하도록 하기 위해 질문을 사용한다.

그림 10-22 협동화

질문 내용

① 누가 규칙을 어겼습니까? (그리는 동안의 이야기)
② 누가 그림의 제목을 정했습니까?
③ 크레파스 색깔은 누가 정했습니까?
④ 종이 공간을 가장 많이 사용한 사람은 누구입니까?
⑤ 종이 공간을 가장 적게 사용한 사람은 누구입니까?
⑥ 그린 그림에 대한 생각은 어떠합니까?
⑦ 협동으로 작업했던 공간이 있습니까? 누가 협동했습니까?
⑧ 서로 방해했던 공간이 있습니까?
⑨ 만약 당신이 처음 시작했다면 그림을 어떻게 그렸겠습니까? (처음 그린 사람을 제외하고 모든 사람에게 질문한다.)
⑩ 이 그림이나 진행과정에 대해 이야기할 것이 있습니까?

질문에 대해 이야기하면서 치료대상자들은 다른 방법으로는 끄집어 낼 수 없었던 영역을 언급하는 계기가 되어 문제와 갈등을 표면화할 수 있다.

협동화는 치료대상자 간의 상호작용을 알아보려는 것으로, 개인을 분석하는 데 초점을 두지 않는다. 협동화는 상호작용을 보려고 시도되었기 때문에 그림 분석은 협동화의 전체 분석 중의 일부분이다.

그림 10-23 역할교환법

처음에는 서로 자신이 그리고 싶은 것을 그리다가 점점 서로가 그린 것을 도와주게 되었다. 거미를 그리면 거미줄, 달팽이 몸을 그리면 달팽이 머리, 꽃을 그리면 색칠하는 식으로 협동이 이루어졌다.

역할교환법

역할교환법은 색칠이나 콜라주, 난화, 그림그리기 등에서 치료대상자와 치료사 또는 치료대상자들이 서로 번갈아가며 작품을 제작하는 것이다. 화면분할법(한 장의 종이에 적당한 선을 그어 나눔)과 같이 사용되기도 한다. 라포 형성이나 거부감 감소, 흥미유발 및 촉진 등에 효과적이다.

색채선택법

색채선택법은 치료대상자에게 좋아하는 색을 선택하게 하여, 그것으로 그림을 그리도록 하는 방법이다. 좋아하는 크레용을 골라 사용하도록 하는 것은 치료대상자에게 자유를 부여하는 것이다. 자유를 부여하면 책임의식이 많아진다는 원리가 포함되어 있다.

갈겨 그리기법

갈겨 그리기법은 치료대상자에게 연필, 크레파스를 주어 갈겨 그리게 한다. 그리고 '어떻게 보이는가, 어디가 어떻게 되어 있는가'에 대해 이야기한 후 색칠하게 한다. 치료대상자와 치료사가 함께 갈겨 그리기를 하면 치료대상자와의 관계가 매우 친밀해질 수 있다.

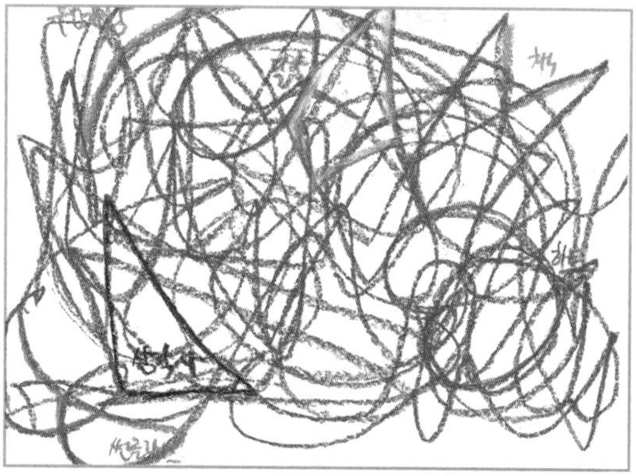

그림 10-24 갈겨 그리기

그림완성법

그림완성법은 기호가 그려져 있는 용지를 제시하고 그 기호를 활용해서 그림을 완성하게 하는 방법이다. 유아, 성인, 정상인, 정신질환자 등 모두에게 적용할 수 있다. 그린 순서를 적고 무엇을 그렸는가를 이야기하게 한다. 이것은 미술치료 과정이나 초기에 사용할 수 있으며, 치료대상자의 거부감이나 저항, 공포를 제거할 수 있다. 동그라미를 그리고 그 안에 임의의 점을 찍어 제시함으로써 치료대상자를 지지해 줄 수도 있다.

그림 10-25 그림완성법

오른쪽의 점을 사용하여 그림을 완성하였다. 자신이 좋아하던 팬더라고 했다.

자아감각 발달법

자아감각 발달법은 신체상이나 자아개념이 부정적인 경우 이를 높이기 위해서 사용한다. 출발그림이나 그림완성법, 손도장과 발도장 찍기, 조소활동, 동그라미기법, 씨앗으로 얼굴 만들기, 가면 만들기, 자기신체 본뜨기(실물 크기), 인체 퍼즐게임, 거울 보고 자기 그리기, 손 본뜨기 등을 할 수 있다.

그림 10-26 신체상 그리기

신체를 그리고 꾸미기를 하였다. 자신을 잘 꾸미려고 노력하였다.

감정차트 만들기

감정차트 만들기는 도화지를 몇 개의 칸으로 나눈 다음 최근의 감정을 그리거나 색종이로 나타내게 한다. 감정을 표현한 후에 모든 인간은 불편한 감정을 가지고 있음을 확인시킨다. 또한 칸 없이 한 장의 종이에 표현할 수도 있다.

생활선 그리기

생활선 그리기는 유아 시절부터 현재까지 그리고 미래에 대하여 생활선으로 표시하게 한다. 연령단계별로 높낮이, 선의 굵고 가는 정도, 색 등으로 자신의 생의 주기를 나타내도록 한다. 이것을 치료대상자가 설명하면서 자신을 발견하고 느낄 수 있게 된다.

그림 10-27 내가 바라는 마음(감정차트)

왼쪽 위부터 아래로 한가로워지고 싶다, 예뻐지고 싶다, 사랑을 나누고 싶다, 악마가 되어 괴롭히고 싶다, 내 마음을 닫고 싶다, 나쁜 짓 하는 사람이 벼락을 맞았으면……

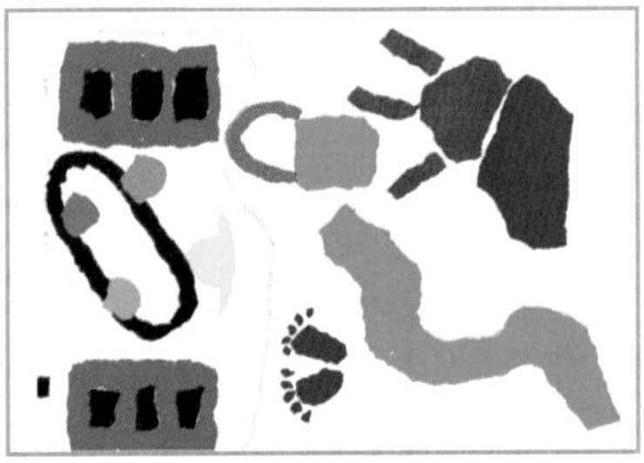

그림 10-28 생활선

어린 시절–유치원에서의 노란 모자.
고등학교–꼬불길. 학교 가기 싫은 적이 많았다.
대학교–미래가 결정되자 즐겁다. 구름 속에서 해가 점점 떠오르고 있다.

이것이 나다

자아정체감을 발달시키기 위하여 실시한다. 집단치료에서는 서로 그림을 돌려가면서 피드백을 하고 비교활동을 통해 자신을 통찰할 수 있다. 자기를 홍보하는 포스터를 만들기도 한다.

그림 10-29 이것이 나다.

나를 돌아볼 수 있고 집단치료에서 자신을 알릴 수 있다.

자소상

자소상은 자신에 대해 좀 더 생각해 보는 계기를 마련해 줄 수 있다. 자신을 집단원에게 소개해 봄으로써 자기표현을 통해 자아개념을 향상시킬 수 있다.

그림 10-30 자소상

얼굴이 크고 주근깨가 있어 해바라기로 표현했다.

집단벽화 그리기법

집단 내에서 자기이해, 집단이해, 협동심 등을 기른다. 특히, 벽화는 공동화(협동화)를 제작할 때 책상 위에서 그리는 것보다 거부감이 적다. 편안하고 역동성을 더 잘 나타내 준다.

가계도 그리기

색종이, 사인펜, 크레파스 등을 사용하여 세대별로 표현한다. 이를 통해 세대 간의 갈등, 동맹, 가풍의 계승, 순환 등을 이해한다.

자기집 평면도

자기집 평면도 그리기는 어린 시절(가능하면 유아시절)에 자기가 살았던 집의 평면도를 그려서 가장 무서웠던 곳, 비밀장소, 함께 살았던 사람 등을 설명하면서 자신의

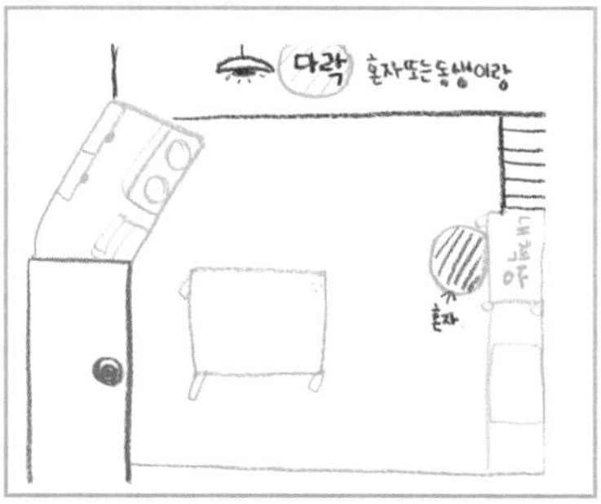

그림 10-31 자기집 평면도

과거를 회상하게 한다. 이를 통해 자기에게 영향을 끼친 사람, 성격 형성 등을 발견한다. 부적응행동에 대한 재인식을 하게 하여 새로운 각본을 형성하는 데 도움이 된다.

나의 어머니(아버지), 나의 딸(아들) 그리기법

치료대상자의 어머니(아버지)나 치료대상자의 딸(아들)을 그리게 한다. 꼭 그림이 아니라 난화, 콜라주, 지점토 등을 사용해도 된다.

만다라 그리기

개별적으로 만다라를 그리게 한다. 여기에 색채매체를 사용하면 좋다. 크레용, 크레파스, 사인펜, 색연필 등을 이용하거나 색종이도 사용할 수 있다. 자유연상을 그려도 좋다. 그러고 나서 심상을 언어로 나타내기도 한다. 치료대상자의 기억과 감정을 통합하는 데 유용하다.

핑거페인팅

핑거페인팅은 정서의 안정, 거부와 저항의 감소, 이완 등의 효과를 준다. 또한 작업 촉진, 스트레스 해소에도 큰 도움이 된다.

조소활동법

조소활동법은 점토로 인물상을 만들거나 자신의 느낌을 표현하게 하여 해석하는 것이다. 묽은 점토 위에

그림 10-32 우리 엄마

지저분한 엄마 머리

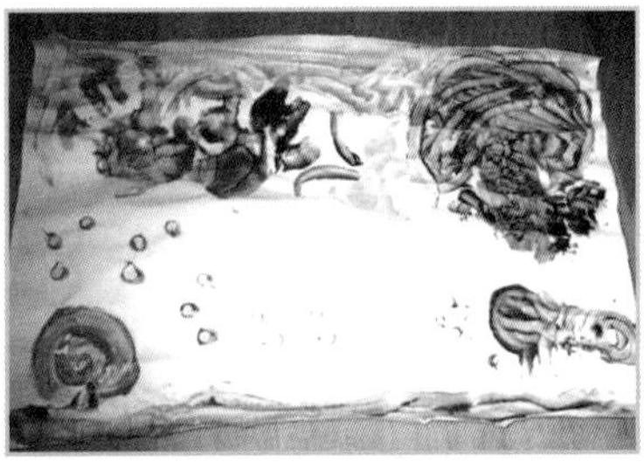

그림 10-33 핑거페인팅

자유롭게 자기를 표현하여 내재되어 있는 공격성을 감소시켰다.

그림 10-34 조소활동

지점토에 색칠을 함으로써 많은 의사전달이 가능하다.

는 수채물감과 같은 액체물감으로 색칠이 가능하다. 이는 언어화가 결핍된 치료대상자에게 유용하다. 반대로 과도한 언어화를 나타내는 치료대상자에게는 감각적 요소를 강조할 때 사용한다. 특히, 대상관계가 부족한 치료대상자의 치료에 유용하게 활용되기도 한다.

(3) 미술표현 방법

이상의 미술치료 기법을 활용한 미술치료 회기는 겉으로 보기에는 미술시간과 비슷해 보이나 그 목표와 목적이 다르다. 미술치료는 느낌, 생각, 상상 같은 개인의 내면적 경험에 초점을 맞춘다. 미술치료가 미술 기교나 기술을 포함하고 있기는 하지만, 강조하는 것은 개인의 내면에서 나오는 이미지를 표현하고 발달시키는 것이다. 그림으로써 마음의 구조변화를 이끄는 것이다.

미술치료 기법을 활용하는 경우, 미술수업에서 활용되는 미술표현 방법을 알면 내면의 복잡한 심리상태가 좀 더 잘 표현될 수 있다. 다양한 표현방법은 자유롭고 자발적인 표현을 복돋아 줄 수 있기 때문이다. 다양한 표현방법을 미술치료사가 제공할 수 있으면 치료가 더 활기를 띨 수 있다. 미술치료 기법에 활용될 수 있는 다양한 미술표현 방법에 대해서 살펴보겠다.

스크래치

송곳처럼 뾰족한 도구로 긁어서 그리는 그림이다. 크레파스로 종이에 여러 가지 색을 중복해서 칠하고, 그 위에 짙은 색의 크레파스로 덧칠한다. 그리고 핀이나 송곳, 조각도로 긁어 정밀감이나 공간감을 표현할 수 있다.

지저분하고 막 그려진 그림에서 느껴지는 짜증, 화남, 잘못한 것에 대한 불만의 마음을 해소하기 위해 덧칠하고 그 뒤에 나타나는 신비함을 활용할 수 있다. 오랜 시간 덧칠하는 것은 충동성 감소에 활용되기도 한다. 경우에 따라서는 덧칠 없이 긁어낼 수도 있다.

그림 10-35 스크래치(산만한 아동)

산만한 아동의 착석시간을 늘리기 위해 활용하였다. 칠하고 싶은 색을 자유롭게 칠하면서 앉아 있는 것을 연장해 재미있는 시간으로 활용할 수 있었다.

그림 10-36 눌러 자국내기(손의 힘)

눌렀을 때 형태가 드러나기 쉬운 물체를 준비하여 에너지를 키우는 데 활용하였다.

눌러 자국내기(embossing)

철상의 판과 물건에 종이나 금속류를 놓고 위에서 힘을 주어 누르는 것이다. 마치 목판의 판에 물감을 바르지 않고 압력을 가하면서 찍어 냈다고 생각하면 된다. 전체적인 인상은 약하지만, 형의 가장자리로 빛의 음영이 생겨서 고상하고 섬세한 아름다움을 표출시킬 수 있는 기법이다.

그림 10-37 데칼코마니와 콜라주

자신감, 개별성을 부여하기 위한 활동으로 계획하였다. 종이를 반으로 접을 때 치료사의 도움이 필요하다. 데칼코마니 활동 후 색지를 찢어 붙이는 활동도 하였다.

데칼코마니

그림물감이나 잉크 등을 종이 위에 떨어뜨리거나 칠한 다음, 종이를 반으로 접어 그 위를 눌러 문지른다. 이 종이를 펼쳐 접은 선을 중심으로 좌우 대칭의 형태가 나타나게 하는 방법이다. 이를 응용한 다른 제작법으로, 두 장의 종이를 준비하여 한쪽 종이에 물감이나 잉크를 떨어뜨리거나 칠한 후, 다른 종이를 겹쳐 문지름으로써 다른 형이 양쪽 지면에 나타나게 한다.

표면이 매끄럽고 흡수성이 적은 켄트지나 모조지 같은 종이를 이용하는 것이 좋다. 물감의 종류, 문지르는 힘의 강약, 문지르는 도구 등에 따라 다양한 형태가 나타난다.

그림을 못 그린다고 느끼거나 그리기를 꺼려 하는 치료대상자에게 활용할 수 있다. 또한 전혀 활동을 하려 하지 않는 치료대상자에게 활동의 에너지를 부여할 수 있다. 연상활동이나 심상화로의 활용도 가능하다.

물감 흘리기

물건이 위에서 밑으로 떨어지는 물리적 운동을 이용한다. 여러 가지 색의 크고 작은 물감방울을 종이 위에 떨어뜨린 다음 종이를 비스듬히 든다. 종이를 이리저리 움직여서 물감이 여러 곳으로 흘러내리게 한다.

경사 정도, 떨어뜨릴 때의 높이, 물감의 농도, 사용하는 양에 따라 흩어지는 모양이 다양하게 변한다. 물감방울이 너무 크거나 많으면 복잡하게 섞이게 된다.

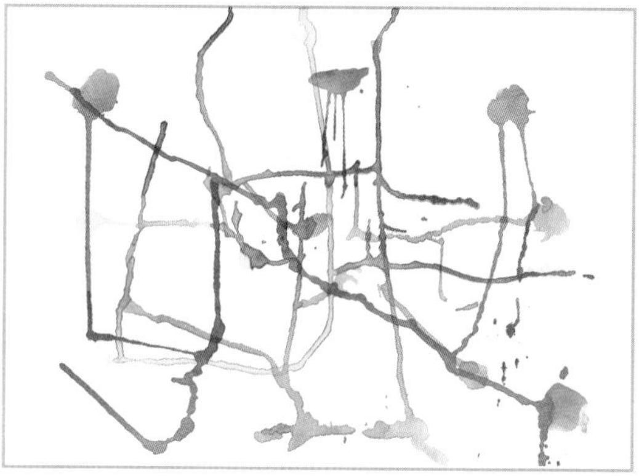

그림 10-38 물감 흘리기(고정된 틀 깨뜨리기)

엄한 양육행동의 어머니에게 활용하였다.
고정된 틀을 깨뜨리기 위한 목적으로 활용하였다.
내버려 두어도 좋다는 것을 느낄 수 있다.

흘러내림을 통해 긴장이완을 느낄 수 있다. 그러나 원하지 않는 흘러내림에 거부감과 불안감을 갖거나, 정해진 유형에 강한 선호를 갖고 있는 치료대상자에게는 활용시기를 고려하여 사용함이 좋다. 물감의 농도, 경사 정도를 활용하여 자아조절력에 사용할 수도 있다.

물감 불기

종이 위에 물감을 떨어뜨리고 여러 방향에서 물감을 불어서 표현하는 방법이다. 떨어진 물감 위에 다시 물감을 떨어뜨려 불면 겹치는 효과가 있다. 활동을 꺼리는 치료대상자에게 활용할 수 있다. 낙서기법처럼 흘러내린 후 연상을 위한 활동으로 활용할 수도 있다. 또한 집단치료에서 교대로 불기로 활용할 수 있다.

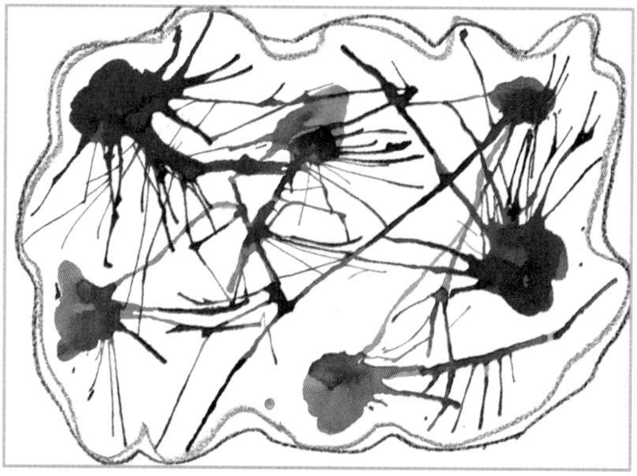

그림 10-39 교대로 물감 불기(협동)

협동이라는 주제하에 이루어진 활동이었다. 상대방이 원하는 것에 보조를 맞추고자 하였다.

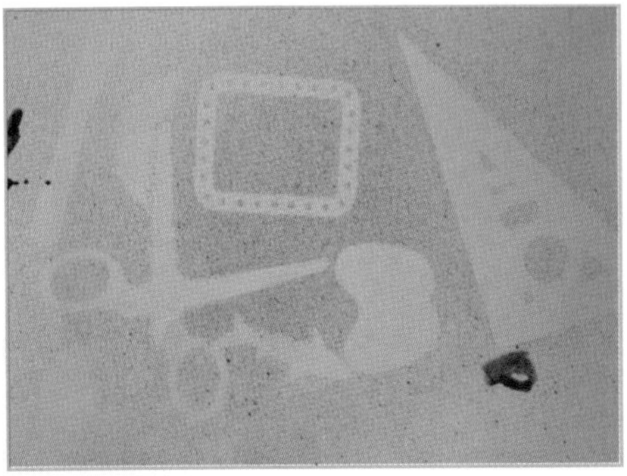

그림 10-40 물감 뿌리기(집중력)

손의 힘 조절과 집중력을 목적으로 활용한 예다.

물감뿌리기

종이나 캔버스 위에 물감을 뿌려서 표현하는 방법이다. 붓으로 뿌리는 방법, 철망이나 헝겊을 놓고 칫솔로 뿌리는 방법 등이 있다. 망을 통해 칫솔로 뿌리는 방법이 훨씬 곱게 표현된다.

모래그림

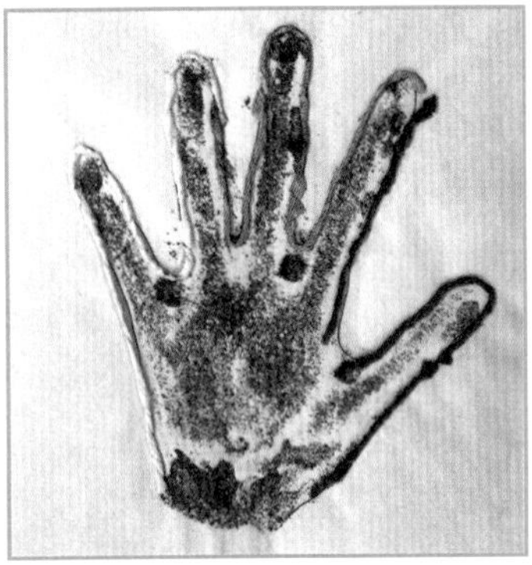

그림 10-41 모래그림(집중과 통제)

자기 손을 꾸미면서 자연스럽게 집중력과 통제감을 가져올 수 있다.

종이 위에 풀로 선이나 모양을 그려 놓고, 모래를 뿌려서 흔들어 풀이 묻은 자리에만 모래가 붙게 하는 방법이다. 색모래, 색톱밥, 색종이 가루 등을 활용하기도 한다.

두드리기(strike)

붓과 헝겊 또는 끝이 뾰족한 펜 끝에 물감이나 잉크를 묻혀서 지면을 두드리는 방법이다. 농담의 변화와 질감 차이로 표현하는 기법이다. 부드러운 헝겊, 탈지면, 스펀지와 같이 넓이가 있는 것, 연필이나 펜과 같이 딱딱한 점적 단위의 것 등 재료에 따라 다른 효과를 보여 준다.

두드리기의 강도에 따른 농담의 변화, 사용되는 물감량의 차이로 인한 요철감, 두드릴 때 생기는 용구나 재료에 따른 재질감 등은 작업을 하기 전에 알아두는 것이 필요하다.

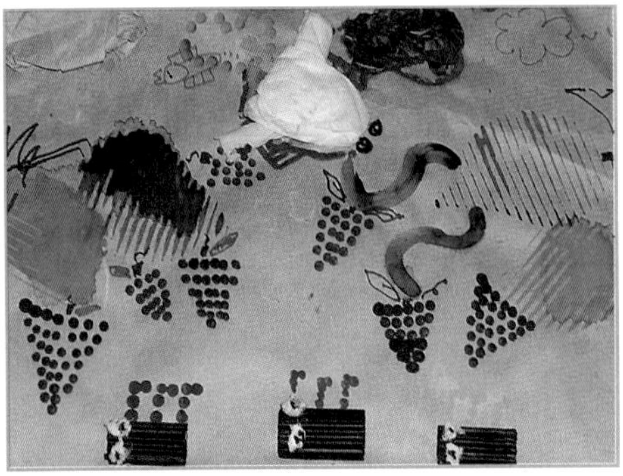

그림 10-42 찍고, 두드리고, 붙이고, 그리기

색한지, 휴지, 골판지, 면봉, 사인펜, 물감 등의 재료를 활용하였다. 자신감과 성취감을 높여주는 데에 활용하였다.

신체찍기를 통한 자아형성, 표현력 증진, 흥미유발, 성취감 등의 여러 활동에 활용될 수 있다. 특히, 다양한 찍기재료는 사물을 다른 각도에서 보는 데 유익하다.

마블링

그릇에 물을 담아 놓고 유채물감을 떨어뜨리면 물 위에 무늬가 만들어진다. 그리고 분화하고 확산되어 가면서 단순한 무늬에서 복잡한 무늬로 변한다. 이렇게 물 표면의 움직임에 따라 변하고 있는 유연한 무늬를 흡수성이 좋은 종이나 천으로 떠내는 것이다.

데칼코마니처럼 내면에 간직된 이미지 구현에 도움이 된다. 여러 가지 색을 차례로 떨어뜨리고 물을 젓거나, 물을 미리 저어 놓고 물감을 떨어뜨릴 수 있다.

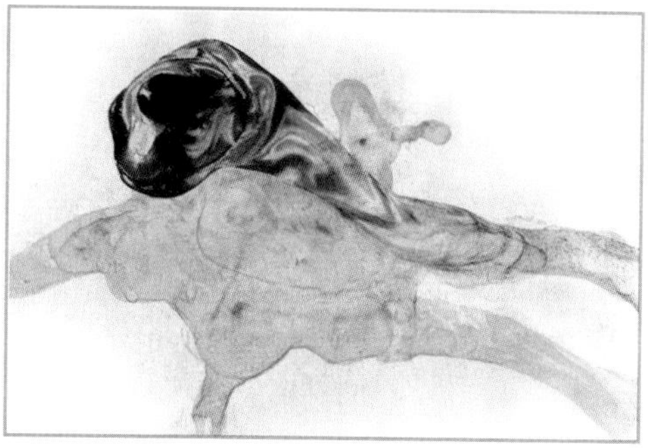

그림 10-43 마블링(내가 보이네)

그림활동을 주저하는 노인의 작품이다. 떠오르는 이미지를 구현하는 데 도움이 된다.

물감 번지기

종이에 물을 바르고 마르기 전에 물감을 칠한다. 물감이 물기를 타고 번지면서 무늬가 만들어진다. 물기가 잘 번지는 종이를 사용하도록 한다.

사용되는 도구, 판지에 닿는 힘의 강약에 따라 번지는 효과가 달라진다. 또 판지에 물을 바르고 나서 펜이나 사인펜으로 여러 가지 형태를 그려서 번지게 하는 것도 재미있다. 한 가지 색뿐 아니라 여러 가지 색을 사용하면 다른 효과가 나타난다. 같은 방식으로 화선지에 먹물을 번지게 할 수도 있다.

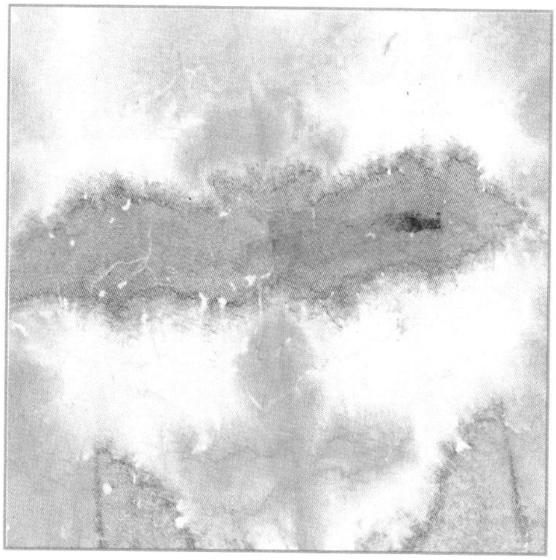

그림 10-44 물감 번지기(내 문제의 용해)

문제를 파악한 후, 적극적인 문제해결의 의지를 갖게 하는 데 활용하였다. 참여를 적극적으로 유도하는 계기가 되었다.

(4) 미술활동 거부의 극복

미술활동 거부

어떤 치료대상자는 자신이 표현하고자 하는 것에 대해 아이디어를 잘 낸다. 또 미술작품에 나타난 이미지에 대해 직관적인 감각을 가지고 있는 치료대상자도 있다. 이런 치료대상자는 즐겁게 미술활동을 한다. 그러나 여러 이유로 인해서 미술활동을 거부하는 치료대상자도 있다. 왜 치료대상자가 미술활동을 하려고 하지 않으며, 왜 이런 일이 일어나는지에 대해 알 수 있는 몇 가지 요인들이 있다.

첫째, 치료사가 미술활동에 즐거움을 갖고 있다는 확신이 없는 경우다. 치료대상자는 치료사가 미술활동을 좋아하는지 싫어하는지에 대해 민감하게 느낀다. 만약 치료사가 언어로 하는 치료를 더 편안하게 생각하고 치료대상자의 미술활동을 불편하게 느낀다면, 이 점이 치료대상자의 미술활동 거부에 영향을 줄 수 있다.

둘째, 치료대상자는 치료사가 치료나 의사소통에 미술을 사용하는 기술이 부족하다는 것을 민감하게 알아차린다. 그렇게 되면 치료대상자도 곧 흥미를 잃고 미술활동에 잘 참여하지 않게 된다.

셋째, 주어진 미술재료가 부실하면 미술활동을 거부할 수 있다. 그러므로 미술활동을 하도록 질이 좋은 미술매체를 주는 것이 중요하다. 부러진 크레용, 잘 찢어지는 종이, 색이 부족한 그림물감 등은 치료대상자에게 미술활동을 할 의욕을 주지 않을 뿐만 아니라 좌절감을 준다. 치료대상자가 미술활동을 하게 하려면, 미술재료들을 잘 갖춰서 시각적으로도 미술활동을 하고 싶다는 욕구가 일어나게 하여 치료대상자가 미술활동과 자기표현을 하도록 격려해 주어야 한다.

넷째, 치료대상자는 개인적인 이유, 즉 걱정, 불신, 억압 등으로 인해서 미술활동을 거부하기도 한다. 또 어떤 치료대상자는 너무 방어적이거나 공포에 질려서 미술활동이 힘들 수도 있다. 미술활동을 통해서 감정을 드러내는 것을 두

그림 10-45 그림보다 이야기 유도에 관심

미술활동을 주저하는 할아버지에게 가져온 그림을 보여 주고 이야기를 유도한다. 치료대상자는 치료사가 미술활동보다 이야기가 중심이라는 것을 민감하게 알아차린다.

그림 10-46 매체 순서의 기술

매체활용 순서가 중요하다. '초그림에는 수채화물감을 입히면 그림이 잘 드러납니다. 해님, 고래, 오징어를 다른 색으로 칠하면 어떨까요?"

려워하고 불안해하는 것이다. 때로는 미술활동 자체가 저항을 일으킬 수도 있다. 외상 경험이나 가족문제가 있는 치료대상자에게 치료 초기에 가족의 그림을 그려 보라고 한다면, 치료관계에서 아직 안전감을 느끼지 못하는 치료대상자에게는 위협적인 경험이 될 수 있다.

이러한 저항을 극복하기 위해 앞서 살펴본 미술치료 촉진기법, 미술활동 기법을 활용할 수 있다. 또한 치료대상자에게 작품의 주제, 내용, 모양, 특징까지 정해 주고, 치료사를 따라서 작품활동을 하도록 할 수도 있다. 실제로 치료는 미술작품을 잘 만드는 것이 중심이 아니다. 치료사의 서투른 미술 솜씨를 치료대상자에게 지적하도록 유도해서, 치료대상자가 자신감을 가지고 미술활동을 하도록 이끄는 방법도 있다.

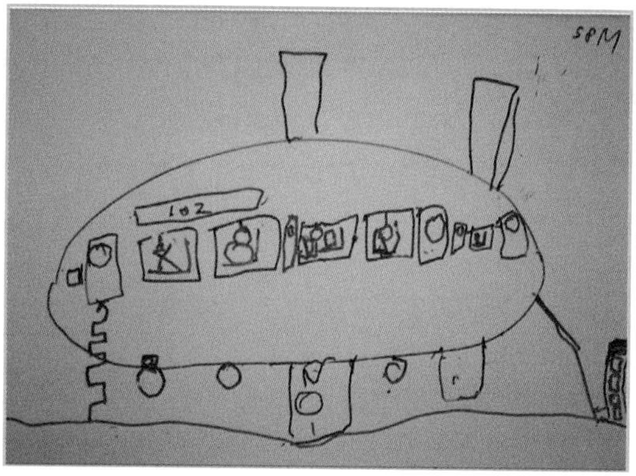

그림 10-47 사람은 없어요

비행기 안에 사람은 없고 기호만 있다. "사람은 미워요."

다섯째, 때로는 미술활동을 거부하는 것처럼 보이는 것이 어떻게 시작해야 할지 모르기 때문일 수도 있다. 치료대상자에게 마음대로 표현하도록 건네주는 커다란 흰색 종이나 너무 다양한 미술재료가 오히려 치료대상자를 압도하거나 자신감을 갖게 하지 못할 수도 있다.

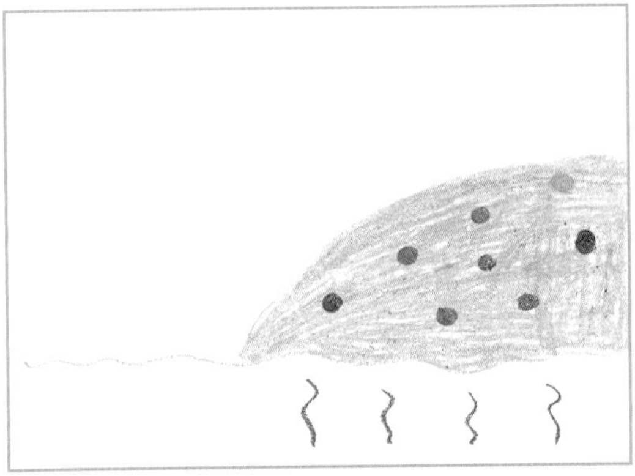

그림 10-48 차라리 내가 그려야지

치료사의 엉성한 그림은 치료대상자의 미술표현을 자극한다.

치료대상자에게 자신이 작업하고 싶은 내용 한 가지를 선택하라고 말하는 것도 효과적이다. 크레파스, 파스텔 중 하나를 택하라고 할 수도 있다. 또는 단순히 사람의 머리를 그려 보라고 요청할 수 있다. 그다음에 눈, 코, 입, 몸, 다리, 기타 신체 부위를 그리도록 격려하면 된다. 이런 과정을 통해 치료대상자는 점차적으로 자신감을 갖게 된다.

이처럼 미술활동에 저항이나 부담을 느끼는 치료대상자에게 다른 치료대상자의 작품이나 간단한 이미지를 보여 주는 것도 도움이 된다. 특히, 치료대상자가 자신의 능력에 대해서 불안해 할 때는 더욱 유용하다. 치료대상자는 처음에는 그림이나 작품을 그대로 모방하려고 하지만, 일단 시작하면 보여 준 작품과는 다른 자신만의 개인적인 방식으로 작품을 만들게 된다.

그림 10-49 표현에 자신감 주기

촉감의 부드러움이 필요한 대상자에게 모루를 제시하고, 표현의 예를 보여 준다.

한편, 치료사가 안내한 활동이 자신에게 적절한 표현수단이 아니라고 생각하더라도, 치료사가 요구하는 대로 그대로 따르는 치료대상자도 있다. 또한 그림, 콜라주, 점토와 같은 미술활동에 더 잘 어울리는 치료대상자가 있고, 언어, 드라마, 놀이,

음악 등과 같은 매체를 포함하면 더 효과적인 치료대상자도 있다. 치료에서 치료대상자의 이러한 특성을 이해하고 자신을 자유롭게 표현할 수 있도록 해 주는 것이 중요하다.

■ 표 10-2 ■ 치료대상자가 미술활동을 거부하는 원인

치료사 요인	치료대상자 요인
• 치료사가 미술활동을 불편해 함 • 언어를 더 즐김 • 미술이나 미술치료의 경험이 적음 • 부실한 미술재료	• 개인적인 걱정과 불신 • 방어적이고 억압적인 태도 • 미술활동 시작의 두려움 • 미술치료의 불신

(5) 회기에 대한 치료기록

이와 같은 치료과정에서 치료사는 각 치료회기에 대한 기록을 하는 것이 유용하다. 치료회기의 기록은 치료사가 치료대상자를 보다 잘 이해하고 치료 진행 과정의 적절성을 평가하기 위한 기본자료다. 또한 치료사가 다른 전문가로부터 임상자문을 받기 위해서도 필요하며, 치료과정에 대한 연구에도 활용된다.

치료회기를 기록할 때는 간략하고 명료하게 기록하되, 치료사의 개입방법과 전체 치료과정의 흐름이 잘 드러나도록 기술해야 한다. 기록의 목적이 공개발표나 연구일 때는 치료대상자의 은밀한 내용이나 구체적인 인적 사항을 감추어서 본인 이외의 다른 사람이 누구의 것인지 알 수 없도록 해야 한다.

비고란에는 치료사의 문제해결을 위한 접근방법, 주요 기법, 치료대상자의 진전 정도, 지난 회기 후 치료대상자의 주요 생활사건을 기입한다. 각 회기에 대한 치료기록은 치료사 개인의 소장자료나 소속기관의 보관자료로 보존된다.

■ **치료회기기록**

회기 (일시)	회기 월 일	성 명	연령 세
활동명			
목 표			
준비물			
치료과정	치료사의 언어 및 행동 (비언어적 행동 포함)	치료대상자의 언어 및 행동 (비언어적 행동 포함)	비 고
미술활동태도 및 작품내용			
치료대상자 특이행동			
치료사 평가			
다음 회기 계획			

3) 강화내성 형성기

치료대상자는 치료가 진행되면서 자기인식을 점차로 명확화하기 시작한다. 이 시기는 본격적인 치료가 이루어지는 시기다. 여기서는 자기탐색의 기법과 치료사의 전문적 태도, 미술작품의 이해에 대하여 살펴보겠다.

(1) 자기탐색의 기법

미술치료사의 이론적 배경과 철학적 신념에 따라 미술치료의 내용과 기술이 다를 수 있다. 그러나 어떤 관점에서 미술치료를 진행하든, 이 시기는 치료대상자의 문제에 대한 심도 깊은 탐색과 분석이 필요하다.

치료사는 치료대상자가 지속적으로 자기탐색을 계속하고 자기이해를 발전시켜 나갈 수 있도록 도와주어야 한다. 이 시기에 치료대상자는 자신뿐만 아니라, 자신의 관점이나 태도가 자신의 문제와 어떤 관계가 있는지에 대해서도 더 잘 이해하게 된다. 자기탐색에 효과적인 기법에는 다음과 같은 기법들이 있다.

① 초기기억

초기기억은 치료대상자를 이해하기 위한 중요한 단서를 제공해 준다. 치료대상자들은 과거의 사건들을 선택적으로 기억하고 있다. 이렇게 선택적으로 회상할 수 있는 인간관계와 상황은 그들에게 중요하다.

초기기억은 생활방식, 잘못된 신념, 사회적 상호작용, 행동목표에 관한 단서를 준다. 치료대상자가 세상을 어떻게 지각하고 있는지를 이해하려는 목적으로 사용된다.

☞ "아주 어렸을 때 일어난 것에 대해 그려 보세요."

"그린 것에 대해서 이야기해 주세요."

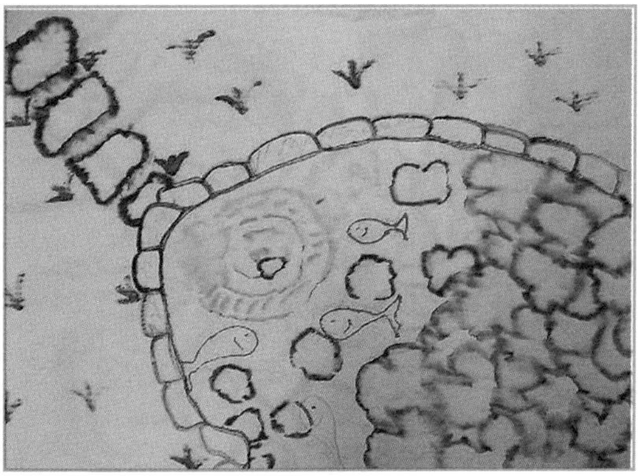

그림 10-50 물에 빠졌어요

주변에 아무도 없다. 당시의 가족관계도 회상해 볼 수 있다.

치료사는 치료대상자의 표현방식에 상관없이 치료대상자가 말하는 것을 모두 기록해야 한다. 자세한 정보는 치료대상자의 초기기억의 의미를 해석하는 데 도움을 준다. 치료대상자의 기억과 관련된 느낌과 사건은 그 당시 치료대상자의 연령과 관련지어야 한다. 초기기억에서 주로 발견되는 주제는 다음과 같다.

초기기억에서 발견되는 주제

- Shulman & Mosak(1988)
  폐위(동생의 출생, 중심의 위치에 다른 사람 영입)
  놀람, 장애물, 협력(가입)
  비밀, 과업, 의존, 외적인 권위, 자기통제
  자격, 힘, 도덕성, 인간적 상호작용, 새로운 상황, 흥분, 성, 상벌
  양육, 혼란, 행운, 질병, 죽음
- Ansbacher & Ansbacher(1974)
  엄마
  위험한 사건-우호적이지 않은 면을 간직
  질병이나 죽음에 대한 공포
  비행, 도벽(재발 방지 노력) 등

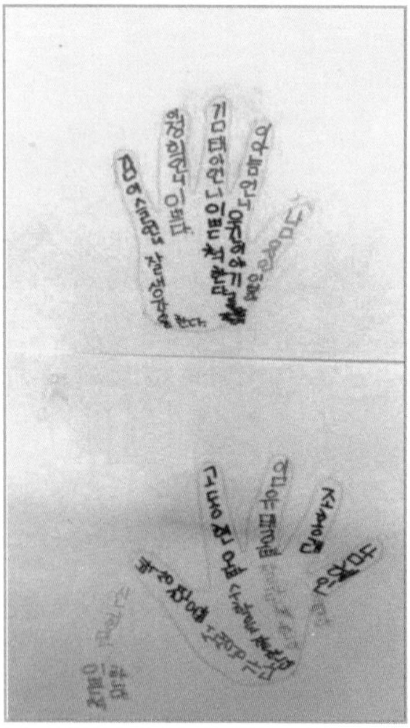

그림 10-51 나의 장점과 단점

자아존중감과 자아수용을 높여 줄 수 있다.

② 나의 장점과 단점

자신의 모습을 살펴보기 위한 것이다. 작품을 구성하기 전에 생각해 볼 시간을 주는 것이 효과적이다.

☞ "자. 이 재료로 나의 장점이나 좋은 점을 만들어 봅시다. 사소한 자랑이라도 좋습니다. 생각한 다음에 만드십시오."

☞ "이번에는 자기 자신의 나쁜 점이라고 생각되는 것을 만들도록 하겠습니다." 다른 사람이 이야기하는 것이 아니라 내가 느끼고 있는 나의 나쁜 점을 만드십시오."

☞ "그러면 이제 장점과 단점을 비교해 보십시오."

③ 나에게 영향을 준 사람 구성하기

중요한 인물은 반드시 긍정적인 대상이 아닐 수도 있다. 심리적인 중요 인물은 자신이 분명하게 인식하는 경우도 있지만, 전혀 의식하지 못하는 경우도 있다. 그리고 어떤 특정한 사건과 관계된 경우가 많다. 잠재의식 속에 있는 중요 인물이나 어떤 사건은 치료대상자의 심리적 문제에 중대한 영향을 미치고 있다.

그림 10-52 영향을 준 사람

나에게 상처를 준 사람

☞ "나에게 영향을 준 사람을 떠올려 보세요."

☞ "상자에서 그 사람을 연상시키는 것을 찾아보세요."

☞ "종이에 붙여 보세요."

☞ "색연필이나 색지로 보충하고 싶으면 하세요."

☞ 콜라주를 완성한 후 대화를 통해 자신의 경험을 되돌아보게 한다. 이는 현재 자신에게 어떤 영향을 미치고 있는가를 인지할 수 있게 한다.

④ 충격을 준 사건

충격적인 사건은 이상 행동이나 성격을 분석하는 데 의미가 있다. 마음 한구석에 응고되어 있는 비능률적인 사고를 인지하고 다시 느껴 봄으로써 성격의 재통합이 가능해진다.

☞ "당신이 경험한 것 중 가장 충격을 준 사건은 어떤 것입니까? 자, 표현해 보세요." 구체적인 표현 대신 느낌을 표현해도 됩니다."

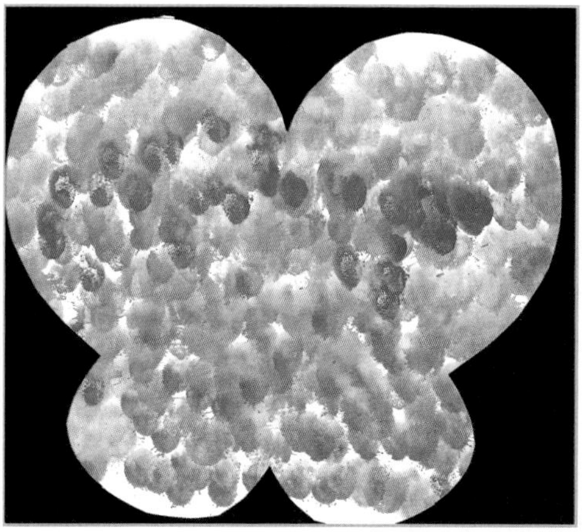

그림 10-53 벌렁벌렁 뛰는 가슴

느낌의 표현 후에 구체적인 사건의 표현이 더 수월할 수 있다.

그림 10-54 발달단계별 느낌

단계별로 느낌을 표현한 후, 좀 더 세분화하여 들어갈 수 있다. 콜라주, 그리기, 색종이 활용 등이 가능하다.

그림 10-55 나의 소원

그림 10-56 신체 꾸미기

⑤ 자서전 만들기

치료대상자는 많은 경험을 기억한다. 기뻤던 일과 슬펐던 일, 큰 일과 작은 일 모두 마음속에 간직되어 있다. 이 기법은 무의식에 잠재된 경험을 되살려 그것을 다시 새롭게 함으로써 개인의 심리적 투사에 미친 영향을 탐색해 보고자 하는 것이다.

☞ "자라 온 지난 날의 기억들을 하나씩 하나씩 더듬어 보십시오."

☞ "슬펐던 일, 기뻤던 일, 우울하고 언짢았던 일, 몹시 괴로웠던 일, 즐겁게 놀던 기억들이 많이 있을 것입니다."

☞ "그중에서 가장 잊을 수 없는 일이나 경험이 있을 것입니다. 그것을 상징적으로 또는 구체적으로 표현해 보세요."

⑥ 나의 소원

만약 세 가지 소원을 이룰 수 있다면 어떤 것을 들 수 있는지 표현해 보게 한다. 이를 통해 가치관, 현재의 관심, 미래에 원하는 것, 과거의 경험 등을 알 수 있다.

⑦ 신체벽화(신체 꾸미기)

자신에 대한 이해와 표현 능력을 증대시키기 위해 활용할 수 있다. 4절지, 전지, 한지, 부직포, 골판지, 사인펜, 크레파스 등으로 자신의 신체를 그린 다음 예쁘게 꾸며 본다.

치료사는 이 단계에서 치료대상자의 발달, 사고, 정서, 논리, 편견, 주관적 관점, 강점과 약점, 생활양식의 잘못된 가정 등을 이해할 수 있게 된다. 치료사가 치료대상자의 욕구, 생활양식, 가치관을 이해하면, 치료대상자에게 잘못된 목표나 부적절한 행동을 인식하도록 도와줄 수 있다. 중요한 점은 그들이 표현한 목표와 행동 간의 부조화를 이해하도록 도울 수 있어야 한다는 것이다.

치료는 현재와 미래 지향적이어야 한다. 치료대상자의 자아상태, 행동, 생활양식을 파악하기 위해서 치료대상자의 과거 경험을 다루지만, 이것은 치료대상자의 현재 상태를 이해하고 미래를 예측하는 데 도움을 주기 위해서일 뿐이다. 치료사는 치료대상자의 생활과 내면에서 가능한 한 많은 긍정적인 면들을 치료대상자가 찾을 수 있도록 도와주어야 한다.

(2) 치료사의 전문적 태도

치료대상자는 치료실이 자신의 공간이며, 치료사가 자신을 이해하고 있다는 생각이 들면 자연스럽게 자신의 부정적인 감정을 표현하게 된다. 치료대상자가 보여 주는 부정적인 감정과 사고를 치료사가 어떻게 넘기는가가 치료의 진행을 좌우하게 된다.

치료사의 전문적 태도는 치료단계에 따라 달라지는 것이 아니다. 치료대상자에 대한 존중, 수용, 반영과 같은 태도는 면접부터 종결까지 치료의 어느 단계에서나 적용된다. 이 단계에서는 적절히 해석하기, 질문하기, 임시적 가설 및 분석, 자기노출 등의 태도도 요구된다. 이 내용들은 이미 앞 장들에서 설명하였기에, 여기서는 해석에 대해서 부연 설명을 하고 자기노출에 대한 이해를 살펴보겠다.

① 해석

해석은 치료대상자의 미술표현, 작업과정, 행동에 대한 이유를 파악하는 것이다. 해석은 치료대상자로 하여금 자신의 감정과 행동 및 문제에 대한 통찰력을 발달시키고 새로운 관점을 갖게 하는 데

그림 10-57 교회

"속이 많이 상했구나(해석)." 하니까 친구에 대한 서운한 감정에 대해 자세히 이야기하였다.

도움을 주는 치료사의 전문적 태도다.

해석은 정확해야 한다. 치료대상자가 받아들일 수 없는 해석은 해석으로서의 효과를 잃게 된다. 또한 치료대상자가 아직 준비가 안 된 상태에서의 해석은 치료를 중단하는 결과를 초래할 수도 있다.

미술치료의 목적은 치료대상자에게 미술작품을 만들게 하려는 데 있지 않다. 미술작품은 치료적인 매체로 활용하는 것이다. 작품과정을 통해 치료대상자가 자신의 세계를 음미해 가는 과정을 치료사가 도와주게 된다.

따라서 치료사는 미술작품에 대해서 어떤 선입견도 갖지 말아야 한다. 평가적인 견해도 갖지 말고, 치료대상자의 표현을 그대로 받아들이도록 노력해야 한다. 또한 작품 내용에 대해서 지나치게 진단적인 해석을 하지 않는 것이 좋다.

그러나 작품이 끝난 후에 작품을 분석하고 치료대상자에게 공감을 하면서 그들의 내적 세계를 파악하는 것은 중요하다. 또 작품의 변화과정을 살펴보는 것은 치료되어 가는 과정, 즉 치료대상자의 마음과 행동이 변화되어 가는 모습을 이해하는 데 도움을 준다.

② 자기노출

치료사의 자기노출은 치료를 긍정적인 방향으로 전개시켜 나가게 하는 유용한 기법이다. 이는 치료사가 자신의 과거 경험을 제공해 주는 것이다. 그 경험은 치료대상자의 자아나 문제에 직접 관련된 것으로 치료를 향상시킬 수 있는 것이어야 한다.

치료사의 자기노출은 치료대상자를 위한 모델이 되어 치료대상자의 자기노출 정도를 증가시킨다. 또 좀 더 깊은 수준의 자기노출을 하도록 치료대상자를 격려하게 된다. 이 기술을 사용하는 방법에는 다음과 같은 몇 가지 유의할 점이 있다.

■ 표 10-3 ■ 자기노출 시 유의점(Gumaer, 1984)

- 촉진단계에서는 자기노출을 사용하지 않는다. 치료대상자에게 불안을 증가시켜 저항이 커질 가능성이 있다.
- 노출반응을 제한적으로 사용한다. 지나치게 사용하면 치료의 초점이 치료대상자에서 치료사로 바뀔 수 있다.
- 치료사가 자기노출을 하는 데 시간을 많이 소비하면 치료대상자가 반응할 시간이 줄어든다.
- 치료사의 자기노출이 치료대상자가 어떻게 해야 되는지의 암시가 되지 않도록 한다.

(3) 미술작품의 이해

미술활동을 통해 치료목표를 달성하려면, 치료사는 치료대상자의 작품이 무엇을 나타내는지 이해해야 한다. 또한 치료대상자로 하여금 자신의 작품이 평가 대상이 아님을 인식시켜야 한다. 그리하여 자유로운 분위기에서 자발적으로 미술활동이 이루어질 수 있도록 해 주어야 한다. 먼저 치료사는 치료대상자가 미술작품을 통해 암시하고자 하는 바를 정확히 이해하도록 노력해야 한다.

미술작품을 올바르게 이해하기 위해서는 작품과정, 작품형태, 작품내용에 대한 해석이 필요한데 여기에서 다뤄 보도록 하겠다. 미술작품의 해석에서 유의해야 할 점은 이러한 해석이 단지 가설로 제시되어야 하고, 다른 정보나 자료로 이 가설을 확인해야 한다는 것이다.

■ 표 10-4 ■ 미술작품의 이해

차 원	의미	방법
작품과정 해석	미술매체를 사용하여 작품을 만드는 과정	• 매체선택 및 반응 관찰 • 작품활동의 태도 관찰
작품형태 해석	작품의 형태와 인상	• 작품의 구성, 완성도, 명료성, 움직임 평가 • 대상의 크기, 왜곡, 과장, 생략 • 공간 배치, 균형, 조화, 리듬감, 그림의 경우 필압 • 색칠과정, 작품을 변화시키는 과정 관찰
작품내용 해석	작품의 내용 작품을 통한 정보	• 주제 및 문제 고찰 • 작품 제목, 내용, 이야기에 대한 종합적 고찰 • 내재된 내용의 해석 • 상징해석

① 작품과정 해석

작품과정 해석은 미술매체를 사용하여 작품을 만드는 과정의 해석을 말한다. 치료사는 치료대상자가 미술매체에 어떻게 반응하고, 어떤 매체를 선택하며, 어떻게 작품활동을 하는지 관찰해야 한다. 또한 작품과정에서 치료대상자가 주저하는지, 즐거워하는지, 자발적인지, 억제하는지 등의 태도를 주의 깊게 관찰하여 기록해야 한다. 이런 해석의 형태는 기질, 태도, 행동 유형, 방어기제에 대한 가설설정에 유용하다.

행동보다 방어를 하는 치료대상자

- 미술활동 거부
- 작품을 완성한 후에 즉시 숨기거나 파괴
- 작품 완성 후 어두운 색이나 형태 변형을 통해 작품이 나타내는 것을 감춤

감정과 사고의 고립, 제한 혹은 억압

- 자발성이나 창조성이 없음
- 경직된 윤곽이나 형태를 고수하고, 색칠이나 수정을 하지 않음
- 미술매체를 마지 못해 만지는 듯함

작품과정 해석은 발달적 맥락에서 다루어져야 한다. 10세 아동이 바르거나 두드리는 매체만 사용하는 것은 위축의 한 예로 볼 수 있으나, 3세 아동이 이런 행동을 하는 것은 자연스러운 일일 수 있다. 같은 행동이라도 발달수준이나 나이에 따라 다르게 해석된다.

작품과정의 관찰은 현재의 문제에 대한 가설을 제공할 수 있다. 이러한 목적을 위해 치료사는 언제 어느 부분에서 치료대상자가 분노하고, 작품을 파괴하

며, 망설이고, 혼란스러워하며, 두려워하고, 슬퍼하는지를 살펴보아야 한다. 또한 정서적으로 어떤 영향을 받는지 살펴볼 필요가 있다. 작품을 구성하던 치료대상자가 갑자기 화를 내거나 작품의 어느 부분을 파괴한다면 관련된 인물이나 상황을 부가적으로 조사해야 한다. 즐거운 장면을 구성하던 치료대상자가 갑자기 작품을 부수고 파손하기도 하며, 작품의 표현이 갑자기 변하기도 한다. 치료사는 이와 관련하여 이야기를 나누는 것이 필요하다.

그림 10-58 작품과정

오리를 탄 사람을 그리더니 갑자기 종이를 돌려 자전거를 타는 사람을 그렸다. 이 경우 오리를 탄 사람에 대한 탐색이 필요하다.

② 작품형태 해석

작품형태 해석은 작품의 형태와 인상에 대한 해석이라고 할 수 있다. 그러나 여기서 특별히 주의해야 할 점은 작품의 형태와 개인의 성격은 관계가 있으나, 기본적으로 미술작품은 개인적이라는 것이다.

형태에서는 공간성, 완전성, 대칭성, 명료성, 움직임, 색깔, 대상의 크기, 왜곡 등이 평가된다. 공간위치에서는 치료대상자의 심리적 상태를 읽을 수 있다. 오른쪽은 지적 · 외향적 · 미래지향적 경향이 있으며, 왼쪽은 내향적 · 감성적 경향이 있음을 의미한다. 아래쪽 위치는 불안, 우울, 안정성, 퇴행을, 위쪽 위치는 긍지, 불안정을 나타내는 경향이 있다. 가장자리는 불안을 암시한다고 한다. 그러나 해석의 신뢰도에 문제가 있으므로 작품에 이런 해석을 적용할 때는 신중해야 한다.

그림 10-59 위치

위쪽에 위치해 있으며, 날아가고 싶은 마음이라고 했다.

과장된 큰 그림은 자기중심, 미성숙, 우

그림 10-60 독수리

꽉 차게 그려서 힘찬 독수리처럼 느껴진다.

그림 10-61 화난 모습

곡선의 형태가 많아 화난 모습으로 보이지 않는다. 제대로 화를 못내 속상하다고 했다.

울, 불안한 상태를 나타내기도 한다. 그러나 꽉 찬 그림이 힘, 요구, 소망을 나타내는 경우도 있다. 이처럼 치료대상자의 정서적 특징을 반영할 수 있다.

직선이나 모서리진 형태에 관심을 보이는 치료대상자는 현실적이고 공격적이고 논쟁적인 성향이 있으며 조직력과 지도력을 지니고 있다(Widlocher, 1983). 반대로 원 형태의 선을 선호하는 치료대상자들은 민감하고 상상력이 풍부한 반면 자신감이 결여되어 있다. 원 형태와 수직선이 잘 균형 잡힌 그림은 원만함과 결단성을 반영한다. 곡선의 강조는 건강한 성격을 나타내며, 관습에 대해 얽매이지 않음을 나타낸다(Buck, 1948).

수직선이 우세한 그림은 남성적, 능동적, 구조적, 결단력, 과잉행동, 외향성을 나타낸다. 수평선이 우세한 그림은 간혹 심리적 갈등에 대한 간접적 증거가 되기도 하고 약함, 두려움, 자기방어적 성향을 나타낸다(Alschuler & Hattwick, 1969). 딱딱한 선의 강조는 완고하거나 공격적인 성향을 나타낸다(Buck, 1948). 지그재그형의 구성과 끊어진 선들은 불안정한 상태를 나타낼 수 있다. 그리고 점과 작은 반점의 선호는 질서, 꼼꼼함을 표현한다.

필압은 크레용이나 붓 등을 어떻게 사용하고 있느냐를 보는 것이다. 이는 치료대상자의 내적 에너지나 내적 긴장상태의 표출이라고 본다. 크레용을 어떤 방향으로 어느 정도의 힘으로 사용하느냐를 봄으로써 방향과 힘의 두 가지 면을 생각할 수 있다. 불안감을 가지고 있을 때에는 붓이 무겁고, 붓을 움직이는 것을 주저하는 경향이 있다. 이것은 곧 뇌가 팔의 운동을 억제하기 때문이다.

필압의 변화는 낮은 안정감을 나타낸다. 반대로 기쁨이나 즐거움을 느끼고 있을 때에는 크레용을 움직이는 것이 가볍다. 유쾌한 리듬도 느끼게 된다. 또한 거친 감정에 사로잡혀 있을 때에는 크레용이나 붓끝이 망가질 정도로 강한 힘이 가해진다.

그림 10-62 편한 돼지

가볍고 부드럽게 그려졌다.

운필도 치료대상자의 감정이나 내부 에너지를 보여 준다. 치료대상자의 감정이 강하고 명확하면 운필에서 생동감을 느낄 수 있다. 그러나 복합적 감정이나 갈등이 있을 때에는 운필이 순조롭지 않다.

색채가 갖는 심리학적 의미에 대해서는 많은 연구자들이 여러 가지 해석을 하고 있다. 개별 치료대상자의 작품에 대해서 색채의 심리학적 의미를 검토할 때에는 그 치료대상자만의 독특한 의미가 있는 것으로 보아야 한다. 치료가 진행되어 가면서 어떤 색이, 화면의 어느 부분에, 어느 정도, 어떤 모양으로 나타나는지, 또 어떻게 색채가 변화되는지에 치료사는 주의를 기울여야 한다. 또한 처음에 화면의 주요 부분을 차지하고 있던 색이 화면에서 어떻게 사라져 갔는지에 대해서도 살펴보아야 한다. 치료대상자가 색채를 처리해 나가는 과정을 작품 태도나 내용과 관련시켜 관찰해야 한다.

그림 10-63 자유와 통제

청년기의 회상으로 통제에서 자유를 찾고 싶다고 했다. 통제의 딱딱한 느낌이 든다.

작품형태 해석도 잠정적 가설로 간주해야 한다. 그리고 이 역시 형태 해석도 다른 정보 및 자료 수집과 함께 종합되어야 한다. 작품과정 해석과 일치됨으로써 작품 형태의 구체적 의미가 파악될 수 있다.

■ 표 10-5 ■ 작품형태 해석: 작품의 전체 형태와 인상

	형태	해석
모양과 선	직선과 모서리	현실적, 공격적, 논쟁적, 조직적, 지도적
	원	민감, 상상력, 균형, 초월, 운동성
	수직선	남성적, 능동적, 구조적, 결단력, 외향성
	원과 수직선의 균형	원만함, 훈련된 결단성
	수평선	편안함, 두려움, 자기방어, 모성적
	곡선	부드러움, 건강함, 관습에 얽매이지 않음
	딱딱한 선	완고함, 공격성, 긴장, 예민성, 자제력
	지그재그, 끊어진 선	불안정
	점과 작은 반점	질서, 꼼꼼함
필압의 변화	지나치게 자주 변화	낮은 안정감, 산만한 성격, 불안, 긴장
공간 배치	가장자리	우울, 불안, 위축
	윗부분	자부심, 불안, 공상
	아랫부분	안정성, 퇴행
운필	무겁고 주저함	불안
	가볍고 유쾌함	기쁨, 즐거움, 가벼움
	강한 힘	긴장, 공격적, 자기주장, 거친 감정

③ 작품내용 해석

작품내용 해석은 미술활동이 끝난 작품을 분석하는 것이다. 해석은 일반적으로 세 수준으로 구성된다. 작품에서 최대한 많은 정보를 얻기 위해 주의를 집중해야 한다.

첫째, 명백한 주제나 주된 문제가 고찰되어야 한다. 둘째, 주인공을 관찰하는 것도 중요하다. 셋째, 가장 관심을 가지고 정성을 들여 만든 부분이 무엇이냐를 알아내는 것이다. 이 작품 속에서 치료대상자가 무엇을 나타내려고 했으며, 누구를 나타내려고 했는가? 무슨 이야기를 하려고 했으며, 또 무엇이 마음속에 강

하게 잠재하고 있는가를 파악해야 한다. 내적 세계에 숨겨져 있던 욕구, 소원, 갈등, 불안, 공포, 두려움, 콤플렉스, 충동들을 알아내도록 해야 한다.

작품내용 해석은 미술작품의 제목이나 이야기에서 얻은 내용을 종합적으로 고찰하는 것이다. 작품 내용이 명백하지 않을 때 작품에 관련되는 질문을 통해 그 내용을 이해해야 한다. 질문은 제6장 질문유형과 이 장 2) 치료진행기의 질문 내용을 참조하기 바란다.

치료대상자에게 자신의 작품에 대해 이야기하도록 격려함으로써, 간단한 내용의 조사로는 알아낼 수 없는 가치 있는 정보를 얻을 수 있다. 작품의 제목을 물어 보는 것도 내용 해석에 많은 도움이 된다.

또한 작품내용 해석은 작품의 상징을 분석하는 것이다. 어떤 상징들은 문화, 지역, 사회에서 공통성을 갖고 있으나 그렇지 않은 경우도 자주 있다. 단지 한 치료대상자에게만 해당되며, 치료대상자 내부에서만 공통된 상징일 수 있다. 치료사는 이러한 상징과 치료대상자의 표현에 잠재된 의미를 파악할 수 있는 능력을 가져야 한다.

그림 10-64 의미 찾기

길가 돌의 의미, 돌과 집의 관계가 치료에서 중요한 부분이었다.

그림 10-65 작품내용 해석

작품만으로는 내용이 분명하지 않으나, 그림을 그리면서 설명한 내용으로 작품의 내용을 이해할 수 있었다. 치료대상자는 어머니로부터 떠나고 싶으나 그렇게 하려고 할 때마다 엄마의 방해를 받았다. 이 작품은 자율성과 분리를 방해하는 해로운 가정환경을 반영한다. 또한 친구들과의 관계도 방해를 받고 있다.

상징의 해석에서 실수를 범하기 쉽다. 상징으로 무의식을 해석하고자 할 때는 여러 가지 모순되는 해석들을 충분히 고려해야 한다. 미술치료사의 능력, 훈련, 기술, 경험, 가치관, 인생에 대한 태도

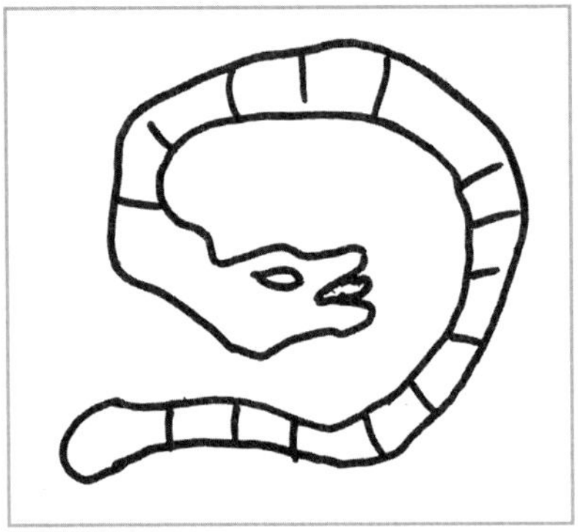

그림 10-66 상징 해석

흔히 뱀은 성의 상징으로 해석된다. 그런데 이 아동은 뱀이 개구리를 잡아먹는 착상에서 어머니의 위협을 나타내는 상징으로서 뱀을 그렸다.

의 적절한 유연성이 상징의 해석을 타당하게 한다. 우리나라에서는 상징에 대한 연구가 많이 이루어지지 않았기 때문에 일본과 미국의 연구를 중심으로 요약하였다.

상징의 해석에서 유의해야 할 점은 여러 단서들이 모여서 최종적인 결론을 이루게 되므로, 하나의 특징으로 성급하게 판단하지 말아야 한다는 것이다. 또한 치료대상자의 행동을 유의해서 살펴보아야 한다는 것이다.

■ 표 10-6 ■ 상징의 의미

모 형	상 징
집	어머니, 가족생활
음식	욕구충족 결핍, 퇴행
태양	아버지
다리미	애정, 과잉보호, 부적절한 관심
청소기	지배적 · 통제적 · 거부적 태도
완구	퇴행
서적	지적 욕구, 합리화
연, 풍선	공상, 이탈, 도피
꽃	아름다움, 사랑
나비	사랑, 아름다움, 공상
비, 물	슬픔, 억울함
불	애정욕구, 증오, 분노, 파괴
나무의 상처, 흠	외상(위치는 외상 발생시기)
나무 구멍 속의 동물	의존
자동차, 자전거	독립성, 자율성의 노력
마녀	적대감
쓰레기	바라지 않는 존재, 수용하기 어려움
사다리	긴장감

4) 통찰기

치료대상자의 심리적 상황이나 갈등에 대한 치료적 접근이 점차 효과를 보이는 시기다. 미술작품에 대하여 언어적 수준의 다차원적인 통찰이 가능해진다. 이 시기의 활동과 전문적 태도에 대해 살펴보겠다.

(1) 활동

치료대상자는 자신의 문제를 있는 그대로 수용할 수 있으며, 자아존중감이 향상되고 현실에 대처하고자 하는 모습을 보인다.

이 단계에서는 지금까지 치료목표에 도달하기 위해 활동해 온 결과들이 정리되고 평가된다. 이때 치료사는 반드시 치료대상자의 자신에 대한 이해와 수용, 자신의 문제, 문제에 대한 대처, 현실적응 등을 평가해야 한다.

치료목표에서 세운 계획들을 달성하기 위해 계획보다 치료기간이 연장될 수 있다. 또한 계획했던 목표에 도달하지 못했다면 새로운 계획을 다시 세워야 한다. 이 시기 치료대상자가 자신과 다른 사람에게 건설적인 방법으로 행동하는 것을 배우고 익힐 수 있도록 치료사가 도와주어야 한다. 이때는 다음의 활동들이 이루어질 수 있다.

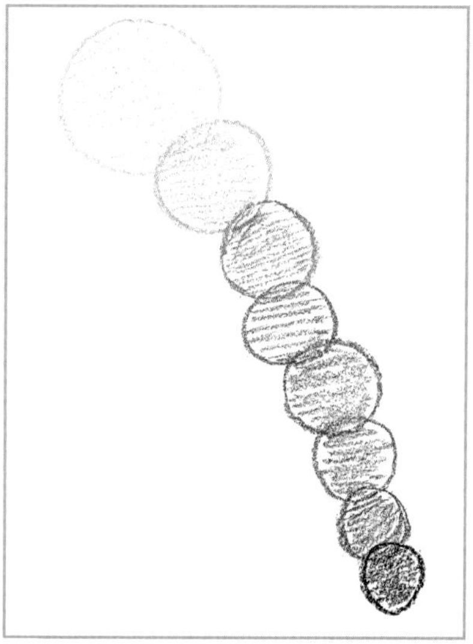

그림 10-67 인간의 연결된 고리(되고 싶은 나)

다른 사람에게 피해를 주지 않고, 그들과 조화를 이루어야 한다. 그러면서도 각 개인은 서로 다른 특성을 지니고 있다고 설명했다.

① 되고 싶은 나

실행을 위한 구체적인 행동목표가 나올 수 있게 하는 것이 필요하다.

☞지금부터 되고 싶은 나를 꾸며 보도록 합시다.

☞꾸민 작품을 조금 떨어져서 보세요.

☞이렇게 되기 위해서는 어떻게 해야 할까요?

그림 10-68 10년 후의 나

미래의 나의 모습을 표현하고 그렇게 되기 위한 현재의 상태를 점검한다.

② 10년 후의 나의 모습

나에 대해 어떤 자아상을 갖고 있는가? 미래의 예견으로 자신의 모습을 점검하게 한다.

☞ 켄트지에 '10년 후의 나'에 대해 표현하도록 하겠습니다. 지금부터 10년이 지난다면 나는 어떻게 변할까요? 그때의 모습을 자세히 표현해 주세요.

☞ 이번에는 '20년 후의 나'에 대해 그 모습이나 활동 장면을 표현하는 것입니다. 20년이 지나면 과연 어떻게 달라질까요?

☞ 자, 끝으로 한 장 더 표현해 봅시다. 이번에는 '50년 후의 나'에 대해 상상해서 표현하는 것입니다. 50년 후에는 어떻게 되었을까요?

☞ 지금까지 표현한 3장을 책상 위에 차례대로 펼치고 바라보십시오. 어떻게 변해 갔는지 보세요. 또 무슨 일을 하며 살아가는지를 자세히 보세요. 어떤 느낌이 드시나요?

③ 그때 그 사건

그림 10-69 나의 회상

어린 시절 나의 가족관계가 묘사되어 있다. 이 관계가 지금도 유지된다.

잠재된 불안을 재경험함으로써 심리적 카타르시스를 이루게 한다. 통합을 위하여 활용할 수 있다. 분위기 조성을 위한 배경 음악이나 촛불의 사용도 효과를 줄 수 있다. 지금까지 자라온 과정을 하나씩 하나씩 더듬어 보게 한다.

☞ 편안한 자세로 눈을 감으십시오. 그리고 내가 자라 온 과정을 생각해 보세요.

☞ 엄마의 뱃속에 있다가 태어났고 걷기 시작했습니다. 부모님, 형제, 집, 친구를 잘 생각해 보세요.

☞ 초등학교에 입학을 했고 다녔습니다. 부모님, 형제, 선생님, 친구들, 집, 학교를 잘 생각해 보세요.

☞ 중학교에 입학을 했고 다녔습니다. 부모님, 형제, 선생님, 친구들, 집, 학교를 잘 생각해 보세요.

④ 마음의 청소

누구나 잘못을 한다. 그러나 잘못을 마음속에 간직하고 있으면 마음이 무겁고 불안에 빠지기 쉽다. 자신의 잘못을 표현하고 인정하여 밝은 마음, 새 마음을 갖게 함이 목적이다. 마음을 비웠을 때 오는 기쁨과 즐거움도 경험할 수 있다.

☞ 어떻게 살아 왔습니까? 가정에서, 학교에서, 사회에서, 또 마음에서 어떻게 살아 왔습니까? 나 자신을 되돌아봅시다.

☞ 내가 잘못한 일이 있습니까? 자신의 잘못을 콜라주로 표현하여 보세요.

☞ 잘못을 하나씩 날려 보내세요.

☞ 잘못을 털어버린 새로운 나의 모습을 표현해 봅시다.

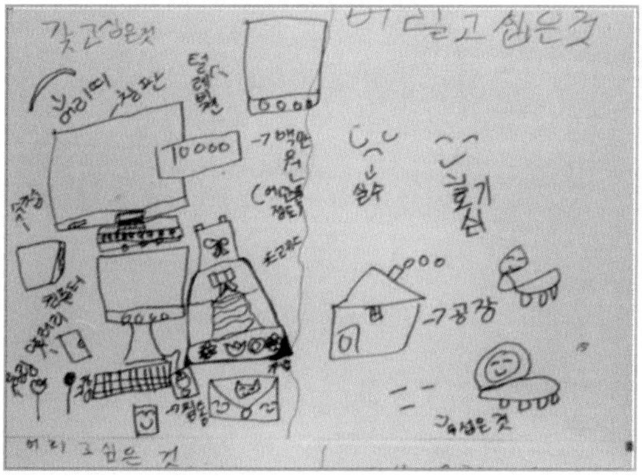

그림 10-70 청소

나에게서 버려야 할 것을 찾아본다.

통찰기의 끝 무렵에는 종료에 대한 계획을 세워야 한다. 치료의 종결은 치료사에게 민감성을 요구한다. 특히, 좋은 대인관계를 갖지 못했던 치료대상자에 대해서는 치료의 종결이 치료사의 치료대상자에 대한 거절이나 거부로 받아들여지지 않도록 해야 한다. 치료대상자와 종결에 대해 합의하는 과정이 필요하다.

(2) 치료사의 전문적 태도

이 시기에 치료사의 중요한 전문적 태도로는 직면, 즉시성, 격려를 들 수 있다. 물론 전문적 태도를 치료사가 어떻게 이용할 것인가는 치료사의 관점, 경험, 훈련, 목적에 달려 있다.

① 직면

직면은 치료대상자의 행동이나 표현이 이미 있었으나 그가 못 보고 지나친 경우, 치료대상자에게 그 자신을 그대로 문제 상황에 있게 한 내용을 검토하도록 하는 것이다. 치료대상자가 말하는 것과 그의 사고나 느낌이 다를 때, 말과 행동이 다를 때, 치료대상자의 사고가 다른 사람의 사고와 다를 때 사용할 수 있다.

모순되는 행동을 민감하게 탐색해서 치료대상자에게 그 모순에 주의를 기울이게 하여 이해시키는 것이다. 치료대상자의 자각을 증대시키기 위해 치료대상자가 금방 말한 것이나 행동한 것에 대해 주의를 집중하도록 하거나, 치료대상자에게 모순점을 지적하고 왜 그렇게 행동했는가를 직접 질문하기도 한다.

치료대상자에게 직면시키는 내용범주(Shulman, 1999)

① 치료대상자의 주관적인 기분과 감정에 직면
② 치료대상자의 이야기에 숨겨진 이유에 직면
③ 치료대상자의 개인적 논리에 직면
④ 치료대상자의 드러나지 않는 개인적 목적에 직면
⑤ 치료대상자의 좌우명에 직면
⑥ 치료대상자의 즉각적 행동에 직면
⑦ 치료대상자에 대한 타인의 반응에 책임을 지도록 직면
⑧ 치료대상자의 자기패배적 행동에 직면
⑨ 치료대상자에게 대안을 제시하면서 직면
⑩ 치료대상자에게 변화의 책임을 알려 주는 데 직면
⑪ 치료대상자를 시간적 요인에 직면

② 즉시성

즉시성은 치료관계에서 현재의 순간 또는 지금-여기에서 치료사와 치료대상자 사이에 무엇이 일어났는가를 설명하는 것이다. 이는 치료대상자의 치료사와의 관계양식을 탐색하는 기술이다. 즉시적인 반응은 현재 순간에서 치료대상자와 치료문제에 대해 치료사가 자신의 감정을 솔직하게 표현해 줄 필요가 있을 때 사용한다. 또한 무의식에 억압되어 있는 것을 치료대상자가 인식하고 탐색하도록 도와주기 위해 치료사가 의도적이고 객관적으로 하는 시도이기도 하다.

즉시적 반응을 돕는 지침(Carkhuff, 1969)

① 치료사는 치료적 상호작용에서 자신의 경험을 객관적으로 검토한다. 그리고 치료대상자의 저항과 방어를 극복하기 위해 이 해석을 언어로 표현한다.
② 치료사는 치료대상자의 전달 내용 이면에 있거나 그 이상의 내용을 찾아낸다. 치료대상자의 의식에는 있지 않은 내용에 초점을 맞추어야 한다.
③ 치료사는 진전 없는 상호작용이 일시적인 치료대상자의 감정적인 모면인지, 아니면 치료를 방해하려는 행동인지 판단할 수 있어야 한다.
④ 치료사는 치료관계의 강도와 진행에 대하여 계속 평가해야 한다.

③ 격려

격려의 목적은 치료대상자의 행동을 적극적으로 지지해 주고 강화해 줌으로써 그의 용기와 책임감을 일깨워 주는 것이다. 그리하여 치료대상자로 하여금 자신의 문제에 당당히 직면하여 그 문제를 해결할 수 있도록 돕는 것이다.

격려는 자신이 가치 있고 능력이 있으며, 스스로를 잘 통제하고 잘 행동하고 있다는 느낌을 갖게 해 준다. 그러기 위해 자신의 생활에서 성공적인 경험을 하도록 도와주는 것이 필요하다.

치료사는 또한 치료대상자의 강점과 장점을 찾도록 도와주어야 한다. 인간은 자신의 강점에 기초하여 자신감을 갖기 때문이다. 따라서 치료대상자의 긍정적인 면과 강한 면을 강화시켜 주는 것이 필요하다.

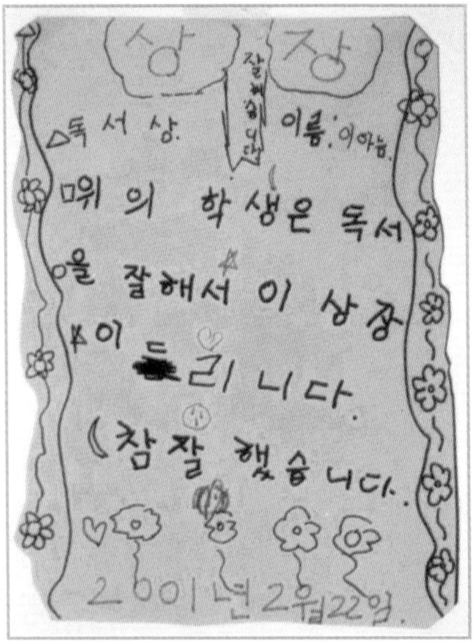

그림 10-71 상장 만들기

자기 자신에게 주는 상장을 만들어 본다. 자신에 대한 자부심을 키워 준다. 치료실을 떠나도 변화된 자신을 계속 유지시켜 나갈 수 있는 힘을 줄 수 있다.

그림 10-72 선물 주고받기

이별의 수용이 필요하다.

5) 정리기

이미지 표출보다 언어화의 비중이 높아지는 시기다. 이 시기에 이르면 치료의 종결을 맞이한다. 대부분의 종료는 치료목표에 도달했을 때 이루어진다. 그러나 치료사의 사정, 치료대상자의 주변 여건, 치료기관의 사정 등으로 치료 도중에 중단되는 경우도 있다. 조기 중단의 경우 치료대상자는 준비가 안 된 상태일 수 있으며, 이러한 종료를 또 다른 인간관계의 실패로 여길 수 있다. 따라서 치료대상자가 중도 종료를 이해할 수 있도록 절차가 필요하다. 치료사가 바뀌게 되는 경우에는 바뀌는 이유를 바르게 설명하고 바뀔 치료사에 대한 정보를 준다. 바뀐 치료사에게 치료를 받을 것인지를 치료대상자가 선택하도록 해 준다.

치료의 마지막에 이루어지는 활동으로는 다음과 같은 것이 있다.

① 치료사와 선물 주고받기

아름다운 이별을 위해 치료사와 치료대상자가 서로 선물을 만들어 주고받는다.

② 작품파일 만들기

치료대상자에게 자신의 작품이 얼마나 변화되었고 달라졌는지를 비교해 보도록 한다. 그럼으로써 자신의 변화를 느낄 수 있게 된다.

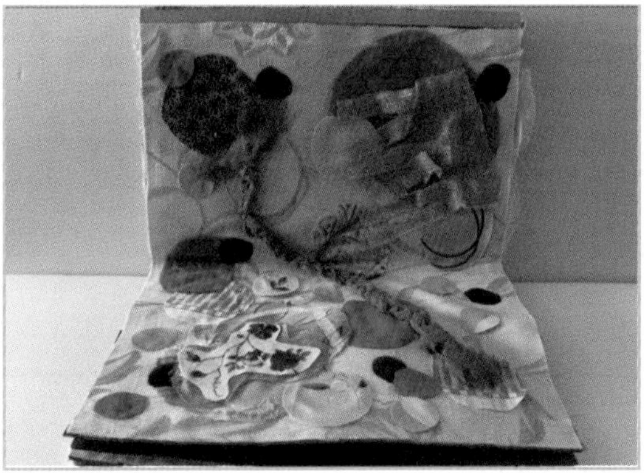

그림 10-73 자신의 그림

이제까지 치료과정에서 만든 작품을 책으로 꾸민 것이다.

3. 미술치료사의 역량 평가

미술치료사는 치료대상자를 이해하고 도와주는 전문가이다. 미술치료사의 임상경험과 전문성향상을 위한 노력은 미술치료사의 역량을 증진시켜, 치료대상자를 더 효율적으로 도울 수 있게 된다. 이러한 과정에서 미술치료사가 미술치료를 하는 과정에서의 자기역량 평가가 도움이 될 수 있다. 김선희(2017)의 미술치료사의 기본적 미술치료 역량평가의 질문지를 참고로 제시하고자 한다.

미술치료사의 기본적 미술치료 역량 평가

0-4점(0=해당사항 없음, 1=미흡, 2=보통, 3=좋음, 4=뛰어남)의 수준으로 표시하여 봅시다.

치료사로서의 관계맺기 능력	1. 공감 능력과 내담자에 대한 민감도	( )
	2. 적절하고 효과적인 치료적 관계형성과 유지능력	( )
	3. 내담자와의 적절한 경계를 형성하는 능력	( )
	4. 전이와 역전이를 이해하는 능력	( )
	5. 성공적으로 내담자와 종결하는 능력	( )

치료개입 능력	6. 적절한 미술치료 목표의 설정 능력 7. 치료과정에서 일어나는 내담자의 변화에 대한 인식 능력 8. 효과적인 치료적 개입을 제시하는 능력 9. 사례를 기록하고 개념화하여 제시하는 능력	( ) ( ) ( ) ( )
미술활용 능력	10. 미술 재료에 대한 이해 및 창의적인 활용 능력 11. 내담자를 치료적 미술작업 과정으로 이끄는 능력 12. 미술의 작업과정을 즐기고 작품을 감상하는 능력	( ) ( ) ( )

상담사의 자가평가지(이윤주, 2016)도 미술치료사가 자신의 치료 역량을 평가해 보는데 유용하게 활용될 수 있다.

현재 당신의 상담능력은 어느 수준이라고 생각하시는지 해당하는 번호에 표시하여 주시기 바랍니다(1은 매우 부족: 7은 매우 우수)

	1 2 3 4 5 6 7
① 내담자의 언어적 메시지 청취능력	├─┼─┼─┼─┼─┼─┤
② 내담자의 호소문제 파악	├─┼─┼─┼─┼─┼─┤
③ 핵심 메시지 알아차림	├─┼─┼─┼─┼─┼─┤
④ 상담구조화 능력	├─┼─┼─┼─┼─┼─┤
⑤ 내담자와의 관계형성	├─┼─┼─┼─┼─┼─┤
⑥ 음성언어로 기초적인 의사전달하는 능력	├─┼─┼─┼─┼─┼─┤
⑦ 내담자 문제의 평가	├─┼─┼─┼─┼─┼─┤
⑧ 내담자의 상태를 알아차림	├─┼─┼─┼─┼─┼─┤
⑨ 치료목표 수립과 처치계획	├─┼─┼─┼─┼─┼─┤
⑩ 내담자에 대한 긍정적인 시각	├─┼─┼─┼─┼─┼─┤
⑪ 대화맥락의 영향을 받는 과정적인 기술	├─┼─┼─┼─┼─┼─┤
⑫ 문제에 대한 이론적 · 역동적 설명	├─┼─┼─┼─┼─┼─┤
⑬ 상담자의 자기 알아차림	├─┼─┼─┼─┼─┼─┤
⑭ 처치 개입 기술	├─┼─┼─┼─┼─┼─┤

⑮ 상담자 자신에 대한 이해	
⑯ 내담자의 비언어적 메시지 감지, 이해력	
⑰ 내담자의 성격 또는 특성에 대한 평가	
⑱ 상담자-내담자의 상호작용 과정 알아차림	
⑲ 사례관리	
⑳ 상담에 대한 태도 및 신념	
㉑ 비음성언어로 의사전달하는 능력	

제11장

미술치료와 과학적 연구

1. 과학적 연구의 단계
2. 과학적 연구의 요소
3. 과학적 방법
4. 미술치료의 연구목적

미술치료는 과학적 연구에 토대를 두고, 연구 결과가 임상현장에 적용되는 것이다. 과학적 연구가 무엇인가를 이해하기 위해서는 과학적 연구의 단계, 과학적 연구의 요소, 과학적 방법에 대한 이해가 필요하다. 이 장에서는 이에 대해 정리하고자 한다. 그리고 미술치료의 연구목적에 대해서도 살펴보고자 한다.

1. 과학적 연구의 단계

연구는 체계적이고 과학적인 방법을 통해 문제를 해결하고 이론을 정립해 가는 과정이다. 연구문제의 제기, 중요 변인의 발견과 측정, 연구문제의 검증, 연구 결과의 해석, 논의에 대해 살펴보고자 한다.

1) 연구문제의 제기

연구문제의 제기는 연구문제가 착상되는 단계로 어떠한 문제를 좀 더 깊이 연구할 필요성에 대해 인식하는 단계이다. 일상경험에서 연구문제의 발견 또는 선행연구의 고찰을 통해 이루어진다. 일상경험에서 연구문제의 발견은 예민한 관찰력과 과학적 태도에서 문제가 제기된다. 어떤 사람에게는 그냥 지나치게 되는 당연한 일이나 현상이 어떤 사람에게는 해답을 발견해야 할 문제로 인식되는 것을 의미한다. 예를 들면, 동그라미를 제시했더니 원 안을 주시하는 아동, 테두리에 관심을 보이는 아동, 원의 안과 밖을 여기저기 쳐다보는 아동으로 다양하였다. 왜 이런 차이가 나타나는가의 호기심이 연구할 필요성을 갖게 한다.

그런데 일상경험에서 연구문제의 제기는 직접 연구문제로 연결되지 않는다. 선행연구나 이론 고찰을 통해 연구가능성이 검토되어야 한다. 연구문제에 관련되는 중요 변인들을 찾아내고, 이 변인들이 구체적으로 어떻게 관계를 맺고 있는가를 논리적으로 파악해 보는 것이다. 변인들 간의 관계가 검토되면, 변인들 간의 관계를 연구할 수 있는 범위로 축소화한다. 그리고 이 변인들이 어떤 방법으로 조사될 수 있는가가 객관적으로 타당성 있게 기술될 수 있어야 한다.

연구문제로 구체화되고 명료화되어야 한다. 이것을 연구문제화라고 한다(정현희, 2017).

연구문제의 제기는 선행연구 고찰을 통해서도 이루어진다. 학문적인 관심에서 출발하는 것으로 관심있는 분야에 관한 문헌을 비판적으로 읽음으로써 연구들 간의 불일치성, 연구방법이나 연구절차 및 연구자료 분석의 모호함이나 부적절성, 결과해석에서의 비논리성이 찾아지면서 연구문제가 발견될 수 있다.

■ 표 11-1 ■ 연구문제의 제기

• 일상적 경험: 동일 현상에 대해 다른 관점이나 문제의 인식: 연구문제화의 필요
• 선행연구들 간의 불일치성
• 연구방법, 연구절차, 자료분석의 모호함이나 부적절성
• 결과해석에서의 비논리성

연구에서 연구문제와 연구가설은 둘 다 설정될 수도 있고, 연구문제나 연구가설 중 하나만 설정할 수도 있다. 연구가설은 연구문제에 대한 잠정적인 해답이다. 연구가설은 변인과 변인 간의 관계를 알아보는 연구문제 검증 전에 진술되는 잠정적인 연구결과이다. 연구문제가 명확하게 선정되면 이를 구체적으로 검증하기 위한 가설을 설정하게 된다.

연구문제화 과정

- 연구문제 제기 ↘
- 관련 변인들의 발견 ↘
- 변인들 간의 관계 및 관계유형 검토 ↘
- 연구 가능한 변인관계로 축소 ↘
- 명료하게 연구문제 진술 ↘
- 연구가설의 설정 (없는 경우도 있음)

2) 중요 변인의 발견과 측정

과학적 연구과정의 둘째 단계는 사건이나 현상에 관련되는 중요 변인들을 찾아내고, 변인들은 어떤 방법으로 조사할 것인가를 결정하는 것이다. 연구자는 직접 관찰할 수 없는 심리적 변인에 대해 조작적 정의를 내린다. 그럼으로써 변인에 대한 측정을 가능하게 할 수 있다. 또한 연구의 목적은 일반화인데 전집을 측정하는 데에는 현실적인 어려움이 있다. 이로 인해 표본에서 얻은 자료를 기초로 전집에 일반화하여 변인들 간의 관계, 변인들 간의 구조를 설명하게 된다. 따라서 변인의 측정이 충분히 객관적인 것은 아니다. 그럼에도 측정의 객관성을 높이고자 하는 노력이 연구에서 중요하다.

변인의 발견과 측정

- 사건이나 현상에 관련된 중요 변인들을 찾기
- 변인의 조사방법 결정: 심리적 변인의 조작적 정의, 표본선정의 방법 및 절차
- 연구 결과의 일반화를 위한 측정과정의 객관성

과학적 연구는 변인 간의 관계를 밝히는 것이다. 양적연구에서 변인 간의 관계를 밝히기 위해서는 변인이 측정되어야 한다. 측정은 변인에 숫자를 부여하는 것이다. 인간의 심리적 속성은 숫자를 부여하는 규칙의 고안이 힘들다. 그럼에도 심리적 속성을 연구하기 위해서는 숫자부여의 규칙을 마련하여 심리적 속성을 측정하여야 한다(Kerlinger & Lee, 2000).

숫자들이 가지는 특성이 측정수준이다. 측정수준은 등가, 서열, 등간, 비율 중에서 어떤 특성을 지니고 있는가에 따라 명목척도, 서열척도, 등간척도, 비율척도로 나누게 된다. 분석할 자료가 어떤 측정수준의 특성을 가진 변인인가에 따라 분석하는 통계적 방법이 다르다. 양적연구에서 연구자는 측정할 변인이 어느 수준의 특성을 갖고 있는가를 이해하여야, 그 측정변인에 따른 적절한 통

계분석을 할 수 있다. 연구자는 연구문제 선정단계에서부터 변인의 특성을 알고, 적절한 측정도구로 수집된 자료를 연구변인의 성격에 맞게 통계분석을 해야 한다.

명목척도는 사물을 명명하거나 구분하기 위하여 사용되는 척도이다. 동질적인 종류의 사물에 이름을 부여하는 것으로, 수준이 같거나 서로 다른 등가의 정보만을 갖고 있다. 명목척도는 대상에 할당된 숫자는 대상이 서로 다르다는 의미의 숫자이지, 진정한 의미의 수가 아니다. 따라서 순서를 정하거나 가감승제를 할 수 없다. 서열척도는 대상의 상대적 서열을 표시하기 위하여, 순위에 따라 숫자를 부여하는 것이다. 서열척도는 순위를 말해줄 뿐 순위 간의 간격이 동일하다고 가정할 수 없다. 즉 숫자는 가감승제가 가능한 절대적인 수가 아니다. 예를 들면 키의 순서에서 1위와 2위 간의 차이는 2위와 3위 간의 차이와 같다고 할 수 없다.

등간척도는 명목척도나 서열척도보다 더 많은 정보를 포함하고 있다. 간격이 동일하다. 온도나 지능지수가 대표적인 예이다. 30°와 25°의 차이는 25°와 20°의 차이와 같다. 110점과 100점의 차이는 120점과 110점의 차이와 같다. 그러나 등간척도는 절대영점이 없어 가감은 가능하나 승제가 불가능하다. 인간의 심리적 속성에 전혀 존재하지 않는 것은 없기 때문이다.

비율척도는 절대영점이 있는 척도이다. 명목척도, 서열척도, 등간척도의 특성을 다 가지고 있으면서 절대영점이 있어 가감승제가 가능하다. 자연과학(화학, 물리학 등)에서 많이 사용되나 사회과학에서는 아주 드물게 사용된다. 측정수준에 따라 연구의 자료분석에서 사용되는 통계분석의 종류가 달라진다.

■ 표 11-2 ■ 측정척도

종류	내용
명목척도	측정수준은 등가, 동질 종류의 명명이나 구분
서열척도	측정수준은 서열, 순위 간의 간격이 동일하지 않음
등간척도	측정수준은 등간, 가감은 가능하나 승제가 불가능
비율척도	측정수준은 비율, 절대영점, 가감승제 가능

3) 연구문제의 검증

연구문제를 검증하는 단계는 변인들 간의 관계를 발견하는 단계이다. 이 단계는 문제에 대한 해답을 얻는 데 필요한 경험적인 자료들을 수집하는 것이다. 자료는 질문지조사, 관찰, 면접, 실험 등을 통해 수집된다. 그리고 수집된 자료가 분석되는 것이다. 자료분석은 통계적 검증이나 질적분석과 같은 방법이 적용된다. 자료분석에는 객관적 준거가 중요하다.

자료가 어떻게 수집되고, 어떤 측정도구가 활용되었고, 연구절차가 어떻게 진행되었는지, 관찰이나 면접, 실험은 어떻게 이루어졌는지 객관적으로 타당성 있게 기술되어야 한다. 또한 자료분석방법 및 자료분석과정이 정확히 기술되어, 연구방법의 객관성 및 다른 연구자에 의한 검증가능성이 담보되어야 한다.

연구문제의 검증

- 변인들 간의 관계 발견: 연구문제의 해결
- 연구방법: 측정도구, 자료수집과 절차의 객관성, 타당성
- 자료의 분석방법 및 과정: 통계적 검증, 질적분석(객관적 준거)

질적연구에서도 연구문제나 가설이 설정될 수 있으나, 양적연구와의 차이는 연구문제나 연구가설이 수정될 수 있는가에 대한 것이다. 질적연구에서는 연구 중간에 가설들이 형성되고, 기각되며, 수정된다. 질적연구는 연구문제를 해결하기 위해 정확한 측정이나 통계분석에 의존하지 않고, 관련 자료를 관찰이나 심층면접을 통해 수집하여 분석한다. 그럼으로써 인간경험의 의미와 본질을 파악하고자 한다(정현희, 2017).

자료수집 방법에는 질문지법, 관찰법, 면접법, 실험법, 검사법, 자기보고법 등이 있다. 질문지법은 개인이나 집단의 성격, 지각, 사고, 느낌, 행동, 태도, 신념 등에 대한 자료를 수집하기 위해 사용한다. 체계적으로 작성된 일련의 질문을

연구대상자가 읽고 대답을 하는 방법으로, 질문지의 대답형식에 따라서 개방형(비구조적) 질문지와 폐쇄형(구조적) 질문지로 분류된다.

개방형 질문지는 연구대상자가 주어진 질문에 대해 비교적 자유롭게 반응할 수 있도록 되어 있는 질문지이다. 대상자가 자신이 하고 싶은 대로 적는 것이다. 폐쇄형 질문지는 연구대상자가 몇 개의 선택지에서 대답을 선택하는 질문지이다. 질문지는 배부하기에 앞서 실시방법, 대답방법, 채점방법, 그 외의 고려 사항에 대한 정밀한 검토가 요구된다. 또한 성의있는 대답을 얻을 수 있도록 연구대상자의 협력, 검사장소의 분위기와 검사 실시시기를 고려해야 한다.

질문지법

- 체계적으로 작성된 일련의 질문에 응답하는 방법
- 개인이나 집단의 성격, 지각, 사고, 느낌, 행동, 태도, 신념 파악
- 대답형식에 따라서 개방형(비구조적) 질문지와 폐쇄형(구조적) 질문지로 분류
  - 개방형 질문지는 주어진 질문에 대하여 비교적 자유롭게 반응
  - 폐쇄형 질문지는 몇 개의 선택지에서 대답을 선택

관찰법은 개인이나 집단의 행동을 직접 관찰하여 객관적으로 기록하는 방법이다. 개인의 행동과 동시에 환경의 상황도 기술될 수 있다. 관찰법의 유형은 환경을 선정하는 방식과 관찰자의 참여 여부에 따라 분류한다. 먼저 관찰환경에 따른 분류를 보면, 일상적인 환경에서 자연적으로 발생하는 현상과 행동을 관찰하는 자연관찰법과 관찰자의 계획에 따라 의도적으로 사전에 대상, 목적, 방법, 환경변인 등을 조작하여 관찰하는 통제관찰법이 있다.

자연관찰법은 있는 그대로의 자연적인 상황, 즉 어떤 변인도 통제하지 않은 상황에서 개인의 자발적인 행동을 관찰하는 방법이다. 통제관찰법은 관찰하고자 하는 행동이 일어날 수 있는 상황을 구성하고 개인의 행동을 관찰하는 방법이다.

관찰자 참여에 따라 분류하는 방법에는 관찰자가 현장에서 대상과 함께 하면서 관찰하는 참여관찰과 관찰대상과 분리된 환경에서 관찰하는 비참여관찰이 있다.

관찰법

- 개인이나 집단의 행동을 직접 관찰하여 객관적으로 기록
- 개인의 행동과 동시에 환경의 상황도 기술
- 관찰환경에 따라 자연관찰과 통제관찰로 분류
- 관찰자 참여에 따라 참여관찰과 비참여관찰로 분류

면접법은 연구자가 면접대상자와 일대일로 직접 자료를 수집하는 방법이다. 면접자가 피면접자와의 직접 대화를 통해 자료를 수집하기 때문에, 질문지법에 비해 훨씬 더 개인적이고, 심층적인 자료수집이 가능하다. 연구자는 면접 상황, 면접 시간, 면접 장소 등을 사전에 잘 계획하여야 한다.

면접법은 구조화 여부에 따라 구조적 면접과 비구조적 면접이 있다. 구조적 면접은 사전에 작성한 면접조사표에 따라 면접을 진행한다. 면접조사표에 질문의 내용, 질문의 순서, 질문방식이 체계적으로 기록되어 있다. 비구조적 면접은 연구주제에 관한 전반적인 면접내용은 사전에 정해지나, 세부적 면접내용은 정해지지 않는다. 질문의 방법이나 순서, 표현 등은 피면접자의 대답에 따라 달라질 수 있다(정현희, 2017).

목적에 따라 조사면접과 심층면접이 있다. 조사면접은 정보나 자료수집을 목적으로 단순한 면접이며, 심층면접은 개인의 내면을 심층적으로 파악하는 면접이다. 심층면접은 대상자가 솔직하게 자신의 내면을 드러낼 수 있는, 라포가 잘 형성된 수용적 분위기가 중요하다. 면접은 일반적으로 개인면접이지만 그룹면접에 대한 관심이 높아지고 있다. 면접의 자료는 직접 기술하거나 기기(녹음, 동영상 등)를 활용할 수 있다.

면접법

- 면접대상자와 일대일로 직접 자료를 수집하는 방법
- 구조화 여부에 따라 구조적 면접과 비구조적 면접
  - 구조적 면접은 사전에 작성한 면접조사표에 따라 면접
  - 비구조적 면접은 전반적 면접내용은 사전에 정하나, 세부적 내용은 상황에 의함
- 목적에 따라 조사면접과 심층면접
  - 조사면접은 정보나 자료수집을 목적
  - 심층면접은 내면을 심층적으로 파악

실험법은 독립변인을 의도적으로 조작하여 독립변인이 종속변인에 어떤 영향을 미치는가를 분석함으로써 인과관계를 밝히는 방법이다. 실험법은 일반적으로 연구대상이 실험집단과 통제집단으로 나뉘게 된다. 실험집단은 독립변인이 조작되고 이에 대한 종속변인의 변화가 측정되는 집단이다. 통제집단은 조작이 가해지지 않는 집단으로, 실험집단의 조작이 종속변인에 어떤 차이를 가져오는가의 비교가 되는 집단이다.

실험법의 기본조건은 가외변인이 통제되고 독립변인의 체계적 조작과 무선배정이다. 그러나 이 조건이 실험법에서 완전히 가능한 것은 아니다. 실험통제의 정도에 따라 실험실실험, 현장실험, 자연실험이 있다. 실험실실험은 엄격하게 통제된 상태에서, 독립변인을 조작하고 어떠한 결과가 나타나는가를 보는 실험이다. 실험실실험에서는 통제된 실험상황의 조작과 실험대상자의 실험상황에의 무선배정이 가능하다. 정확한 측정과 반복측정의 가능성이 높다. 현장실험은 실제의 상황에서 독립변인의 조작효과를 보는 것이다. 실험대상자의 실험집단과 통제집단에의 무선배정은 이루어지나, 실험실실험과 같은 수준의 가외변인 통제는 어렵다. 가능한 정도의 가외변인 통제하에서 독립변인을 조작한다. 자연실험은 실험자가 독립변인을 조작하는 것이 아니다. 자연적으로 발생된 조작을 바탕으로 하는 것이다. 예를 들면, 어떤 사건을 경험한 사람들과 그렇지 않은 사람들의 외상후 스트레스 증후군, 공포, 우울, 불안 같은 심리적 증

상을 비교하는 것이다(정현희, 2017).

실험법

- 실험법은 독립변인을 의도적으로 조작하여 조작의 효과에 대한 자료를 수집
- 실험법의 목적은 독립변인과 종속변인 간의 인과관계 파악
- 실험법의 기본조건은 가외변인이 통제되고 독립변인의 체계적 조작과 무선배정
- 통제의 정도에 따라 실험실실험, 현장실험, 자연실험
  - 실험실실험은 엄격하게 통제된 상태에서 독립변인을 조작하여 조작효과를 봄
  - 현장실험은 실제의 상황에서 독립변인을 조작하여 조작효과를 봄
  - 자연실험은 자연적으로 발생된 조작을 바탕으로, 경험한 개인(집단)과 경험하지 않은 개인(집단)의 비교

검사법은 심리적 요인이나 발달특성을 이해하기 위하여 심리검사를 사용하여 객관적으로 측정하는 방법이다. 검사를 분류하는 방법은 검사내용에 따라 발달검사, 지능(IQ)검사, 성격검사, 성취검사, 적성검사 등이 있으며, 측정방법에 따라 객관적 검사와 투사검사가 있다. 또한 표준화 여부에 따라 표준화검사와 비표준화검사가 있고, 정답의 존재 여부에 따라 능력검사와 성향검사가 있다.

객관적 검사는 과제가 구조화되어 있으며, 정답이 있거나 반응이 제한되어 있는 검사이다. 평가하고자 하는 내용이 일정하게 제시되고, 치료대상자는 일정한 형식에 따라 반응하게 된다. 객관적 검사는 개인의 독특성보다는 상대적으로 비교하려는 목적을 지닌, 규준에 기초한 검사라고 할 수 있다. 지능검사, 성격검사, 흥미검사 등이 있다.

투사검사는 애매한 또는 구조화되지 않은 자극을 주고, 이에 대한 반응을 분석하는 검사이다. 개인의 내면상태, 성격상의 다양한 특성, 심리적 부적응, 정신병리 등을 측정한다. 정답이 없다. 로르샤흐 검사, TAT, BGT, SCT, 그림검사(DAP, HTP, KFD) 등이 있다.

능력검사는 기능의 수준과 양상을 파악할 수 있으며 정답이 있다. 성향검사

는 성격, 태도, 정서, 동기, 요구와 압력, 정신역동, 정신병리 등을 파악하며 정답이 없다.

표준화검사는 검사실시의 조건, 검사실시와 진행방법, 채점기준, 결과해석에 기준을 만들어 놓은 검사이다. 개인의 점수가 규준점수에 비교되어, 개인의 상대적 위치를 판단한다. 검사는 표준화검사가 유용하나 모든 심리학적 변인에 표준화검사가 제작되어 있지 않다. 따라서 실제에서는 선행연구에서 비표준화검사를 탐색하고, 그 검사의 신뢰도와 타당도를 살펴보고 적절하다고 판단되면, 이 검사를 사용한다. 연구자가 검사를 개발하기도 한다.

검사법

- 검사법은 심리검사를 사용하여 자료를 수집
- 검사법의 목적은 심리적 요인이나 발달특성을 파악
- 검사내용에 따라 발달검사, 지능(IQ)검사, 성격검사, 성취검사, 적성검사 등
- 측정방법에 따라 객관적 검사, 투사검사
- 표준화 여부에 따라 표준화검사, 비표준화검사
- 정답의 존재 여부에 따라 능력검사, 성향검사

자기보고법은 개인의 주관적인 경험, 판단에 대한 반응이다. 대상자 개인이 자신의 생각, 태도, 관점 등을 스스로 평가하는 것으로, 질문문항에 대한 주관적인 경험, 판단을 응답지에 보고한다. 특정 주제에 관한 질문을 하여 대상자의 대답을 얻기도 한다. 다면적 인성검사(MMPI), 간이정신진단검사(SCL-90-R), 벡우울척도(DBI) 등이 있다. 또한 개인의 심리와 특성에 관한 자료를 수집하기 위한 일기, 편지, 그림 등의 자료도 있다. 제시된 질문을 개인이 읽고 응답을 표시하면 질문지법이 되고, 일대일로 대면하여 질문을 제시하고 개인이 대답하면 면접법이 된다. 자기보고법은 개인이 자신의 내적경험이나 상태를 정확하게 지각하며, 평가하는 능력과 의도가 있을 때 검사와 해석이 가능하다.

자기보고법

- 개인이 자신의 생각, 태도, 관점 등을 스스로 평가
- 개인의 심리와 특성에 관한 자료와 특정 주제에 대한 질문의 응답
- 개인이 자신의 내적경험이나 상태를 정확하게 지각하며, 평가하는 능력과 의도가 있을 때 가능

4) 연구 결과의 해석

연구 결과의 해석은 수집한 자료의 분석된 결과를 연구문제나 연구가설의 순서에 따라 서술하는 것이다. 객관적으로 간결하면서 명확하게 기술하는 것으로, 연구자의 가치관이나 주관이 개입되어서는 안 된다. 문장으로 기술하기가 어렵거나 본문을 보충하기 위하여, 표나 그림이 사용된다. 표나 그림을 제시하면 이에 대한 설명을 하여야 한다.

연구문제의 검증결과에 의해 연구문제의 전제가 채택되는가 아니면 기각되는가를 결정하는 것이다. 결정은 확률적으로 어떤 사상이 발생할 가능성으로 진술하게 된다. 그리고 연구 결과가 연구문제의 전제된 가설을 수락하든 기각하든 이것이 과학적 연구의 종료가 아니라는 것이다. 과학적 연구의 특성은 연구 결과가 새로운 해답이나 다른 의문이 제기될 때까지의 일시적인 해답이기 때문이다. 연구 결과에 따라 처음의 연구문제가 재검토되기도 하고, 보다 더 구체적인 연구문제로 다시 제기될 수 있다. 따라서 해답을 얻은 과정이 정밀한 과정을 거쳐야 하고, 연구 결과의 추론과정에 오류가 없어야 한다. 자료로부터 어떠한 결과를 도출했는지에 대해 명료하게 잘 기술되어야 한다. 검증될 수 없게 기술된 연구 결과는 그 가치가 낮아질 수 밖에 없다.

질적연구는 현상에 대한 개인의 내면의식, 주관적 인식의 탐구이다. 개인행동의 이면에 감추어진 욕구, 사고, 정서, 신념, 동기 등을 심층적으로 이해하며, 개인의 주관적인 의미세계에 대한 탐구이다. 개인의 삶에 영향을 미친 경험의

결과해석

- 결과에 대한 정밀과정과 추론과정에 오류가 없어야 함
- 새로운 해답이나 다른 의문이 제기될 때까지의 일시적 해답
- 처음의 연구문제가 재검토 또는 더 구체적인 연구문제로 제기

의미와 그 경험의 궁극적인 의미를 해석한다. 그리고 이 경험의 의미가 연구대상을 넘어 사회적 의미로 확장되고 객관화되며, 더 넓은 사회적 맥락과 다른 사람들에게 공유되는 것이다. 즉, 인간경험의 의미와 본질이 이해되는 것이다.

질적연구의 분석

- 현상에 대한 개인의 내면의식, 주관적 인식의 탐구
- 행동 이면의 심층구조와 심층과정 이해
- 더 넓은 사회적 맥락 및 다른 사람들의 삶과 연결
- 인간경험의 의미와 본질을 이해

5) 논의

논의는 연구 결과를 선행연구, 연구자의 견해, 경험, 사고에 근거하여 분석하고 해석을 하는 것이다. 연구에서 발견된 사실과 다르게 나타난 선행연구나 본 연구의 배경이 된 이론과의 차이점과 일치점이 제시되면서 왜 이러한 결과가 나타났는가에 대하여 연구자의 주관적인 견해가 비교적 자유스럽게 개입될 수 있는 부분이다. 그러나 논리적 근거가 명백하고 합리적으로 서술되어야 한다(정현희, 2017).

논의는 연구 결과를 포괄적으로 다루어야 한다. 연구 결과의 설명하기 어려

운 부분도 제시하여야 하며, 의외로 나타난 결과도 설명하여야 한다. 연구방법의 문제, 연구 결과의 일반화 가능성, 연구 결과의 의의, 연구의 한계, 추후연구에서의 보완 등에 대하여도 다루어야 한다. 이론적 측면이나 실제적 측면에서의 의의나 본인의 연구방법이 관련 분야의 연구에서 어떤 의미를 가질 수 있는가를 기술한다(정현희, 2017).

논의

- 연구 결과를 선행연구, 이론, 연구자의 견해, 경험에 근거하여 논리적으로 해석
- 연구 결과를 포괄적으로 논의
- 연구 결과의 의의: 이론적 · 실제적 기여, 연구방법적 기여를 언급함
- 연구의 한계점, 추후연구의 과제, 쟁점 등에 대해 언급함

2. 과학적 연구의 요소

과학적 연구를 하기 위해서는 과학적 연구의 요소가 무엇인가의 이해가 필요하다. 이 절에서는 과학적 연구의 중요한 요소가 되는 이론, 개념, 변인 그리고 가설에 대해 설명하고자 한다.

1) 이론

이론은 현상을 설명해 주는 관점이나 견해, 원리이다. 이론의 구축은 과학적 연구의 주요한 목표이다. 미술치료에 대한 이론의 구축은 행동문제가 발생되는 원인, 미술치료 과정에 관련되는 요인, 미술치료의 치료적 요인, 미술심리진단, 작품의 해석 등을 설명하는 과정과 관련된다.

또한 과학적 이론은 점진적으로 축적되는 증거로 뒷받침된다. 이론은 검증이

가능한 개념과 명제들을 제공해 준다. 문제의 제기나 가설을 생성하게 하고 이를 검증하도록 해 준다. 예를 들면, 핵심감정의 표출에 대한 치료적 태도와 해석, 미술작품의 변화과정에 대해 점진적으로 축적되는 증거는 정신분석미술치료 이론의 수정을 가져올 수 있고 다시 검증되면서 수정되고 발전하게 된다. 이론은 기존의 지식이 재조직되기도 하고, 새로운 지식이 형성되는 토대가 되기도 한다. 그럼으로써 지식의 발달이 이루어진다.

이론은 인간행동의 어떤 측면을 기술하는 데 필요한 정보수집의 안내가 된다. 주의산만행동을 보이는 아동의 문제 원인을 찾는 데 도움이 된다. 그리고 어떤 심리치료이론에 근거하여 어떤 미술활동을 어떤 매체를 통해 미술치료를 하는 것이 유용할 것인가, 미술치료에 효과가 나타나지 않으면 무엇에 대해, 어떤 의문을 제기해야 할지에 대한 정보를 제공해 준다. 이론은 연구의 시작이면서 목표가 될 수 있다. 이론들은 미래의 인간행동의 적응, 부적응, 발달을 예측할 수 있게 해 준다. 현재의 어떤 상태가 미래의 부적응을 가져오는가를 설명해 준다.

이론의 의미

- 현상을 설명해 주는 관점, 견해, 원리로 검증가능한 개념과 명제들을 제공
- 문제 제기나 가설의 생성과 이의 검증에서 새로운 지식이 도출되게 함
- 증거 통한 검증, 수정, 발전
- 인간행동 연구의 안내: 인간행동의 적응, 부적응, 발달의 예측 및 과거 행동 설명

2) 개념

이론은 개념을 이용하여 여러 현상을 공통적으로 설명하는, 체계화된 객관적인 법칙, 원리, 추론이다. 개념은 개개의 사물, 사건, 현상에서 공통된 속성을 논리적으로 종합화하여 추상화한 관념이다. 연구는 이 개념을 다루게 된다.

개념에는 추상적인 개념과 구성개념이 있다. 연구는 직접 관찰할 수 있는 개

념을 다루게 된다. 인간의 심리적 속성에 대한 추상적 개념은 관찰할 수 없다. 연구를 위해 구성개념이 대두된다. 구성개념은 연구를 위해 의도적으로 만들어진 개념이라는 의미를 지니고 있으며, 추상적인 심리적 속성이 관찰과 측정이 가능하도록 개념화된 것이다. 구성개념은 조작적 정의(operational definition)에 의해 관찰가능하고, 측정이 가능한 구체적 활동으로 명시된다.

개념의 의미

- 논리적으로 공통된 속성을 종합한 추상화된 관념
- 심리적 속성의 추상적 개념과 관찰과 측정이 가능한 구성개념이 있음
- 심리적 속성의 연구를 위해 구성개념 대두

3) 변인

개념의 측정가능한 측면이 변인이다. 변인은 상호배타적인 속성의 집합으로, 연구의 대상이 된다. 속성은 어떤 사상을 특징 짓는 것이다. 예를 들면, 남자와 여자는 상호배타적인 속성이다. 남자는 동시에 여자가 될 수 없기 때문이다. 이 속성의 집합이 성별이다. 성별이 변인이 된다. 초등학생, 중학생, 고등학생도 속성으로 상호배타적이고, 학생이라는 변인이 된다.

과학적 연구는 변인들 간의 관계를 밝히는 것이다. 변인들 간의 관계를 기준

독립변인과 종속변인의 예

- 연구문제: 미술치료사의 자아탄력성이 심리적 소진에 영향을 주는가?
- 독립변인: 종속변인에 영향을 주는 변인으로 미술치료사의 자아탄력성
- 종속변인: 독립변인에 의해 영향을 받는 변인으로 미술치료사의 심리적 소진

으로 독립변인, 종속변인, 조절변인, 매개변인으로 분류된다. 독립변인은 영향을 주는 변인이며, 종속변인은 독립변인으로 인해 반응이나 결과가 나타나는 영향을 받는 변인이다. 예를 들면, 미술치료사의 자아탄력성이 심리적 소진에 미치는 효과에서 미술치료사의 자아탄력성이 독립변인이고, 심리적 소진이 종속변인이 된다.

조절변인은 독립변인과 종속변인 사이에 개재되어 독립변인과 종속변인에 영향을 주는 변인이다. 독립변인의 변화가 종속변인의 변화를 유발하나 제3변인의 특정한 조건하에서만 종속변인의 변화를 유발하는 것이다. 이러한 제3변인을 조절변인이라고 한다. 자기조절이 낮은 경우에 스트레스가 또래관계에 영향을 주나, 자기조절이 높은 경우에는 스트레스가 또래관계에 영향을 주지 않는 경우이다. 이때 자기조절이 조절변인이 된다.

매개변인은 독립변인과 종속변인 사이를 연계하는 변인이다. 독립변인의 효과는 매개변인을 거쳐 종속변인에 전달되는 것이다. 모자녀애착이 아동의 정서조절력에 영향을 주고, 정서조절력이 아동의 공격행동에 영향을 준다면, 아동의 정서조절력은 모자녀애착과 아동의 공격행동 사이의 매개변인이다.

■ 표 11-3 ■ 변인들 간의 관계에 의한 분류

분류		내용
독립변인		종속변인의 선행조건, 원인, 실험의 조작 조건
종속변인		독립변인의 결과, 효과, 영향, 실험에 의해 변화
중재변인	조절변인	제3변인의 특정한 조건하에서만 종속변인의 변화를 유발
	매개변인	두 변인 사이를 연계하는 변인

4) 가설

가설은 변인과 변인 간의 관계에 대한 잠정적인 진술로 검증될 수 있다. 예를 들면, '임상집단 아동과 일반집단 아동의 KFD반응에는 차이가 있다.' 이다. 가설은 논리적 근거가 필요하며, 논리적 근거는 이론과 선행연구 고찰에서 나온다(Cone & Foster, 1997). 그리고 검증할 가치가 있어야 한다. 이론이나 선행연구의 결과에 근거하여 적절해야 하며, 새로운 관계나 현상을 설명하는 데 도움이 되어야 한다.

가설은 구체적이고 명확하게 변인 간의 관계로 진술되어야 한다. 검증이 내포되도록 측정할 수 있는 둘 이상의 변인이 포함되어야 한다. 가설은 확률적으로 검증되는 통계적 검증이다.

가설의 기준

- 가설은 변인 간의 관계에 대한 잠정적 진술
- 검증이 가능
- 이론 또는 선행연구 고찰에 의한 논리적 근거로 검증가치가 있어야 함
- 새로운 관계나 현상의 설명에 도움이 되어야 함
- 측정할 수 있는 둘 이상의 변인이 포함되고, 검증을 내포하도록 진술

3. 과학적 방법

과학적 방법은 현상을 객관적으로 검토하고, 재검토하면서 결론을 도출하는 방법이다. 미술치료의 과학적 연구를 위해 과학적 방법인 객관성, 경험성, 정밀성, 검증가능성에 대해 살펴보고자 한다.

1) 객관성

객관성은 과학연구의 중요한 방법이다. 객관성은 어떤 사건과 현상에 대해 다른 사람들도 동일하게 인정하는 것이다. 그런데 사회과학의 연구대상인 인간의 심리적 속성은 직접 관찰하여 측정하기가 어렵다. 예를 들면, 자아개념, 자

아탄력성, 위축, 불안, 우울 등의 측정은 연구자들 간의 일치가 쉽지 않고, 이것은 직접 관찰하기가 어렵기 때문이다. 따라서 사회과학에서의 객관성은 연구방법에서의 객관성에 중점을 두게 된다. 연구방법에서의 객관성은 관찰가능성과 측정가능성이다.

관찰가능성은 한 속성이 다른 연구자에 의해서도 관찰될 수 있다는 것이다. 직접 관찰이 어려운 자아개념, 불안, 우울 같은 심리적 속성을 관찰하기 위해 사회과학에서는 심리적 속성에 조작적 정의를 내려 관찰이 가능하도록 하고 있다. 조작적 정의는 어떤 개념이나 변인을 측정하기 위해 구체적인 행동을 명시하는 것이다.

측정가능성은 심리적 속성이 적절한 방법으로 측정될 수 있고, 측정결과는 기록될 수 있음을 의미한다. 앞에서 언급한 조작적 정의가 측정가능성과 직접 관련된다고 볼 수 있다. 심리적 속성에 조작적 정의가 내려지고 이에 대한 측정을 하기 위해 구체적인 활동이 명시된 질문지, 심리검사, 면접, 관찰 등을 통해 측정을 가능하도록 한다.

객관성

- 개인들 간의 사건과 현상에 대한 일치 정도
- 인간의 심리적 속성은 직접 관찰과 측정이 어려움
- 연구방법에서의 객관성은 관찰가능성과 측정가능성(조작적 정의의 필요)
- 조작적 정의: 어떤 개념이나 변인을 측정하는 데 필요한 구체적인 활동을 명시
측정을 위해 그 개념이나 변인에 의미를 부여
- 측정가능성: 구체적인 활동이 명시됨으로써 객관적으로 관찰이 가능
예: 심리검사, 질문지, 관찰, 면접으로 측정

2) 경험성

경험성은 사실적 증거에 기반을 두는 것으로 추론이 귀납법이다. 귀납법은

여러 차례의 특수 관찰을 통해 일반적인 결론에 도달하는 것이다. 연구에서 전집을 관찰하는 것은 현실적으로 어렵다. 전집을 대표하는 표본을 선정하고, 이 표본에서 얻은 자료를 기초로 하여 전집으로 일반화하는 것이다. 따라서 과학에서의 경험성은 표본의 대표성과 귀납적 추론으로 전집에 일반화하는 것이다. 그리고 이 과정에서 발생할 수 있는 오차의 양을 측정하여 확률적으로 어떤 사상이 발생할 가능성을 기술하게 된다. 따라서 경험성은 단순한 관찰과 경험을 넘어 일반화에 이르는 것이다.

경험성

- 사실적 증거에 기반
- 표본 관찰: 전집 관찰의 현실적 불가능
  : 전집을 대표하는 표본을 선정하여 관찰
- 귀납적 추론: 확률적으로 어떤 사상이 발생할 가능성을 기술
  : 특수 관찰에서 일반적 결론을 이끎
  : 단순관찰을 넘어 전집으로 일반화

3) 정밀성

과학적 방법의 특성은 정밀성이다. 정밀성은 연구에 사용되는 측정도구가 타당성과 신뢰성이 있고, 측정 결과가 정확하고 일관성이 있어야 하며, 자료가 어떻게 수집되었는지 분명하게 제시되어야 함을 의미한다. 또한 실험이 타당성있고, 신뢰롭게 구성되었고, 타당하게 잘 통제된 절차에 의해 엄격하고 정확하게 적용되었다는 것을 의미한다. 자료가 어떻게 분석되었는지의 자료분석 방법과 자료로부터 어떠한 결과가 도출되는가의 결과 및 결론에 이르는 과정에 대한 기술 및 추론과정에도 오류가 없어야 함을 의미한다(Stangor, 1998).

정밀성

- 연구문제의 해답을 얻는 과정의 정확성, 일관성
- 측정도구, 실험과정, 자료수집 및 분석과정의 엄격성, 세밀성
- 결론추론과정의 타당성, 신뢰성, 논리성

4) 검증가능성

과학적 방법의 특성은 검증가능성이다. 검증가능성은 과학적 연구 결과는 공개적으로 검증되어 채택 또는 기각될 수 있어야 함을 의미한다. 과학적 방법에 의해 얻어진 결론은 절대적 진리가 아니기 때문이다. 한 연구에 의한 해답은 연구 결과에 대해 새로운 의문이 나타나기 전까지의 일시적 해답이다. 따라서 연구 결과가 재검증될 수 있어야 하며, 재검증될 수 있도록 정확하게 기술되어야 한다. 다른 연구가 재검증하기 어렵게 기술된 연구는 연구로써의 가치가 줄어들 수 밖에 없다.

검증가능성

- 연구방법의 정확한 기술
- 연구절차 및 분석과정의 공개
- 연구의 반복 검증 가능성

연구는 과학적인 방법에 의해 이루어진다. 과학적 방법은 지식을 추구하기 위한 과정이나 절차로, 논리적인 사고와 체계적이고 객관적인 절차가 반드시 필요하다. 따라서 과학적 방법이 지식을 습득하는 가장 타당하고 신뢰할 만한 방법이라고 할 수 있다. 그런데 연구자가 과학적 방법을 알고 있어도 편견을 갖고 있다면 연구 결과는 과학적이 될 수 없다.

■ 표 11-4 ■ 과학적 방법의 특성

영역	내용
객관성	조작적 정의에 의한 관찰가능성, 측정가능성
경험성	체계적, 확률적, 귀납적 추론, 표본을 전집으로 일반화
정밀성	측정도구, 자료수집과 분석, 결과, 결론의 정확성, 타당성, 논리성
검증가능성	연구절차 및 분석과정의 공개, 재검증의 가능성 제시

4. 미술치료의 연구목적

미술치료를 하기 위해서는 과학적 연구가 매우 중요하다. 미술치료학은 과학의 한 분야로 일반적인 과학적 연구의 목적이 미술치료학에도 그대로 적용된다. 미술치료를 연구하는 목적은 미술치료 관련 현상을 기술하고 설명하며, 실제 현실에 적용하는 것이다.

1) 기술

미술치료 연구의 일차적 목적은 미술치료 관련 현상을 이해하기 위한 것이다. 어떤 현상을 과학적으로 이해한다는 것은, 관심 있는 현상을 엄격한 기준하에 정확하게 기술하는 것이다. 현상을 기술한다는 것은 있는 그대로 관찰하여 기록하는 것이다. 예를 들면, 미술치료에서 행동의 변화가 어떻게 이루어지는지를 정확하게 기술하는 것이다. 그럼으로써 미술치료 현상과 관련된 변인들이 발견되고, 변인들 간의 관계를 파악할 수 있게 된다.

기술의 방법에는 분류, 순서배열, 상호관계가 있다(김재은, 1971). 분류는 개개의 사실이나 현상들을 공통적인 특성에 따라 유목을 정하여 나누는 것이고, 순서배열은 공통성의 크기나 정도를 비교하는 것이다. 상호관계는 관계의 양상을 보는 것이다.

2) 설명

미술치료 연구의 두 번째 목적은 미술치료 관련 현상과 개인차를 설명하기 위한 것이다. 행동의 변화와 개인차 그리고 현상의 변화가 왜 생기게 되었는가를 규명하는 것으로, 원인에 대해 설명하는 것이다. 예를 들면, 미술매체의 어떠한 특성이 우울아동에게 힘을 부여하고, 어떤 미술매체는 왜 강박아동에게는 미술치료 초기에 제공하지 않는 것이 권고되는가를 설명하는 것이다.

설명이 이루어지기 위해서는 먼저 현상에 대한 기술이 되어야 한다. 어떤 현상에 대한 기술이 없다면 그에 대한 설명을 할 수가 없다. 따라서 기술은 설명의 선제조건이 된다. 설명을 위해서는 현상에 포함되는 변인들에 대해 지식이 있어야 한다. 설명은 변인들 간의 인과관계에 대한 근거를 밝히는 것이다.

인간과 관련된 현상은 매우 복잡하기 때문에 설명도 단순하지 않다. 설명은 미술치료와 관련된 다양한 학문 분야, 심리학, 아동학, 가족학, 정신의학, 사회학 등의 연구 결과가 필요하다. 예를 들면, 미술치료에서 개인차가 나타나는 원인은 무엇인가? 개인차를 설명하는 데 있어 아동의 개인적인 생물학적 요인, 심리학적 요인, 그리고 환경적 요인은 어느 정도, 어떤 상호적 양상으로 영향을 주는가를 설명하기 위해서는 다양한 학문 분야의 학제적 접근이 요구된다. 그리고 연구가 누적되면서 법칙이나 원리, 이론이 될 수 있다. 연구의 궁극적 목적은 현상을 잘 설명할 수 있는 이론의 구성이다.

3) 적용

미술치료 연구의 세 번째 목적은 미술치료 연구 결과를 인간의 정신건강을 위해 적용하는 것이다. 현상을 기술하고 설명하는 것이 과학의 주요 목표이기는 하지만, 미술치료는 미술치료 현장 적용도 중요한 목표이다. 개인의 현실적인 심리문제의 해결과 사회적 · 심리적 적응력을 높이기, 잠재적 문제를 발견하고 예방하기, 자아성장을 위한 효율적인 미술치료방법을 모색하기 등이 미술치료 연구의 중요한 목적이 된다.

적용은 예측과 통제를 통해 이루어진다. 지금까지의 연구 결과에서 규명된 다양한 정보를 근거로 하여, 현재의 행동이 어떻게 진행될 것을 미리 예측한다. 그리고 부정적인 영향을 줄 것으로 예견되는 요인을 미리 통제하는 것이다. 설명은 이미 발생한 사건을 두고 이 사건을 발생하게 한 원인을 찾는 데 비하여, 예측은 특정사건이 발생하기 전에 미리 발생할 사건을 예측하는 것이다.

예측의 정확성은 예측의 근거가 되는 선행연구의 누적에 의한 법칙이나 이론이 얼마나 타당하고 신뢰로운가에 달려 있다. 따라서 과학적 연구 결과가 누적되어야 한다. 과학적 연구 결과는 전문가들 간의 의사소통을 하게 해 준다. 공통된 언어로 동일한 사건에서 공통점을 발견하고 특이점을 찾게 해 준다. 다양한 사건에서도 공통점을 찾을 수 있게 해 준다. 연구의 궁극적 목적은 이론이나 법칙의 구성이라고 볼 수 있다.

통제는 부정적인 어떤 현상의 원인이 되는 요인이나 필수적인 조건을 미리 제거하여 그 현상이 일어나지 않게 하는 것이다. 또는 긍정적인 어떤 현상의 요인이나 조건은 미리 조작하여 그 현상이 발생할 수 있도록 하는 것을 말한다. 잘 예측할 수 있다면 사전에 그 현상을 유도하거나 제거하기 위한 조치를 취할 수 있다. 예를 들면, 그림검사에서 어머니와의 부정적인 관계가 예측되거나 문제행동의 잠재성이 보이면 미리 통제를 할 수 있다. 미술치료 연구는 이론적인 측면에서 뿐만 아니라 실제적인 측면에서도 매우 중요하다고 볼 수 있다.

미술치료 연구의 목적

- 기술: 관찰한 현상을 있는 그대로 기술, 현상과 관련된 변인 발견, 관련 정도 파악
- 설명: 개인차나 현상이 발생하는 원인의 설명, 누적 결과는 이론의 형성 가능성
- 적용: 미술치료 현장에 활용, 실제적 측면에서의 기여

제12장

미술치료에서의 윤리문제

1. 미술치료사
2. 치료대상자와의 관계
3. 치료대상자의 권리
4. 미술작품
5. 윤리결정 모델
6. 작품의 보관
7. 작품의 소유권
8. 심리검사로의 활용

미술치료뿐 아니라 일반적인 심리치료에서도 윤리에 대한 문제는 중요하다. 미술치료에서의 윤리에 대해 우리나라에서는 충분한 연구가 이루어지지 않았다. 미술치료는 심리치료에서 다루어야 할 윤리적 문제 외에도, 미술작품이 구체적으로 형성되기 때문에 그에 대한 윤리적 문제가 부가적으로 발생한다. 이 장에서는 미국에서의 미술치료사 윤리기준, 한국미술치료학회 윤리기준, 한국상담학회 윤리기준, 한국사회복지학회 윤리기준을 참조하였다. 미술치료사, 치료대상자와의 관계, 치료대상자의 권리, 미술작품, 윤리결정 모델, 작품의 보관, 작품의 소유권, 심리검사로의 활용으로 나누어 살펴보고자 한다.

1. 미술치료사

치료의 성공 여부는 많은 부분 치료사의 능력에 좌우된다. 따라서 치료사는 과학적인 전문인으로서의 능력과 자질, 인간적인 면에서의 성숙과 자기개발을 위해 꾸준히 노력하여야 한다. 치료사 자신의 능력에 대한 고려 없이 무리한 치료를 진행하면 윤리적 문제가 발생한다. 자신의 능력을 넘어선 치료를 해서는 안 되며, 치료과정에서 자신의 능력으로 치료대상자를 도울 수 있는지 스스로 평가해야 한다. 자신의 한계성을 알고 치료대상자의 문제가 자신의 능력 밖이라고 여겨질 경우에는 다른 치료사에게 도움을 요청하거나 치료대상자를 다른 치료사에게 의뢰해야 한다.

그림 12-1 치료사는 누구인가?

미술치료사는 끊임없이 자신에 대해 묻고 자신의 개발에 힘써야 한다.

논란 **자격결정의 기준**

자격증은 어떤 공식적인 학위를 가지고 있는가, 몇 시간 동안의 지도감독을 받았는가, 최소한의 전문적 경험을 가졌는가를 같은 분야의 종사자와 전문가, 일반인에게 확인해 주는 기능을 한다. 그러나 자격증이 곧 거기에 기재되어 있는 일을 효과적으로 잘 수행할 수 있다는 사실을 보장해 주지는 못한다. 자격증을 가진 미술치료사 중에도 효과적으로 치료를 하지 못하는 경우가 있다. 그러나 능력 없는 치료사는 치료대상자에게 해를 끼칠 수 있으므로 최소한의 기준은 반드시 필요하다.

① 미술치료사는 자신의 교육, 훈련, 경험, 기타 관련 있는 전문 경험의 범위 내에서 자신이 할 수 있는 영역에 대해서만 미술치료를 제공해야 한다.

② 미술치료사는 치료대상자에게 효율적으로 도움이 되기 위해 적절한 전문가와 협조하여야 한다.

③ 미술치료사는 자신이 활동하고 있는 분야의 최근 과학적 · 전문적 정보와 지식을 유지하기 위해 지속적인 교육과 연수의 필요성을 인식하고 참여해야 한다.

④ 미술치료사는 치료대상자의 연령, 성별, 문화, 종교, 능력, 교육, 가치 등에 따른 개인 간의 차이를 이해하고 존중해야 한다.

그림 12-2 발달시기에 따라 다른 해석

치료대상자는 기쁜 표정이라고 했다. 만일 대상자가 아동이라면 적절한 내용을 표현한 것이 된다. 그러나 치료대상자는 성인으로 자신이 받지 못하고 있는 관심과 애정의 부족을 의미하고 있다.

2. 치료대상자와의 관계

미술치료사의 기본적인 의무는 치료대상자의 복지를 증진하고 그의 인격을 존중하는 것이다. 치료관계에 들어가기 전에 치료사는 어떤 조건하에서 치료가 실시된다는 것을 치료대상자에게 알려 주어야 한다. 그리고 치료관계에 영향을 미칠 수 있는 치료의 목표, 목적, 기법, 절차에 대한 규칙, 한계 등에 관해서 알려 주어야 한다.

치료사와 치료대상자의 관계에서 비밀보장의 문제가 대두된다. 치료대상자는 치료과정에서 치료사를 믿고 말한 내용이 제3자에게 알려지는 것을 바라지 않는다. 치료대상자는 치료사가 자신의 비밀을 완전히 보장해 주리라 믿고 치료에 임한다. 그러므로 치료사는 직업상의 이유로 따라야 하는 경우를 제외하고는 치료대상자의 비밀을 보장해 주기 위해 노력해야 한다.

비밀보장의 예외

- **치료대상자의 동의 없이 법이나 규제에 의해 공개가 요구되는 경우**: 바람직한 목적을 달성하는 데 필요한 최소한의 비밀정보를 공개해야 한다. 또한 공개되어야 달성이 가능한 목적과 직접 관련이 있는 정보만이 공개되어야 한다.
- **법적 요건 또는 치료대상자의 동의에 근거하여 정보를 공개하는 경우**: 정보가 공개되기 전에 비밀정보의 공개 및 잠재적인 결과에 대해 최대한으로 치료대상자에게 알려주어야 한다.
- **비밀의 본질과 비밀보장에 대한 치료대상자의 권리 제한에 관하여 치료대상자 및 기타 이해 당사자와 논의가 필요한 경우**: 치료대상자나 치료대상자와 동일시되는 사람에게 예상될 수 있는 피해를 방지하기 위해서다.

한국의 윤리강령에는 비밀보장에 한계가 있음과 그 내용을 치료대상자에게 미리 어떻게 밝히는가가 명확하게 되어 있지 않다. 비밀보장의 한계와 내용을 치료대상자에게 밝히는 것이 명확하게 명시되어 있는 미국의 경우, 이 점이 치료대상자로 하여금 자신을 완전히 개방하지 않게 하는 문제점을 낳는다. 그러나 치료대상자가 비밀보장과 그 한계성을 사전에 분명히 알고 있을 때 치료에서의 한계와 책임이 분명해질 수 있다. 치료대상자나 사회에 피해가 돌아가는 경우, 전문적 목적이나 교육용

그림 12-3 죽고 싶어요

나무 위에 사람이 있고, 이것은 자살충동으로 이해되었다. 가족의 협조로 자살을 방지할 수 있었다.

또는 연구용으로 사용할 경우에는 비밀을 누설할 수 있도록 하고 있다.

한국의 윤리강령에는 적절한 전문가 및 사회 당국에 공개해야 하고, 치료대상자와 합의한 후에 치료대상자의 정체가 노출되지 않도록 공개해야 한다고 되어 있다. 미국의 경우를 보면, 치료대상자의 직접적인 동의를 구할 것, 신중히 고려하고 동료와 충분히 상의할 것, 법이나 규율이 허락하는 한에서 할 것 그리고 치료대상자의 신분보장을 위하여 내용을 완전히 공개하지 않을 수도 있음을 규정하고 있다. 녹음 또는 녹화를 하거나 제3자로 하여금 치료대상자에 대한 치료를 관찰하도록 허용할 때는 사전에 치료대상자의 동의를 얻어야 한다.

3. 치료대상자의 권리

미술치료사는 치료대상자에게 치료의 참여를 선택할 자유와 어떤 치료사에게 치료를 받을 것인가를 결정할 자유를 주어야 한다. 미성년자 혹은 자발적인 동의를 할 수 없는 사람이 치료대상자일 경우에도 치료사는 치료대상자의 최상의 복지를 염두에 두어야 한다.

논란

미성년자의 치료받을 권리

치료대상자의 권리와 연관된 쟁점으로 미성년자의 치료받을 권리가 있다. 치료에 저항적인 아동과 청소년에게 치료를 받도록 하는 정당성은, 그렇게 하지 않으면 그들이 중요한 시점에서 치료를 받지 못할 것이라는 사실에 있다. 비행, 가출, 자살, 약물 · 알코올 남용, 신체적 · 심리적 학대, 임신 · 낙태 등의 경우가 이에 해당된다. 또한 미성년자를 치료하는 치료사는 보호자의 역할도 하게 된다. 미성년자나 자발적이고 자의적인 동의를 할 수 없는 치료대상자를 치료할 때에는 그의 최대의 이익 보호에 특별한 관심을 가져야 한다.

4. 미술작품

치료사들은 치료 중에 치료대상자가 말한 것을 보호해야 한다는 것에 쉽게 동의한다. 그러나 치료대상자의 작품은 비밀스러운 의사소통으로 간주되지 않는 경우가 발생한다. 치료실, 병원, 기관에서 치료대상자들의 미술표현을 개인의 사적인 자료로 보지 않는 경우가 종종 있다. 치료과정에서 치료대상자가 표현한 미술작품도 중요한 윤리적 문제를 지니고 있다. 작품의 비밀유지, 작품전시, 작품 다루기 등이 미술작품에 대한 윤리에 포함된다.

1) 작품의 비밀유지

치료대상자를 보호하기 위해 그에 대한 생물학적 정보를 바꾼다 하여도 미술표현에는 개인의 독특성이 나타나게 마련이다. 이 독특성으로 인해 치료대상자의 사적인 측면이 쉽게 드러날 수 있다.

과제화에서는 치료대상자의 정보가 더 잘 드러날 수 있다. 자신의 가족을 그리라고 하면, 누구의 작품인지 알아보기 쉬운 정보가 작품에 잘 나타나게 된다. 또한 정신적 충격이나 외상을 경험한 치료대상자에게 이 경험을 표현하도록 요구한다면, 다른 사람들이 알아볼 수 있는 세부 묘사와 특징이 작품에 나타날 수 있다.

가족, 친구, 지인들이 알아볼 수 있는 공공장소에 작품을 전시하는 것은 치료대상자의 특정 정보를 드러내는 것이기도 하다. 그리고 이런 정보가 치료대상자나 그 가족의 복지에 손상을 줄 수 있다. 전시활동이 치료대상자들의 이익을 위한 것인지, 다른 사람의 이익을 더 위한 것인지, 치료대상자를 근본적으로 보호하는 것과 관련된 것인지를 고려해야 한다.

그림 12-4 개인의 독특성

그림에는 각 개인의 특성이 표현된다.

2) 작품전시

미술은 시각적인 이미지로 표현되고 구체적인 유형물로 남게 된다. 따라서 다른 사람과 공유할 수 있으며, 다른 사람들에 의해 판단될 수 있다. 자신의 작품을 다른 사람들이 즐길 수 있게 전시한다는 것은 치료대상자에게 긍정적인 경험이기도 하다.

그러나 치료 중에 이루어지는 미술작품의 전시는 비밀유지와 작품 내용이 사적인 것이라는 관점에서 볼 때 문제가 될 수 있다. 더욱이 공공장소에 작품이 노출된다면 치료대상자에게 이익이 되지 않을 수 있다. 나아가 치료대상자나 가족에게 위험할 수도 있다.

한편, 미술활동이 치료대상자의 동기유발을 높이고 자존감을 향상시키기 위해 특별히 계획된 것이라면, 작품을 전시하는 것이 이러한 목표에 도움이 될 수 있다. 이렇게 보면 미술작품의 전시는 치료 프로그램의 중요한 구성요소라 할 수 있다. 치료대상자의 노력, 성취, 능력을 격려하고 지지해 줄 수 있는 사람들과 함께 작품을 공유함으로써 치료대상자는 자신의 가치를 느끼게 된다.

그림 12-5 작품전시

게시판에 전시하기

그림 12-6 나도 할 수 있어요

액자로 꾸미기

치료과정에서 치료대상자에게 위협적이지 않게 전시할 수 있는 방법으로 치료실 내외부에 안전한 공간이 있다면 선택적으로 그 장소에 전시할 수 있다. 때때로 미술치료실 벽에 작품을 걸거나 선반 위의 적절한 장소에 작품을 전시하는 것이 이에 해당된다. 치료대상자가 치료를 받으러 왔을 때 자신의 작품이 치료실 벽에 붙어 있는 것을 보는 것도 치료대상자에게는 의미가 있다.

3) 작품 다루기

치료대상자에 대한 존중은 그의 작품을 어떻게 다루느냐에서도 나타난다. 만약 치료사가 치료대상자의 작품을 잃어버리거나 마구 다루거나 망가뜨렸다면 치료대상자의 신뢰를 순식간에 잃게 될 것이다.

그림 12-7 작품의 존중

작품의 가장자리에 띠를 두름으로써 작품의 존중을 나타내기도 한다.

치료대상자의 작품은 안전한 장소에, 다른 사람에 의해 손상되거나 부적절하게 다루어지지 않도록 잘 보관되어야 한다. 치료대상자의 작품에 대한 관심의 소홀함은 치료대상자와 그의 작품에 대한 치료사의 존중감이 부족하다는 것을 나타낸다고 볼 수 있다.

치료사들이 치료 중에 치료대상자가 말하는 것을 즉시 작품 위에 기록하는 경우가 있다. 이는 편리하며 자료에 대한 정확한 기록이 될 수 있다. 그러나 치료대상자의 입장에서는 치료사가 자신의 작품을 중요하게 보지 않는다는 인상을 줄 수 있다. 또 이 작품이 나중에 어떻게 보이느냐에 영향을 미칠 수도 있다.

5. 윤리결정 모델

실제 치료과정에서 윤리적 문제에 부딪쳤을 때 윤리적 결정을 내리기는 쉽지 않다. 치료사가 바람직하게 행동하기 위해서는 윤리결정의 준거가 될 수 있는 기준이 필요하다. 여기서는 김형태(1998)가 제시한 Drane의 윤리결정 모델과 Stadler의 윤리결정 모델을 알아보고자 한다.

1) Drane의 윤리결정 모델

Drane의 윤리결정 모델은 치료 중의 윤리문제에 국한하여 직관적 수준과 비판적 · 평가적 수준을 제시하고 있다.

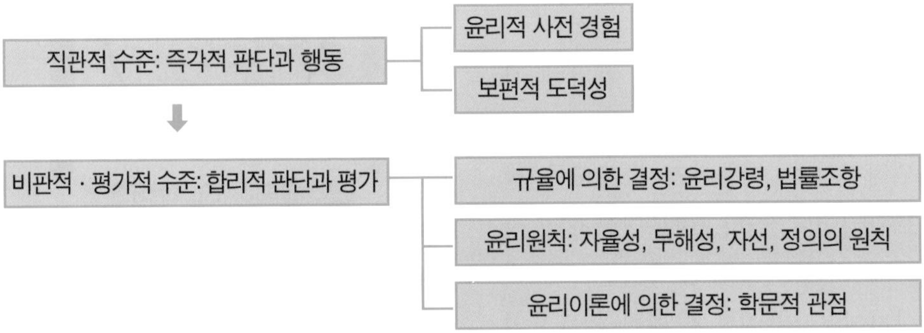

그림 12-8 Drane의 윤리결정 모델

(1) 직관적 수준

즉각적인 판단과 행동을 통해 윤리결정을 내린다. 윤리결정은 경험과 보편적인 도덕성에 근거한다. 그러나 치료사의 즉각적인 판단이 항상 공정하다고 볼 수 없고 즉각적인 판단이 어려운 경우도 있다. 모든 치료사가 윤리적 결정을 공정히 할 수 있을 만큼 도덕적인 직관을 가지고 있지는 못하다. 직관적 수준에서 윤리적 결정을 내리지 못하면 비판적 · 평가적 수준의 윤리결정 방법을 선택한다.

(2) 비판적 · 평가적 수준

규율, 윤리원칙, 윤리이론에 의해 윤리결정을 내린다. 규율에 의한 결정단계는 윤리강령과 법률조항 등에 의해 윤리결정을 내리는 단계다. 윤리원칙은 윤리강령이나 법률조항이 모든 상황에 대해 다 규정할 수 없기 때문에 윤리결정 시 참고하는 준거다.

윤리원칙은 치료대상자의 자율적 의사를 존중한다는 자율성의 원칙, 치료대상자가 피해를 입어서는 안 된다는 무해성의 원칙, 치료를 통해 치료대상자가 도움을 받아야 한다는 자선의 원칙 그리고 치료대상자의 어떤 특성 때문에 처벌을 받아서는 안 된다는 정의의 원칙이 있다.

2) Stadler의 윤리결정 모델

Stadler의 윤리결정 모델은 다음의 4단계로 구성되어 있다.

■ 표 12-1 ■ Stadler의 윤리결정 모델

단 계		과정 내용
1단계	대립되는 윤리원칙의 명료화	무해성의 원칙, 자선의 원칙 자율성의 원칙, 정의의 원칙
2단계	합리적인 윤리적 전략 수립	① 정보수집(강령 및 법률) ② 정보활용 ③ 윤리원칙의 순위 ④ 동료와의 상의
3단계	행동개시를 위한 준비	① 원하는 결과 규명 ② 원하는 결과를 위한 행동선정 ③ 선정된 행동 결과 평가 ④ 결과의 가치갈등 규명 ⑤ 행동결정 ⑥ 행동의 준비 완료
4단계	행동화	① 치료사의 자아강화 ② 행동의 구체적 단계 재확인 ③ 실행 ④ 평가

(1) 제1단계

제1단계는 윤리적 갈등 상황과 관련하여 윤리원칙 중 대립되는 윤리적 원칙들을 분명히 밝히는 것이다. 무해성의 원칙, 자선의 원칙, 자율성의 원칙, 정의의 원칙이 해당된다.

(2) 제2단계

제2단계는 합리적인 윤리적 전략을 수립하는 단계로 4개 과정을 거친다. 첫 번째 과정은 적용 가능한 윤리강령이나 관련 법규에 대한 정보를 수집하는 과정이다. 두 번째 과정은 수집된 정보를 활용하는 과정이다. 윤리원칙의 순위를 결정하기 위해 수집된 정보를 종합하고 분석한다. 세 번째 과정은 수집된 정보의 종합 및 분석을 통해 얻어진 결과를 토대로 윤리원칙의 순위를 정하는 과정이다. 마지막 과정은 상담자 자신이 정한 윤리원칙의 순위에 대해 전문적 자질을 갖춘 동료와 상의하는 과정이다. 이는 개인적인 한계를 극복하기 위한 것이다.

(3) 제3단계

제3단계는 제2단계의 전략에 따른 행동을 준비하는 단계로 6개 과정을 거친다. 첫 번째 과정은 치료사가 자신이 이 상담에서 바라는 결과를 스스로에게 묻고 그에 대해 분명한 답을 구해야 하는 과정이다. 두 번째 과정은 치료사가 그러한 치료 결과를 위해 해야 할 행동을 선정하는 과정이다. 세 번째 과정은 그러한 행동의 결과가 치료사, 치료대상자, 치료대상자의 부모나 교사처럼 그와 관련 있는 타인 혹은 사회에 어떤 영향을 미치는가에 대해 평가하는 과정이다. 네 번째 과정은 선정한 행동에서 예견되는 결과의 가치들 간의 갈등을 분명히 규명하는 과정이다. 다섯 번째 과정은 제기된 가치들 간의 갈등을 윤리원칙에 근거하여, 치료대상자에게 가장 도움이 되고 위험이 적은 행동을 결정하는 과정이다. 마지막 과정은 그 행동이 대중성이 있고 보편타당하고 정의로운 것인지를 확인하고, 문제가 없으면 그것을 실제 행동으로 옮기기 위한 준비를 끝내는 것이다.

(4) 제4단계

제4단계는 준비된 행동을 실행하는 단계로 4개 과정으로 되어 있다. 첫 번째 과정은 계획된 행동을 실행하기 위해 치료사 자신의 자아를 강화하는 과정이다. 여기서 치료사가 자신이 하고자 하는 행동에 대해 확신을 갖는 것이 중요하다. 두 번째 과정은 제3단계까지의 단계를 통해 결정된 행동을 재확인하는 과정이다. 세 번째 과정은 결정된 행동과정을 실제 행동으로 옮기는 과정이다. 마지막 과정은 실제로 행동한 결과에 대해 평가하는 과정이다.

Stadler의 윤리결정 모형은 비교적 구체적이지만 단계나 과정이 명확히 구분되어 있지 않다. 윤리결정은 한 번의 결정으로 끝나는 것이 아니다. 상황이 변화함에 따라 윤리결정도 바뀔 수밖에 없기 때문에 어떤 윤리결정 모형에 따르든지 계속적인 과정으로 보아야 한다.

6. 작품의 보관

미술치료사는 치료대상자에게 전문적인 치료를 제공하기 위해 기록을 보존해야 한다. 미술작품도 면접결과, 심리검사, 치료과정의 관찰, 녹화 테이프, 기타 문서기록처럼 치료와 관련된 자료다. 치료대상자를 위한다는 것은 자료를 보관하고 처리하는 데 비밀을 보장하고, 타인에게 공개할 때는 치료대상자의 직접적인 동의가 있을 경우 가능하며, 공개 시에는 비밀보호에 책임을 진다는 것이다.

일부 치료사는 작품을 만든 치료대상자가 작품을 가져야 한다고 생각하고 있으나 어떤 경우 미술작품이 의학적 또는 법적 기록이 될 수 있어 안전한 곳에 보관되어야 한다. 특히, 학대, 정신적 외상, 가정폭력의 상황에서 만든 작품은 반드시 보관되어야 한다.

그림 12-9 위태로운 사람

논란 **AATA(American Art Therapy Association)의 윤리강령**
작품이 치료기록으로서 고려되어야 한다. 보존기간은 치료 완료나 치료적 관계의 종결로부터 적어도 7년 이내까지로 해야 한다. 기록은 비밀을 유지하는 방법으로서 보관되거나 처리된다.

7. 작품의 소유권

작품에 대한 소유권도 윤리적 차원에서는 중요한 문제다. 치료대상자 자신이 작품을 만들었다고 하여도, 치료기간 동안은 치료대상자에 대한 책임이 치료사에게 있다. 이러한 경우에는 치료대상자의 작품에 대해서도 분명히 치료사에게 책임이 있다고 볼 수 있다.

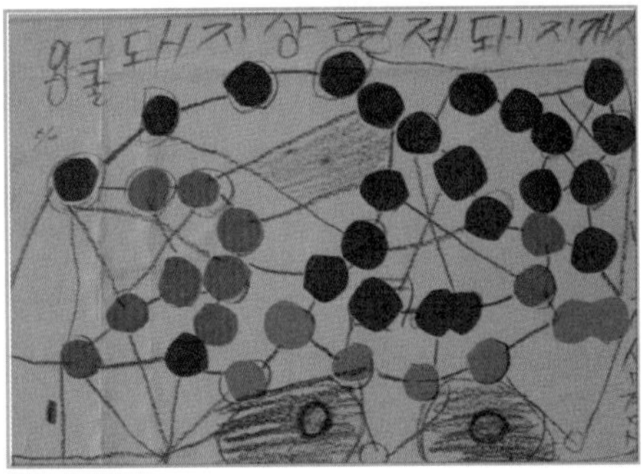

그림 12-10 작품의 변화 a

그림 12-11 작품의 변화 b

작품은 치료기간 동안 치료사의 책임이며, 치료과정 동안 치료의 변화를 파악할 수 있다.

그림 12-12 작품의 변화 c

그림 12-13 작품의 변화 d

어떤 경우에는 작품이 치료대상자에 대해서 법적인 책임을 가지고 있는 보호자의 소유로 생각될 수도 있다. 그리고 상황에 따라 치료가 이루어진 기관에서 치료대상자의 기록차원으로 소유해야 한다고 생각할 수도 있다. 소유권 문제는 쉽게 답을 내릴 수 있는 것이 아니다. 이에 치료활동의 일부분으로 작품을 사용할 때에는 깊이 고려해야 한다.

그림 12-14 집에 가져가고 싶어 함

치료대상자가 미술활동을 좋아했고 자신의 작품에 대해 긍정적으로 생각할 때 그것을 집에 가지고 가겠다고 하는 경우가 있다. 치료대상자는 붙이거나 그리거나 만들거나 조각하는 활동들을 재미있는 활동으로 생각하고, 더 열심히 표현할 수도 있다. 이러한 미술표현은 성취감과 자아존중감을 불러일으키게 된다. 치료대상자가 만약 자신의 미술작품을 갖기를 원한다면, 치료사는 치료적인 관점에서 이 점을 존중해야 한다. 그러므로 이 경우에 복사본을 만들어 주고 원본은 치료실에 보관할 수도 있다.

그러나 치료대상자의 안전에 손상을 입힐 만한 미술표현 내용이 있을 때 혹은 미술표현이 법정에서 증거로 사용될 수 있을 때에는 미술작품을 그대로 치료실에 보관하여야 한다. 아동, 장애인, 노인의 작품인 경우 가족의 비밀을 담고 있거나, 가족에게 학대당한 경험을 분명하게 드러내고 있기도 하기 때문에 치료

그림 12-15 치료실에 보관하는 것이 안전

대상자를 보호해 주는 장치 없이 미술작품을 집에 가지고 가게 하는 것은 적절하지 않다.

심한 정서적 외상을 가지고 있거나 심한 위기를 경험해 왔거나 신체적, 정서적, 성적으로 학대받아 온 치료대상자의 작품은 고통스러운 기억을 담고 있다. 그들의 미술작품들을 치료사가 보관하고 있게 되면, 치료대상자는 자신의 감정과 환경으로부터 자신이 안전하다고 느낄 수 있다. 그는 미술표현을 자신의 고통을 조금이나마 덜어 주는 그릇으로 보기 때문이다.

그러나 투사검사로 사용된 그림은 창조적인 활동이라기보다는 오히려 시험과 비슷하게 이해될 수 있다. 때문에 치료대상자가 소유하려고 하지 않는 경향이 있다.

8. 심리검사로의 활용

미술치료사가 사용하는 미술진단검사에 대하여도 윤리적 문제가 제기된다. 먼저 그림검사는 투사검사로서의 유용한 측면은 있으나, 표준화되지 않았고 충분히 검증된 것이 아니다. 더욱이 이미지는 선, 모양, 형태, 구도, 색 등의 여러 요소들로 이루어진다. 그러므로 하나의 요소로 그림을 분석한다면 이미지 전체의 내용을 놓치거나 특정한 부분에 한정될 수 있다.

따라서 치료대상자의 이야기나 행동과 같은 부가적인 정보 없이 그림만을 가지고 진단하지 않도록 해야 한다. 또한 현행 미술진단 연구에 대한 치료사의 지식과 정보도 필요하다.

논란

그림의 전문가 증언

그림 내용에 대해 결론지어진 자료가 부족함에도 불구하고, 아동의 그림은 법정에서 증거물로 인정될 수 있다. 1985년 아동의 그림 내용에 대하여 전문가 조언을 할 수 있음이 인정되었다(Levick, Safran, & Levine, 1990). 아동의 그림에 대한 진단에 훈련과 전문적 경험이 필요하다.

미술진단검사의 두 번째 문제점은 미술진단으로 얻어지는 정보가 치료사로 하여금 치료대상자에 대한 편견을 더 강화시키거나, 그림에서 치료대상자의 상태를 뒷받침해 주는 특성을 찾으려 한다는 것이다.

그렇다고 해서 표준화 심리검사의 사용만이 무조건 바람직한 것도 아니다. 표준화 심리검사를 사용하는 데도 주의가 필요하다. 표준화 심리검사의 자료를 가지고 치료대상자를 어떤 성격범주로 분류하는 것도 잘못하면 치료대상자나 주변 사람들에게 치명적인 영향을 줄 수 있다. 치료대상자의 성격검사 점수는 어떤 증상의 가능성을 보이고 있다는 정도로만 전달되어야 한다.

그림 12-16 심리검사로의 활용

치료대상자의 특성을 찾으려 할 수 있다.

참고문헌

곽경화, 정현희(2010). 발달장애아 어머니 양육스트레스와 자녀수용 개선을 위한 인지행동적용 집단미술치료. 미술치료연구, 17(4), 793-810.

권기덕(1998). 색채치료의 타당성에 관한 소고. 대구대학교 사회과학연구, 5-1, 487-504.

김공주(1991). 색채과학. 서울: 대광서림.

김기석(1972). 상담과 심리치료. 서울: 중앙적성연구소.

김선희(2017). 미술치료의 사례개념화와 슈퍼비전. 한국미술치료학회 전문가 초청 워크숍. 한국미술치료학회.

김순혜(2004). 현대 아동상담. 서울: 학지사.

김영인, 김은경(2000). 보라색 복식의 이미지 특성. 한국의류학회지, 24-3, 373-384.

김영환(1985). 행동치료의 원리. 서울: 중앙적성출판사.

김재은(1971). 교육, 심리, 사회 연구방법. 서울: 익문사.

김재은(1991). 그림에 의한 아동의 심리진단. 서울: 교육과학사.

김재은(1992). 심리검사의 활용. 서울: 중앙적성출판사.

김 정(1985). 아동 미술의 이해. 서울: 창지사.

김정오(1982). 시각적 사고. 서울: 이화여자대학교출판부.

김태현, 정휘숙(1987). 발달심리학. 서울: 박영사.

김희정(1997). 영화의상에 표현된 색의 상징성에 관한 연구. 복식, 35, 195-210.

김형태(1998). 상담의 이론과 실제. 서울: 동문사.

문장원(1993). 미술치료의 발달적 · 인지적 접근. 미술치료 연수회 자료집, 3. 한국미술치료학회.

민성길(1990). 최신정신의학. 서울: 일조각.

민혜자(1995). 초등학교 고학년의 표현력 높이기 위한 감상 자료에 대한 연구. 서울: 서울교육대학교 미술교육연구회.
박승림, 강정수(2004). 색채치료와 한의학에서의 색의 적용. 대전대학교 한의학연구소 논문집, 12-1, 79-102.
고양정신병원(2005). 보금자리. 서울: 서울특별시립 고양정신병원.
서봉연, 송명자 역(1983). 인지발달. 서울: 중앙적성출판부.
서봉연, 이순형(1993). 발달심리학. 서울: 중앙적성출판사.
송영혜(1998). 놀이치료 적용. 대구: 대구대학교 출판부.
심상욱(2001). 19세기말 서양회화의 여성 이미지에 나타난 아니마에 관한 연구. 미술치료연구, 8-1, 153-195.
안병덕(1996). 색채심리와 미술치료. 미술치료연수회 자료집, 12. 한국미술치료학회.
여광응(1990). 시지각 훈련의 이론과 실제. 대구: 대구대학교 출판부.
여광응, 한현민(1993). 행동수정이론과 특수아동에의 적용. 서울: 도서출판 특수교육.
유순옥 역(2003). 빙엔의 힐데가르트가 전하는 보석치료. 도서출판: 다른우리.
윤호균(1983). 삶. 상담. 상담자. 서울: 문지사.
이규선, 김동영, 전성수(1995). 미술교육학개론. 서울: 교육과학사.
이근후 외(1988). 최신임상정신의학. 서울: 하나의학사.
이수원 외(1987). 심리학. 파주: 정민사.
이윤주(2016). 상담사례개념화의 이해와 증진. 한국미술치료학회 전문가 초청 워크숍. 한국미술치료학회.
이장호(1996). 상담심리학. 서울: 박영사.
이정환(1993). 유아를 위한 미술교육. 서울: 교문사.
이정환, 박은혜(1995). 교사를 위한 유아관찰 워크북. 서울: 한국어린이육영회.
이택중(1985). 회화요법의 이론과 실제. 임상예술, 1, 66-68.
이훈구 역(1984). 학습심리학. 서울: 탐구당.
이희익(1990). 깨달음에 이르는 열 가지 시리즈 十牛圖. 서울: 경서원.
장선철(1988). 유아부적응 행동의 이해와 지도. 서울: 창지사.
장현갑 역(1986). 생리심리학. 서울: 교육과학사.
전유식, 이윤순(1986). 피아제와 유아교육. 서울: 형설출판사.
정여주 역(2004). 색의 신비. 서울: 학지사.
정여주(2003). 미술치료의 이해. 서울: 학지사.
정옥분(2008). 아동학 연구방법. 서울: 학지사.
정현희(2017). 미술치료 연구방법. 서울: 학지사.
정현희, 김민경(2002) 집단미술치료가 저소득계층 아동의 스트레스 감소에 미치는 효과. 아동권리연구, 6-1, 163-186.

정현희, 김형희(2000). 낮병동 정신분열증환자의 집단미술치료 사례연구. 미술치료연구, 7-2, 64-86.
정현희, 서미화(2005). 미술활동을 통한 아동의 소근육운동과 시지각 발달. 아동권리연구, 9-3, 577-602.
정현희, 안경희(1998). 미술치료가 아동의 자기 개방에 미치는 일 사례. 미술치료연구, 5-2, 191-207.
정현희, 안경희(2002). 또래관계증진을 위한 집단미술치료 사례. 미술치료연구, 9-3, 29-46.
정현희, 이필순(2004). 장애아동 어머니의 양육스트레스 감소를 위한 집단미술치료효과. 미술치료연구, 11-2, 129-147.
정현희, 추길자(1998). 콜라주에 의한 아동의 부적응행동 개선 효과. 미술치료연구, 5-1, 197-216.
정현희, 황정난(2003). 감정이입과 충동통제에 의한 공격아동 미술치료 사례연구. 미술치료연구, 10-1, 1-25.
정희남(1994). 신나는 미술교실. 서울: 생활지혜사.
천성문 외(2001). 아동상담의 이론과 실제. 서울: 시그마프레스.
최영주(2000). 미술치료. 서울: 숙명여자대학교 가정대학.
최영훈(1990). 색채학 개론. 서울: 미진사.
한국미술치료학회(1994). 미술치료의 이론과 실제. 대구:동화문화사.
한국미술치료학회(1994). 미술치료의 몇 가지 기법들. 미술치료연수회 자료집, 5.
한국미술치료학회(2001). 미술치료의 이론과 실제. 미술치료연수회 자료집, 31.

日本 カラデザイソ研九所 編(1983). カライメジ事典. 東京: 講談社.

Adamson, E., & Timlin, J. (1991). *Art as healing.* MA: Sigo Press.
Ahesn, A. (1973). *Basic concepts of eidetic psychotherapy.* New York: Brandon House.
Ahsen, A. (1977). *Psycheye: self-analytic consciousness.* New York: Brandon.
Aldridge, D. (1994). Single-case research designs for the creative art therapist. *The Arts in Psychotherapy, 21*(5), 333-342.
Alschuler, R., & Hattwick, L. W. (1969). *Painting and personality.* Chicago: University of Chicago Press.
Alterhoff, G. (1994). *Grundlagen klientenzent-rierter beratung* (2 aufl.). Stuttgart: Kohlhammer.
Altman, L. L. (1975). *The dream in psychoanalysis.* New York: International Universities Press.
Anderson, F. (1978). *Art for all the children.* Springfield, IL: Charles C. Thomas.
Ansbacher, H., & Ansbacher, R. (1974). *The individual psychology of Alfred Adler.* Harper Torchbook.
Anthony, E. J., & Benedek, T. (1970). *Parenthood: its psychology and psychopathology.* Boston:

Little, Brown & Co.

Arlow, J. A., & Kadis, A. (1946). Fingerpainting in psychotherapy with children. *American Journal of Orthopsychiatry, 16,* 134-146.

Arnheim, R. (1969). *Visual thinking.* Berkeley: University of California Press.

Arnheim, R. (1972). *Toward a psychology of art.* Berkeley: University of California Press.

Auerbach, J. G. (1950). Psychological observations on "doodling" in neurotics. *Journal of Nervous & Mental Disease, 3,* 304-332.

Bandra, A., & Walters, R. H. (1963). *Social learning and personality development.* New York: Holt, Rinhart & Winston.

Bannatyne, A. (1971). *Language, reading and learning disabilities.* Springfield, IL: Charles C. Thomas.

Barlow, G. (1980). Editorial-art therapy and art education: a special issue. *Art Education, 33*(4), 4-5.

Baruch, D. W., & Miller, H. (1951). The use of spontaneous drawings in group therapy. *American Journal of Psychotherapy, 5,* 45-58.

Beagle, P. S. (1968). *The last unicorn.* New York: Viking.

Bell, J, E. (1948). *Projective techniques: a dynamic approach to the study of the personality.* New York: Longamans Green.

Bellak, L. (1993). *The T.A.T., C. A. T., and S.A.T. in clinical use* (5th ed.). Boston: Allyn and Bacon.

Beres, D. (1960). Perception, imagination and reality. *International Journal of Psychoanalysis, 41,* 327-334.

Beres, D. (1965). Symbol and object. *Bulletin of the Menninger Clinic, 29,* 3-23.

Beres, D. (1968). The humanness of human being: psychoanalytic considerations. *Psychoanalytic Quarterly, 37,* 487-522.

Beres, D., & Joseph, E. (1970). The concept of mental representation in psychoanalysis. *International Journal of Psychoanalysis, 51,* 1-9.

Betensky, M. (1973). Patterns of visual expression in art psychotherapy. *Art Psychotherapy, 1,* 121-129.

Betensky, M. (1976). The phenomenological approach to art expression and art therapy. *Art Psychotherapy, 4,* 173-179.

Betensky, M. (1978). Phenomenology of self-expression in theory and practice. *California Psychiatrica, 21,* 31-36.

Betensky, M. (1982). Media potential: its use and misuse in art therapy. *Proceedings, 13th Annual Conference*. Baltimore, MD: American Art Therapy Association.

Betensky, M., & Nucho, A. O. (1979). The phenomenological approach to art therapy. *Proceedings, 10th Annual Conference*. Baltimore, MD: American Art Therapy Association.

Birren, F. (1996). 색채의 영향. (*Color and human response*). (김진한 역). 서울: 시공사. (원저는 1984년에 출판).

Blum, H. P. (1980). *Psychoanalytic explorations of technique: discourse on the theory of therapy*. New York: International Universities Press.

Brenner, C. (1976). *Psychoanalytic technique and psychic conflict*. New York: International Universities Press.

Brocer, T. (1971). Parent & schools. *Psychiatric Communication, 13*, 1-9.

Bruner, J. S. (1966). *Studies in cognitive growth*. New York: John Wiley and Sons.

Bruner, J. (1964). The Course of cognitive growth. *American Psychologist, 19,* 1-15.

Buck, J. N. (1948). The H. T. P. Test. *Journal of Clinical Psychology, 4,* 151-159.

Buhler, C. (1971). Basic theoretical concepts of humanistic psychology. *American Psychologist, 24*, 378-386.

Bychowski, G. (1947). The rebirth of a woman. *Psychoanalytic Review, 34*, 32-57.

Cain, D. J. (1987). Carl R. Rogers: the man, his vision, his impact. *Person-centered Review, 2*(3), 283-288.

Campbell, J. (1949). *The hero with a thousand faces*. New York: Bollingen.

Cane, F. (1983). *The artist in each of us. craftsbury common,* VT: Art Therapy Publications.

Capra, F. (1975). *The tao of physics*. Boulder, Co: Shambala.

Carkhuff, R. R. (1969). *Helping and human relations*. KY: Thomson Learning.

Carolan, R. (2001). Models and paradigms of art therapy research. *Art Therapy: Journal of the American Art Therapy Association, 18*(4), 190-206.

Cassirer, E. (1974). *An essay on man*. New Haven, CT: Yale University Press.

Chiazzari, S. (2002). 색. (*The complete book of colour*). (진현종 역). 서울: 전원문화사. (원저는 1998년에 출판).

Cohen, B. M. (1995). *Managing traumatic stress through art: drawing from the center*. Sidran Press.

Corey, G. (1990). *Theory and practice of group counseling*. Pacific Grove, CA: Brooks/Cole.

Corey, G. (1991). *Case approach to counseling and psychotherapy* (3rd ed.). Pacific Grove, CA:

Brooks/Cole.
Corey, G. (1991). *Theory and practice of counseling and psychotherapy* (4th ed.). Monterey, CA: Brooks/Cole Publishing Co.
Corey, G. (2002). *Theory and practice of counseling and psychotherapy.* Wadsworth Group, a Division of Thomson Learning.
Corn, A. L. (1983). *Visual thinking.* Berkeley: University of California Press.
Crain, W. C. (1980). *Theories of development.* NJ: Prentice-Hall.
Cratty, B. J. (1986). *Perceptual and motor development in infants and children* (3rd ed.). Englewood Cliffs, NJ: Prentice-Hall.
Curicio, F. (1978). Sensorimotor function and communication in multiautistic children. *Journal of Autism and Childhood Schizoprenia*, 8, 281-292.
Deaver, S. P. (2002). What constitutes art therapy research? *Journal of the American Art Therapy Association, 19*(1), 23-27.
Defrancisco, J. (1983). Implosive art therapy: a learning-theory-bases, psychodynamic approach. In L. Gantt, & S. Whitman (Ed.), *The fine art of therapy* (pp. 74-79). Alexandria, VA: American Art Therapy Association.
Dewey, S. (2004). *The Dewey color system.* New York: Three Rivers Press.
DiLeo, J. (1977). *Child development: analysis and synthesis.* New York: Brunner/Mazel.
DiMaria, A. E. (1981). *Art therapy: a bridge between worlds.* Falls Church, VA: American Art Therapy Association.
DiMaria, A., Kramer, E., & Roth, E. (1983). *Art therapy: still growing.* Alexandria, VA: American Art Therapy Association.
Dollard, J., & Miller, N. E. (1950). *Personality and psychotherapy.* New York: McGarawHill.
Downing, J., & Marmorstein, R. (1973). *Dreams and nightmares: a book of gstalt therapy sessions.* New York: Harper & Row.
Eisner, E. W. (1976). *The arts, human development, and education.* NY: Mcmillan Pub. Co, Inc.
Eisner, E. W. (1981). On the differences between scientific and artistic approaches to qualitative research. *Educational Researcher, 10*(4), 5-9.
Edwards, D. (1993). Why don't arts therapists do research? In H. Payne (Ed.), *Handbook of inquiry in the arts therapies*: one river, many currents (pp. 7-15). London: Jessica Kingsley Publishers.
Eells, T. D. (2007). *Handbook of psychotherapy case formulation* (2nd ed.). NY: Guilford Press.

Ehrenzweig, A. (1965). *The psycho-analysis of artistic vision and hearing.* New York: George Braziller.

Eliot, A. (1959). *Sight and insight.* New York: McDowell, Oblensky.

Elkisch, P. (1945). Children' s drawings in a projective technique. *Psychological Monographs, 58*(1), 1-31.

Elkisch, P. (1948). The scribbling game-a projective method. *Nervous Child, 7,* 247-256.

Ellis, A. (1994). *Reason and emotion in psychotherapy, revised & updated.* Secaucus, NJ: Carol Publishing Group.

England, A. O. (1943). A psychological study of children' s drawings: comparison of public school, retarded institutionalized and delinquent children' s drawings. *American Journal of Orthopsychiatry, 13,* 525-531.

Fagan, J., & Shepherd, I. (1970). *Life techniques in gestalt therapy.* New York: Harper & Row.

Fagan, J., & Shepherd, I. (1970). *What is gestalt therapy?* New York: Harper & Row.

Feder, B., & Ronall, R. (1980). *Beyond the hot seat gestalt approaches to group work.* New York: Brunner/Mazel.

Feldenkrais, M. (1973). *Body and mature Behavior.* New York: International Universities Press.

Fraiberg, S. (1969). Libidinal object constancy and mental representation. *Psychoanalytic Study of the Child, 24,* 9-47.

Frances, E. A. (1994) *Art-centered education and therapy for children with disabilities.* Springfield Il: C.C. Thomas Publishing.

Frank, T. (1984). Margaret Naumburg, pioneer art therapist. a son' s perspective. *American Journal of Art Therapy, 22,* 112-115.

Frankl, V. E. (1963). *Man' s search for meaning.* New York: Pocket Books.

Frankl, V. E. (1969). *Man' s search for meaning.* Boston: Beacon Press.

Frankl, V. E. (1973). *The doctor and the soul.* New York: Random House.

Franklin, M., & Politsky, R. (1992). The problem of interpretation: implications & strategies for the field of art therapy. *Art in Psychotherapy, 19,* 163-175.

Freud, S. (1952). *On dreams.* New York: Norton.

Freud, S. (1958). *On creativity and the unconsious.* New York: Harper & Row.

Freud, S. (1965). *Normality and pathology in childhood, assessments of development.* New York: International Universities Press.

Freud, A., Nagera, H., & Freud, W. E. (1965). Metapsychological assessment of the adult personalty. The adult profile. *Psychoanalytic Study of the Child, 20,* 9–41.

Frew, J. E. (1986). The functions and patterns of occurrence of individual contact styles during the development phase of the gestalt group. *Gestalt Journal, 9,* 55–70.

Frostig M., & Mille. A. (1972). *Pictures and patterns for the developmental visual perception.* Chicago: Follett Pub.co.

Furth, G. M. (1989). *The secret world of drawing: healing through art.* MA: Sigo Press.

Gantt, L. M. (1998). A discussion of art therapy as a science. *Journal of the American Art Therapy Association, 15*(1), 3–12.

Gantt, L., & Whitman, S. (1983). *The fine art of therapy.* Alexandria, VA: American Art Therapy Association.

Garai, J. E. (1973). Reflections on the struggle identity in art therapy. *Art Psychotherapy, 1,* 261–275.

Garai, J. E. (1976). New vistas in the exploration of inner and outer space through art therapy. *Art Psychotherapy, 3,* 157–167.

Garai, J. E. (1984). Holistic healing through creative expression: a training manual in holistic healing for creative–expressive arts therapists. *Art Therapy, 1*(2), 76–82.

Gedo, J. E., & Goldberg. A. (1973). *Models of the mind: a psychoanalytic theory.* Chicago: University of Chicago Press.

Gingerich, W. J., & Wabeke, T. (2001). A solution–focused approach to health intervention in school setting. *Children and Schools, 23,* 33–47.

Golomb, C. (1974). *Young children' s sculpture and drawing.* Cambridge, MA: Harvard University Press.

Gonick–Barris, S. E. (1976). Art for children with minimal brain dysfunction. *American Journal of Art Therapy, 15,* 67–73.

Goodnow, J. (1977). *Children drawing.* Cambridge, MA: Harvard University Press.

Greenspan, R. R. (1965). The working alliance and the transference neurosis. *Psychoanalytic Quarterly, 34,* 155–181.

Gumaer, J. (1984). *Counseling and therapy for children.* NY: Free Press.

Hall, C. S. (1953). *The meaning of dreams.* New York: Harper and Brothers.

Hall, C. S., & Lindzey, G. L. (1978). *Theories of personality* (3rd ed.). New York: John Wiley & Sons.

Hammer, E. F. (1958). *The clinical application of projective drawings.* Springfield, IL: Charles C

Thomas.

Hammer, E. (1968). *Use of interpretation in treatment: technique and art*. New York: Grune & Stratton.

Hanes, M. J. (1995). Clinical application of the "scribble technique" with adults in an acute inpatient psychiatric hospital. *Art Therapy, 12*(2), 111-117.

Hanes, M. J. (1995). Utilizing road drawings as a therapeutic metaphor in art therapy. *American Journal of Art Therapy, 34*(1), 19-23.

Hanes, M. J. (1997). Utilizing the circus phenomenon as a drawing theme in art therapy. *The Arts in Psychotherapy, 24*(4), 375-384.

Hanes, M. J. (1998). Abstract imagery in art therapy: what does it mean? *Art Therapy: 15*(3), 185-190

Hanes, M. J. (2001). Retrospective review in art therapy: creating a visual record of the therapeutic process. *American Journal of Art Therapy, 40*(20), 149-160.

Hagood, M. M. (1990). Art therapy research in England: impressions of an american art therapist. *Arts in Psychotherapy, 17*(1), 75-79.

Harms, E. (1948). Play diagnosis. *Nervous Child*, 7, 233-246.

Harris, D. B. (1963). *Children's drawings as measures of intellectual maturity: a revision of the Goodenough Draw-a-Man Test*. New York: Harcourt, Brace & World.

Hartley, R., Frank, L., & Goldenson, R. (1952). *Understanding children' s play*. New York: Columbia University Press.

Hatcher C., & Himelstein, P. (1970). *The handbook of gestalt therapy*. N.Y. Harper/Colophon Books.

Hayes, K. (1978). The relationships between drawing ability and reading scores. unpublished master's thesis. Collage of New Rochelle.

Heegaard, M. E. (2001). *Drawing together to develop self-control*. Minneapolis, MN: Fairview Press.

Hefferline, R., & Goodman, P. (1951). *Gestalt therapy excitement and growth in the human personality*. New York: Dell.

Heidegger, M. (1960). *Sein und zeit*. Tubingen, Federal Republic of Germany: Neimeyer.

Henderson, D. A., & Gladding, S. T. (1998). The creative arts in counseling: a multicultural perspective. *The Arts in Psychotherapy, 25*, 183-187.

Henley, D. K. (1986). Approaching artistic sublimation in low-functioning individuals. *Art therapy, 3*(2).

Hersen, M., Van Hasselt, V. B., & Matson, J. L. (1983). *Behavior therapy for the developmentally and physically disabled*. New York: Academic Press.

Houston, J. (1982). *The possible human; a course in enhancing your physical, mental, and creative abilities*. Los Angeles: J. P. Tarcher.

Howard, G. (1980). *Artful scribbles: the significance of children's drawings*. NY: Basic Books.

Hubbard, B. M. (1982). *The evolutionary journey: a personal guide to a positive future*. San Francisco: Evolutionary Press.

Hulse, W. C. (1949). Symbolic painting in psychotherapy. *American Journal of Psychotherapy, 3,* 559–584.

Hulse, W. C. (1952). Childhood conflict expressed through family drawings. *Journal of Projective Techniques, 16,* 66–79.

Husserl, E. (1976). *Ideas*. New Jersey: Humanities Press.

Jacobi, J. (1965). *The way of individuation*. London: Hodder & Stoughton.

Joiner, T. E., Schmidt K. L., Barnett, J. (1996). Size, detail and line heaviness in children' s drawings as correlates of emotional distress. *Journal of Personality Assessment, 67–1,* 127–141.

Jongsma, A. E., Peterson, L. M., & McInnis, W. P. (2002). *The adolescent psychotherapy treatment planner* (3rd ed.). NY: John Wiley & Sons.

Jourard, S. M. (1971). *The transparent self*. New York: Van Nostrand.

Jung, C. G. (1961). *Memories, dreams, reflections*. New York: Vintage Books.

Jung, C. G. (1964). *Man and his symbols*. Doubleday & Company, New York.

Kagin, S. (1969). The effects of structure on the painting of retarded youth. unpublished master's thesis, University of Tulsa.

Kagin, S., & Lusebrink, V. (1978). The expressive therapies continuum. *Journal of Art Psychotherapy, 5,* 171–179.

Kandinsky, W. (1947). *Concerning the spitual in art*. New York: Wittenborn.

Kapitan, L. (1998). In pursuit of the irresistible: art therapy research in the hunting tradition. *Journal of the American Art Therapy, 15*(1), 22–28.

Kaplan, F. (1998). Scientific art therapy: an integrative and research-based approach. *Journal of the American Art Therapy, 15*(2), 93–98.

Kazdin, A. E. (1975). *Behavior modification in applied settings*. Homewood, IL: The Dorsey Press.

Kearns, L., Ditson, M., & Roehner. B. (1981). *Developing arts programs for handicapped students*. Harrisburg, P.A.: Arts in Special Education Project of Pennsylvania.

Kellogg, R. (1969). *Analyzing childrens art.* Palo Alto, California: National Press Books.

Kerlinger, F. N., & Lee, H. B. (2000). *Foundations of behavioral research* (4th ed.). Fort Worth: Harcourt College Publishers.

Keyes, M. F. (1983) *The Inward journey.* La Salle, Il: Open Court Books.

Klee, P. (1945). *On modern art.* London: Faber and Faber.

King, G. (1981). *Imagineering for health: self-healing through the use of your mind.* Wheaton, IL: Theosophical Publishing House.

Knight, R. P., & Friedman, C. R. (1954). *Psychoanalysis, psychiatry, and psychology.* New York: International Universities Press.

Koppitz, E. (1968). *Psychological evaluation of children's human figure drawings.* New York: Grune & Stration.

Kramer, E. (1958). *Art therapy in a children' s community.* Springfield, IL: Charls C Thomas.

Kramer, E. (1971). *Art as therapy with children.* N.Y.: Schocken Books.

Kramer, E. (1998). *Childhood and art therapy.* Chicago: Magnolia.

Kramer, E., & Ulman, E. (1977). Postscript to Halsey's Freud on the nature of art. *American Journal of Art Therapy, 17,* 21-22.

Kreitler, H., & Kreitler, S. (1972). *Psychology of the arts.* Durham. NC: Duke University Press.

Kris, E. (1952). *Psychoanalytic explorations in art.* New York: Schocken.

Kris, E. (1956). On some vicissitudes of insight in psychoanalysis. *International Journal of Psychoanalysis, 37,* 445-455.

Kris, A. O. (1982). *Free association: method and process.* New Haven, CT: Yale University Press.

Kubie, L. S. (1958). *Neurotic distortion of the creative process.* New York: Noonday Press.

Kunkle-Miller, C. (1978). Art therapy with mentally retarded adults. *Art Psychotherapy, 5,* 123-133.

Kwant, R. C. (1978). *Phenomenlogy of expression.* Atlantic Highlands, NJ: Humanities Press.

Kwiatkowska, H. (1978). *Family therapy and evaluation through art.* Springfield, IL: Charles C. Thomas.

Landgarten, H. (1981). *Clinical art therapy.* New York: Brunner-Mazel.

Landgarten, H. (1987). *Family art psychotherapy.* N.Y.: Brunner/Mazzel, Pub.

Langer, S. K. (1970). *Mind: an essay on human feeling.* Baltimore, MD: Johns Hopkins University Press.

Langs, R. J. (1979). *The therapeutic environment.* New york: Aronson.

Lasky, L., & Mukerji, R. (1980). *Art basic for young children.* Washington, D.C.: The National Association.

Levick, M. F. (1983). *They could not talk and so they drew.* Springfield, IL: Charles C. Thomas.

Lewis, N. D. C. (1925). The practical value of graphic art in personality studies. *Psychoanalytic Review, 12,* 316-322.

Liebmann, M. (1996). *Art therapy for groups.* Brookline MA: Brookline Books.

Liss, E. (1936). Play techniques in child analysis. *American Journal of Orthopsychiatry, 6,* 17-22.

Livingstone-Dunn, C. (1982). *Functional art therapy for the severely handicapped.* DeKalb, IL: Northern Illinois University Press.

London, P. (1973). The end of ideology in behavior modification. *International Journal of Psychiatry, 11,* 167-182.

Lonker, S. (1982). *A sensorial approach to art: pre-art discovery with severely and profoundly impaired children.* Harrisburg, PA: Arts in Special Education Project of Pennsylvania.

Lowenfeld, V. (1957). *Creative and mental growth.* New York: Macmilan.

Machover, K. (1949). *Personality projection in the drawing of the human figure.* Springfield, IL: Charles C Thomas.

Mahler, M., Pine, F., & Bergman, A. (1975). *The psychological birth of the human infant.* New York: Basic Books.

Malchiodi, C. A. (1999). *Medical art therapy with children.* London: Jessica Kingsley Publishers. Ltd.

Malchiodi, C. A. (1998). *Understanding children' s drawings.* New York: Guilford Publications.

Malchiodi, C. A. (2002). *Handbook of art therapy.* New York: Guilford Publications.

Marian, L. (1986). *Art therapy for groups.* Brookline Books: Cambridge, Massachusetts.

Marks, I. M., & Gelder, M. G. (1966). Common ground between behaviour therapy and psychodynamic methods. *British Journal of Medical Psychology, 39,* 11-23.

Marmor, J. (1971). Dynamic psychotherapy and behavior therapy. *Archives of General Psychiatry, 24,* 22-28.

Martindale, C. (1975). What makes creative people different Psychology? *Today. 9,* 44-50.

Maslow, A. H. (1975). *The further reaches of human nature.* New York: Viking.

May, R. (1953). *Man' s search for himself.* New York: Delta Dell.

May, R. (1976). *The courage to create.* New York: Bantam.

McMurray, M., & Schwartz-Mirman, O. (2001). Integration and working through art therapy. *The*

Arts in Psychotherapy, 28, 311–318.

McNiff, S. (1991). *The arts in psychotherapy.* Springfield, Il: C. Thomas.

Meares, A. (1958). *The door of serenity.* London: Faber & Faber.

Meerloo, J. A. M. (1968). *Creativity and eternization.* New York: Humanities Press.

Milner, M. (1957). *On not being able to paint.* New York: International Universities Press.

Milner, M. (1969). *The hand of the living god.* New York: International Universities Press.

Moustakas, C. E. (1977). *Creative life.* New York: Van Nostrand Reinhold.

Muller, R. (1982). *New genesis: shaping a global spirituality.* Garden City, NY: Double day.

Minar, V. (1981). The use of geometric shapes in developing cognitive and perceptual skills. *Prism, 1*(4), 12–15.

Moon, B. L. (1994). *Introduction to art therapy: faith in production.* Springfield: C.C. Thomas Publishing.

Moser, J. (1980). Drawing and painting and learning disabilities. unpublished doctoral dissertation. New York University.

Mosse, E. P. (1940). Painting analyses in the treatment of neuroses. *Psychoanalytic Review, 27,* 65–81.

Naumburg, M. (1950). *Schizophrenic art: its meaning in psychotherapy.* New York: Grune & Stratton.

Naumburg, M. (1953). *Psychoneurotic art: its function in psychotherapy.* New York: Grune & Stratton.

Naumburg, M. (1955). Art as symbolic speech. *Journal of Aesthetics and Art Criticism, 12,* 435–450.

Naumburg, M. (1955). *The great mother: an analysis of the archetype.* Princeton, NJ: Princeton University Press.

Naumburg, M. (1959). *Art and the creative unconscious: four essays.* Princeton, NJ: Princeton University Press.

Naumburg, M. (1966). *Dynamically oriented art therapy: its principles and practices.* New York: Grune & Stratton.

Naumburg, M. (1973). *An introduction to art therapy: studies of the "tree" art expression of behavioral problem children and adolescents as means of diagnosis and therapy.* New York: Teachers College Press. Columbia University.

Naumburg, M. (1987). *Dynamically-oriented art therapy: its principles and practice.* Chicago:

Magnolia.

Nicolaides, K. (1941). *The natural way to draw.* Boston: Houghton Mifflin Co.,

Nordby, V. J., & Hall, S. H. (1974). *A guide to psychologists and their concepts.* San Francisco: W.H. Freeman and Company.

Oaklander, V. (1978). *Windows to our children.* Lafayette, CA: Real People Press.

Passons, W. R. (1994). 게슈탈트 카운슬링. (*Gestalt approaches in counseling*). (우재현 외 역). 대구: 한국교류분석학회-정암서원. (원저는 1975년에 출판).

Patterson, C. H. (1986). *Theories of counseling and psychotherapy.* New York: Harper & Row.

Pavlov, I. P. (1972). *Conditioned reflexes.* London: Oxford University Press.

Perls, F. S. (1969). *Ego, hunger and aggression.* New York: Vintage Books.

Perls, F. S. (1969). *Gestalt therapy verbatim.* Moab, UT: Real People Press.

Perls, F. S. (1969). *In and out of the garbage pail.* Moab, UT: Real People Press.

Perls, F. S. (1970). Four lectures. In J. Fagan, & L. Shepherd (Ed.), *Gestalt therapy now* (pp. 14–38). New York: Harper & Row.

Perls, F. S. (1973). *The gestalt approach and eye witness to therapy.* New York: Bantam Books.

Perls, F. S. (1994). 게슈탈트 치료-이론과 실제-. (Gestalt approach and eye witness to therapy). (우재현, 정덕규 역). 대구: 한국교류분석학회-정암서원. (원저는 1989년에 출판).

Peters, T. J., & Waterman, R. H. (1982). *In search of excellence: lessons from american' s best-run companies.* New York: Harper & Row.

Pfister, O. (1917). *The psychoanalytic method.* New York: Moffat, Yard.

Piaget, J. (1951). *Play, dreams and imitation in childhood.* New York: Dutton.

Piaget, J. (1954). *The construction of reality in the child.* New York: Basic Books.

Piaget, J. (1970). *Genetic epistemology.* New York: Columbia University Press.

Piaget, J., & Inhelder, B. (1967). *The child's conception of space.* New York: W.W. Norton.

Pickford, R. W. (1967). *Studies in psychiatric art.* Springfield, IL: Charles C Thomas.

Polster, E. (1987). *Every person' s life is worth a novel.* New York: Norton.

Rainwater, J. (1979). *You' re in charge! a guide to becoming your own therapist.* Los Angeles: Guild of Tutors Press.

Rank, O. (1973). *The trauma of birth.* New York: Harper & Row.

Rapaport, D. (1972). *Diagnostic psychological testing.* New York: International University Press.

Read, H. (1943). *Education through art.* London: Faber & Faber.

Rhyne, J. (1973). *The gestalt art experience.* Belmont, CA: Wardsworth publishing.

Rhyne, J. (1980). Gestalt psychology/gestalt therapy: forms/contexts. *The Gestalt Journal, 8*(1), 77-78.

Richardson, W. J. (1965). The place of the unconscious in Heidegger. *Review of Existential Psychology and Psychiatry, 5,* 265-290.

Roesnfeld, E. (1978). An oral history of gestalt therapy, part 1: a conversation with Laura Pearls. *The Gestalt Journal, 1*(1), 8-31.

Rogers, C. (1942). *Counseling and psychotherapy.* Boston: Houghton Mifflin.

Rogers, C. (1957). The necessary and sufficient conditions of therapeutic personality change. *Journal of Consulting Psychology, 21,* 95-103.

Rogers, C. (1961). *On becoming a person.* Boston: Houghton Mifflin Company.

Roszak, T. (1979). *Person/planet: the creative disintegration of industrial society.* Garden City, NY: Doubleday.

Roth, E., & Barrett, R. (1980). Parallels in art and play therapy with a disturbed retarded child. *The Arts in Psychotherapy, 7,* 19-26.

Rubin, J. A. (1973). A diagnostic art interview. *Art Psychotherapy, 1,* 31-43.

Rubin, J. A. (1984). *A child art therapy: understanding and helping children through art.* New York: Van Nostrand Reinhold.

Rubin, J. A. (1987). *Approach to art therapy.* N.Y.:Brunner/Mazzel, Pub.

Rugel, R. P. (1974). WISC subtest scores of disabled readers. *Journal of Learning Disabilites, 7*(1), 48-52.

Sadka, D. (2004). *The Dewey color system.* New York: Three Rivers Press.

Schaefer-Simmern, H. (1961). *The unfolding of artistic activity.* Berkeley: University of California Press.

Schilder, P., & Levine, E. L. (1942). Abstract art as an expression of human problems. *Journal of Nervous & Mental Disease, 95,* 1-10.

Schmidl-Waehner, R. (1946). Interpretation of spontaneous drawings and paintings. *Genetic Psychology Monographs, 33,* 3-70.

Sechehaye, M. (1951). *Symbolic realization.* New York: International Universities Press.

Shapiro, S. L. (1976). *Moments of insight.* New York: International Universities Press.

Shepherd, I. (1970). Limitations and cautions in the gestalt approach. In J. Fagan, & I. Shepherd (Ed.), *Gestalt therapy now* (pp. 234-238). New York: Harper & Row (colophon).

Shulman, B. H., & Mosak, H. H. (1988). *Manual for life style assesment.* London: Routledge.

Shulman, L. (1999). *The skills of helping individuals, families, groups, and communities.* Brooks: Cole Thomson Learning.

Sidman, M. (1960). *Tactics of scientific research.* New York: Basic Books.

Silver, R. (1976). Using art to evaluate and develop cognitive skills. *American Journal of Art Therapy, 16*, 11-19.

Simonton, C. (1980). *Getting well again.* New York: Bantam.

Singer, J. L., & Pope, K. S. (1978). *The power of human imagination: new methods in psychotherapy.* New York: Plenum Press.

Skinner, B. F. (1953). *Science and human behavior.* New York: The Free Press.

Slap, J. P. (1976). A note on the drawing of dreams details. *Psychoanalytic Quarterly, 45,* 455-456.

Sloane, R. B. (1969). The converging paths of behavior therapy and psychotherapy. *International Journal of Psychiatry, 8,* 493-503.

Smith, E. W. L. (1976). *The growing edge of gestalt therapy.* New York: Brunner/Mazel.

Smith, E. (1985). *The body in psychotherapy.* Jefferson, NC: MacFarland & Co.

Spiegelberg, H. (1972). *Phenomenology in psychology and psychiatry.* Evanston, IL: Northwestern University Press.

Stangor, C. (1998). *Research methods for the behavioral sciences.* Boston: Houghton Mifflin Company.

Stevens, J. O. (1971). *Awareness: exploring, experiencing.* Moab, UT: Real People Press.

Strasser, S. (1977). *Phenomenology of feeling.* Pittsbursh, PA: Duquesne University Press.

Thompson, T. C. (1976). Where do your lines lead? gestalt art groups. In J. Downing (Ed.), *Gestalt awareness.* New York: Harper and Row.

Thompson, T., & Grabowski, J. (1972). *Behavior modification of the mentally retarded.* London: Oxford University Press.

Thorndike, E. L. (1965). *Animal intelligence.* New York: Hafner Publishing Co.

Uhlin, D. (1979). *Art for exceptional children.* Dubuque, IA: William C. Brown.

Ulman, E. (1977). Art educational for the emotionally disturbed. *American Journal of Art Therapy, 17,* 13-16.

Ulman, E., & Dachinger, P. (1996). *Art therapy in theory and practice.* Chicago: Magnolia Publishing.

Ulman, E., & Levy, C. (1980). *Art therapy viewpoints.* New York: Schocken Books.

Vaccaro, V. M. (1973). Specific aspects of the psychology of art therapy. *Art Psychotherapy, 1,* 81-

89.

Van De Riet, V., & Korb, M. (1980). *Gestalt therapy: an introduction*. New York: Pergamon Press.

Von Franz, M. L. (1982). *An introduction to the interpretation of fairy tales*. Dallas: Spring.

Van Sickle, K. G., & Acker, L. E. (1975). Modification of an adult's problem behavior in an art therapy setting. *American Journal of Art therapy, 14,* 110-120.

Vasta, R., Haith, M. M., & Miller, S. A. (1995). *Child psychology: the modern science*. NY: John Wiley & Sons.

Wadeson, H. (1980). *Art psychotherapy*. NY: Wiley Publishers.

Walker, M. (1996). 파워 오브 컬러. (*The power of color*). (김은경 역). 서울: 교보문고. (원저는 1990년에 출판).

Walsh, R., & Shapiro, D. H. (1983). *Beyond health and normality: explorations of exceptional psychological well-being*. New York: Van Nostrand Reinhold.

Watson, D., & Tharp, R. G. (2013). *Self-directed behavior: self-modification for personal adjustment* (10th ed.). Belmont: Wadsworth Publishing.

Watson, J. B., & Raynor. R. (1920). Conditioned emotional reactions. *Journal of Experimental Psychology, 3*(1), 1-14.

Weiss, J. C. (1984). *Expressive therapies with elders and the disabled*. NY: Hawthorne Press.

Werner, H., & Kaplan, B. (1963). *Symbol formation*. New York: Wiley & Sons.

Whitman, T. L., Sciback, J. W., & Reid, D. H. (1983). *Behavior modification with the severely and profoundly retarded*. New York: Academic Press.

Wiener, W. R., Welsh, R. L., & Blash, B. B. (2010). *Foundation of orientation and mobility*. NY: AFB Press.

Williams, G., & Wood, M. (1977). *Developmental art therapy*. Baltimore: University Park Press.

Wilson, L. (1977). Theory and practice of art therapy with the mentally retarded. *American Journal of Art Therapy, 16,* 87-97.

Wilson, L. (1987). Confidentiality in art therapy: an ethical dilemma. *American Journal of Art Therapy, 25,* 75-80.

Winnicott, D. W. (1953). Transitional objects and transitional phenomena. *International Journal of Psychoanalysis, 34,* 89-97.

Winnicott, D. W. (1971). *Playing and reality*. New York: Basic Books.

Winnicott, D. W. (1971). *Therapeutic consultations in child psychiatry*. New York: Basic Books.

Wople, J. (1958). *Psychotherapy by reciprocal inhibition*. Stanford. CA: Stanford University Press.

Wright, S. (1991). *The Arts in early childhood.* NY: Prentice Hall.

Yontef, G. M., & Simkin, J. S. (1989). Gestalt therapy. In R. J .Corsini, & D. Wedding (Ed.), *Current psychotherapies* (4th ed., pp. 323-361). Itasca, IL: F.E. Peacook.

Zinker, J. (1978). *Creative process in gestalt therapy.* New York: Random House (Vintage).

http://www.tantra.co.kr/bbs/main.cgi?board=chakra

http://www.indiangyan.com/books/health.

찾아보기

인 명

ㄱ

강정수 198, 236, 239, 242
권기덕 198, 239
김공주 198
김기석 32, 40, 44
김은경 239
김형태 134, 135

ㅂ

박승림 198, 236, 239, 242
박은혜 289

ㅇ

여광응 171
우재현 104
유순옥 237
윤호균 131
이장호 18, 22, 134
이정균 303
이정환 289
이형득 131, 135

ㅈ

정범모 303
진위교 303

A

Achenbach 308
Alschuler, R. 225, 372
Ansbacher, H. 364

Auerbach, J. G. 82

B

Babbit 283
Bandura, A. 113, 115
Bellak 304
Buck, J. N. 372

C

Carkhuff 381
Cohen, B. M. 30
Corey, G. 74
Corn, A. L. 171

D

Dewey, J. 225, 226

E

Ellis, H. H. 121
Erikson, E. H. 123

F

Fayd 323
Frank, T. 124
Freud, S. 58, 75, 79, 80, 123, 154

G

Gerdhild von Staabs 301
Goldenson, R. 124
Gorome 124
Gumaer 342

H

Hartley, R. 124
Hathaway, S. 303
Hattwick, L. 225, 372
Horn 59

J

Jaspers 58
Jongsma 333
Jung, C. G. 58, 87, 91, 146, 148

K

Katharine, C. B. 304
Kaufman, A. 310
Kraepelin 58
Kramer, E. 60, 64

L

Lack 323
Levick, M. F. 428
Levine, E. L. 428

Lezak 323
Lowenfeld, V. 124

M

Malchiodi, C. A. 96
McKinley J. 303
Mclnnis 333
Mosak 364
Mosse, E. P. 82
Myers, I. B. 304

N

Naumburg, M. 63, 83
Newton 238

P

Pavlov, I. P. 113, 114
Perls, F. S. 103
Person 333
Piaget, J. 123

R

Reja 58
Rey 323
Rogers, C. 109
Rubin, J. A. 124

S

Safran 428
Shulman 364
Skinner, B. F. 113, 114

T

Taylor 323
Tharp 117

U

Ulman, E. 60, 67

V

Von Franz, M. L. 146

W

Wadeson, H. 22, 161
Watson, J, B. 117
Wechsler 310
Wertheimer 301
Widlocher 372
Williams, G. 124
Wintch 323
Wood, M. 124
Wundt, W. 95

내 용

HTP 311
KDDST 307
K-HTP 316
OHP 필름지 263
TAT 305

ㄱ

가계도 그리기 351
가위 279
가족화 317
간색 241
간이정신진단검사 302
갈겨 그리기법 349
갈색 202, 207, 221, 228~235
갈애 132
감각 90
감각통합 254
감수성 256, 341
감정 90
감정차트 만들기 350
감정표현 48
강요 31
강화 113, 115
강화내성 362
개념 128
개발 18
개방 100
개방적 96, 189
개별성 156, 180
개성화 192
개인무의식 88
객관성 391, 393, 405, 406, 409
거리두기 98
거리조절 251
거부 185, 358
건강문제 286
건조매체 254, 261
검사법 393, 397, 398
검은색 203
검정 223, 228~235
검증 가능성 408
게슈탈트 102
격려 381
경향성 226
경험 23, 145, 197, 211
경험성 405, 406, 407, 409
계열적 순서 125
골판지 264
공간 크기 250
공간개념 125
공간구성 248, 252
공간성 25
공간위치 371
공감 43, 342
공격 에너지 156
공격행동 53
공포층 104

과잉일반화 120
과제화법 312
과학적 198
과학적 연구 389, 391, 339, 401, 403, 405, 408, 409, 411
관찰 180
관찰법 393, 394, 395
관찰지표 322
광선치료 242
교우관계 288
교육진단검사 307
구체화 24
규준집단 293
규칙 252
그림 60, 82
그림검사 428
그림완성법 349
글 339
긍정적 감정 40
긍정적 행동 50
기대 197
기록 324, 361
기법 344
기술 409, 411
기초선 119
꿈 82, 92, 147, 337

ㄴ

나무 311
난이도 259
난화 337
난화 상호이야기 만들기법 345
난화법 322, 345
내면 15
내부파열층 104
내적 세계 30
내향성 90
노끈 275
노란색 200, 215
노랑 119, 205, 215, 228, 229, 230
노출하기 35
녹색 200, 213, 214, 215
뇌 169
눌러 자국내기 354
능동적 심상 92, 146

ㄷ

다이어트 200
단점 294
대기실 251
대뇌피질 170
대리적 강화 115
대면 178
대처하기 49
대화 183, 184
데칼코마니 354
도교 135
도구 261, 276
독점적 31
동기 115
동맹 336
동일시 78

동적 가족화(KFD) 317, 318
두드리기 356
둔감법 117

ㅁ

마분지 264
마블링 357
마스크 274
마이크 339
만다라 137, 352
매체의 종류 247
먹물 268
메시지 179
면담 284, 291
면접 324, 393
면접법 393, 395, 396
명도 196
명료화 343
모델 115
모래그림 356
모루 275
모방 113, 115, 118
목록화 285
묘사 98
무명 132
무시행학습 115
무의식 16, 76, 88, 145, 150
무조건 109
무조건 자극 113
문답 148
문제행동 16, 299
문화권 130
물감 번지기 357
물감 불기 355
물감 뿌리기 356
물감 흘리기 355
물리적인 색 198
미술 160
미술과정 67
미술매체 253, 260
미술작품 82, 419
미술진단검사 311, 429
미술치료 15
미술치료사 36, 415, 416
미술치료실 247
미술표현 145, 336, 353
미술활동 15, 149, 247, 358
미해결 15
미해결 과제 105, 106
민감성 36

ㅂ

바닥 250
바테그 검사 324
반동형성 78
반복 113, 129
반사 113
반영 42, 191
발달 17
발달검사 299
발달력 286
발달상태 287

발달수준 259
방문 283
방어 23, 188
방어기제 78
배경 102, 105
벤더도형검사(BGT) 301
벽화 351
변형 236
변화 47
별과 파도 검사 324
보관 24, 421, 425
보라 203, 222, 228, 229, 231
보석 237
본성 136
본성실현 135
부정 78
부정적 감정 40
분류 125, 292
분위기 248, 287
분홍 201, 207, 219
불교 131, 135
비밀보장 417
비밀유지 419
비언어 17, 68
비지시적 292
비판적 423
비품 249
비합리성 120
빗속의 사람 323
빛 195
빨강 201, 207, 218, 233, 234, 235
빵끈 275

ㅅ

사건 365, 378
사고 90
사인펜 269
사회관계 288
사회학습 113
상담 18
상상화 312
상위목표 334
상징 177, 203, 212, 375, 376
상황 187, 197
3차원 매체 261
색 197
색광선 242
색물총 339
색분필 268
색상 196
색연필 266
색자극 195
색종이 338
색지 263
색채 172, 195
색채감각 195, 196
색채론 238
색채선택법 349
색채지각 195
색채치료 236, 237, 240
색칠하기 338
생리적 반응 198, 199
생리적인 색 198
생활선 350

생활지도 19
선호 214
선호도 226
설명 410
성격검사 299
성격 유형 226
성숙 17
성숙과정 67
성장가능성 111
성취감 257
소모 156
소원 366
소유권 426, 427
손근육 20, 173
수개념 125
수용 41, 44, 48, 292
수정 121
수채화 물감 270
스크레치 353
스테이플러 280
습식매체 254, 261, 273
승화 60, 65, 79, 154
시각 195, 253
시각적 전시 98
시각화 15
시간 52
시간구성 253
시신경계 195
시지각 20, 170
시지각발달검사 300
시험 33
식욕 200
식욕억제 200
신뢰 34
신뢰도 293
신체벽화 366
신체화 79
실용 259
실용성 293
실존주의 61
실험법 393, 396, 397
심리검사 292, 428
심리상태 224
심리적 요소 189
심리적인 색 198
심리치료 15, 18, 29
심상 15, 22, 23, 93, 146
심상화 152
십우도 133
싱크대 249

ㅇ

아니마 89
아니무스 89
아동 · 청소년 행동평가척도 308
아동화 224
아우렐리우스 코넬리우스 셀수스 199
아크릴 물감 271
안전 165
안전감 16, 248
압력 31
애정 54
양면감정 40

양육환경 287
양적연구 391, 393
억압 15
억제 78
언어 124, 146
언어검사 299
언어화 183
에너지 25
역량 260
역할 65
역할교환법 348
연상 203, 212
연필 265
연합 113
영속성 24
예후 292
오방색 241
오색 240
오행설 240
외부자극 150
외향성 90
욕구 255
운동 재생과정 115
원초아 75
원형 89
웩슬러 지능검사 310
위치 248
유목화 125
유용성 260
유화물감 272
윤리 415
윤리강령 417
윤리결정 422
윤리기준 415
음양오행설 241
음영 89
의도성 95
의도적 관찰 98
의미 160, 257
의미 발견 150
의미창조 159
의사소통 38, 177
의식 145
의식적 146
의식화 16, 80
의식훈련 106
의학적 288
이동식 131
이미지 204
이미지화 253
이별 50
이야기법 345
이젤 280
2차원 매체 261
이해 48
인간관계 29, 33
인간중심 109
인격완성 131
인내 38
인물 315
인식 152
인지 124
인지과정 98, 121
인지행동치료 120, 121

일광목욕법 239
임상적 198
임패스층 104

ㅈ

자격증 416
자기 89
자기노출 368
자기 점검 297
자기 형상화 192
자기보고법 393, 398, 399
자기실현 17
자기이해 152
자기인식 152
자기초월 134
자기치료 192
자기탐색 363
자기표현 118, 182
자발성 254
자발적 60, 151
자서전 366
자소상 351
자아 75, 88, 90
자아감각 발달법 350
자아상 378
자아인식 17
자아정체감 351
자연 204
자외선 239
자유연상 79
자유화 312
작업치료 59
작품 191, 369
작품과정 369, 370
작품내용 369, 374
작품파일 382
작품형태 369, 371
잠재력 18, 111
잠재적 178
장면구성검사 301
장비 249
장애 136
장점 294
재검토 24
재구성 341
재활교육 19
재활동 192
재활치료 19
저항 45, 85, 359
적용 410, 411
적응 17, 18
적응행동 299
전경 102, 105
전문적 태도 367
전문적인 관계 29
전시 420
전이 79
전이관계 60
전화접촉 284
점토 273, 352
접착제 277
정돈 259
정리작업 252

정리장 249
정밀성 407, 408, 409
정보 186, 283
정서 225
정서표현 256
정신건강 130
정신분석 74
정신수양 131
정신탐구 130
제한 51
제한설정 51
조건형성 113
조소 352
조형요소 189
조화 16, 135
조화적 경험 136
존중 109, 162
종결 50, 379
종이 262
주의과정 115
주황 201, 219, 229, 232, 234
준거 422
준비작업 252
중요 인물 365
즐거움 163
증상 76
지각 172, 197
지각검사 299
지끈 274
지능검사 299
지식 197
지우개 278
직관 90, 98, 422
직면 44, 86, 148, 379
진단 226, 288, 292
진동 239
진동주파수 236
질문 183, 187, 314, 333, 343
질문지검사 294, 297
질문지법 393, 394
질적연구 393, 399, 400
집단무의식 88
집단치료 192
집착 132

ㅊ

차크라 239
창의성 192
창조성 25, 159, 256, 341
창조적 표현 257
채도 196
책임 47, 54
처벌 113
철사 276
청소 379
초기기억 363
초록 205, 228, 230, 231, 233
초자아 75
촉진 149, 254, 255, 333
출발그림 336
치료 237, 292
치료계획 333
치료목표 333, 334, 335

치료사 30
치료이론 74
치료주파수 236
치료진행기 341
치료회기 361
치환 78, 155
침묵 342

ㅋ

카프만 아동용 개별지능검사 310
콜라주 346
크레파스 268

ㅌ

타당도 293
탐구 174
탐색 174
태도 36
태도 관찰 190
테두리법 344
테이프 278
통제 254
통찰 24, 45, 80, 341
통찰기 377
통합 100, 255
통합과정 65
통합적 138
퇴행 78, 255
투명지 263
투사 78, 256
투사검사 294
특정장애검사 299

ㅍ

파랑 202, 206, 216, 226, 230, 231, 232
파스텔 267
파장 195
파지과정 115
페르소나 89
평가 224
평가적 423
평면도 351
폭발층 104
풀물감 273
풍경구성법 319
피드백 43
피상층 104
필압 372
핑거페인팅 352

ㅎ

하위목표 334
학교생활화 319
한계 52, 53, 54
한의학 240
한지 137, 263
합리화 79
해석 45, 46, 86, 179, 341
해석지표 318
행동 관찰 291

행동계약법 118
행동목록법 309
행동주의 113
행동치료 116
행동형성 119
허용적 292
현상학 94
현재 문제 285
협동화 321, 347
협동화법 321
형상화 174, 175
형성기 362
형태 172, 371
화지 261
화학적인 색 198
활용범위 260
회화통각검사(CAT) 3004, 305
흰색 202, 208, 223, 226, 228~235

저자 소개

정현희(Jeong, Hyeonhee)
경기여자고등학교 졸업
서울대학교 가정관리학과 졸업
서울대학교 대학원 가정관리학과 석사(아동가족전공)
고려대학교 대학원 이학박사(아동학전공)
전 한국미술치료학회장
동의대학교 생활과학대학장
현 동의대학교 보육 · 가정상담학과 교수
동의대학교 미술치료실 운영교수

저서
미술치료 연구방법
실제 적용 중심의 노인미술치료(2판)
KFD의 진단과 치료
동그라미중심 가족화에 의한 심리진단과 치료
미술치료개론 외

논문
감정이입과 충동통제에 의한 공격아동 미술치료 사례연구
동그라미 중심 부모자녀묘화를 통한 부모에 대한 분노표출 완화
또래관계증진을 위한 집단미술치료 사례
아동의 문제행동과 관련변인에 대한 연구
장애아동 어머니의 양육스트레스 감소를 위한 미술치료 외

실제 적용 중심의
미술치료(2판)
Art Therapy for Practical Approach

2006년 5월 30일 1판 1쇄 발행
2016년 2월 25일 1판 14쇄 발행
2018년 1월 25일 2판 1쇄 발행
2023년 9월 20일 2판 5쇄 발행

지은이 • 정 현 희
펴낸이 • 김 진 환
펴낸곳 • (주) 학지사
04031 서울특별시 마포구 양화로 15길 20 마인드월드빌딩 5층
대표전화 • 02) 330-5114 팩스 • 02) 324-2345
등록번호 • 제313-2006-000265호
홈페이지 • http://www.hakjisa.co.kr
인스타그램 • https://www.instagram.com/hakjisabook

ISBN 978-89-997-1438-2 93180

정가 23,000원

저자와의 협약으로 인지는 생략합니다.
파본은 구입처에서 교환하여 드립니다.